Die Lügen des George W. Bush

David Corn

Die Lügen des GEORGE W. BUSH

Über Dichtung und Wahrheit in der amerikanischen Politik

Aus dem Amerikanischen
von Gertrud Bauer und Martin Bauer

HEYNE ‹

Die Originalausgabe erschien 2003 unter dem Titel
THE LIES OF GEORGE W. BUSH
im Verlag Crown Publishers, New York.

Für Welmoed

Umwelthinweis:
Dieses Buch wurde auf chlor- und säurefreiem Papier gedruckt.

Copyright © 2003 by David Corn
Published by Arrangement with Crown Publishers,
a division of Random House, Inc.
Copyright © 2004 der deutschsprachigen Ausgabe by Wilhelm Heyne Verlag,
München in der Verlagsgruppe Random House GmbH
Redaktion: Johann Lankes, München
Umschlaggestaltung: HAUPTMANN UND KAMPA
Werbeagentur, CH-Zug
Herstellung: Helga Schörnig
Satz: Leingärtner, Nabburg
Druck und Bindung: GGP Media, Pößneck
Printed in Germany

ISBN 3-453-87831-0

Wenn die Wertschätzung für die Wahrheit verloren geht oder nur ein wenig schwindet, ist nichts mehr ohne Zweifel.

Hl. Augustinus

Inhalt

Einleitung: Eine falsche Restauration 9

1. Ein unehrlicher Kandidat 23
2. Ein unehrlicher Wahlkampf 43
3. Auszähl-Lügen 55
4. Lügen im Amt 69
5. Der Steuerbetrug 83
6. Energie-Lügen 93
7. Heiße Luft 107
8. Stammzellen und Krieg der Sterne 115
9. Der 11. September 131
10. Afghanistan 153
11. Lügen mit Anzug und Krawatte 169
12. Wie man einen Krieg verkauft 197
13. Die Rückkehr der Steuerlüge 247
14. Im Irak 283

Schlussbemerkung:
Wie Bush damit (bis jetzt) durchkommt 341
Danksagung 363
Register 365

Einleitung: Eine falsche Restauration

»Manche Leute finden es unangebracht,
moralische Grenzen zu setzen. Ich nicht.
Wenn unsere Kinder das Leben führen sollen,
das wir uns für sie wünschen, müssen sie
lernen, ja zu sagen zur Verantwortlichkeit ...
ja zur Ehrlichkeit.«

George W. Bush, 12. Juni 1999

George W. Bush ist ein Lügner. Er lügt im Kleinen wie im Großen. Er lügt direkt und durch Auslassung. Er verdreht Tatsachen, bewusst oder unbewusst. Er täuscht. Er bricht Versprechungen und kümmert sich nicht um seine eigenen politischen Schwüre. Im Präsidentschaftswahlkampf und während seiner ersten Jahre im Weißen Haus hat er der Wahrheit Gewalt angetan – nicht nur irrtümlicherweise, sondern absichtlich, ständig und hartnäckig, um seine Karriere voranzutreiben und seine Ziele durchzusetzen. Lügen haben seinen Weg ins Weiße Haus gepflastert; sie sind eins der wichtigsten Instrumente seiner Präsidentschaft. Wenn man den 43. Präsidenten der Vereinigten Staaten einen Täuscher und Trickser nennt, dann ist das keine bloße Meinungsäußerung und keine üble Nachrede. Die Anklage wird durch eine lange Liste von Fällen gestützt, in denen er die Tatsachen zu seinen Gunsten verfälscht hat. Er geht mit der Wahrheit so großzügig um, dass eine Geschichte seiner Lügen fast

9

gleichbedeutend ist mit der Geschichte seiner Amtszeit als Präsident.

Politiker werden oft als Lügner verspottet, aber Bush darf sich von diesem Vorwurf ganz besonders getroffen fühlen. In seinem Wahlkampf im Jahr 2000 propagierte er, er werde wieder Anstand und Ehrenhaftigkeit in ein Oval Office »zurückbringen«, das von den Missetaten und Unwahrheiten seines Vorgängers befleckt sei. Wenn man Bush als Lügner etikettiert, spricht man ihm das ab, was er und seine Helfer als seine wichtigste Qualifikation für das Amt geltend machten; man ficht damit sozusagen die Legitimität seiner Präsidentschaft an. Aber dieser Vorwurf wird sowohl durch seine eigenen Worte und Handlungen untermauert wie auch durch die seiner Helfer und seiner Beamten, die für ihn sprechen und handeln. Die Liste der Unwahrheiten ist lang. Und nur ein Mann trägt die volle Verantwortung dafür – derjenige, der im Präsidentschaftswahlkampf mit einem Flugzeug herumreiste, das *Responsibility One* (Verantwortungsbewusstsein Eins) getauft war.

Interessiert sich Bush für die Wahrheit? Er interessiert sich vor allem dafür, gewählt zu werden, einen politischen Vorteil zu erzielen oder in einer Debatte die Oberhand zu behalten. Er hat nicht nur gelogen, um unangenehme Dinge zu vertuschen oder um sich herauszureden, wenn er bei einem Widerspruch ertappt wurde. Er lügt ganz systematisch – das heißt, er täuscht die Öffentlichkeit in Bezug auf grundlegende Elemente seiner Präsidentschaft, seine wichtigsten Ziele und seine persönlichen Überzeugungen. Er hat Lügen benutzt, um Wählern und Öffentlichkeit sich und seine Ideen zu verkaufen. Und da stellt sich die Frage: Verdankt Bush seinen Erfolg einer ganzen Latte von Lügen? Waren Bush und sein Programm – ohne die Märchen drum herum – nicht attraktiv genug?

Ein Lügner im Weißen Haus ist keine Sensation. Die meisten Präsidenten lügen, oft ziemlich dreist, und bleiben ungestraft. Nur einige wenige haben dafür bezahlen müssen. 1840 erzählte der konservative Präsidentschaftskandidat William Henry Harrison dem Wahlvolk, er sei in einer Blockhütte geboren worden. Das war weit von der Wahrheit entfernt. Er war der Spross einer adligen Familie und in einem roten Backsteingebäude am James River in Virginia aufgewachsen. Aber er gewann die Wahl. Zwanzig Jahre später kandidierte Abraham Lincoln – den seine Anhänger »Honest Abe« (den ehrlichen Abe) nannten –, und seine Wahlhelfer präsentierten ihn als kleinen Rechtsanwalt aus der Provinz. Das stimmte nicht – er war zwar auf dem Land aufgewachsen, aber zur Zeit seiner Präsidentschaftskandidatur war er schon einer der führenden Anwälte des Landes und vertrat Eisenbahngesellschaften und andere Großunternehmen.

In neuerer Zeit haben Präsidenten gelogen, um ihren Willen durchzusetzen oder um peinliche Wahrheiten zu verschleiern. Vor Pearl Harbor, 1941, wollte Franklin Delano Roosevelt die Amerikaner davon überzeugen, dass ihr Land an der Seite Großbritanniens in den Krieg gegen Nazideutschland eintreten müsse, und behauptete in einer Fernsehansprache, ein deutsches U-Boot habe unprovoziert das amerikanische Schiff *Greer* angegriffen. Er ließ unerwähnt, dass die *Greer* der britischen Flotte bei der Jagd auf das U-Boot geholfen hatte. Am 9. August 1945, drei Tage nachdem eine amerikanische Atombombe Hiroshima getroffen hatte, sagte Harry S. Truman in einer Radioansprache: »Die Welt wird zur Kenntnis nehmen, dass die erste Atombombe auf Hiroshima, einen Militärstützpunkt, abgeworfen wurde. Wir wollten nämlich nach Möglichkeit vermeiden, dass Zivilisten getötet würden.« Aber Hiroshima war eine *Stadt*, kein Militärstützpunkt, und es lebten

350 000 Zivilisten dort. Im Mai 1960, als die Sowjetunion verlautbarte, sie habe ein U-2-Spionageflugzeug abgeschossen, das ihr Territorium überflogen habe, behaupteten Dwight D. Eisenhower und seine Berater, es habe sich um ein Flugzeug zur Wetterbeobachtung gehandelt, das 2 400 Kilometer vom Kurs abgekommen sei. Aber als Moskau Wrackteile des Flugzeugs und den Piloten präsentierte, musste Eisenhowers Regierung öffentlich zugeben, dass sie Spionageflüge hatte durchführen lassen. Damals waren viele Amerikaner wirklich darüber schockiert, dass im Weißen Haus gelogen wurde. Später erklärte Eisenhower, warum er seine Leute angewiesen hatte, in der U-2-Affäre die Wahrheit zu verdrehen: »Wenn ein Präsident seine Glaubwürdigkeit verloren hat, hat er die wichtigste Stütze seiner Macht verloren.«

John F. Kennedy behauptete 1960 im Wahlkampf, die Vereinigten Staaten seien der Sowjetunion, was Raketen anbetraf, gefährlich weit unterlegen. Aber diese so genannte Raketenkluft zu Gunsten Russlands existierte nicht, und Kennedy war im Besitz geheimer Informationen, die das bestätigten. Im August 1964 erzählte Lyndon B. Johnson den Fraktionsvorsitzenden im Kongress, zwei amerikanische Zerstörer seien in den internationalen Gewässern des Golfes von Tonkin unprovoziert von Nordvietnam angegriffen worden. Er forderte den Kongress auf, unverzüglich per Gesetz einen Vergeltungsschlag zu genehmigen. Der Kongress war ihm zu Willen. Jahre später erfuhr die Öffentlichkeit, dass Johnson den Kongress irregeführt hatte.

Richard Nixon log in Bezug auf Vietnam (als Kandidat behauptete er, er habe einen Geheimplan, mit dem er »den Krieg beenden und den Frieden gewinnen« könne, aber er hatte keinen; als Präsident bestritt er, insgeheim Kambodscha bombardieren zu lassen, aber er tat es). Er log in der

12

Watergate-Affäre mit den berühmt gewordenen Worten: »Ich bin kein Gauner.« Es stellte sich aber heraus, dass er doch einer war, und weil es offenkundig wurde, dass er gelogen hatte, musste er als erster US-Präsident der Geschichte zurücktreten.

Als im Herbst 1986 der Iran-Contra-Skandal ruchbar zu werden begann, sagte Ronald Reagan, seine Regierung habe dem Iran »keine – ich wiederhole, keine – Waffen oder sonst etwas zum Tausch für Geiseln gegeben«, und es gebe »keine Verbindung der [US-]Regierung« zu Bestrebungen, die Contra-Rebellen, welche die Sandinistenregierung in Nicaragua bekämpften, mit Waffen zu versorgen. Das entsprach in beiden Punkten nicht der Wahrheit. Reagan war ein Schwindler der Extraklasse, der ständig Tatsachen verdrehte, ob es nun um Privatangelegenheiten ging oder um Politik (Die Luftverschmutzung wird zum größten Teil durch Bäume und Pflanzen verursacht; Raketen, die von einem U-Boot abgefeuert wurden, können wieder zurückgeholt werden). Später lieferte er eine neuartige, hochoriginelle Erklärung für seine falschen Iran-Contra-Verlautbarungen: »Vor einigen Monaten habe ich dem amerikanischen Volk mitgeteilt, ich hätte nicht Waffen gegen Geiseln getauscht. Mein Herz und meine guten Absichten sagen mir noch immer, dass das wahr ist, aber Tatsachen und Beweise sprechen dafür, dass es nicht wahr ist.« Das heißt, er log, weil er den Bezug zur Realität verloren hatte.

Auch Reagans Vizepräsident – ein Typ namens George Herbert Walker Bush – hat in der Iran-Contra-Affäre gelogen. Als die Sache ans Licht kam, bestritt Bush, davon gewusst zu haben. Aber später veröffentlichte Regierungsakten enthüllten, dass Bush an vielen Sitzungen der Regierungsspitzen teilgenommen hatte, bei denen es um das Vorgehen im Iran ging. Und in seinem privaten Tagebuch, das er der Iran-Contra-Untersuchungskommission bis Dezember 1992, einen Monat nachdem er die Wiederwahl verpasst hatte, vorenthalten konnte, hatte Bush geschrieben:»Ich bin einer der wenigen Leute, die alle Details [der Iranaffäre] kennen.« Berühmt geworden ist das feierliche Gelübde, das Bush senior bei seiner Kandidatenrede vor dem Parteikonvent der Republikaner abgab:»Lesen Sie es mir vom Mund ab: keine neuen Steuern.« Zwei Jahre später unterzeichnete er Steuererhöhungsgesetze, um dem Haushaltsdefizit beizukommen.

Bill Clinton versuchte vergeblich, durch Lügen einen Skandal zu vermeiden.»Ich habe keine sexuellen Beziehungen zu dieser Frau gehabt.«, ist eine der berühmtesten Präsidentenlügen geworden. Die gewundenen, ausweichenden Aussagen zu seiner Affäre mit der Praktikantin Monica Lewinsky, die er beim Prozess um sexuelle Belästigung zu Protokoll gab, lieferten die Grundlage – oder den Vorwand – für ein Amtsenthebungsverfahren, das die Republikaner gegen ihn einleiteten. Clinton überlebte politisch, aber seine Lewinsky-Lügen beeinträchtigten seine Würde als Präsident, spalteten das Land und lieferten Bush und den Republikanern Munition für den Wahlkampf 2000. Für seine Unaufrichtigkeiten in anderen, wichtigeren Dingen erntete Clinton weniger Verachtung und Hass. Er versprach eine Initiative zum Rassenproblem, brachte aber keine zuwege. Im Wahlkampf von 1992 propagierte er ein Programm mit dem Motto »Zuerst kommt der Mensch«, das viel Gewicht auf staatliche Investitionen legte, aber kaum im Amt, räumte er der Verringerung des Haushaltsdefizits oberste Priorität ein. 1998 besuchte Clinton Ruanda, wo vier Jahre früher ein fürchterlicher Völkermord stattgefunden hatte, und gab sich ahnungslos:»Auf der ganzen Welt saßen Leute wie ich in ihren Büros und konnten nicht ermessen, wie schnell und wie schrecklich

14

diese Katastrophe über Sie hereinbrach.« Das Weiße Haus hatte über den Verlauf des Massakers genau Bescheid gewusst. Aber Lügen über Völkermord sind offensichtlich nicht so empörend wie solche über Sex.

Diese willkürlich herausgepickten Beispiele zeigen, dass es eine große Bandbreite von Präsidentenlügen gibt. Bei einigen geht es um große Politik, bei anderen um geheime Aktivitäten der Regierung, bei wieder anderen um private Verfehlungen. Nicht wenige Präsidenten haben das Volk über ihre Gesundheit oder die Vorbildlichkeit ihres Familienlebens belogen. Wann kann man so etwas eine Lüge nennen? Sissela Bok, die Verfasserin von *Lying: Moral Choices in Public and Private Life*, definiert Lüge als »eine absichtlich irreführende Aussage in Form einer Erklärung«. Absichtlich? Damit ist vielleicht Reagan aus dem Schneider – und jeder andere Präsident, der aufrichtig an seine eigene Schwindelei glaubt. Aber weil die Lügen eines Präsidenten schwerer wiegen als andere – sie können zum Krieg führen, Wahlen gewinnen und wichtige politische Entscheidungen herbeiführen oder verhindern –, schlage ich für die Bewohner des Weißen Hauses einen strengeren Maßstab vor. Wenn ein Präsident eine Erklärung abgibt, muss er sich vergewissern, dass sie der Wahrheit entspricht. Das Gleiche gilt für Präsidentschaftskandidaten, die sich ja schließlich um ein Amt bewerben, das mit der größten denkbaren Macht ausgestattet ist. Es reicht nicht, dass ein Präsident oder Kandidat *glaubt*, er spreche die Wahrheit; er sollte *wissen*, dass es so ist – natürlich innerhalb vernünftiger Grenzen. Und wenn man Präsidenten und Kandidaten richtig einschätzen will, muss man auch an die Äußerungen ihrer Berater und Sprecher den gleichen Maßstab anlegen, denn Präsidenten schicken oft Strohmänner vor, die für sie sprechen – oder lügen – sollen.

Es kommt natürlich vor, dass Präsidenten und Präsidentschaftskandidaten Fehler machen und etwas Falsches sagen. Wenn man die Fülle an Informationen bedenkt, über die sie verfügen sollten, ist das nur normal. Nicht jeder Irrtum, nicht jeder falsche Zungenschlag ist eine Lüge. Aber ein Präsident hat die Pflicht, jede falsche Äußerung von Bedeutung, die er getan hat, einzuräumen und richtig zu stellen – insbesondere dann, wenn der Schnitzer ihm irgendeinen Vorteil verschafft hat. Eine Unwahrheit, die unabsichtlich geäußert wurde, wird zur Lüge, wenn der Präsident und seine Berater zulassen, dass sie so stehen bleibt.

Der Präsident fungiert nicht nur als Führer des Landes und Haupt der Regierung, er liefert auch Informationen. Er übermittelt dem Volk das Wissen, das der gigantische Verwaltungsapparat der Regierung sammelt, und oft betreffen diese Informationen die zentralen Anliegen des Landes. Die Öffentlichkeit sollte erwarten dürfen, dass das Weiße Haus sich der Wahrheit verpflichtet fühlt. Die Bürger in einer Demokratie haben nicht nur ein Recht auf ehrliche Information seitens der Regierung, sie sind sogar darauf angewiesen. Wie sollen sie sonst informierte Entscheidungen treffen?

Und doch sieht es aus, als seien Lügen ein wesentlicher Bestandteil aller Politik. In einem Anfall von Zynismus schrieb George Orwell einmal: »Politik besteht überhaupt nur aus Lügen, Ausflüchten, Dummheiten, Hass und Verrücktheit.« Das sei notwendigerweise so, fügt er hinzu, weil die »politische Rede« im Wesentlichen der Versuch sei, »das Unentschuldbare zu entschuldigen«. Nixon sagte einmal zu seinem Freund Leonard Garment: »Du wirst es in der Politik zu nichts bringen, Len. Du kannst einfach nicht lügen.« Meinte er damit, dass die Politik ein durch und durch schmutziges Geschäft ist? Oder vielleicht glaubte er, dass die Wählerschaft nicht auf einen Kandidaten fliegt, der sich nicht nach den Vorlieben und Gefühlen des Volkes richtet. Möglicherweise dachte er auch, dass ein politischer Führer sich in einer komplexen und manchmal gefährlichen Welt nicht den Luxus erlauben kann, immer die Wahrheit zu sagen. Lang bevor Nixon über die Rolle der Wahrheit in der Politik nachdachte, sprach Plato von »vornehmen Lügen« – Unwahrheiten der Mächtigen, die dem Volk zum Guten gereichen sollten.

Niccolò Machiavelli bemerkt in *Der Fürst*, Ehrlichkeit der Regierenden sei nicht immer wünschenswert. »Jeder sieht ein, wie lobenswert es für einen Herrscher ist, wenn er sein Wort hält und ehrlich, ohne Verschlagenheit, seinen Weg geht«, schreibt er im frühen 16. Jahrhundert. »Trotzdem sagt uns die Erfahrung unserer Tage, dass gerade jene Herrscher Bedeutendes geleistet haben, die nur wenig von Treue gehalten und es verstanden haben, mit Verschlagenheit die Köpfe der Menschen zu verdrehen. Diese Leute gewinnen schließlich die Oberhand über diejenigen, die ihr Verhalten auf Ehrlichkeit gegründet haben.« Machiavelli hatte keine hohe Meinung von den Menschen und ihren Beziehungen und glaubte, dass ein Anführer immer ein williges Publikum für seine Lügen finden werde: »Die Menschen sind ja so einfältig und gehorchen so leicht den Bedürfnissen des Augenblicks, dass der, der betrügen will, immer einen findet, der sich betrügen lässt.« Der berühmteste politische Ratgeber der Geschichte stellte fest, dass so mancher Fürst, der sein Wort brach, daraus einen Vorteil zog. Aber er gab die Empfehlung: »Man muss sich darauf verstehen, die Fuchsnatur gut zu verbergen und Meister in der Heuchelei und Verstellung zu sein.«

Das bringt uns auf den gegenwärtigen Präsidenten der Vereinigten Staaten. Alle Präsidenten sollten mit dem Lügendetektor getestet werden. Aber bei George W. Bush ist mehr als nur eine Routineuntersuchung angezeigt. Im Wahlkampf behauptete er, er wolle Präsident werden, um die Ehrlichkeit wieder ins Weiße Haus zurückzubringen. (Als guter Sohn glaubte Bush offenbar, vor der Ankunft der Clintons sei die Ehrlichkeit dort zu Hause gewesen, obwohl es unwiderlegliche Beweise für das Gegenteil gab.) Bush steuerte einen restaurativen Kurs (und forderte unter anderem massive Steuersenkungen, eine Teilprivatisierung der Rentenversicherung und eine Bildungsreform). Sein Wahlkampf zielte darauf ab, Vizepräsident Al Gore, den demokratischen Kandidaten, als einen notorischen Flunkerer hinzustellen, als ein Produkt des doppelzüngigen Washington. Ein Kandidat, der zur Macht gelangt, weil er Lügen anprangert, sollte besonders genau beobachtet werden, wenn er sich in dieser Beziehung selbst nicht tadellos verhält.

Und heutzutage sollte ein Präsident sich mehr denn je vorbildlich verhalten. In gefährlichen Zeiten braucht das Land einen starken und glaubwürdigen Führer. Der Präsident muss im Ausland Bündnispartner finden und zu Hause die Menschen begeistern können, sonst schafft er es nicht, das Land zu schützen und die Sicherheitslage in den USA und anderswo zu verbessern. Wenn aber der Präsident nachweislich ein Märchenerzähler ist, werden Teile des amerikanischen Volkes und einige ausländische Regierungschefs zögern, sich um ihn zu scharen.

In der Folge der schrecklichen Attentate vom 11. September 2001 erlangten Bush und seine Regierungsmannschaft zusätzliche Befugnisse. Der Kongress ermächtigte Bush, jeden Krieg zu führen, den er für nötig hielt, gegen jede Macht, die er für die Anschläge verantwortlich machte. Ein Jahr später gab der Kongress Bush grünes Licht, gegen den Irak zu Felde zu ziehen, wenn er einen militärischen Einsatz für notwendig hielt. Und das tat er. Bush sicherte sich und der amerikanischen Regierung auch das Recht, geheime Militärgerichte einzurichten, verdächtige Ausländer und wichtige Zeugen auf unbestimmte Zeit festzusetzen (was der Öffentlichkeit verheimlicht wurde) und die Anwaltsgespräche der Gefangenen in Bundesgefängnissen zu überwachen.

Wegen des 11. September wurde Bush der mächtigste Präsident seit Jahrzehnten. Als er den Kampf gegen den Terrorismus so weit ausdehnte, dass auch der militärische Einsatz im Irak darin eingeschlossen war, wiesen seine Berater und seine Anhänger außerhalb der Regierung gern darauf hin, dass Bushs Entscheidungen auf Informationen basierten, die man der Öffentlichkeit nicht mitteilen könne. Das hieß auf gut Deutsch: Vertraut uns. Während der öffentlichen Debatte vor dem Irakkrieg sagte Richard Perle, ein Kriegsbefürworter und Berater des Pentagons, mit dem ich nachts auf der Straße über dieses Thema diskutieren wollte, doch tatsächlich einfach:»Vertrauen Sie mir.« So sollte es aber in einer Demokratie nicht zugehen, antwortete ich. Aber Perles besserwisserisches Gebaren war typisch für die Regierung, für die er arbeitete. Bush und seine Mannschaft haben diese herablassende Geheimnistuerei zu einer Tugend erhoben. Vizepräsident Dick Cheney hat es hartnäckig abgelehnt, die Öffentlichkeit (das heißt die Leute, für die er arbeitet) darüber aufzuklären, mit welchen Firmenlobbyisten er sich getroffen hat, während er den Energieplan der Regierung ausarbeitete. Der Generalbundesanwalt wies die Behörden der Bundesstaaten an, sich so zugeknöpft wie möglich zu geben, wenn Bürger sich auf ihr Grundrecht auf Informationsfreiheit beriefen und Anfragen stellten. Das Justizministerium entwarf – ohne den Kongress einzuweihen – Vorlagen für eine drakonische Antiterror-Gesetzgebung, welche die Bürgerrechte beschneiden würde. Bush und seine Berater betonen immer wieder, dass ihr Krieg gegen den Terrorismus zum großen Teil geheim geführt werden müsse, verborgen vor den neugierigen Augen der Öffentlichkeit und sogar der meisten Abgeordneten.

Wenn Bush die geheimnistuerischste und undurchsichtigste Regierung anführen will, die es seit langer Zeit gegeben hat, dann muss er bei jeder Gelegenheit seine Vertrauenswürdigkeit demonstrieren, besonders, wenn es um Krieg oder Frieden geht. Lügen und Geheimniskrämerei sind ein beunruhigender Mix. Wenn Bush versichert, dass das Land Gewalt anwenden muss, sollte die Bevölkerung volles Vertrauen zu ihm haben können. Aber als er sich um Zustimmung zum Krieg gegen Saddam Hussein bemühte, hat er öfters Geheimdienstinformationen falsch wiedergegeben. Lügen des Präsidenten unterminieren seine Glaubwürdigkeit (oder sollten es wenigstens). Wie will Bush die Bürger davon überzeugen, dass seine Entscheidungen in Krieg und Frieden Unterstützung verdienen, wenn man ihm nicht mehr traut? Lügen im Amt bedeuten nicht nur ein politisches Risiko für Bush; ein Präsident, der lügt, stellt ein Risiko für den Staat dar. Er könnte die Nation unter Vorspiegelung falscher Tatsachen in einen Krieg führen. Andererseits, wenn ein großer Teil der Öffentlichkeit ihn als unehrlich betrachtet, könnte es sein, dass er das Land nicht für eine militärische Operation gewinnen kann, die tatsächlich notwendig ist. Ein Lügner im Weißen Haus ist eine Bedrohung für die nationale Sicherheit.

Ist George W. Bush ein größerer Lügner als seine Vorgänger oder ein weniger großer? Ein besserer, ein schlechterer? Sind die Mitglieder seines Kabinetts und seine Berater ehrlicher oder weniger ehrlich als die früherer Präsidenten? Es kann schon sein, dass Bush seine Grenzen dreister austestet als die letzten Präsidenten. Die Art, wie er die wichtigsten Initiativen seiner Amtszeit durch die Bank mit unwahren

Argumenten durchsetzt, ist grundsätzlich nicht unüblich, aber doch charakteristisch für ihn. Aber Vergleiche mit früheren Regierungen spielen hier keine Rolle. Bush ist der Präsident, der jetzt im Amt ist – zu einer Zeit, da Ehrlichkeit in der Politik so nötig ist wie eh und je, wenn nicht noch nötiger. Und er ist der Chef, der – nachdem er die Präsidentschaft auf bizarre Weise, mit 500 000 Stimmen weniger als sein Konkurrent, errungen hatte – versprochen hat, das Land wieder zu einen, mit politischen Gegnern zusammenzuarbeiten und den gehässigen Umgangston in Washington zu ändern. Solch hehre Ziele kann ein Präsident nicht erreichen, indem er das Oval Office mit Lügen besudelt.

Sicher, Bush lügt nicht immer. Im Wahlkampf beteuerte er, er werde bei seinem Steuerplan bleiben – der nicht gut ankam –, ganz gleich, was die Meinungsumfragen sagten. Er hielt Wort. Er versprach, sich mit Saddam Hussein anzulegen. So geschah es. Er sagte, er werde in der Wildnis Alaskas nach Öl bohren, das Rentensystem teilweise privatisieren und konservative Richter ernennen. Als er im Amt war, verfolgte er tatsächlich alle diese Ziele. Aber in diesem Buch geht es nicht um die Fälle, wo Bush ehrlich war. Ein Präsident kann mit anständigem Verhalten keine Punkte machen. Anstand im Amt sollte Standard sein. Die Lügen sind es, auf die man achten und die man bloßstellen muss.

Es besteht die Gefahr, dass ein Buch wie dieses eintönig wirkt. Bush hat hier gelogen, Bush hat dort gelogen, Bush hat schon wieder gelogen und so weiter. Aber Bush ist zum Teil durch seine Lügen Präsident geworden, und Lügen sind oft die tragenden Stützen seines Regierungshandelns. Mithilfe einer Untersuchung von Bushs Lügen kann man das Wesen von Bushs Präsidentschaft erfassen und durchleuchten. (Dabei dokumentieren wir noch längst nicht jede einzelne Lüge.)

»Tatsachen sind dumm«, sagte Präsident Reagan einmal. Er hatte etwas anderes gemeint, aber es stimmt. Es lässt sich nicht bestreiten, dass Bush mehr als einmal gelogen hat. In diesem Buch soll gezeigt werden, dass er die Wahrheit oft mit Füßen getreten hat, ohne (bisher) büßen zu müssen. Seine Lügen haben die 48 Prozent der Wähler nicht abgeschreckt, die sich für ihn entschieden hatten. Die deutliche Mehrheit der Amerikaner billigte sein Verhalten nach dem 11. September und die Kriege in Afghanistan und im Irak. Aber egal, was Bush in seiner Amtszeit – seien es nun vier Jahre oder acht – leistet, ein unvoreingenommener Leser wird zwangsläufig zu dem Schluss kommen, dass Bush die Ziele verfehlt hat, die er als seine wichtigsten proklamierte. Er ist kein Präsident der Aufrichtigkeit. Das Weiße Haus unter Bush ist kein Leuchtturm der Ehrenhaftigkeit. Dieser Präsident hat die Wahrheit so behandelt wie sein Vorgänger eine Praktikantin.

1. Ein unehrlicher Kandidat

»Ich war sehr aufrichtig, was meine Vergangenheit anbetrifft.«

»Es ist Zeit, dem Weißen Haus Ehre und Würde zurückzugeben.« Das erklärte George W. Bush während seines Wahlkampfs 2000. In einer seiner ersten Reden versprach ein ernst klingender Bush den Fernsehzuschauern in Iowa, »Ehre und Würde« ins Oval Office zurückzubringen. Das Versprechen, diese Werte an den Regierungssitz *zurückzu*bringen – nachdem Sie-wissen-schon-wer im Oval Office Sie-wissen-schon-was getan hatte und dann noch darüber *gelogen* hatte –, war oft der emotionale Höhepunkt seiner Wahlreden. In feierlichem Ton teilte Bush den Massen mit, er werde, falls er das Glück habe, die Wahl zu gewinnen, am Tag der Amtseinführung nicht nur die Hand heben und schwören, die Verfassung zu achten, sondern er werde auch schwören, »die Ehre und Würde« des Präsidentenamtes hochzuhalten. Seine Anhänger glaubten ihm und applaudierten begeistert.

Bushs Kampagne für Ehrlichkeit war ein ständiges Thema im Wahlkampf – und sie war heuchlerisch. Auf seinen Wahlreisen durchs Land hinterließ Bush eine breite Spur von Verdrehungen und Täuschungen.

Da war er nicht der Erste. Im Wahlkampf wird die Wahrheit immer missbraucht. Die Kandidaten übertreiben ihre Vorzüge und lassen ihre Schwächen unerwähnt, jubeln ihre Verdienste hoch und spielen ihre Misserfolge herunter. Sie preisen ihr Programm und zerstreuen Bedenken dagegen, wobei sie oft die Tatsachen etwas verfälschen müssen. Ein gewisses Maß an Unaufrichtigkeit ist verständlich, vielleicht sogar akzeptabel. Aber George W. Bush hat als Präsidentschaftskandidat nicht nur Tatsachen beschönigt und ein bisschen geschwindelt. Er hat über wichtige Dinge gelogen – über seine Vergangenheit, über seine Amtsführung als Gouverneur von Texas, über die von ihm versprochenen Programme und über seine Gegner. Er log darüber, was für ein Mensch er war, und darüber, was für ein Präsident er sein würde. Nicht nur gelegentlich, sondern ständig. Das bedeutet, dass er über ein zentrales Element seiner Kandidatur log, nämlich, dass er ein ehrlicher Mann sei, der im Oval Office wieder anständige Sitten einführen werde. Die ständige Leier vom ehrlichen Kerl war nur eine für den Wahlkampf zurechtgebastelte Illusion.

Die vielen Lügen, die er vorbrachte, dienten nicht nur seinem unmittelbaren Ziel (gewählt zu werden), sondern sie bildeten auch das Fundament für die Schwindeleien, die folgen sollten, nachdem er ins Amt gekommen war. Der Wahlkampf von 2000 wurde zur Hauptgrundlage für Bushs Täuschungsmanöver als Präsident. Damals konstruierten Bush und seine Berater einen politischen Stil, der sich auf irreführende Erklärungen, halbwahre Versicherungen und glatte Lügen stützte. Am wichtigsten war vielleicht, dass Bush und seine Helfer in jenem Wahlkampf feststellten, dass die Lügen Wirkung erzielten, dass sie ein wichtiges Werkzeug waren. Diese Erkenntnis erlaubte ihnen, Bush, seine Vergangenheit und seine Programme in den rosigsten Farben zu malen und die Realität zu verleugnen, wenn sie unbequem war. Diese Methode schaffte ihnen Probleme vom Hals. Sie brachte ihnen nicht Verachtung ein, sondern Stimmen. Sie machte die mühsame Aufgabe, die Wahl zu gewinnen, leichter. Und es stellte sich heraus, dass der Wahlkampf nur ein Probelauf für die darauf folgende Amtszeit war.

»Ich lasse mich nicht coachen.«

Bush begann den Wahlkampf mit einer Lüge. Am 12. Juni 1999 flog er nach Cedar Rapids in Iowa und kündigte vor ein paar hundert Leuten, die sich in einem Hangar zusammendrängten, an, dass er sich um die Nominierung als Präsidentschaftskandidat der Republikaner bewerben werde. Vor dem Wahlkampf 2000 hatte sich Bush schon monatelang als »Versöhner, nicht Spalter« angepriesen. In diesem Hangar präsentierte er sich auch als verlässlicher moralischer Führer. »Manche Leute finden es unangebracht, moralische Grenzen zu setzen«, sagte er. »Ich nicht. Wenn unsere Kinder das Leben führen sollen, das wir uns für sie wünschen, müssen sie lernen, ja zu sagen zur Verantwortlichkeit, ja zur Familie, ja zur Ehrlichkeit.« Bush, damals Gouverneur von Texas und im vorhergehenden November für eine zweite Amtszeit wiedergewählt, predigte: »Ich habe erfahren, dass man nicht führen kann, wenn man die Menschen entzweit. Dieses Land hungert nach einem neuen Wahlkampfstil. Positiv. Optimistisch. Alle einbeziehend.« Er versprach: »Wir werden beweisen, dass man als mitfühlender Konservativer gewinnen kann, ohne seine Prinzipien zu opfern. Wir wollen zeigen, dass die Politik nach einer Zeit, in der Ideale in den Schmutz gezogen wurden, sich wieder bessern und erheben kann. Wir werden unserem Land nach einer Epoche des Zynismus einen frischen Anfang bescheren.«

Bush erzählte seinen Anhängern und den versammelten Reportern: »Ich weiß, wie man führt.« Als Beweis gab er an:

25

»Ich brauche keine Meinungsumfragen, um zu wissen, was ich denken soll.« *Das geht an deine Adresse, Bill Clinton.* Keine Meinungsumfragen, keine selbstsüchtige Berechnung, keine ideologische oder parteiische Härte, keine zynische Verdrehung der Wahrheit mehr, keine Unwahrheit ... Aber all das war nur vorgetäuscht.

Schon die Auftaktrede ließ erahnen, wie weit Bush sich im Wahlkampf von der Wahrheit entfernen würde. Denn vor dieser ersten Rede hatten Wahlhelfer mit repräsentativen Gruppen in South Carolina, Michigan und Kalifornien Versuche angestellt. Bei diesen Sitzungen, so berichtet Roger Simon, der politische Chefkorrespondent des *U. S. News & World Report*, spielten die Bush-Helfer Filme von Bushs Reden ab und baten das Publikum, einen Knopf rechts herumzudrehen, wenn ihnen gefiel, was sie sahen und hörten, und links herum, wenn nicht. Auf diese Weise wurde eine computergenerierte Kurve über den Film gelegt, und Bush und seine Mannschaft konnten erkennen, welche Sätze, Worte und Gesten ankamen und welche durchfielen. Politprofis nennen das »people-metering«. Mithilfe dieser Informationen, so die *New York Times*, erstellte Michael Gerson, Bushs oberster Redenschreiber, 16 Entwürfe für Standardwahlreden. Zugegeben, Bush hat nicht direkt behauptet, diese Methode nicht benutzt zu haben. Aber er war sehr bemüht, den Eindruck eines durch und durch authentischen Politikers zu erwecken, der immer sagt, was er denkt. Später versicherte er in einem Interview: »Ich führe meinen Wahlkampf so, wie ich ihn führe. Und ich lasse mich nicht coachen.« Aber benutzen ungecoachte Kandidaten Methoden wie »people-metering«? Und das war kein Einzelfall. *Time* berichtete, gegen Ende des Wahlkampfs habe Bush alle neuen Schlagworte erst an einem Testpublikum ausprobiert, bevor er sie in seinen Reden verwendete, zum Beispiel »persönliche Verantwortung«, »freie Wahl der Schule«, »Rückgang des Schulwesens«.

Dass er vorgab, ein offenherziger Mensch zu sein, der den Zynismus der modernen Politik verabscheute, bedeutete kaum einen Widerspruch zu dem Bild, das Bush seinen Anhängern in jenem Hangar in Iowa von sich vermittelte. In den folgenden 18 Monaten betrieb er Wahlkampf mit den üblichen Methoden – mit gemeinen Zeitungsanzeigen, Verunglimpfungen, opportunistischen Meinungsänderungen, Vertuschung und Tricks aller Art. Er sorgte nicht für einen »neuen Start«. Im Gegenteil, er bediente sich ungeniert (wenn auch nicht offen) der meisten politischen Tricks, die er öffentlich geißelte. Das alles diente dem Zweck, eine verlogene Werbekampagne aufzuziehen für ein Produkt, das er sehr gut kannte: George W. Bush.

»Ich bin nicht für meine Redekunst bekannt, sondern für Ergebnisse.«

Sobald sich Bush ins Rennen warf – an dem sich schon eine Menge Kandidaten beteiligten –, war er der Favorit. Er hatte den richtigen Namen, Geld, Helfer, eine Organisation. Und er hatte einen guten Slogan: Er war der »mitfühlende Konservative«. Die größte Gefahr für seinen Wahlkampf stellte er selbst dar: Er stand im Ruf, ein nicht ernst zu nehmender, grinsender, sprachlich unbeholfener Kerl zu sein, den niemand für ein intellektuelles Schwergewicht halten konnte. Und in den ersten Monaten des Wahlkampfs lieferte er den Skeptikern reichlich Beweismaterial. Er nannte die Griechen Gräzisten. Er kannte die Namen der Regierungschefs von Pakistan, Indien und Tschechien nicht. Und auf die Frage, welche Fassung der Zehn Gebote er bevorzuge, antwortete er:»Die Standardfassung.« Offenbar wusste er nicht, dass Katholiken, Protestanten und Juden jeweils eine andere Fassung benutzen.

Wegen seines wenig präsidialen Auftretens und seiner außenpolitischen Ignoranz musste sich Bush vonseiten der Demokraten (und mancher Republikaner) den Vorwurf gefallen lassen, er habe nicht genug Grips für den Job. Aber er beschied Zweifler mit einer Standardantwort, die er im Wahlkampf ständig wiederholte: Schaut meine Erfolge an. Bush fand, seine Arbeit als Gouverneur von Texas, dem zweitgrößten Staat der USA, dessen Wirtschaftsleistung nur von zehn Ländern auf der Welt übertroffen wurde, mache seine fehlende außenpolitische Erfahrung, seine merkwürdige Ausdrucksweise und seinen Mangel an intellektuellem Gewicht mehr als wett. Seine Leistungen in Texas waren seine Referenzen, und sie sollten zeigen, dass er gleichzeitig einen schlanken Staat befürwortete, aber auch ein »mitfühlender« Konservativer war. Bei einer Debatte der Republikaner in Iowa sagte er einmal:»Ich bin nicht für meine Redekunst bekannt, sondern für Ergebnisse. Ich habe in meinem Staat die zwei bedeutendsten Steuersenkungen seiner Geschichte zuwege gebracht. Die Testergebnisse unserer Schüler sind Spitze.« Er behauptete auch, die Luft in Texas sei während seiner Amtszeit sauberer geworden, er habe die Rechte der Patienten per Gesetz gestärkt und die Gesundheitsfürsorge für Kinder verbessert. Das war eine sehr eindrucksvolle Bilanz – aber sie war gefälscht.

Dass er ein Held der Steuersenkungen in Vergangenheit und Gegenwart sei, war einer der Hauptpunkte in Bushs Eigenwerbung. Bei einer Versammlung beschrieb er sich als »Steuersenker«. Er brüstete sich mit diesen »zwei größten Steuersenkungen«, die er in Texas durchgesetzt habe, und prahlte in einer Wahlanzeige:»Bei uns gibt es immer noch keine Einkommensteuer.« Steuersenkungen stellte er als das Hauptbeweisstück für seinen Erfolg als Gouverneur hin.

Doch Bushs Behauptungen waren teils texanische Prahlerei, teils glatt gelogen: Die Texaner verdankten nicht ihm, dass sie keine Einkommensteuer bezahlten. Ein Zusatz zur texanischen Verfassung – von den Demokraten vorgeschlagen und durchgesetzt, bevor Bush ins Amt kam – erlaubte die Einführung einer solchen Steuer erst nach einem positiven Volksentscheid. Bush schmückte sich also mit fremden (demokratischen) Federn. Und die zwei großen Steuersenkungen, deren er sich rühmte, waren nicht gerade der große Wurf. Einige Leute mussten weniger Steuern zahlen, aber viele Kürzungen wurden an anderer Stelle durch Steuererhöhungen ausgeglichen, die wegen der von Bush verursachten Steuerausfälle notwendig geworden waren. Bushs Wahlkampfversion überzog die tatsächliche Geschichte der texanischen Steuersenkungen mit einem falschen Glorienschein.

In seinen Wahlreden behauptete Bush auch, seine Arbeit als Gouverneur habe gezeigt, dass er wisse, wie man den Einfluss des Staates zurückdränge. Eine Wahlanzeige verkündete, unter Bush sei das Wachstum der Staatsverwaltung so gering gewesen wie seit 40 Jahren nicht mehr. Aber die *Dallas Morning News*, die *Washington Post* und Associated Press meldeten, dass während Bushs Amtszeit der Umfang des texanischen Haushalts von 73 Milliarden Dollar auf 98,1 Milliarden Dollar hochgeschnellt sei – ein Sprung von 34 Prozent, und keine »mäßige« Steigerung, wie Bush behauptete. (In der gleichen Zeit wuchs das nationale Budget um 21 Prozent.)

Wie Bush die Geschichte umdeutete, um seine Reputation als Befürworter eines schlanken Staates zu festigen, so machte er es auch, um sich als »mitfühlender Konservativer« hinzustellen, der sich um das Gesundheitswesen verdient gemacht habe. Seine Wahlkampf-Website porträtierte ihn als den Mann, der »das Land bei der Stärkung der Patientenrechte angeführt« habe. Das traf nicht zu. 1995 legte Bush sein Veto gegen einen Gesetzesentwurf zum Patientenschutz ein. Zwei Jahre später wollte er ein ähnliches Gesetz blockieren, das es den Patienten ermöglichen sollte, vor Gericht gegen Behandlungsfehler zu klagen. Erst als klar wurde, dass das Parlament sich über sein Veto hinwegsetzen würde, ließ Bush das Gesetz passieren, aber er unterschrieb es nicht. Er hatte nicht geführt, er war geschoben worden.

Um zu beweisen, dass ihm die Gesundheit der Kinder am Herzen lag, behauptete Bush im Wahlkampf, er habe Gesetze unterzeichnet, die das »Child Health Insurance Program« (CHIP; Krankenversicherung für Kinder) für Kinder armer Leute ins Leben riefen. »Wir wollen CHIP in ganz Texas einführen«, brüstete er sich in einem Interview mit CNN. Aber während Bushs Zeit als Gouverneur hatte Texas relativ zur Bevölkerung die meisten unversicherten Kinder in den USA. Als 1999 die staatliche Gesundheitsfürsorge für Kinder aus armen Familien eingeführt werden sollte, plädierten die Demokraten dafür, die Einkommensgrenze doppelt so hoch anzusetzen wie die Armutsgrenze (also bei ungefähr 33 000 Dollar für eine vierköpfige Familie), Bush dagegen kämpfte darum, die Grenze bei 25 000 Dollar zu ziehen. Damit wären fast die Hälfte der unversicherten Kinder (220 000 von 500 000) von diesem Programm ausgeschlossen geblieben. (Ein anderes Gesetzesvorhaben, das für Bush damals höchste Priorität hatte, sollte der Öl- und Gasindustrie eine vorübergehende Steuerbefreiung in Höhe von 45 Millionen Dollar bescheren.) Schließlich aber setzten sich die Demokraten durch, und die von ihnen geforderte Einkommensgrenze wurde ins Gesetz geschrieben.

Der texanische Abgeordnete Glen Maxey, ein Demokrat, berichtet, Bush habe, als die CHIP-Sache verabschiedet worden war, zu ihm gesagt:»Herzlichen Glückwunsch. Das habt ihr uns schön reingewürgt.« Aber Bush zeigte keine Eile, das Programm zu verwirklichen. Das Magazin *Time* schreibt:»Bush ließ sich Zeit mit CHIP ... Als CHIP endlich anlief ... waren seit dem ersten Versuch des Parlaments, die betroffenen Kinder gesundheitlich zu versorgen, fünf Jahre vergangen. Diese Verzögerung ersparte dem Staat Texas mehrere Milliarden Dollar, sodass Bush genug Geld für seine 1-Milliarde-Dollar-Steuersenkung von 1997 übrig blieb.« Aber im Wahlkampf deklamierte Bush gern und mit viel Gefühl:»Kein Kind soll zurückbleiben!«

Bush war nicht nur unehrlich, was seine Rolle bei CHIP betraf, er wollte nicht einmal zugeben, wie ernst die Lage in Texas war. Als der Anchorman der CBS-Nachrichten Bush die schlechten Plätze vor Augen hielt, die Texas bei der Krankenversicherung im Bundesvergleich belegte (bei Kindern den hintersten Platz, bei Frauen den vorletzten), antwortete Bush:»Lieber Himmel – Statistiken gibt's ja wie Sand am Meer. Ich stütze mich auf die Tatsache, dass die Texaner mit meiner Arbeit zufrieden sind ... Ich kenne die Statistiken nicht ... aber ich weiß, dass viele Frauen versichert sind.« Diese Antwort war bezeichnend für Bush. Konfrontiert mit der blamablen Statistik, ließ er durchblicken, dass er die Zahlen für falsch hielt, und gab gleichzeitig unverblümt zu, dass er die Details nicht kannte.

Im Bemühen, seine Bilanz in Texas auszuschmücken, behauptete Bush fälschlich, die Umweltprobleme seien in seiner Amtszeit geringer geworden und er sei dafür verantwortlich. Einige Wochen vor Beginn des Wahlkampfs 2000 sagte Bush:»Man muss fragen: Ist die Luft sauberer geworden, seit ich Gouverneur bin? Und die Antwort lautet Ja.« Die *Washington Post* befasste sich mit dieser Behauptung und kam zu dem Schluss:»Die Statistik beweist, dass die Luft in den texanischen Städten genauso schlecht ist wie zu der Zeit, als Bush sein Amt antrat – wenn nicht schlechter. Die Häufigkeit der Smogalarme in Houston, Dallas und Austin ist in den Bush-Jahren steil angestiegen.« In keinem anderen Bundesstaat gibt es mehr Tage mit gesundheitsgefährdenden Ozonwerten, finden sich mehr krebserregende Stoffe in der Luft, werden mehr giftige Emissionen ausgestoßen.

Mit besonderem Stolz sprach Bush von seiner Bildungspolitik in Texas. Er habe eine Bildungsreform zuwege gebracht, rühmte er sich. Das war ein Gebiet, auf dem er sich auszukennen schien, eins der wenigen, wo er auch mit Details vertraut war. Aber auch hier reklamierte er Verdienste, die ihm nicht zustanden, sondern seinen Vorgängern, wie die *Los Angeles Times* bei der Untersuchung des »Wunders von Texas« herausfand. Alle Maßnahmen, die das texanische Unterrichtswesen verbesserten, waren schon vor Bushs Amtsantritt in die Wege geleitet worden. Trotzdem präsentierte sich Bush im Präsidentschaftswahlkampf nicht als Politiker, der erfolgreiche Maßnahmen *fortgesetzt* hatte, sondern als der Mann, der das Wunder bewirkt hatte.

So arg weit her war es mit diesem Wunder ohnehin nicht. Merklich verbessert hatten sich die Testergebnisse der Schüler nur in Mathematik. Wenn man Mathematik und Englisch zusammennahm, waren die Ergebnisse sogar etwas schlechter geworden, während sie sich in den anderen Staaten verbessert hatten. Außerdem kam der Verdacht auf, die Schüler seien intensiv auf die staatlichen Tests – ein Steckenpferd von Bush – hin gedrillt worden.

Es gab auch Dinge, deren sich Bush mit Recht hätte rühmen können. Als Gouverneur von Texas initiierte er ein staatliches Hilfsprogramm für alte und erwerbsunfähige Immigranten, nachdem der Kongress ihnen die Nahrungsmittelhilfe des Bundes gestrichen hatte. Er drängte darauf, das Verfahren zur Adoption zu beschleunigen. Er unterschrieb ein Gesetz zur Anhebung der Lehrergehälter und billigte einen Gesetzentwurf, der die Krankenversicherungen zwang, Geisteskrankheiten ähnlich wie körperliche Krankheiten zu betrachten. Er hätte auch erwähnen können, dass er die staatlichen Zuschüsse für die Betreuung von Kindern, deren Mütter von der Wohlfahrt lebten, erhöht hatte. Aber das schien ihm nicht attraktiv genug für den Präsidentschaftswahlkampf. Lieber brüstete er sich mit angeblichen Erfolgen bei den großen Themen – Steuern, Gesundheit der Kinder, Bildung, Patientenrechte und Umweltschutz –, wobei er aber eine Lüge auf die nächste häufte. Er wollte es so hinstellen, als habe er die großen politischen Probleme des modernen Amerika für Texas bereits gelöst und könne sie auch für das ganze Land lösen. Aber dazu musste er übertreiben. Gewaltig übertreiben.

»*Er war immer gegen Abtreibung.*«

Bush manipulierte die Wahrheit aber nicht nur hinsichtlich seiner Leistungen als Gouverneur, sondern auch in Bezug auf wichtige Details seiner Vergangenheit: sein Führungszeugnis, seinen Militärdienst und seinen Gesinnungswandel in einer wichtigen sozialen Frage. In allen drei Fällen wäre seine Kandidatur gefährdet gewesen, wenn die Wahrheit ans Licht gekommen wäre.

Im Jahr 1978, als er in West-Texas für den Kongress kandidierte, gab er dem *Lubbock Avalanche-Journal* ein Interview über sein Programm. Die Zeitung schrieb unter anderem:»Bush sagte, er sei gegen das Abtreibungsverbot, für das [sein Gegner] eintrete, und wolle die Entscheidung lieber der Frau und ihrem Arzt überlassen.«

Aber dann änderte er seine Meinung. Im (erfolgreichen) Gouverneurswahlkampf von 1994 erklärte Bush:»Ich werde alles in meiner Macht Stehende tun, um Abtreibungen zu verhindern.«

Als ich Bushs Wahlhelfer mit dem Artikel von 1978 konfrontierte, sagte sein Sprecher Dan Bartlett:»Da muss es sich um ein Missverständnis gehandelt haben. Er ist ein Lebensschützer. Er war immer gegen Abtreibung.« Auf meine Nachfrage, ob die Reporterin das falsch verstanden haben konnte, wiederholte er:»Ich sage, das muss ein Missverständnis sein.« Es war die übliche Ausrede: Der Kandidat ist falsch zitiert worden.

Gegen diese Version spricht alles. Erstens handelte es sich bei der Autorin des Artikels um eine Journalistin von untadeligem Ruf, zweitens hatten Bush und seine Wahlhelfer damals nicht gegen den Artikel protestiert, und drittens hatte Bush dem fraglichen Satz noch hinzugefügt: »Das heißt nicht, dass ich für Abtreibungen bin.« Welchen Sinn hätte dieser Satz gehabt, wenn Bush vorher erklärt hätte, er sei gegen Abtreibung?

Sehr viel wahrscheinlicher ist, dass Bush später auf die Parteilinie einschwenkte, um seinen Rückhalt in der Partei nicht zu gefährden. Zur Verschleierung dieses Gesinnungswandels setzte er die bewährte Methode des Leugnens ein.

»Ich habe meine Pflicht getan ... Alle gegenteiligen Behauptungen sind schlicht unwahr.«

Eins der beachtlichsten Kunststücke seines Präsidentschaftswahlkampfs war, dass Bush über seinen Militärdienst falsche Angaben machte und sich auf Nachfragen hin in fadenscheinige Ausreden flüchtete. Nach seiner ursprünglichen Darstellung hatte er während des Vietnamkrieges ehrenhaft und rechtmäßig in der Nationalgarde gedient. Doch die Tatsachen sprachen dagegen.

Bald nach Beginn des Präsidentschaftswahlkampfs fand Associated Press heraus, dass Bush bei seinem erfolglosen Kongresswahlkampf 1978 über seine militärische Vergangenheit nicht die Wahrheit gesagt hatte. Damals hatte er sich in einer Anzeige im *Lubbock Avalanche-Journal* gebrüstet, er habe »in der U.S. Air Force und in einer fliegenden Einheit der texanischen Nationalgarde« gedient, wo er »die F-102 flog«. Aber Bush war nur in der Nationalgarde, nicht in der Air Force gewesen. Als AP bei Bushs Leuten nachbohrte, hätten diese die Gelegenheit gehabt, die Sache richtig zu stellen. Doch Bushs Sprecherin Karen Hughes teilte AP mit, die Anzeige sei korrekt gewesen, wenn man die Zeit bedenke, die Bush im Training und in Bereitschaft zugebracht habe. »Als Offizier«, behauptete sie, »ist er in der Air Force aktiv gewesen.« Und Bush selbst sagte: »Ich war über 600 Tage lang in der Air Force.« Das wird von einer unbedingt glaubwürdigen Quelle bestritten – von der Air Force selbst: »Wer in der Nationalgarde dient, wird immer der Nationalgarde zugerechnet und niemals der Air Force.« Die Annonce von 1978 war eine Tatsachenverdrehung gewesen, und Bush und Hughes weigerten sich, das einzugestehen.

Bushs 20 Jahre alter Schwindel, der von der Presse kaum beachtet wurde, war nicht sein einziges Problem im Hinblick auf die Zeit des Vietnamkrieges. Bevor Bush offiziell republikanischer Anwärter auf die Präsidentschaftskandidatur 2000 wurde, bedrängte man ihn immer wieder mit Fragen, warum er damals zur Nationalgarde gegangen sei und wie er dort einen Posten bekommen habe, der ihn davor schützte, zum Vietnamkrieg eingezogen zu werden. Seine Antworten darauf klangen oft ziemlich unglaubwürdig.

Lange Zeit bestritt Bush, dass irgendjemand Fäden gezogen hatte, bevor er 1968 in die Nationalgarde eintrat. Damals machte er gerade seinen Abschluss in Yale (und verlor damit den Aufschub, der Studenten gewährt wurde), und der Vietnamkrieg eskalierte. Der Beitritt zur Nationalgarde wurde allgemein als Ausweg gesehen, um der Einberufung zum Militär zu entgehen. Junge Männer mit ausgeprägtem Selbsterhaltungstrieb rissen sich daher um die Posten bei der Nationalgarde. Es gab lange Wartelisten. Und Beziehungen waren hilfreich. In Houston traten so viele Söhne aus prominenten Familien der 147. Fighter Group der texanischen Nationalgarde bei, dass diese Gruppe später den Spitznamen Champagnereinheit bekam. In dieser Abteilung landete auch Bush. Und zwar ohne die Hilfe seines Vaters, der damals im Kongress saß, oder irgendeines anderen einflussreichen Menschen – zumindest behauptete Bush das.

Aber am 26. September 1999 verriet Ben Barnes, ein früherer Vorsitzender des Repräsentantenhauses von Texas, der *New York Times*, dass er während des Vietnamkrieges häufig gebeten worden war, jungen Männern einen Platz in der Nationalgarde zu verschaffen. Auch zu Gunsten von Bush sei interveniert worden. Ein Ölmann aus Houston namens Sidney Adger, ein Freund von Vater Bush, hatte Barnes gebeten, für George W. die Strippen zu ziehen. Barnes sagte, er habe sich daraufhin mit dem zuständigen Brigadegeneral der Nationalgarde in Verbindung gesetzt. Und was geschah dann? Barnes konnte es nicht sagen. Und der General und Adger waren schon tot.

Kann sein, dass Bush nichts von dieser Intervention und von seiner Vorzugsbehandlung gewusst hat. Aber es gibt noch andere Aussagen Bushs zu diesem Kapitel seines Lebens, die zu starken Zweifeln Anlass geben. Warum bewarb Bush sich bei der Nationalgarde? Um der Einberufung zu entgehen? »Ich wollte damals kämpfen ... und wollte mich ausbilden lassen, für welchen Einsatz auch immer«, sagte er im März 1999. Als er 1994 von der Zeitung *The Texas Monthly* gefragt wurde, ob er sich der Garde angeschlossen habe, um sich Vietnam zu ersparen, antwortete Bush: »Zum Teufel, nein. Glauben Sie, ich würde das zugeben?« Aber im gleichen Jahr schrieb der *Houston Chronicle,* Bush habe 1990 gesagt: »Ich wollte mir nicht mit einer Pistole das Trommelfell ruinieren, um zurückgestellt zu werden. Ich wollte mich auch nicht nach Kanada absetzen. Also beschloss ich, etwas für meine Ausbildung zu tun und fliegen zu lernen.« Das klingt nicht so, als ob er unbedingt kämpfen wollte. Außerdem musste man auf den Antragsformularen der Nationalgarde ankreuzen, ob man willens sei, sich für Auslandseinsätze zu melden. Bush kreuzte das Kästchen mit »Nein« an. In einem Interview mit der *Washington Post* wollte sich Bush 1999 daran nicht mehr erinnern.

Der *Boston Globe* enthüllte im Mai 2000 auf der ersten Seite weitere Details über Bushs Vergangenheit als Pilot und lieferte zusätzliche Hinweise darauf, dass Bush wissentlich die Unwahrheit über seine Zeit bei der Nationalgarde gesagt hatte.

Bush schrieb in seiner Autobiografie für den Wahlkampf, er habe sein Flugtraining 1970 abgeschlossen und sei »die nächsten paar Jahre in seiner Einheit geflogen«.

Der *Globe* bewies anhand von Dokumenten, dass Bush in den letzten eineinhalb Jahren seiner Dienstzeit nicht mehr geflogen war, ja, dass er sich lange Zeit überhaupt nicht bei seiner Einheit hatte blicken lassen. Da erhob sich doch die Frage: Hatte sich der Mann, der oberster Befehlshaber werden wollte, unerlaubt von der Truppe entfernt?

Bush ließ sich im Mai 1972 – da hatte er noch zwei Jahre bei der Nationalgarde vor sich – nach Alabama überstellen, weil er dort einem Freund der Familie im Wahlkampf helfen wollte. Aber bei der betreffenden Einheit in Alabama gab es weder Flugzeuge noch Piloten. Seine Vorgesetzten wunderten sich, dass die Versetzung genehmigt wurde. (Keine Vorzugsbehandlung?) Dann wurde die Bewilligung doch wieder zurückgezogen. Monatelang tat Bush überhaupt keinen Dienst bei der Nationalgarde. Er verlor die Flugerlaubnis, weil er sich nicht turnusgemäß vom Flugarzt untersuchen ließ. Schließlich bat er um Versetzung nach Montgomery (Alabama); dem Antrag wurde stattgegeben. Es wird noch eigenartiger: Der Kommandant in Montgomery und sein Personalchef sagten dem *Globe*, sie könnten sich nicht erinnern, dass Bush je seinen Dienst bei ihnen angetreten hätte. Und als die Wahl in Alabama vorbei war, kehrte Bush nach Texas zurück, meldete sich aber offensichtlich nicht bei seiner früheren Einheit. In seiner Personalakte von 1973 steht, Leutnant Bush sei im vergangenen Jahr »in dieser Einheit nicht gesichtet« worden. Man glaubte, er hätte das ganze Jahr in Alabama Dienst getan. Schließlich beantragte und erhielt Bush die Erlaubnis, seinen Dienst bei der Nationalgarde vorzeitig zu beenden. Er verschwand nach Massachusetts, um an der Harvard Business School zu studieren.

Es ist nie geklärt worden, wo Bush in den fraglichen Zeiten war. Hat er in Alabama einfach geschwänzt? Was hat er von Herbst 1972 bis Mai 1973 in Texas gemacht? Bush wollte sich dem *Globe* gegenüber nicht äußern. Sein Pressesprecher erklärte, Bush erinnere sich, nach Texas zurückgekommen zu sein und dort Dienst getan zu haben, »aber er weiß nicht mehr, in welchem Umfang«. Bush selbst sagte, als die Geschichte ans Licht kam: »Ich habe meine Pflicht getan ... Alle gegenteiligen Behauptungen sind schlicht unwahr.« Am 23. Juni 2000 fragte ein Reporter, ob Bush noch wisse, was er in Alabama bei der Garde gemacht habe. »Nein«, antwortete er, »daran erinnere ich mich nicht. Aber ich war da.« Zwei Tage später räumten seine Helfer ein, kein einziges Dokument gefunden zu haben, das belegen könnte, dass Bush in Alabama Dienst getan hat.

Der Pressesprecher versprach, ehemalige Kameraden beizubringen, die Bushs Präsenz in Alabama bestätigen würden. Aber es ließ sich keiner finden. Und Bush konnte sich an keinen einzigen Namen eines Kameraden in Alabama erinnern.

Nach all dem ist klar, dass Bush das Gelübde treuer Pflichterfüllung, das er bei der Nationalgarde ablegt hatte, nicht einhielt. Und es ist klar, dass er sich im Wahlkampf weigerte, mit der Wahrheit herauszurücken.

»Vertrauen Sie mir. Wenn da irgendwo eine Zeitbombe versteckt wäre, hätten die Clintons sie 1992 ausgegraben.«

Neben dieser zweifelhaften Angelegenheit mit der Nationalgarde fand sich in Bushs Vergangenheit noch eine weitere Peinlichkeit: ein Gesetzesverstoß, den er vor dem Wahlkampf hatte verheimlichen können. Als die Sache aufkam, nahm er wieder Zuflucht zu ganz unverfrorenen (und einigermaßen lächerlichen) Lügen.

Bush hatte immer zugegeben, zu viel getrunken zu haben, bevor er dem Alkohol abschwor. Das war, als er vierzig wurde, und ungefähr gleichzeitig wandelte er sich zum überzeugten Christen. Aber er weigerte sich hartnäckig, ins Detail zu gehen. War seine Trunksucht ein ernsthaftes Problem gewesen? Darauf gab er keine Antwort. Anders als manche Politiker seiner Generation lehnte er es ab, sich darüber zu äußern, ob er je Marihuana konsumiert habe. Als er 1994 für den Gouverneursposten kandidierte, drückte er sich laut *Texarkana Gazette* folgendermaßen aus: »Was ich als Jugendlicher gemacht habe? Das halte ich für unwichtig… Habe ich mich als Jugendlicher manchmal unverantwortlich verhalten? Klar. Natürlich.« Er legte das Wort *Jugendlicher* ziemlich großzügig aus.

Wenn es um seine wilden Jahre ging, vertrat Bush die Ansicht, dass Angriff die beste Verteidigung sei. Fragen nach seiner Vergangenheit, nach Alkohol und Drogen, tat er als unzulässige Schnüffelei ab. »Mit Gerüchten und Klatsch will ich nichts zu tun haben«, sagte er *USA Today*. »Ich halte es nur mit der Wahrheit. Die Menschen werden sicher die Wahrheit erfahren.« Was für eine Verlogenheit! Er wollte angeblich, dass man die Wahrheit erfuhr, war aber nicht bereit, Fragen nach seiner Vergangenheit zu beantworten.

Eine verheimlichte Wahrheit, mit der Bush es nicht »so genau genommen hatte«, kam mit einem Riesenknall am 2. November 2000 ans Licht, fünf Tage vor der Präsidentschaftswahl. Ein Fernsehkanal in Maine berichtete, Bush sei 1976, im Alter von 30 Jahren, in Kennebunkport (Maine) wegen Trunkenheit am Steuer verhaftet worden. Bush habe den Polizisten gegenüber zugegeben, dass er getrunken hätte. Er habe 150 Dollar Strafe zahlen müssen und in Maine Fahrverbot bekommen. Während einer Pressekonferenz auf die Sache angesprochen, räumte der Kandidat Bush den Vorfall ein. Er sagte, er habe über diese Verurteilung geschwiegen, weil er fürchtete, seinen Zwillingstöchtern ein schlechtes Beispiel zu geben. In der gleichen Pressekonferenz behauptete Bush: »Ich war sehr aufrichtig, was meine Vergangenheit anbetrifft.«

Bushs PR-Leute taten ihr Möglichstes, die Sache abzubiegen. Bush habe diese Verhaftung nie ausdrücklich geleugnet. Er habe bei einer anderen Gelegenheit, als er direkt gefragt wurde, ob er schon einmal wegen Alkohol am Steuer verhaftet worden sei, geantwortet: »Mein Betragen als Jugendlicher war nicht ganz einwandfrei.« Das sollte ein Beweis sein, dass er nicht direkt gelogen hatte. Aber er hatte diese Frage auch nicht beantwortet. Und ist man mit dreißig noch ein Jugendlicher?

Indirekt hatte er einer anderen texanischen Zeitung gegenüber jedenfalls gelogen. Im November 1998 erzählte Bush dem *Fort Worth Star-Telegram*, in seiner Vergangenheit gebe es nichts zu enthüllen. »Vertrauen Sie mir. Wenn da irgendwo eine Zeitbombe versteckt wäre, hätten die Clintons sie 1992 ausgegraben. Und wenn die sie nicht gefunden hätten, dann wäre sie garantiert 1994 entdeckt worden, oder 95, 96, 97 oder jetzt.«

Konnte Bush die Verhaftung vergessen haben? Im Gegenteil – es hat den Anschein, als habe er schon früher versucht, das Hochgehen dieser Zeitbombe zu verhindern. 1996 wurde Gouverneur Bush in Travis County zum Dienst als Geschworener berufen, und er bekundete öffentlich, er wolle ein guter Bürger sein und diese Pflicht gern erfüllen. Aber dann ergab sich ein Problem: Er musste einen Fragebogen ausfüllen, der unter anderem die Frage enthielt, ob er je schon in einem Gerichtsverfahren Angeklagter oder Kläger gewesen sei. Bush ließ diese Frage unbeantwortet. Aber das Risiko, dass er bei der Auswahl der Geschworenen gefragt würde, ob er schon einmal wegen Trunkenheit am Steuer belangt worden sei, war groß, weil es um einen solchen Fall ging. In dieser Notlage ersann Alberto Gonzales,

Bushs juristischer Berater, ein rechtliches Manöver, das Bush von seiner Pflicht befreite.

Bush fuhr vor dem Gerichtsgebäude vor und erklärte seine Bereitschaft, als Geschworener zu fungieren. »Während Bush mit den Reportern plauderte«, berichtete *Newsweek*, »hatte Gonzales eine Besprechung im Richterzimmer. Gonzales brachte ein ungewöhnliches Argument vor: Für Bush als Gouverneur könne sich ein Konflikt ergeben, wenn er eines Tages gebeten würde, den Angeklagten zu begnadigen.« Der Anklagevertreter verzichtete auf Bush, und der Verteidiger erklärte sich bereit, den Antrag auf Entlassung Bushs von seinem Amt als Geschworener zu stellen. Damit sah es in der Öffentlichkeit so aus, als sei Bush auf Wunsch der Verteidigung heimgeschickt worden. Beim Verlassen des Gebäudes versicherte Bush, er sei stets bereit, seine Pflicht zu tun.

Im Wahlkampf stellte Bush seine Leistungen als Gouverneur und wesentliche Episoden aus seiner Vergangenheit falsch dar, um ein gutes Image zu kultivieren und die Wähler zu überzeugen. All das stand in krassem Widerspruch zu seiner Selbststilisierung als Kandidat der Ehrlichkeit. Die Methoden seines Wahlkampfs passten dazu: Er war nicht, wie er behauptete, der Mann, der Verleumdungen, Schuldzuweisungen und Anwürfe verabscheute. Er verwendete all diese Mittel in großem Stil. Und er log nicht nur über sich selbst und seinen Wahlkampfstil, sondern auch darüber, was er als Präsident tun wollte. Er bat seine Wähler, ihm zu vertrauen, verheimlichte ihnen aber politische Absichten, die ungeheuer weit reichende Konsequenzen für das Land und für die ganze Welt haben sollten.

2. Ein unehrlicher Wahlkampf

»Ich will versöhnen, nicht spalten.«

Bush sagte in seiner Kampagne von Anfang an, er werde die amerikanische Politik erneuern. Er präsentierte sich als der Kandidat, der Angriffe unter der Gürtellinie verurteilte, als der offenherzige Texaner, den Parteiengezänk und Beleidigungen abstießen, als der Präsidentschaftsbewerber, der den rauen Umgangston in der amerikanischen Politik verbessern wollte. Er erklärte, er werde nie öffentlich über einen Mitbewerber herfallen, weil solche Angriffe dazu führten, dass das Volk sich angewidert von der Politik abwende. Bush und Senator McCain, ein anderer Republikaner, der sich auch um die Kandidatur bemühte, schüttelten sich daraufhin die Hände und gelobten, sich nicht mit Schmutz zu bewerfen. Aber als es so aussah, als könnte McCain, der freigeistige, reformfreudige Kriegsheld aus Arizona, ihm die Kandidatur wegschnappen, setzte sich Bush leichtherzig über solch hehre Ideale hinweg. Er wollte gewinnen und nahm auf die Wahrheit keine Rücksicht.

Die Vorwahlen 2000 begannen günstig für Bush. Er siegte erwartungsgemäß in Iowa. Aber bei der wichtigen Vorwahl in New Hampshire am 1. Februar schlug McCain ihn um Längen, und Bush, der vermeintlich sichere Kandidat, war plötzlich in Schwierigkeiten. Bei der nächsten Vorwahl, die in zweieinhalb Wochen in South Carolina bevorstand, musste er gewinnen. Keine Schmutzkampagne? Vergiss es.

Bush blies zum Angriff. Am 3. Februar trat er bei einer Kundgebung in Begleitung von J. Thomas Burch jun. auf, dem Vorsitzenden eines unbedeutenden Vereins der Vietnam- und Golfkriegsveteranen. Burch schimpfte, McCain habe im Senat »immer« dagegen gestimmt, wenn es um Gesetze zugunsten der Veteranen ging. »Er war unser Hauptgegner im Senat«, klagte Burch. »Er hatte die Macht, diesen Veteranen zu helfen. Er kam aus dem Krieg heim und vergaß uns. Wir brauchen einen echten Anführer in Washington. Wir brauchen Sie, Gouverneur Bush.«

Sich bei Burch einzuschmeicheln, war ein schlauer Schachzug Bushs. In South Carolina lebte eine große Zahl pensionierter Soldaten, auf die man im Lager des ehemaligen Kriegsgefangenen McCain zählte. Bush, der sich vor dem Vietnamkrieg gedrückt hatte, indem er (mehr oder weniger) in der Nationalgarde Dienst tat, musste etwas unternehmen: Er versuchte, bei den Veteranen Zweifel an McCain zu säen. Wie konnte man das besser erreichen als durch einen Veteranenvertreter, der sich beklagte, McCain kümmere sich nicht um ihre Belange? Das Problem war nur, dass Burch log. McCain hatte das Agent-Orange-Gesetz zugunsten der Veteranen unterstützt, und er hatte sich auch dafür eingesetzt, dass Golfkriegsteilnehmer, die an unerklärlichen Krankheiten litten, entschädigt wurden. Aber wie reagierte Bush auf Burchs niederträchtige Verleumdung? Als Burch seine Rede beendet hatte, schüttelte Bush ihm die Hand und sagte: »Danke, Kumpel.«

Vielleicht war Bush in dieser Sache nicht ausreichend informiert. Aber als die Medien berichteten, dass Burch in Bezug auf McCain gelogen hatte, und obendrein fünf Senatoren (darunter auch zwei Republikaner), die in Vietnam gekämpft hatten, Burchs Anschuldigungen »ganz und gar falsch« nannten, weigerte sich Bush immer noch, sich von Burch zu distanzieren oder sich zu entschuldigen. Stattdessen höhnte sein Sprecher, die McCain-Leute heulten wohl auf, weil man sie an einer empfindlichen Stelle getroffen habe. So viel zu Wahrhaftigkeit, Anstand und Moral, die Bush versprochen hatte.

Aber die Burch-Geschichte war nur die Eröffnungsfanfare für eine Verleumdungskampagne, wie sie in der neueren Geschichte ohne Beispiel ist. Mithilfe von Postwurfsendungen, E-Mails, Faxen und Telefonanrufen wurden übelste, völlig unbegründete Gerüchte über McCain in Umlauf gebracht: Er sei als Kriegsgefangener in Vietnam von Chinesen einer Gehirnwäsche unterzogen worden und jetzt ein in der Wolle gefärbter Kommunist. Seine Adoptivtochter aus Bangladesch sei in Wirklichkeit ein außereheliches Kind, Spross eines Seitensprungs mit einer schwarzen Prostituierten. Er habe seine Frau mit einer Geschlechtskrankheit angesteckt und sie in die Drogensucht getrieben. Er schikaniere seine Frau. Sie unterhalte Kontakte zur Mafia. In der Familie McCain habe es eine Abtreibung gegeben.

Bushs Wahlhelfer behaupteten, sie hätten mit dieser widerwärtigen Kampagne nichts zu tun. Aber es war bezeichnend, dass Bush, der seinen Abscheu vor Schlägen unter die Gürtellinie mit so viel Pathos zum Ausdruck gebracht hatte, sich nicht gegen diese schmutzigen Anwürfe aussprach. Wenn er zur Rede gestellt wurde, forderte er nie klar und entschieden, dass dem schäbigen Treiben ein Ende gemacht werden sollte. Stattdessen jammerte er, auch er werde von verschiedenen Gruppen angegriffen. Aber diese Gruppen bezichtigten Bush und seine Familie nie, sie seien psychotisch, moralisch verkommen und in Sexskandale verstrickt.

Als Nächstes schoss sich Bushs Apparat auf McCains Ansehen als Reformer ein, als Mann, der den Einfluss von Großkonzernen und Lobbyisten auf die Politik bekämpfte.

In einer von vielen Anzeigen wurde behauptet, McCain bitte Lobbyisten um Spenden, deren Interessen durch die Arbeit seines Ausschusses berührt würden, und übe Druck auf Behörden aus, seinen Spendern zu Willen zu sein. Das Gegenteil stimmte: Laut NBC hat Bush fünfmal so viel Wahlkampfspenden von Lobbyisten eingetrieben wie McCain.

Bush war nie um Ausreden verlegen, wenn es um zweifelhafte Details seines Wahlkampfs ging, auch wenn er dabei die Tatsachen verdrehen musste. Während der Schlacht um South Carolina hielt dieser selbst ernannte Versöhner-statt-Spalter eine Rede an der Bob-Jones-Universität, einem fundamentalistischen evangelikalen Lehrinstitut, an dem gemischtrassige Beziehungen verboten waren und gegen die katholische Kirche gehetzt wurde. Bush geriet wegen seines Auftritts vor diesen bigotten Erzkonservativen unter Beschuss und reagierte, indem er seinen Besuch dort umdeutete. Sein Auftritt habe ihm Gelegenheit gegeben, sich zur Frage gemischtrassiger Beziehungen zu äußern, teilte er CNN mit. »Ich habe die diesbezüglichen Richtlinien der Universität angeprangert.« In seiner Ansprache aber war Bush mit keinem Wort auf das Beziehungsverbot und die hässlichen Vorurteile eingegangen, die an der Universität gepflegt wurden.

Bei der Vorwahl in South Carolina schlug Bush McCain mit 53 zu 42 Prozent. In Michigan halfen die faulen Tricks nicht und McCain siegte mit 50 zu 43 Prozent. Bushs Apparat blieb bei seiner Linie. In New York ließ Bush in einem Radiospot eine geheilte Brustkrebspatientin auftreten, die McCain anklagte, er habe sich gegen die Finanzierung von zwei staatlichen Brustkrebsprogrammen gestellt. Dieser Spot war skrupellos und so irreführend wie nur möglich. McCain hatte die Brustkrebsforschung nie bekämpft, sondern sich häufig dafür ausgesprochen, wie seine Helfer bewiesen. Die Sache wurde noch schlimmer dadurch, dass McCains Schwester selbst an Brustkrebs gelitten hatte.

Als Bush von McCains Schwester erfuhr, sagte er eiskalt: »Umso wichtiger ist es, ihn daran zu erinnern, was er über die Forschung gesagt hat.«

Seine fiesen Tricks und seine Heuchelei schadeten Bush nicht. Am 7. März schlug Bush McCain in den meisten Wahlen des »Super-Tuesday« vernichtend und war damit als Kandidat der Republikaner so gut wie nominiert.

»Ich finde, alle sollten weniger Steuern zahlen.«

Aber Bush hörte mit seinen Lügen nicht auf. Monatelang hatte er um sein politisches Programm herumgeredet, hatte sich um klare Aussagen hinsichtlich der tatsächlichen Kosten und Konsequenzen gedrückt. Auch wer von seiner Politik profitieren sollte, war im Ungewissen geblieben. Jetzt, da er praktisch der republikanische Kandidat war, wollte man Genaueres über seine Pläne und Absichten wissen.

Sein verwegenstes Projekt waren mehrere Steuersenkungen großen Ausmaßes, darunter eine Ermäßigung der Einkommensteuer nach der Rasenmäher-Methode, die Abschaffung der Erbschaftssteuer und eine Verdopplung der Steuergutschrift für Kinder. Bushs Leute behaupteten, diese Steuererleichterungen stellten kein Problem für den Staatshaushalt dar, da sie durch Überschüsse gedeckt seien. Das stimmte hinten und vorne nicht; nach den Steuersenkungen würden die Staatsschulden zwangsläufig rapide anwachsen.

Aber Bush stellte nicht nur die finanziellen Folgen seiner kühnen Steuererleichterungen falsch dar. Seine Angaben, wer davon profitieren werde, waren noch betrügerischer. Um für seinen Vorschlag zu werben, erklärte er immer wieder: »Ich finde, alle sollten weniger Steuern zahlen.« Aber sein Plan versprach keine Entlastung für »alle«. Millionen gering verdienender Familien – deren Mitglieder Lohnsteuer, aber keine Einkommensteuer entrichteten – konnten durch Bushs Steuersenkungen nicht besser gestellt werden. Dabei ging es um etwa 20 Millionen Familien, die so genannten »working poor«, die mit schlecht bezahlten Jobs an oder unter der Armutsgrenze lebten. Genau diese ärmsten 22 Prozent der Bevölkerung sollten von der Reform also nicht profitieren.

Trotzdem behauptete Bush dreist: »Meine Steuersenkungen kommen hauptsächlich den untersten Einkommensgruppen zugute.« Nach den Analysen verschiedener Institute liefen Bushs Pläne aber darauf hinaus, dass über 42 Prozent der Gesamtsumme, die der Staat seinen Bürgern schenkte, bei einem Prozent der Bevölkerung landen würden – nämlich bei den Allerreichsten. Bush machte nicht den Versuch, diese Analysen durch Zahlen zu widerlegen – das hätte er nicht gekonnt –, sondern erzählte stattdessen immer wieder von einer Freundin, die sich und ihre zwei Kinder als Kellnerin durchbrachte und die nach seiner Steuerreform keine Einkommensteuer mehr zahlen würde. (Erstens gab es diese Freundin nicht, und zweitens hätte sie bei einem Jahreseinkommen von 22 000 Dollar ohnehin nur Lohnsteuer und keine Einkommensteuer abgeführt.)

Gore protestierte gegen die Ungerechtigkeit dieser Steuerpläne und gegen die verlogene Propaganda dafür. Gores eigene Steuervorschläge waren sozial ausgewogen und hätten den Geringverdienern, die sowieso keine Einkommensteuer bezahlten, deutliche Erleichterungen gebracht, während Bush nur einen warmen Regen für die Millionäre vorbereitete.

48

Auch wenn Bush seinen Rentenplan anpries, verdrehte er die Wahrheit aufs Unverschämteste. Eigentlich war es überhaupt kein Plan, sondern eine Sammlung von vier »Prinzipien«. Die ersten drei waren konventionelle Versprechungen, wie sie jeder amerikanische Politiker äußerte: keine Einschnitte für diejenigen, die schon in Rente waren oder bald sein würden; kein Zugriff des Staates auf die Rentenfonds; keine Erhöhung der Lohnsteuer. Bushs viertes »Prinzip« aber war neu: eigene Rentenkonten für junge Leute. Auch andere konservative Politiker plädierten seit langem dafür, es Arbeitern und Angestellten zu erlauben, einen Teil von ihrer Lohnsteuer abzuziehen und in einen Fonds einzuzahlen. Bush erklärte, so könne das gefährdete Rentensystem »gerettet« werden. Als Gore diesen Vorschlag heftig attackierte, warf Bush ihm vor, er verbreite »Angst und Panik«.

Dabei war es Bush, der Panik verbreitete. In einem Altenheim teilte er den Leuten mit: »Wenn wir nichts unternehmen, um das System zu reformieren, wird es im Jahr 2037 zum finanziellen Kollaps kommen.« Das war stark übertrieben. Im Jahr 2037 würde nicht das Rentensystem zusammenbrechen, sondern seine Reserven wären aufgebraucht und das System könnte seine Verpflichtungen nur noch zu 70 Prozent erfüllen. Das wäre eine ernsthafte Krise, aber kein völliger Zusammenbruch. Berechnungen zufolge würde die Rentenkasse danach noch 40 Jahre lang Zahlungen in dieser Höhe von 70 Prozent leisten können. Aber Bush stellte es so hin, als stünden die Rentner dann plötzlich vor dem Nichts. In einer Fernsehsendung erklärte er, es sei wahrscheinlicher, dass junge Leute auf den Mars fliegen würden, als dass sie eine Rente bekämen. Das war unbestreitbar falsch.

Bush hatte einen Grund dafür, den Zusammenbruch des Rentensystems an die Wand zu malen: Er wollte seine

Pläne für eine Privatrente als äußerst wichtig hinstellen. Unehrlicherweise äußerte er sich aber nie dazu, welch schwerwiegende negative Auswirkungen private Rentenversicherungen auf den Rest des Rentensystems haben mussten.

Die meisten Vorschläge für eine private Rentenversicherung liefen darauf hinaus, dass zwei Prozentpunkte der Lohnsteuer (deren Satz 14,2 Prozent betrug) auf ein Rentenkonto eingezahlt werden sollten. Damit würde das allgemeine Rentensystem etwa 16 Prozent seiner Einnahmen verlieren. Was würde das für die Nutznießer des Systems bedeuten? Im amerikanischen Rentensystem werden jeweils die Einnahmen aus der Lohnsteuer für die laufenden Rentenzahlungen verwendet. Wenn plötzlich ein Sechstel der Einnahmen wegfiel, dann würde das System schon im Jahr 2023 am Rande des Abgrunds stehen und die Zahlungen reduzieren müssen, und nicht erst 2037. Auch die aktuellen Ruhegelder würden gekürzt werden müssen, wenn dem System Geld entzogen wurde.

Diese Nachteile einer Teilprivatisierung erwähnte Bush nicht. War das eine Lüge durch Auslassung? Auf jeden Fall sagte er nicht die ganze Wahrheit.

»Das Rentenproblem ist … ein Prüfstein für Präsidentschaftskandidaten, an dem ihre Seriosität und ihre Entschlossenheit gemessen werden können«, erklärte Bush. Wenigstens sprach er nicht von einem Prüfstein für Ehrlichkeit. Wenn es ihm um Seriosität ging, warum präsentierte er dann nicht einen Plan mit exakten Zahlen? Seine Wirtschaftsberater hätten sie ihm mühelos liefern können. Aber in keiner seiner Reden erläuterte Bush den Plan in allen Einzelheiten. In irreführender Absicht unterschlug Bush alle Probleme, die durch seine Rentenpläne entstehen würden.

50

Fragwürdig war auch Bushs Hilfsplan für alle Amerikaner ohne Krankenversicherung. »Jede Familie mit niedrigem Einkommen muss Zugang zu einer Krankenversicherung haben«, forderte er. »Ich glaube, wir können diesen Menschen helfen. Wir können damit anfangen, indem wir die medizinische Grundsicherung erschwinglicher machen.« Seine Lösung war eine Steuergutschrift für Familien, die weniger als 30 000 Dollar im Jahr verdienten, in Höhe von 90 Prozent der Kosten für eine Versicherungspolice, maximal 2 000 Dollar pro Jahr. Diese Grundversicherung, so Bush, werde die Familien vor plötzlicher Verarmung schützen und ihnen viele Sorgen abnehmen. Und auf seiner Website war zu lesen: »Wenn eine Familie, die 30 000 Dollar verdient, eine Krankenversicherung um 2 222 Dollar abschließt, dann übernimmt der Staat davon 2 000 Dollar, also 90 Prozent, und die Familie zahlt nur 10 Prozent, das sind 222 Dollar im Jahr oder 18,50 Dollar im Monat.«

Krankenversicherung für weniger als 20 Dollar monatlich? Das klang zu schön, um wahr zu sein. Und Bush tat, als wäre mit seinem Plan all den zehntausenden von Amerikanern, die sich keine Krankenversicherung leisten konnten, geholfen. Aber der Plan basierte auf einer Fiktion: nämlich dass man für 2 222 Dollar eine Krankenversicherung bekäme. In Wirklichkeit lag der Preis bei 5 000 bis 6 000 Dollar. Bushs Berater wussten das wahrscheinlich, ignorierten es aber aus Zweckmäßigkeitsgründen. Bei Bushs Gesundheitsplan musste also eine Familie, die 30 000 Dollar im Jahr verdiente, im Stande sein, bis zu 4 000 Dollar jährlich für eine ausreichende Krankenversicherung abzuzweigen. Dazu kämen dann noch verschiedene Zuzahlungen. Die *Washington Post* kommentierte in einem Leitartikel: »Die Subvention, die er vorschlägt, ist zu gering, als dass sich dadurch die Zahl der Unversicherten wesentlich verringern ließe.« Bush möge wohl geglaubt haben, damit könne den »Millionen Unversicherten« geholfen werden, aber dem sei nicht so. Die meisten von ihnen wären weiterhin dem Krankheitsrisiko ungeschützt ausgesetzt.

»Amerika sollte sich vor einem Kandidaten hüten, der die Tatsachen zurechtbiegt, um Punkte zu machen.«

Im Präsidentschaftswahlkampf werden den Konkurrenten oft simplifizierende Etiketten aufgeklebt. Im Jahr 2000 war der allgemeine Eindruck der, Gore, das glatte, smarte Chamäleon, trete gegen den nicht allzu hellen, bodenständig herzlichen Bush an. Während sich Bush öffentlichen Fragen nach seiner Intelligenz stellen musste, kämpfte Gore gegen Presseäußerungen an, er nehme es mit der Wahrheit nicht so genau. Gore hatte schon ein paar unfaire Schläge einstecken müssen. Zum Beispiel hatte ihn die *Washington Post* in einer wichtigen Sache falsch zitiert. Die Presse stürzte sich auf jeden kleinsten Schwindel von Al Gore. Verglichen mit der Flut von Lügen und Verdrehungen, die Bush in die Welt setzte, waren das Peanuts. Aber Bush kam ungeschoren davon. Al Gore war allerdings auch nicht unschuldig an dem Image des Lügners, das ihm anhaftete. Aus einem Wahlspendenskandal versuchte er sich mit gewundenen Ausreden herauszuschwindeln. Gegen seinen Konkurrenten um die Kandidatur, den ehemaligen Senator Bill Bradley, hatte er Verleumdungen in die Welt gesetzt.

Bushs Mannschaft – angeführt von dem Kandidaten, der den Ton in der amerikanischen Politik zu ändern versprochen hatte – tat ihr Möglichstes, den öffentlichen Eindruck zu verstärken, dass Gore ein von sich selbst allzu sehr eingenommener Schwindler sei. Als die Medien Gores

Behauptung anzweifelten, er müsse für die Arthritis-Medizin seiner Schwiegermutter dreimal so viel bezahlen wie für die gleiche Medizin, die sein alter Hund brauchte, erklärte Bush: »Das Land braucht ehrliche Aussagen ohne Übertreibungen. Ich beobachte mit Besorgnis, dass Vizepräsident Gore gern zu Übertreibungen greift, um gewählt zu werden. Das ist keine Führerschaft. Ein echter Führer übertreibt nicht, um zu gewinnen.« Bush ging noch weiter: »Amerika sollte sich vor einem Kandidaten hüten, der die Tatsachen zurechtbiegt, um Punkte zu machen.« Nachdem er Gore auch in Anzeigen als Lügner hatte hinstellen lassen, wurde Bush gefragt, wie sich das mit seinem Versprechen, »den Ton zu ändern«, vertrage. Er antwortete: »Irgendjemand hat geschrieben, diese Anzeige werde mich den Wahlsieg kosten. Aber die Wähler sollen selbst urteilen.« Es war klar, dass es Bush auf das Ergebnis ankam, nicht auf »Prinzipien«. »So ist die Politik eben«, sagte er.

3. Auszähl-Lügen

»[Die Stimmen] sind nicht nur gezählt worden, sie sind zweimal gezählt worden.«

James Baker landete in Florida mit einer Lüge. Zwei Tage nachdem die Wahlnacht ohne Ergebnis vergangen war, wobei Bush in Florida knapp vor Gore lag, wurde dieser gerissene, energische Jurist, Politiker und Diplomat der Hauptgeschäftsführer bei Bushs Versuch, die Macht an sich zu reißen. Gleich bei der Ankunft im Sonnenstaat erklärte er: »Wir haben gewählt. Wir haben gezählt. Jetzt haben wir noch eine zweite Zählung durchgeführt, bei der kein Mensch behaupten kann, es sei nicht mit rechten Dingen zugegangen, und trotzdem sagt die Gegenseite: ›Wir wollen eine weitere Zählung.‹ Eine dritte Zählung der gleichen Stimmzettel!« Bei seiner ersten Pressekonferenz in Florida verkündete Baker, die Stimmen seien »nicht nur gezählt worden, sie sind zweimal gezählt worden … Das kann niemand bestreiten.«

Baker etablierte die wichtigsten Methoden seiner Mission: Lügen, Verdrehungen und vor allem: absolute Standhaftigkeit. Und er hatte bereits die Linie ausgearbeitet, bei der Bush während des ganzen 36-tägigen Nachwahldramas blieb: Die Stimmen seien gezählt *und noch einmal* gezählt worden, Bush habe jedes Mal vorne gelegen, Gore könne das nicht akzeptieren und versuche rechtswidrig, das Verfahren in die Länge zu ziehen und das Unvermeidliche zu verhindern.

Aber was Baker für unbestreitbar erklärte – zwei vollständige Stimmauszählungen, die eine Mehrheit für Bush ergaben – war in Wirklichkeit eine höchst zweifelhafte Sache. So war es nicht gelaufen. Die Stimmen in Florida waren nicht komplett nachgezählt worden. Wann immer die Bush-Leute in den folgenden Wochen behaupteten, die Nachzählung habe Bushs Sieg bestätigt, sagten sie nicht die Wahrheit.

Das Gesetz von Florida verlangt eine Nachzählung der Stimmzettel, wenn die Ergebnisse der beiden Kandidaten um weniger als ein halbes Prozent auseinander liegen. Bush war ursprünglich mit 0,03 Prozent der 5,9 Millionen Stimmen in Führung gegangen. Wie es das Gesetz befahl, forderte die staatliche Wahlbehörde – geleitet von Katherine Harris, der Innenministerin von Florida, die zu den wichtigsten Leuten in Bushs Wahlkampftruppe in Florida gehört hatte –, die Wahlbezirke zur gesetzlich vorgeschriebenen Nachzählung auf. Aber eine komplette Nachzählung fand nicht statt. 18 der 67 Countys nahmen die Stimmzettel nicht mehr in die Hand; sie überprüften nur ihre Additionen aus der Wahlnacht. In diesen 18 Countys waren ungefähr ein Viertel aller Stimmen des Staates abgegeben worden.

Was herausgekommen wäre, wenn man die ganzen eineinhalb Millionen Stimmzettel in diesen Wahlkreisen noch einmal durch die Zählmaschinen geschickt hätte, weiß kein Mensch. Aber immerhin führte diese angeblich vollständige, tatsächlich aber nur partielle Nachzählung dazu, dass Bushs Vorsprung sich auf ganze 327 Stimmen reduzierte.

Bakers Behauptung, jeder Stimmzettel sei mindestens zweimal maschinell gezählt worden – eine Aussage, welche die Bush-Leute ewig und endlos wiederholten –, war falsch. Vielleicht waren sich Bush, Baker und Konsorten nicht klar

56

darüber, dass sie Unwahrheiten verbreiteten. Das Versäumnis, die Wahlscheine noch einmal zu zählen, fiel damals nicht weiter auf, und Gores Leute versäumten es offenbar, die Nachzählung zu überprüfen. Aber wenn man die enge Verknüpfung zwischen Bushs Leuten, der Wahlbehörde von Florida und der zuständigen Ministerin bedenkt, darf man sich schon fragen, ob Bushs Juristentruppe nicht ahnte, dass Bush bei der Überprüfung des Wahlergebnisses Riesenglück gehabt hatte. Auf jeden Fall wären Bush und Baker verpflichtet gewesen, sich zu vergewissern, dass das, was sie in der kritischen Zeit nach der Wahl äußerten, der Wahrheit entsprach.

Wenn Wahlkämpfe ohnehin nur allzu oft erbitterte Schlachten sind, bei denen man um jeden Preis gewinnen will, dann war der Konflikt in Florida ein Atomkrieg. Bush und Baker mochten vielleicht nicht wissen, dass ihr Hauptargument nicht den Tatsachen entsprach, aber Baker und andere Bush-Helfer waren zu allem bereit, um eine Überprüfung der ursprünglichen Ergebnisse zu hintertreiben.

Ein bezeichnendes Beispiel: Palm Beach, wo neuartige, irritierend gefaltete Stimmzettel dazu geführt hatten, dass tausende von Gore-Anhängern irrtümlich Pat Buchanan, den Kandidaten der Reformpartei, wählten oder ihre Stimmzettel ungültig machten, indem sie für Buchanan und dann auch noch für Gore stimmten. Damit das Durcheinander in Palm Beach Bushs Sieg nicht gefährdete, wurden falsche Informationen verbreitet. Baker behauptete, diese Art von Stimmzettel sei in Florida schon früher verwendet worden und niemand habe sich beschwert »bis nach dieser Wahl«. Einer seiner Kollegen stellte später fest: »Es ist nicht fair, zu warten, bis die Stimmen ausgezählt sind, und dann, wenn einem das Ergebnis nicht passt, zu sagen ... dass mit der Form des Wahlzettels etwas nicht in

Ordnung gewesen sei.« Tatsächlich aber waren solche Stimmzettel noch nie für Wahlen verwendet worden. Und Beschwerden darüber waren schon am Morgen des Wahltags 2000 eingegangen, bevor noch ein Ergebnis bekannt war, und hatten sich im Lauf des Tages gehäuft, nachdem Wähler verwirrt die Wahlkabine verlassen hatten. Die Wahlleiter und die Leute von den Umfrageinstituten wurden schon früh auf das Problem aufmerksam.

Ari Fleischer, einer der Sprecher Bushs, versuchte das Problem in Palm Beach herunterzuspielen und behauptete: »In Palm Beach County hat Buchanan eine Menge Anhänger, deswegen hat er hier 3 407 Stimmen errungen.« Ein Journalist von *Salon* wollte diese Behauptung überprüfen und befragte Jim McConnell, der Buchanans Wahlkampf in Florida geleitet hatte. »Das ist Unsinn«, sagte McConnell. Er schätzte die Zahl der Buchanan-Wähler auf 300 bis 500 und bestritt, dass Palm Beach eine Hochburg der Buchanan-Anhänger sei. Buchanan selbst bestätigte das. »Ich bin sicher, dass eine Menge Stimmen, die für mich abgegeben wurden, für Gore gedacht waren«, erklärte er.

Das ewige »Es ist gezählt und nachgezählt worden.« war nur ein Teil der unehrlichen Strategie der Bush-Leute. Hinzu kam noch, dass sie die Legitimität und Genauigkeit einer manuellen Nachzählung, die Gore verlangte, bestritten. Baker warf Gore vor, er versuche, »das Verfahren bei der Wahl des Präsidenten ungebührlich in die Länge zu ziehen, indem er an das Ergebnis immer neue Anforderungen« stelle. Er behauptete, Gores Forderung nach »Nachzählung, Nachzählung und noch einer Nachzählung« mache »das traditionelle Verfahren bei der Präsidentenwahl zunichte«. Zu diesem Zeitpunkt lag Gore um 327 Stimmen hinten und hatte manuelle Nachzählungen in vier Countys verlangt. Waren das »immer neue Anforderungen«?

Natürlich hatte Gore ebenfalls ein Team, das sein Möglichstes tat, um zu siegen. Auch die Demokraten gingen mit der Wahrheit nicht zimperlich um, wenn Not am Mann war. Aber die Wahl war noch nicht offiziell vorbei. Bis 17. November um Mitternacht konnten immer noch Wahlbriefe eingehen, die mit zu berücksichtigen waren, und die Handauszählung, die Gore forderte, war im Wahlgesetz des Staates durchaus vorgesehen. Aber Baker stellte es so dar, als sei Gore ein schlechter Verlierer, der verzweifelt versuche, das System zu untergraben und das Land zu spalten, um sich einen unverdienten Sieg zu sichern.

Bushs Leute bemühten sich nach Kräften, manuelle Nachzählungen zu verhindern. Auf Fakten nahmen Baker und seine Kollegen dabei keine Rücksicht. In der Sendung *Meet the Press* höhnte Baker: »Jetzt möchte also die andere Seite in ein paar ausgewählten Countys, die überwiegend demokratisch wählen, per Hand nachzählen lassen, in einem Verfahren, für das es keine einheitlichen Regeln gibt ... Die Tendenz geht in Richtung Wahlmaschinen, weil man damit zu den verlässlichsten Ergebnissen kommt.«

Es stimmte schon, dass Gores Leute die manuelle Nachprüfung nur für vier Countys verlangt hatten, die eher demokratisch gesinnt waren. Das roch ein bisschen nach Opportunismus. Aber so war es in den Gesetzen Floridas vorgesehen. Ein Kandidat durfte Nachzählungen verlangen, wo er wollte. Auch Bush hätte in den überwiegend republikanischen Countys Nachzählungen verlangen können. Aber da er in Führung lag, wenn auch nur knapp, fand seine Mannschaft, es sei in seinem Interesse, jegliche Überprüfung zu verhindern. Zu diesem Zweck attackierten sie (ungerechtfertigterweise) die Vorstellung, eine Nachzählung per Hand könne genaue Ergebnisse liefern.

Bei der Handzählung, so Baker, »schauen die Wahlhelfer die Stimmzettel an und erraten die Absicht des Wählers ... Das ist außerordentlich ungenau.« Er predigte immer wieder: »Maschinen sind weder demokratisch noch republikanisch und können deshalb weder bewusst noch unbewusst beeinflusst werden.«

Die Kämpfer gegen die Nachzählung standen auf Kriegsfuß mit der Wahrheit. Die *New York Times* brachte am 17. November auf der ersten Seite einen Bericht über Wahlstanzmaschinen. Darin kamen auch Repräsentanten von Firmen, die solche Geräte herstellten, zu Wort.[1] Diese Experten schätzten die Fehlerquote bei solchen Maschinen auf 0,1 bis 1 Prozent oder auch mehr (wahrscheinlich ein eher optimistischer Wert; schließlich hatten die Fachleute kein Interesse daran, ihre eigenen Produkte schlecht zu machen). Auf die 3,45 Millionen Stimmen in Florida hochgerechnet, konnten zwischen 3 450 und 34 500 Stimmen falsch gelesen worden sein – das war erheblich mehr als der Unterschied zwischen den Ergebnissen von Bush und Gore. Die Zeitung stellte fest: »Letzten Endes ist, wie die Hersteller zugaben, die sicherste Methode immer noch die Stimmauszählung per Hand.« Robert Swartz, der Präsident der Firma Cardamation, die seit 25 Jahren Zählgeräte für gestanzte Wahlzettel herstellte, sagte: »Man muss wissen, dass es wohl keine Möglichkeit gibt, mit der Maschine ein hundertprozentig richtiges Ergebnis zu erreichen. Wenn man auf absolute Korrektheit Wert legt, ist eine Nachzählung per Hand unbedingt sinnvoll und die sicherste

---

1 Bei den Stanzwahlzetteln muss der Wähler einen Stift durch einen perforierten Kreis drücken und damit ein kleines Loch in den Zettel stanzen. Die Stimmzettel kommen in eine Maschine, welche die Löcher zählt. Das Stanzsystem – das weniger genau ist als das bekannte Ankreuzverfahren – wurde in etwa 60 Prozent des Gebiets von Florida benutzt. Auch die vier Countys, um die es hier geht, verwendeten dieses System.

Methode.« Todd Urosevich, Vizepräsident der Firma Election Systems and Software, Inc., stellte fest: »Eine Nachzählung per Hand kann äußerst genau sein.« Auch die Wahlbehörden mehrerer Bundesstaaten geben in Zweifelsfällen einer manuellen Nachzählung den Vorzug; das sei der sicherste Weg, Fehler bei der automatischen Zählung zu korrigieren.

Die scheinheilige Entrüstung der Bush-Leute über die geforderte Nachprüfung stand nicht im Einklang mit einem texanischen Gesetz – von Bush 1997 unterschrieben –, das bei einem knappen Wahlausgang manuelle Nachzählungen vorsah. »Eine Nachzählung per Hand«, so steht es in diesem Gesetz, »ist einer maschinellen vorzuziehen.« Als Bushs Sprecher mit diesem peinlichen und ungelegenen texanischen Gesetz konfrontiert wurden, nahmen sie Zuflucht zu Ausreden. Baker erklärte: »Im texanischen Wahlgesetz ist eine Nachzählung per Hand vorgesehen, aber das Verfahren richtet sich nach einheitlichen Regeln und objektiven Standards.« Ted Olson, ein Bush-Anwalt, sagte in seinem Bemühen, die Handzählungen zu stoppen, vor einem Bundesgericht: »Das texanische Gesetz, das aus durchsichtigen Gründen ins Feld geführt wird, enthält eine Liste sehr klarer Regelungen.«

Das texanische Gesetz legte fest, dass eine Stimme zähle, wenn mindestens zwei Stellen des auszustanzenden Stückchens abgelöst seien und man durch das Loch hindurch Licht sehen könne. Aber es gestand den Auszählern auch ein gewisses Ermessen zu; es bestimmte nämlich, dass eine Stimme auch gerechnet werden müsse, wenn im perforierten Kreis eine Einbeulung durch den Stift oder einen anderen Gegenstand zu erkennen sei, die eine deutliche Absicht des Wählers, seine Stimme abzugeben, anzeige oder wenn die perforierte Stelle auf andere Weise den Wählerwillen erkennen lasse. Diese Teile des texanischen

Gesetzes waren dem in Florida geltenden ähnlich, das die Wahlbehörden ermächtigte, den Wählerwillen zu beurteilen. Also hatte Baker die Öffentlichkeit getäuscht und Olson hatte einen Bundesrichter getäuscht.

»Wir haben die Verpflichtung, ehrlich und anständig zu sein ... und die Gesetze zu respektieren.«

Solche irreführenden Winkelzüge waren ganz im Sinn des Kandidaten. Am 15. November trat Bush im Fernsehen auf, um auf einen vorhergegangenen Auftritt von Gore zu reagieren, und verstellte sich mächtig. »Meine Leute«, erklärte er, »haben die maschinelle Nachzählung aller Stimmen in Florida befürwortet.« Das war insofern scheinheilig, als sie dabei gar nichts zu sagen hatten. Genauso gut hätten sie befürworten können, dass man vor einer roten Ampel anhält. Er behauptete: »Eine weitere Zählung per Hand wird das Ergebnis nicht genauer machen, im Gegenteil.« Er erklärte auch: »Die Stimme jedes Einzelnen in Florida ist gezählt worden.« Das stimmte nicht. Wie manuelle Prüfungen zeigten, gab es Stanzstimmzettel, die nicht als gültige Stimmen gewertet wurden, als sie in der Wahlnacht durch die Zählmaschinen liefen – so genannte »undervotes« –, die aber ein deutlich erkennbares Loch aufwiesen, was eine gültige Stimmabgabe bedeutete. Es gab endlose Debatten, wann bei einer manuellen Zählung eine Stimme als gültig gewertet werden sollte. Wenn das Papierstückchen, das ausgestanzt sein sollte, noch am Stimmzettel hing? Wenn es durchstochen war? Wenn es nach oben oder unten gewölbt war? Doch es bestand nicht der mindeste Zweifel, dass einige »undervote«-Stimmzettel (und es gab allein im County Miami-Dade 10 500 davon) nicht

62

richtig gelesen worden waren. Vielleicht nur wenige. Aber bei dieser Wahl ging es ja nur um ein paar Stimmen.

Bush brachte noch ein weiteres fragwürdiges Argument vor, das die Republikaner erfunden hatten: »Mit jedem Mal, wo die Stimmzettel geprüft werden, steigt das Fehlerrisiko steil an.« Seine Anhänger stellten die Stimmzettel als empfindliche Papierfetzen hin, die leicht reißen könnten, und wenn man sie noch einmal zählte, könnten die rundum perforierten Papierstückchen sich von selbst lösen. Das war nicht der Fall. Nachdem das Theater in Florida vorbei war, konnte ich Stimmzettel untersuchen, die in Miami verwendet worden waren, und stellte fest, dass sie recht robust waren. Bei normaler Behandlung hätte sich nie ein perforiertes und nicht durchstoßenes Stück aus dem Papier gelöst. David Leahy, der oberste Wahlleiter im County Miami-Dade – und kein Freund der Demokraten –, erklärte mir: »Man kann einen Stimmzettel hundert Mal durch die Zählmaschine laufen lassen, ohne dass so etwas passiert. Bei normaler Behandlung entsteht nicht von selbst ein Loch.«

Bush beendete seine Argumentation mit einem Aufruf zum Anstand: »Wir haben die Verpflichtung, ehrlich und anständig zu sein. Wir haben die Verpflichtung, dafür zu sorgen, dass diejenigen, die in unserem Namen sprechen, die Politik nicht vergiften. Und wir haben die Verpflichtung, die Gesetze zu respektieren und nicht zu versuchen, sie zu umgehen, wenn uns das Ergebnis nicht passt.« Aber er und seine Mannschaft verstießen gegen diese Verpflichtungen.

Als der Oberste Gerichtshof von Florida eine Woche später einstimmig – und im Gegensatz zu einer früheren Anweisung von Katherine Harris – entschied, dass auch Handauszählungen beim Gesamtergebnis des Staates berücksichtigt werden müssten, kam das den Bush-Leuten

63

sehr ungelegen. Bush nahm die Richter unter Beschuss. »Wir glauben, dass die Richter ihr Amt ausgenutzt haben, um die Wahlgesetze von Florida zu ändern und sich die Autorität der Wahlbehörde anzumaßen.« Bushs heftige Kritik stimmte nicht mit seiner Forderung aus der Vorwoche überein, »die Gesetze zu respektieren und nicht zu versuchen, sie zu umgehen, wenn uns das Ergebnis nicht passt«. In einem kurzen Interview mit Journalisten fügte er noch hinzu: »Die Legislative erlässt die Gesetze. Die Exekutive muss sie interpretieren.« Nein. Die Gesetze werden von den Gerichten interpretiert. Der Gerichtshof hatte die Aufgabe gehabt, widersprüchliche Gesetzesvorschriften auszulegen: Eine Vorschrift ermöglichte Nachzählungen per Hand (was einige Zeit dauern kann), die andere forderte, möglichst schnell ein endgültiges Wahlergebnis herbeizuführen. Bush hätte sich auf den Standpunkt stellen können, der Oberste Gerichtshof habe falsch entschieden und hätte dem Zeitargument mehr Bedeutung beimessen sollen als dem Zählargument. Stattdessen bewies er, dass er seine eigenen hehren Worte nicht ernst nahm, und attackierte die Richter, indem er klagte, das Gericht habe seine Entscheidung »in legalistische Sprache gekleidet«. Was für eine Sprache sollten Richter sonst benutzen?

Bush rief dazu auf, sich während der schwierigen Nachwahlzeit anständig zu verhalten und »die Politik nicht zu vergiften«. Doch wie reagierte er, als seine Anhänger sich sehr wenig anständig, ja sogar gewalttätig benahmen? Mit Schweigen. Am 22. November, als die Wahlbehörden im County Miami-Dade im Begriff waren, die manuelle Nachzählung zu starten, versammelte sich eine große Menge von Republikanern vor dem Stephen P. Clark Government Center, um dagegen zu protestieren. Was genau geschah und wie es die Nachzählung im County beeinflusste, darü-

64

ber ist lang und erbittert gestritten worden. Die *New York Times* berichtete, die Demonstration sei »am Mittwoch gewalttätig geworden, nachdem die Wahlhelfer beschlossen hatten, bei der Nachzählung die Öffentlichkeit auszuschließen. Joe Geller, der Parteivorsitzende der Demokraten in Miami-Dade, wurde von der Polizei in Sicherheit gebracht, nachdem die Menge ihn umzingelt und ihm vorgeworfen hatte, er habe einen Stimmzettel gestohlen.« (Geller hatte nur einen Musterstimmzettel bei sich.) »Oben im Clark Center«, so fuhr der Bericht fort, »wurden mehrere Personen angerempelt, gestoßen und getreten, als die Demonstranten versuchten, die Tür zum Büro des Obersten Wahlleiters von Miami-Dade aufzubrechen.«

Nach diesen Unruhen blies der Wahlausschuss die Handzählungen ab. Der Wahlleiter David Leahy sagte, die Protestkundgebung habe bei der Entscheidung eine Rolle gespielt. (Später erklärte er, er sei falsch zitiert worden.) Die Republikaner wiesen laut *Times* die Anschuldigung, sie hätten eine Strategie der Einschüchterung verfolgt, weit von sich und behaupteten, es habe sich um einen spontanen Zornausbruch der Menschen gehandelt. Auf den Vorwurf, der Vorfall sei inszeniert gewesen, erwiderte der Abgeordnete Clay Shaw, ein Republikaner aus Fort Lauderdale: »Unsinn. Diese Demonstration war ganz spontan. Der Verdacht, das sei alles von der Parteispitze ins Werk gesetzt worden, ist völlig abwegig.«

Aber die Krawalle waren keine spontane Aktion der örtlichen Einwohnerschaft gewesen, und die Protestierenden hatten nicht nur die Absicht gehabt, ihr Missfallen auszudrücken. In der Menge hatten sich mindestens ein Dutzend republikanischer Funktionäre befunden, die nach Florida geflogen waren, um Fußtruppen für den Widerstand gegen die Nachzählungen zu organisieren. Diese Einpeitscher waren zum großen Teil Assistenten von Kongressabgeordneten, und rekrutiert hatte sie der Abgeordnete Tom Delay, damals Fraktionsführer der Mehrheit im Kongress. Diese Parteifunktionäre gaben sich also als Normalbürger aus und stürmten das Clark Center. Als der Abgeordnete John Sweeney, ein Republikaner aus New York, der nach Florida geeilt war, um Bush zu unterstützen, erfuhr, dass die Nachzählung unter Ausschluss der Öffentlichkeit vor sich gehen sollte (allerdings sollten Vertreter der Parteien als Beobachter dabei sein dürfen), befahl er: »Macht dem ein Ende.« Später bestätigte er Associated Press gegenüber: »Ich habe sinngemäß zu meinen Leuten gesagt: ›Sorgt dafür, dass das aufhört.‹«

Der Protest gegen eine geheime Auszählung hatte seine Berechtigung. Aber die Sache war ausgeartet, und Bush distanzierte sich niemals davon und tadelte auch seine Anhänger nicht dafür, dass sie Gewalt angewendet und die Atmosphäre vergiftet hatten. Die offizielle Version der Republikaner war, es habe sich um eine laute, aber friedliche Demonstration gehandelt, bei der eine Art Ferienstimmung geherrscht habe. Später gab es eine Belohnungsparty für die Einpeitscher, auf der allerhand scherzhafte Anspielungen auf den Vorfall in Miami fielen.

Vorerst aber ging das Theater in Florida weiter. Bush und seine Leute blieben bei ihren falschen Darstellungen. Als Katherine Harris am 26. November ein Wahlergebnis bekannt gab, das Bush mit 537 Stimmen vorne sah, erklärte Bush: »Der Wahlausgang war knapp, aber heute Abend, nach der Zählung, der Nachzählung und einer weiteren, manuellen Nachzählung, sind Minister Cheney und ich stolz und dankbar, dass wir den Staat Florida gewonnen haben.« Aber es hatte keine vollständige Nachzählung gegeben und erst recht keine komplette Nachzählung per Hand. Daraufhin ordnete der Oberste Gerichtshof manuelle Nachzählungen im ganzen Staat an und bezifferte Bushs Vorsprung nur mehr auf 154 Stimmen.

Aber dann griff der Oberste Bundesgerichtshof, der U.S. Supreme Court, ein. Am 9. Dezember, als man in Florida mit der Überprüfung der »undervotes« begann, gewährten fünf der neun Richter Bush einen Aufschub. Die Nachzählung wurde ausgesetzt. Drei Tage später entschieden dieselben fünf Richter, die alle von den Republikanern ernannt worden waren, die Wahl, indem sie urteilten, der Oberste Gerichtshof von Florida habe falsch gehandelt, als er die manuellen Nachzählungen im ganzen Staat anordnete. Am nächsten Tag gab Al Gore auf.

Es wird nie zu klären sein, welcher Kandidat gewonnen hätte, wenn sich Florida in der Lage gezeigt hätte, mit einer so knappen Wahl richtig umzugehen, und wenn der Bundesgerichtshof nicht eingegriffen hätte. Aber eins ist sicher: Bush und sein Team siegten in einer ganz ungewöhnlichen und knappen Wahl, nachdem sie beim Streit um die Auszählung die Wahrheit grob verdreht und manipuliert hatten. Und Bush bewies, dass er sich auch nach dem Sieg nicht darum scherte, wenn eine tiefe Kluft zwischen seinen Reden und seinen Taten bestand.

Eine Stunde nachdem Gore aufgegeben hatte, erschien Bush auf dem Podium im texanischen Parlament. Jetzt, nachdem das brutale Hauen und Stechen vorbei war, stellte er sich wieder als der große Versöhner dar. »In Washington brauchen wir jetzt einen Geist der Zusammenarbeit«, sagte er. »Ich glaube zuversichtlich, dass wir den Ton in Washington ändern können … Unser Land muss sich über ein zerstrittenes Parlament erheben. Die Gemeinsamkeiten der Amerikaner in ihren Hoffnungen, Zielen und Werten sind bedeutsamer als alle politischen Zwistigkeiten.« Aber in der gleichen Rede betonte er, welch großen Wert er auf seine zwei Lieblingsprojekte legte: private Rentenversicherung und Steuersenkungen zu Gunsten der Reichen – zwei politische Vorhaben, die das Land spalten und im Kongress Gräben zwischen den Parteien aufreißen würden. In den ersten Minuten als designierter Präsident sagte Bush kein Wort, das auf die Unparteilichkeit hingedeutet hätte, die ihm angeblich so am Herzen lag. Er beließ es bei unverbindlichen Phrasen. Und er blieb den Lügen treu, die ihm den Weg ins Weiße Haus geebnet hatten.

4. Lügen im Amt

*»Ich gelobe feierlich: Ich werde mich bemühen,
ein einiges Land zu schaffen,
das Gerechtigkeit und Chancen bietet.«*

An einem nasskalten, düsteren Tag erschien George W. Bush
auf den Stufen des Kapitols und legte den Amtseid als Präsident ab. Seine Rede enthielt nichts Neues. Er sprach über
seine zentralen Wahlkampfthemen: Steuersenkungen, »Reform« der Rentenversicherung, Verbesserung des Schulwesens, Erhöhung des Militärbudgets. Er sagte, er werde
eine Außenpolitik verfolgen, die sich durch »Entschlossenheit ohne Arroganz« auszeichne. Er verkündete, Gott sei
der Urheber »der Tapferkeit dieses Landes und seines einfachen Traums von Würde«. Und im Anschluss an seinen
irregulären Sieg erneuerte er sein Versprechen, »ein Versöhner, kein Spalter« zu sein. »Unsere Meinungsverschiedenheiten sind so groß«, bemerkte er, »dass es wirkt, als
lebten wir zwar auf dem gleichen Kontinent, aber nicht im
gleichen Land. Ich will mich damit nicht abfinden, und ich
werde es nicht zulassen. Unsere Eintracht, unsere Einigkeit
ist eine wichtige Aufgabe für Politiker und Bürger, in jeder
Generation aufs Neue. Und ich gelobe feierlich: Ich werde
mich bemühen, ein einiges Land zu schaffen, das Gerechtigkeit und Chancen bietet.« Um das zu erreichen,
wolle er für Höflichkeit werben. »Im Idealfall vereinigt sich
in Amerika Prinzipientreue mit Höflichkeit«, bemerkte er.
»Eine höfliche Gesellschaft verlangt von jedem Einzelnen

guten Willen, Achtung vor dem Anderen, Fairness und die Bereitschaft zu verzeihen.«

Aber gleich zu Beginn seiner Amtszeit ließ Bush erkennen, dass sein Bekenntnis zu Einheit und Höflichkeit eine Lüge war. Für ihn stand an erster Stelle, seine Klientel zu bedienen, die ihn im Wahlkampf unterstützt hatte, und nicht, »Meinungsverschiedenheiten« zu überwinden. Es war sein gutes Recht, zu taktieren und für seine Anhänger zu sorgen. Aber er wollte alles haben: das Banner der Einigkeit schwenken und gleichzeitig Maßnahmen ergreifen, die allein seinen Anhängern zugute kamen und das Land erneut entzweiten.

Das wurde offenbar, als Bush noch vor Amtsantritt verkündete, er werde John Ashcroft, einen leidenschaftlichen Sozialkonservativen, zum Justizminister ernennen.

Ashcroft, der ehemalige republikanische Senator von Missouri, war während seiner Zeit im Senat als verbissener Ideologe aufgefallen. 1999 hatte er sogar mit dem Gedanken gespielt, sich als der Kandidat der religiösen Rechten um die Präsidentschaft zu bewerben. Er opponierte nicht nur hartnäckig gegen das Recht auf Abtreibung, gegen verschiedene Arten der Empfängnisverhütung, gegen Waffenkontrolle und Rechte für Homosexuelle. Er hatte auch die Zeitschrift *Southern Partisan* gelobt, die in einem Artikel die Sklavenhaltung verteidigt, die Ermordung Abraham Lincolns gefeiert und den Führern des Ku-Klux-Klan applaudiert hatte. 1992 warf er beim Konvent der Republikaner den Demokraten vor, sie hätten Gott aus ihrem Parteiprogramm entfernt und versuchten, die »traditionelle Familie zu ersetzen … durch zwei beliebige Personen, die in derselben Wohnung leben«.

Natürlich hat Ashcroft ein Recht auf seine Meinung, aber ganz ohne Zweifel polarisiert er damit. Demokraten, Bürgerrechtler, Afro-Amerikaner, Schwulenvertreter und andere protestierten laut und empört, als Bush den Namen Ashcroft ins Spiel brachte. Selbstverständlich hatte Bush das Recht, einem kämpferischen Fundamentalisten eins der wichtigsten Ministerien anzuvertrauen. Aber er hatte immer wieder versprochen, das Land zu einen. War ihm nicht klar, dass die Ernennung Ashcrofts zu erbittertem Streit führen würde?

Genau das wollte Barbara Walters in einem Fernsehinterview noch vor der Amtseinführung von Bush wissen. »Haben Sie damit gerechnet, dass [Ashcrofts Ernennung] so viel Empörung hervorrufen werde?«, fragte sie.

»Ja«, antwortete Bush.

Damit war er in die Falle gegangen. »Tatsächlich?«, gab Walters zurück. »Und Sie ernennen ihn trotzdem, obwohl Sie immer davon reden, dass Sie das Land einen wollen?«

Bush erwiderte etwas lahm: »Dass wir einen Menschen an einen Platz setzen, für den er geeignet ist, hindert uns ja nicht daran, das Land zu einen.« Die Ernennung Ashcrofts machte klar, dass Bushs Beteuerungen, er werde die Nation einen und den Ton in Washington ändern, verlogen waren.

In den ersten Regierungswochen warf Bush den Demokraten ein paar Knochen hin: Sie durften an einer Regierungsvorlage zum Schulwesen mitarbeiten und bekamen ein paar kleinere Posten zugeschanzt. Aber wenn es um wesentliche Dinge ging, scherte er sich nicht um seine eigenen Versprechungen, sondern tat, was ihm am besten passte.

Niemand hatte Bush gezwungen, in seinen Reden zu versprechen, die durch das Land gehenden Risse zu kitten. Das hatte er von sich aus getan. Aber er gab, von Barbara Walters in die Enge getrieben, zu, dass er mit der Ernennung Ashcrofts eine Entscheidung getroffen hatte, von der

71

er wusste, dass sie für Erbitterung sorgen würde. Er brach das Hauptversprechen seines Wahlkampfs, noch bevor er seine Antrittsrede gehalten hatte.

»Ich bin der Meinung, dass Steuergelder nicht für Abtreibungen verwendet werden sollten.«

An seinem ersten Arbeitstag unterschrieb Bush eine Weisung, mit der er eine umstrittene Verfügung Ronald Reagans aus dem Jahr 1984, die Clinton aufgehoben hatte, wieder in Kraft setzte. Diese Verfügung verhinderte, dass Gelder für Familienplanungsprojekte im Ausland an Gruppen flossen, die Abtreibungen ermöglichten, für Abtreibungsrechte kämpften oder schwangere Frauen auf die Möglichkeit einer Abtreibung hinwiesen. In der Bekanntmachung sagte Bush: »Ich bin der Meinung, dass Steuergelder nicht für Abtreibungen verwendet werden sollten, weder hier noch im Ausland.«

Aber das Geld, um das es ging – 425 Millionen Dollar –, war auch zuvor nur solchen Gruppen zur Verfügung gestellt worden, die weder selbst Abtreibungen durchführten noch darüber berieten. Ein Gesetz von 1973 verbot es strikt, Regierungsgelder für Abtreibungen im Ausland zu verwenden. Doch die Regierung Bush verkaufte ihre Initiative als einen entscheidenden Schritt im Bemühen, den Abtreibungen in anderen Ländern finanzielle Mittel zu entziehen.

Bei einer Pressekonferenz im Weißen Haus verteidigte Ari Fleischer die Verfügung mit den Worten, Bush sei dagegen, mit Steuerdollars Abtreibungen im Ausland zu bezahlen. Diesen Satz wiederholte Fleischer in der Pressekonferenz mindestens dreimal.

Ein Reporter bohrte nach: »Ist dem Präsidenten bekannt, dass es nach dem Gesetz von 1973 ohnehin verboten ist, amerikanische Gelder für Abtreibungen im Ausland zu verwenden?« Fleischer antwortete: »Ich bitte Sie dringend, zu warten, bis die Verfügung schriftlich vorliegt. Dann werden Sie alles selbst sehen.« Mit dieser Antwort drückte sich Fleischer um den wesentlichen Punkt herum. Die Verfügung erschien aber erst am 28. März und lieferte keine Erklärung darüber, was Bush eigentlich bezweckte.

Fleischer sagte, Bush hoffe, damit die Zahl der Abtreibungen zu verringern. Tatsächlich aber ging es darum, internationale Organisationen zur Familienplanung dafür zu bestrafen, dass sie Abtreibung befürworteten oder auch nur diskutierten.

»Die Testgegner behaupten, die Tests hielten vom Lernen ab ... Wenn Kinder im Lesen und Rechnen geprüft werden und man ›drillt sie auf den Test hin‹, dann bringt man ihnen damit Lesen und Rechnen bei.«

Am dritten Tag seiner Amtszeit gab Bush seinen Entwurf für eine Bildungsreform bekannt. Einen Eckstein dieses Plans bildeten vermehrte Tests für Schüler. Um einen verlässlich hohen Standard zu erreichen, forderte Bush für die dritte bis achte Klasse jährliche Tests in Lesen und Rechnen. Mithilfe der Ergebnisse sollten Staat und Distrikt die Schulen kontrollieren. Schulen, die in einem Jahr nicht die »angemessenen Fortschritte« erzielten, würden sich bessern müssen. Eine Schule, die zwei Jahre lang keine angemessenen Fortschritte vorweisen konnte, würde als »failing school« (etwa: versagende Schule) eingestuft und müsste durch geeignete Maßnahmen Abhilfe schaffen und obendrein ihren Schülern erlauben, an andere öffentliche Schulen zu wechseln. Wenn eine Schule drei Jahre lang versagte, konnten bedürftige Kinder Bundesmittel in Anspruch nehmen, um auf eine bessere öffentliche oder eine Privatschule zu wechseln. Zu diesem Zweck sollte ein umfangreiches Gutscheinprogramm aufgelegt werden.

Die Idee, Schulen nach ihrer Qualität zu beurteilen, klang vernünftig. »Ohne diese jährlichen Tests wissen wir nicht, wer zurückbleibt und Hilfe braucht«, sagte Bush. Es gab aber Erziehungswissenschaftler, die an der Wirksamkeit solcher Tests zweifelten. Bush und sein Bildungsminister, Roderick Paige, reagierten auf die Kritik, indem sie die Argumente der Gegner verzerrt darstellten und ins Lächerliche zogen. Paige sagte vor dem Kongress: »Leute, welche das Problem in den Tests sehen statt in Bildungsdefiziten, wollen damit wohl ausdrücken, dass wir unsere Erwartungen herunterschrauben sollen, weil einige Kinder nichts lernen.« In seiner ersten Rede vor dem Kongress erklärte Bush: »Die Testgegner behaupten, die Tests hielten vom Lernen ab. Sie reden davon, dass die Kinder ›auf die Tests hin gedrillt‹ werden. Diese Logik sollte selbst einem Test unterzogen werden. Wenn Kinder im Lesen und Rechnen geprüft werden und man ›drillt sie auf diese Tests hin‹, dann bringt man ihnen damit Lesen und Rechnen bei, und darum geht es doch schließlich.«

Bush tat die Argumente der Testgegner zu leichtfertig ab. Richard Rothstein, ein Kolumnist der *New York Times*, wies darauf hin, dass solche Tests laut wissenschaftlichen Studien oft ein unzureichendes und unzuverlässiges Mittel zur Bewertung von Schulen seien. »Nach den Plänen von Präsident Bush«, schrieb Rothstein, »könnten ganz alltägliche

Fehler bei der Einschätzung dazu führen, dass Schulen als ›versagend‹ eingestuft werden, die es nicht verdienen.« Die vierte Klasse einer beliebigen Schule könne sich zum Beispiel in ihren Leistungen deutlich von der nächstjährigen vierten Klasse unterscheiden. Außerdem könnten auch äußere Umstände, wie zum Beispiel das Wetter am Testtag, die Ergebnisse beeinflussen. Ein Test könne nur eine Momentaufnahme liefern, kein verlässliches Bild von der Leistungsfähigkeit einer Schule.

Bush und Paige ließen sich auf diese Debatte gar nicht ein. Nach zähen Verhandlungen mit dem Kongress unterzeichnete Bush ein Jahr später den »No Child Left Behind Act«, ein Gesetz, das zwar teilweise geändert worden war, die zentralen Passagen über die Tests aber weiterhin enthielt. Bedürftige Schüler in »versagenden« Schulen konnten aus Steuermitteln Nachhilfe erhalten oder sich kostenlos in andere Schulen transportieren lassen. Und Schulen, die als »versagend« eingestuft worden waren, mussten geeignete Maßnahmen ergreifen, im Extremfall sogar Schulleiter und Lehrer austauschen.

Ein Jahr nach In-Kraft-Treten des Gesetzes standen die Schulbehörden im ganzen Land dank der Test- und Einstufungsvorschriften von Bushs Bildungsplan vor einem Problem. Tausenden von Schulen im ganzen Land, vielleicht sogar mehr als der Hälfte, war Versagen bescheinigt worden. Die *Washington Post* beschrieb die schwierige, aber nicht überraschende Situation wie folgt: »Das Problem … ist Folgendes: Das Gesetz verlangt, dass sich das Leistungsniveau der Schüler in jeder der fünf ethnischen Untergruppen, dazu in der Gruppe der Kinder aus armen Familien, der Gruppe der Schüler mit eingeschränkten Englischkenntnissen und der Gruppe der Behinderten jedes Jahr steigert. Wenn das in irgendeiner dieser Untergruppen zwei Jahre hintereinander nicht der Fall ist, wird der Schule insgesamt eine schlechte Leistung (d. h. Versagen) bescheinigt. Fachleute sagen voraus, dass diese Forderung, verbunden mit den Schwankungen von Jahr zu Jahr, die bei Standardtests regelmäßig vorkommen, oft dazu führen wird, dass Schulen aufgrund statistischer Abweichungen und nicht wegen mangelhaften Unterrichts als leistungsschwach eingestuft werden.« Und die *New York Times* berichtete: »Die Formel, mit der die unterdurchschnittlichen Schulen identifiziert werden sollen, ist so schwammig, dass eine Schule in Michigan, die Präsident Bush voriges Jahr besucht hatte und als ›hervorragend‹ beschrieb, nur drei Monate später als unterdurchschnittlich eingestuft wurde.« Die Skeptiker, über die sich Bush und Paige mokiert hatten, hatten Recht behalten. Bush hatte die jährlichen Tests als kostenloses Allheilmittel für alle Bildungsprobleme verkauft und alle Kritik als so lächerlich abgetan, dass er sich gar nicht damit befasste. So entstand allgemeines Chaos.[2]

---

2 Im Juni 2003 kam peinlicherweise auf, dass das Schulsystem von Houston – gefeiert als Vorreiter des so genannten Bildungswunders von Texas und ein Modell für Bushs »No Child Left Behind Act« – die Statistiken frisiert hatte. Eine staatliche Überprüfung ergab, dass tausende von Schulabbrechern aus den Büchern getilgt worden waren, und die Prüfer empfahlen, die Bewertung von 14 Schulen von »sehr gut« auf »schlecht« herunterzusetzen. Sie waren auch der Meinung, dass das gesamte Schulsystem von Houston als inakzeptabel zu bezeichnen sei. Die *New York Times* berichtete: »Man fragt sich, ob das Wunder von Texas nur Lug und Trug gewesen ist. Das Beispiel Houston zeigt, wie schief es gehen kann, wenn man die Leistung einer Schule statistisch erfassen will. Dieses System verleitet die Schulen möglicherweise dazu, Daten zu fälschen oder Schüler, welche die Bilanz der Schule drücken – durch häufiges Schwänzen oder schwache Leistungen – einfach durch die Hintertür abzuschieben.« Paige, der von 1994 bis einschließlich 2000 für das Schulwesen in Houston zuständig gewesen war, bevor er Bushs Bildungsminister wurde, wollte zu den Vorkommnissen keinen Kommentar abgeben.

»Wir haben diese Entscheidung [über verschärfte Arsengrenzwerte] aufgehoben, damit wir jetzt auf Grund solider wissenschaftlicher Prüfung ... eine neue Entscheidung treffen können.«

Sobald er sich im Weißen Haus häuslich eingerichtet hatte, bewies Bush, dass er in Sachen Umweltschutz voll auf der Linie der Großkonzerne lag, die seinen Wahlkampf zum Großteil finanziert hatten, und dass er bereit war, die Öffentlichkeit zu täuschen, um Vorwürfe in dieser Hinsicht abzuwehren. Im März 2001 verkündete Christine Todd Whitman, die Chefin der Umweltschutzbehörde EPA, die in den Clinton-Jahren verschärften Grenzwerte für die Arsenbelastung wieder zu lockern. Diese Entscheidung führte zu lautem Protestgeschrei, einer Menge böser Zeitungskarikaturen und allerhand Witzen in Late-Night-Shows. Bush erlebte seinen ersten PR-Albtraum und kam das erste Mal für eine Lüge unter Beschuss.

Von der ersten Sekunde an hatte Bushs Team aktuelle Umweltschutzmaßnahmen attackiert. Noch am Tag der Amtseinführung gab Andrew Card, Bushs Stabschef (und ehemaliger Lobbyist für die Autoindustrie) eine Mitteilung an alle Bundesbehörden heraus. Darin wurde angeordnet, die zahlreichen neuen Gesetze, welche die Clinton-Regierung kurz vor ihrem Ende noch erlassen hatte, erst einmal für 60 Tage zu suspendieren. Dies betraf unter anderem eine Regelung, die das Ausleiten ungeklärter Abwässer auf ein Mindestmaß zurückführen sollte. Die neue Regierung zögerte auch die Einführung von Vorschriften zum Schutz von Sumpfgebieten hinaus, verwässerte eine Vorlage, die die Mindestanforderungen für die Energieeffizienz von Klimaanlagen steigern sollte, und setzte neue Regeln zum Umweltschutz im Bergbau außer Kraft. Und Bush vergaß sein Wahlversprechen, den Ausstoß von Kohlendioxid (den Hauptauslöser des Treibhauseffekts) zu verringern.

Aber es war die Entscheidung über das Arsen im Wasser, die zum Symbol für das Verhältnis des neuen Präsidenten zur Umwelt wurde. Und die Erklärung dafür hielt einer Nachprüfung nicht stand.

»Ich möchte sichergehen«, sagte Christine Whitman, als sie die schärferen Arsengrenzwerte aufhob, »dass die Schlüsse, zu denen ein Gesetz im Hinblick auf die Schädlichkeit von Arsen kommt, von den besten Wissenschaftlern gestützt werden. Wenn die Bundesregierung den Kommunen – und besonders den kleinen Gemeinden – Kosten auferlegt, müssen wir ganz sicher sein, dass der Grenzwert durch die Tatsachen gerechtfertigt wird.« Damit warf sie der EPA vor, sie habe einen Grenzwert festgelegt, der nicht von den »besten Wissenschaftlern« befürwortet wurde. Das war ein schwerer Vorwurf.

Der verschärfte Grenzwert der EPA lag bei 10 ppb (Teilchen pro Milliardstel Teilchen), der alte hatte bei 50 ppb gelegen. Whitman gab zu, dass die meisten Wissenschaftler eine Arsenkonzentration von 50 ppb für bedenklich hielten, aber sie beteuerte, es herrsche keine Einigkeit darüber, wo die kritische Konzentration beginne. »Die wissenschaftlichen Ergebnisse geben nicht zwingend vor, dass man den Grenzwert gleich bis auf 10 ppb herabsetzen muss.« Ihre Behörde, versicherte sie, werde die Sache weiter im Auge behalten. Einige Tage darauf unterstellte Bush, der verschärfte Grenzwert sei in unverantwortlicher Hast durchgedrückt worden. Er sagte: »Mein Vorgänger hat in letzter Minute eine Entscheidung getroffen, und wir haben diese Entscheidung aufgehoben, damit wir jetzt auf Grund solider wissenschaftlicher Prüfung und unter Berücksichtigung der Realität eine neue Entscheidung treffen können.«

Aber der neue Arsengrenzwert war kein Schnellschuss ohne wissenschaftliches Fundament gewesen. Die EPA hatte, vom Kongress beauftragt, zehn Jahre daran gearbeitet, die 10-ppb-Obergrenze zu etablieren. Von 1997 bis einschließlich 2000 wurden ihr für entsprechende Untersuchungen jährlich 2,5 Millionen Dollar bewilligt. 1999 kam eine Untersuchung durch die National Academy of Sciences (NAS) zu dem Ergebnis, ein Grenzwert von 50 ppb könne durchaus ein einprozentiges Krebsrisiko zur Folge haben. Die Studie empfahl, den Grenzwert so schnell wie möglich zu senken. Einige EPA-Mitarbeiter vertraten sogar die Meinung, die Untersuchungsergebnisse rechtfertigten eine Obergrenze von 3 ppb, entschieden sich aber in Anbetracht der deutlich niedrigeren Kosten für einen Grenzwert von 10 ppb.

Chuck Fox, der früher an leitender Stelle in der EPA, Abteilung Wasser, tätig gewesen war, wies darauf hin, dass die Bush-Regierung heuchelte, wenn sie behauptete, eine Lösung zu suchen, die auf einem Konsens aller Wissenschaftler beruhte. Zwar schien eine Konsenslösung vernünftig – aber Fox erklärte: »Bei solchen Zahlen gibt es kaum je eine vollkommene Übereinstimmung. Der 10-ppb-Grenzwert für Arsen wird von einer breiten Front unterstützt: von den öffentlichen Wasserwerken, von Wissenschaftlern im Staatsdienst, Gesundheitsämtern und Umweltschützern, nicht aber von den Bergbaugesellschaften, einigen Staaten im Westen und einigen Wissenschaftlern. Die Verantwortlichen bemühen sich immer um einen Konsens, wie ich auch. Aber es ist unmöglich, in einem solchen Fall absolute Übereinstimmung zu erzielen, also entschieden wir uns für einen Grenzwert, bei dem nach wissenschaftlich fundierter Meinung die allgemeine Gesundheit nicht leidet.« Der neue EPA-Standard entsprach genau dem, was die Europäische Union bereits eingeführt hatte und was die Weltgesundheitsorganisation WHO für sinnvoll erachtete.

Whitman machte geltend, ein einheitlicher 10-ppb-Standard könne für manche Bundesstaaten eine Härte bedeuten, beispielsweise für New Mexico und andere Staaten im Südwesten, die große natürliche Arsenvorkommen aufweisen. (Die EPA schätzte die Zusatzkosten auf 200 Millionen Dollar im Jahr.) Aber anstatt den betroffenen Staaten Ausnahmeregelungen zu gewähren und ihnen für die Einführung der neuen Bestimmungen mehr Zeit zu lassen, versteiften sich Bush und Whitman darauf, den Grenzwert auf ganzer Linie wieder zu erhöhen.

Als die Medien diese Entscheidung scharf kritisierten, versuchte Whitman, Bush aus der Schusslinie zu nehmen. Sie trat in *Meet the Press* auf und behauptete, sie habe die Grenzwerte aus eigener Initiative gekippt. »Ich habe über dieses Thema nie mit dem Weißen Haus gesprochen«, sagte sie. »Ich habe mit keiner Interessentengruppe aus der Industrie gesprochen. Es war allein meine Entscheidung. Im Gegenteil, als wir dem Weißen Haus mitteilten, was wir vorhatten, zuckten sie zurück. Sie fragten: ›Seid ihr sicher, dass ihr das wollt? Ist das auch richtig?‹«

Diese Darstellung wurde aber durch einige E-Mails widerlegt, die bei einer Untersuchung zu Tage gefördert wurden und bewiesen, dass die EPA das Thema mit dem Weißen Haus diskutiert hatte. Es zeigte sich überdeutlich, dass hinter der Entscheidung kein wissenschaftliches, sondern ein politisches Kalkül stand und dass das Weiße Haus dahinter steckte. Was war aus Bushs Wahlversprechen geworden, wichtige Entscheidungen nie aus politischer Berechnung zu treffen, sondern aus seinen unverrückbaren Grundsätzen? Ein früherer Mitarbeiter im Weißen Haus, David Frum, bestätigt, natürlich habe es sich um eine politische Entscheidung gehandelt. Karl Rove, Bushs wichtigster politischer Berater, habe darauf gedrängt, den Arsengrenzwert zu erhöhen. Frum erläutert das in seinem Buch *The Right Man* folgendermaßen: »Bush hatten in New Mexico bei der Wahl 2000 nur ein paar hundert Stimmen gefehlt und die richtige Entscheidung in Sachen Arsen könnte ihm im Jahr 2004 den Staat zufallen lassen. Karen Hughes, die Sprecherin des Weißen Hauses, leistete Widerstand. Arsen sei fürchterlich, Arsen im Wasser noch fürchterlicher, aber am fürchterlichsten sei der Zorn der Umweltschützer. Hughes behielt Recht. Der Versuch, fünf Wahlmännerstimmen für Bush zu gewinnen, bescherte den Demokraten im Jahr 2001 ein verheerendes Anti-Bush-Thema.«

Einige Monate nachdem die EPA den Grenzwert wieder heraufgesetzt hatte, veröffentlichte die National Academy of Sciences eine neue Untersuchung, in der sie zu dem Schluss kam, der 10-ppb-Standard sei wissenschaftlich gerechtfertigt, aber möglicherweise nicht streng genug. Damit zerschlugen sich die Hoffnungen der Regierung, den erhöhten Grenzwert halten zu können, den sich die Bergbauindustrie und die Wasserversorger in New Mexico wünschten. Allmählich dämmerte Bush und seinen Beratern, dass sie gewaltigen Mist gebaut hatten. In einem Fernsehinterview sagte Bush: »Mir scheint, wir hätten in der Umweltsache ein bisschen besser vorgehen können.«

Sechs Wochen nachdem die NAS-Studie an die Öffentlichkeit gelangt war, verkündete die EPA Whitmans endgültige Entscheidung über die zulässige Menge von Arsen im Trinkwasser. Nach langem Nachdenken hatte die Regierung herausgefunden, dass – na, was? – ein Grenzwert von 10 ppb praktikabel und genau angemessen war.

Die Arsenepisode zeigte nicht nur die Abneigung der Bush-Regierung gegen wissenschaftlich begründete Umweltschutzgesetze, sondern machte auch klar, dass das Weiße

Haus seine wahren Absichten verheimlichte, wenn es um politische (und strategische) Entscheidungen ging, die der Öffentlichkeit schwer zu vermitteln waren. Aber kein anderes Thema zwang Bush zu so viel Lügen und Winkelzügen wie sein geplantes Steuersenkungspaket. Der Streit um seine Steuerpläne war das wichtigste Ereignis seiner ersten Monate im Amt. Um sie durchzusetzen, griff Bush zu ungeheuerlichen und folgenreichen Lügen. Es sollten die teuersten Lügen seiner Amtszeit sein.

5. Der Steuerbetrug

»Steuerentlastung für jedermann ...
Und trotzdem senken wir
die Staatsverschuldung
und finanzieren wichtige Projekte.«

Bei seinem zentralen Wahlkampfversprechen hielt Bush
Wort. Er hatte immer wieder gesagt, dass Steuersenkungen
sein wichtigstes Anliegen seien. Aber weil sein Plan auf viel
Kritik gestoßen und bei Meinungsumfragen nie gut ange-
kommen war und weil Bush sein Amt auf zweifelhafte Art
erlangt hatte, fragten sich viele politische Beobachter, ob
Bush, ein Präsident ohne klares Mandat (für Steuersenkungen oder irgendetwas sonst), auf seinem höchst umstrittenen Vorhaben beharren werde.

Er tat es. In seiner dritten Amtswoche enthüllte Bush
sein so genanntes Steuerentlastungspaket. (Bushs ehemaliger Redenschreiber David Frum berichtet, Karen Hughes
habe darauf bestanden, dass Bushs Vorhaben immer »Steuerentlastung« genannt werde, nicht »Steuersenkung«.) Der
Zehnjahresplan sah ziemlich genau das vor, womit Bush
im Wahlkampf hausieren gegangen war: Senkung der Einkommensteuer für alle, Streichung der Erbschaftssteuer,
Verdoppelung der Steuergutschrift für Kinder (wobei die
Einkommensgrenze der Familien von 110 000 Dollar im
Jahr auf 200 000 Dollar angehoben werden sollte) und Abschaffung des so genannten Ehe-Malus.

Das Paket war umfangreich und Bush brachte eine Menge Argumente dafür vor. Die Steuersenkungen, so malte er es aus, würden sich für Amerikaner mit mittlerem Einkommen auszahlen, einer Durchschnittsfamilie 1 600 Dollar im Jahr sparen, Millionen von Geringverdienern helfen, in die Mittelklasse aufzusteigen, Farmen und kleine Familienunternehmen retten und die lahmende Wirtschaft ankurbeln. Und über die Kosten müsse man sich keine Sorgen machen; es gebe, so sagte er, genügend Überschüsse, um die Einnahmeausfälle zu decken; und auch für andere dringende Aufgaben werde noch genug übrig bleiben. Bush nannte seinen Plan »Steuerentlastung für jedermann, in jeder Steuerklasse. Und trotzdem senken wir die Staatsverschuldung und finanzieren wichtige Projekte«. Das meiste davon stimmte nicht. Bush wiederholte die Verdrehungen und Falschdarstellungen, die er im Wahlkampf ausgearbeitet hatte.

»Die unterste Einkommensschicht erhält prozentual die größte Ermäßigung.«

In einer Radioansprache am 3. Februar 2001 behauptete Bush, sein Plan senke »die Steuern für alle, die Steuern zahlen«. Bei einer Veranstaltung am 5. Februar im Weißen Haus wurden Familien aus verschiedenen Steuerklassen vorgestellt, und Bush versicherte, »die unterste Einkommensschicht« erhalte bei seinem Steuerpaket »prozentual die größte Ermäßigung«.[3] »Mein Plan«, so verkündete er,

---

3 Als ein Reporter fragte, warum keine Familie anwesend sei, welche die oberste Einkommensklasse vertrete, antwortete Bush: »Oh, Verzeihung – die vertrete ich. Ich habe eine kleine Gehaltserhöhung bekommen, als ich von Austin nach Washington kam; ich werde in der obersten Klasse sein.«

»geht auf die Probleme der amerikanischen Familien ein.«
Bei einer anderen Gelegenheit sagte er: »Wir müssen die
Familien mit geringem Einkommen besser behandeln«,
und er fügte hinzu: »Sechs Millionen Familien, jede fünfte
Familie mit Kindern, werden nach meinem Plan überhaupt
keine Einkommensteuer mehr an den Bund zahlen.«

Seine Worte klangen, als habe er mit den Steuersenkungen vor allem beabsichtigt, den mit der Armut kämpfen-
den Geringverdienern zu helfen. Die Zahlen sprachen aber
eine andere Sprache. Kurz nachdem Bush seinen Steuerplan dem Kongress vorgelegt hatte, veröffentlichte die
Organisation Citizens for Tax Justice (CTJ) eine Analyse seiner Auswirkungen. Während des Wahlkampfs hatte CTJ
berechnet, dass 43 Prozent der Erleichterungen dem einen
Prozent der reichsten Steuerzahler zugute kommen würden. Die neue Analyse zeigte, dass Bushs Vorschlag die Ober-
klasse sogar noch mehr begünstigte.

Spitzenverdiener (Leute mit Jahreseinkommen über
373 000 Dollar), die ein Prozent der Steuerpflichtigen ausmachten, würden eine Steuerersparnis von 45 Prozent erhalten, wenn die geplanten Senkungen voll in Kraft wären. Die
wohlhabendsten 20 Prozent der Steuerpflichtigen (Jahreseinkommen 72 000 Dollar und darüber) würden um beinahe
72 Prozent entlastet werden. Am anderen Ende der Skala
würden den untersten 20 Prozent (15 000 Dollar und weniger) genau 0,8 Prozent der »Entlastungen« zugute kommen.
Bush und seine Frau Laura würden übrigens, so schätzte CTJ,
jährlich ungefähr 100 000 Dollar Steuern sparen.

Das Center on Budget and Policy Priorities (CBPP) kam
mit einem anderen Modell zu einem ähnlichen Ergebnis.
Diese Institution errechnete, dass über zwölf Millionen
Familien mit geringem oder mäßigem Einkommen – fast
ein Drittel aller Familien – vom Bush-Plan überhaupt nicht
profitierten. Das kam daher, dass solche Familien nicht

einkommensteuerpflichtig sind, aber sehr wohl andere Steuern entrichten. Ein Beispiel: Eine vierköpfige Familie, die im Jahr 25 000 Dollar verdient, zahlt normalerweise 3 825 Dollar Lohnsteuer (einschließlich des Arbeitgeberanteils) und zusätzliche Verbrauchssteuern. Eine solche Familie hat Anspruch auf eine Steuergutschrift in Höhe von 1 500 Dollar, womit eine Restschuld von mindestens 2 325 Dollar verbleibt. An dieser Summe würde sich auch nach Verabschiedung von Bushs Steuerpaket nichts ändern – obwohl Bush es mit der Behauptung angepriesen hatte, es werde »die Steuern ermäßigen für alle, die Steuern zahlen«. Bush hätte sagen sollen, seine Steuersenkungen würden allen helfen, die *Einkommensteuer* entrichten. Manchmal sagte er es auch so. Aber häufig versprach er, sein Paket werde *allen* Steuerzahlern nützen, was eine sehr ungenaue Beschreibung war und seinen Plan großzügiger erscheinen ließ, als er tatsächlich war.

Nachdem Bush im Wahlkampf als umgekehrter Robin Hood geschmäht worden war, wollten seine Leute den Eindruck verwischen, hier hülfen sich die Reichen gegenseitig. Sie ersannen zwei Gegenargumente. Erstens, behaupteten sie, profitierten die Menschen am unteren Ende der Einkommensskala prozentual am meisten. Und zweitens zeige eine von ihnen vorgelegte Analyse, dass das reichste eine Prozent nicht *ganz* so viel von den Steuersenkungen abbekam. Beide Argumente basierten auf plumpen Rechentricks.

Der erste Trick baute auf Bushs Gebrauch des Wortes »prozentual« auf. Es war richtig, dass ein Mensch, der wenig Einkommensteuer zahlte, nach den Plänen Bushs prozentual eine größere Einkommensteuersenkung erhielt als ein Millionär. Aber das hatte seinen Grund nicht in Bushs Mitgefühl für die »working poor«, sondern darin, dass Geringverdiener überhaupt wenig Einkommensteuer zahlen. Das CBPP erklärt es so: »Eine vierköpfige Familie mit einem Einkommen von 26 000 Dollar müsste nach Bushs Plan gar keine Einkommensteuer mehr zahlen. Und das wird dann als 100-prozentige Ermäßigung dargestellt.« Eine 100-prozentige Ermäßigung – das klingt großartig. Die Pointe dabei war aber, dass diese Familie nach den bisher geltenden Gesetzen nur 20 Dollar Einkommensteuer, insgesamt aber 2 500 Dollar an Steuern abführen musste. Die 20 ersparten Dollar stellten also weniger als ein Prozent ihrer Steuerlast dar. Toller Profit! Bushs Slogan war bedeutungslos in einer Welt, in der die Menschen ihre Rechnungen mit Geld bezahlen müssen, nicht mit Prozentsätzen.

Das Gerede von prozentualen Ermäßigungen war ein unredlicher Versuch, von den verschiedenen Analysen abzulenken, die Bushs Steuerpläne als eine Weihnachtsbescherung für die Reichen erscheinen ließen.

Trick Nummer zwei war eine Steuertabelle, die das Weiße Haus herausgab und die zeigte, dass das oberste eine Prozent der Bevölkerung nur 22 Prozent der Steuerersparnisse einstreichen würde. Diese Tabelle war ein Meisterstück kreativer Buchführung und berücksichtigte nur Zahlen, die für die Regierung günstig waren. Unter anderem ließ sie die zweite Stufe der Steuersenkungen und den Wegfall der Erbschaftssteuer unerwähnt.

Dreister als dieses verlogene Machwerk war vielleicht nur noch eine Demonstration zur Unterstützung von Bushs Steuerplänen, welche die Republikanische Partei zusammen mit Vertretern der Industrie organisierte. Die National Association of Manufacturers (ein Interessenverband der Industrie) wandte sich mit einem Memo an Firmen und forderte sie auf, Leute zu einer Kundgebung am Capitol Hill zu schicken. Sie sollten Schutzhelme und einfache Kleidung tragen: »WIR BRAUCHEN EINE MENGE LEUTE – sie müssen EINFACH ANGEZOGEN sein und wie RICHTIGE ARBEITER wirken usw.«

»Mein Plan öffnet für Millionen hart arbeitender Amerikaner die Türen zur Mittelschicht.«

Um seine Steuersenkungen zu empfehlen, sagte Bush: »Unserem Land ist es in den letzten 20 Jahren sehr gut gegangen. Aber viele Menschen kommen sich vor, als blickten sie von außen durch die Fenster in hell erleuchtete Räume, in denen eine Party stattfindet. Es ist jetzt an der Zeit, Fenster und Türen aufzustoßen und alle zur Party hereinzubitten ... Mein Plan öffnet für Millionen hart arbeitender Amerikaner die Türen zur Mittelschicht.« Bush brachte wieder die allein erziehende Kellnerin ins Spiel – Sie kennen sie ja noch aus dem Wahlkampf –, die ungefähr 22 000 Dollar im Jahr verdient und im Verhältnis mehr Steuern zahlt als jemand mit einem Jahreseinkommen von 200 000 Dollar. Sein Steuerpaket, so versicherte er, werde diese Ungerechtigkeit beseitigen. Es sei, als habe das Land auf der Straße zum Mittelstand eine Mautschranke errichtet, die den Menschen den Zugang erschwere. Sein Steuerpaket werde diese Mautstation hinwegfegen und die Kellnerin und Millionen andere in die Mittelschicht führen. In einer Rede bat Bush, sich vorzustellen, wie die Kellnerin in einem Diner einer Anwältin mit einem Einkommen von 250 000 Dollar im Jahr Kaffee und Toast serviert: »Jede dieser beiden Frauen verdient eine Steuersenkung. Wenn es nach mir geht, bekommen sie sie. Was die Kellnerin anbetrifft, so wird sie dann überhaupt keine Einkommensteuer mehr bezahlen.«

Ein unabhängiges Institut rechnete aber aus, dass die Kellnerin mit ihren 22 000 Dollar im Jahr nach Bushs Plänen keinerlei Steuererleichterung erhielte. Wenn sie es auf 25 000 Dollar brächte, würde sie *eventuell* ein paar hundert Dollar sparen, je nachdem, was sie für Kinderbetreuung ausgab. Aber diese zusätzlichen 200 Dollar würden die Frau nicht auf die Schnellstraße zum angenehmen Leben der Mittelklasse bringen. Die Anwältin im Diner-Beispiel dagegen würde jährlich zwischen 3 100 und 4 800 Dollar an Steuern sparen.

»Wir werden der typischen amerikanischen Familie mit zwei Kindern 1 600 Dollar zurückgeben.«

Der Scheck war schon in der Post – diesen Eindruck bekam man jedenfalls, als Bush versprach: »Wir werden der typischen amerikanischen Familie mit zwei Kindern 1 600 Dollar zurückgeben.« Aber diese Zahl basierte auf zwei beabsichtigten Änderungen, die erst im Jahr 2006 voll in Kraft treten würden: der Verdopplung der Steuergutschrift für Kinder von 500 auf 1 000 Dollar (was bei einem Paar mit zwei Kindern eine Ersparnis von 1 000 Dollar bedeutet) und der Senkung des Steuersatzes für die ersten 12 000 Dollar des Einkommens von 15 auf zehn Prozent (eine Ersparnis von 600 Dollar). Aber nach den Berechnungen von Citizens for Tax Justice würden 85 Prozent der Familien keine Steuerminderung erhalten oder eine, die sich auf weniger als 1 600 Dollar belief: »Um auf die vollen 1 600 Dollar Steuerersparnis zu kommen, müsste ein verheiratetes Paar mit zwei Kindern 39 200 Dollar im Jahr verdienen.« Familien mit einem (bereits überdurchschnittlichen) Einkommen zwischen 35 000 und 75 000 Dollar müssten in Zukunft zwischen 600 und 3 000 Dollar jährlich weniger bezahlen. Von den unteren 60 Prozent der Einkommensskala würden nur ganz wenige Familien den 1 600-Dollar-Scheck bekommen. Nach Bushs Definition wäre also die Mehrheit der amerikanischen Familien nicht »typisch«.

»Um den Familien ihre Farmen zu erhalten, werden wir die Erbschaftssteuer abschaffen.«

In seiner Radioansprache vom 3. Februar brüstete sich Bush, sein Steuerpaket werde mit der »Todessteuer«, wie die Republikaner die Erbschaftssteuer nennen, Schluss machen und damit Familienbetriebe aller Art retten. Ein paar Wochen später vereidigte er seine Landwirtschaftsministerin Ann Veneman und versicherte bei dieser Gelegenheit, er sei »ein Freund der amerikanischen Farmer«. Und diese Freundschaft werde er mit der Steuergesetzgebung beweisen: »Um den Familien ihre Farmen zu erhalten, werden wir die Erbschaftssteuer abschaffen.« Weil bäuerliche und andere Familienbetriebe oft liquidiert werden müssten, um die Erbschaftssteuer bezahlen zu können, vertreibe diese Steuer oft Farmerfamilien von ihrem Land. Wenn das tatsächlich der Fall gewesen wäre, wäre die Abschaffung der Steuer vielleicht gerechtfertigt gewesen. Aber es war nicht der Fall.

Das Center on Budget and Policy Priorities (CBPP) kam nach Auswertung der Statistiken zu dem Ergebnis, dass nur 1,9 Prozent aller Vermögen der Erbschaftssteuer unterlagen. Diese Steuer griff nämlich nur auf Besitztümer über 675 000 Dollar zu. Außerdem konnte auf den Ehepartner ein beliebig hohes Vermögen steuerfrei übertragen werden. Und Paare durften einen Besitz in Höhe von 1,35 Millionen Dollar auf einen Erben überschreiben, ohne dass Onkel Sam etwas abbekam. Die Erbschaftssteuer traf nur eine kleine Zahl reicher Amerikaner, von denen sich nicht viele um Familienunternehmen kümmern mussten. CBPP stellte fest, dass »Farmen und Familienunternehmen *weniger als vier Prozent* aller besteuerbaren Vermögenswerte« ausmachten. Außerdem genössen solche Firmen und Farmen auch jetzt schon eine Sonderbehandlung, zum Beispiel galten doppelt so hohe Steuerfreibeträge.

Wäre es Bush wirklich um die Familienbetriebe gegangen, dann hätte er die Freibeträge weiter erhöhen oder auf solche Betriebe zugeschnittene Vorschriften zusätzlich erlassen können. Das vorgebliche Problem ließ sich lösen, ohne dass man gleich die ganze Erbschaftssteuer abschaffte.

Aber existierte das Problem überhaupt? Hatte die Erbschaftssteuer wirklich dazu geführt, dass Farmen verkauft werden mussten? Anfang April brachte die *New York Times* auf der ersten Seite einen Artikel, in dem diese Frage verneint wurde. Gestützt auf eine Analyse der Steuererklärungen aus dem Jahr 1999 stellte die Zeitung fest, dass »fast keine Familienfarm« erbschaftssteuerpflichtig war. Steuerberater im Mittleren Westen, die viele Farmbetriebe berieten, konnten sich nicht erinnern, dass je eine Farm wegen der Erbschaftssteuern hätte verkauft werden müssen. Lloyd Brown, Präsident der Firma Hertz Farm Management, die mehr als 400 Farmen in zehn Staaten verwaltete, teilte der Zeitung mit, keiner seiner Kunden habe je Probleme wegen der Erbschaftssteuer gehabt. Die *Times* wies darauf hin, dass bei der gegenwärtigen Gesetzeslage ein Farmerehepaar einen Hof im Wert von 4,1 Millionen Dollar steuerfrei an die Erben übergeben konnte, wenn die Begünstigten die Farm noch weitere zehn Jahre betrieben. (Der Durchschnittswert eines Hofs in Iowa lag bei 1,2 Millionen Dollar.) Das Schlimmste, was einem Farmer passieren konnte, war, dass er einen Steuerberater um Rat fragen oder eine Lebensversicherung abschließen musste, mit deren Hilfe dann eventuelle Erbschaftssteuern bezahlt werden konnten.

Bush plante also Steuerermäßigungen in Höhe von 300 Milliarden Dollar, um ein Problem zu lösen, das nicht existierte. Allerdings gab es ein paar Leute, die von der Abschaffung dieser Steuer mächtig profitieren würden. »Die überwältigende Mehrheit der Nutznießer [der Abschaffung der Erbschaftssteuer] sind Leute, die ihr Vermögen mit Aktien und Immobiliengeschäften gemacht haben«, erklärte die *Times*.

Am Tag nachdem die *Times* Bushs Begründung für die Abschaffung der Erbschaftssteuer zerpflückt hatte, hielt Ari Fleischer seine tägliche Pressekonferenz ab. Russell Mokhiber, der Herausgeber des *Corporate Crime Reporter,* berief sich auf den *Times*-Artikel und fragte sehr direkt: »Was hat der Präsident also gemeint, als er sagte: ›Wir werden die Erbschaftssteuer abschaffen, um den Familien ihre Farmen zu erhalten‹?«

Fleischer drehte und wand sich wortreich: »Einer der Gründe ist, dass Farmer sich Umstände machen müssen, damit die Farm im Familienbesitz bleibt. Es ist nicht einzusehen, warum Farmer, oder irgendjemand sonst, zu solchen Steuerumgehungen gezwungen werden und einen Steuerberater um Rat fragen sollten. Man sollte keinen Steuerberater brauchen, nur weil man sein Land bewirtschaftet... Wenn man die Todessteuer abschafft, müssen die Leute nicht all diese Berater engagieren, die ihnen helfen sollen, das Land zu behalten, das ihnen rechtmäßig gehört.«

Das war ein Paradebeispiel für die Doppelzüngigkeit dieser Regierung. Fleischers Boss hatte fälschlich behauptet, es sei nötig, die Erbschaftssteuer abzuschaffen, um Familienbetriebe zu retten. Nachdem die 300 Milliarden teure Lüge aufgeflogen war, behauptete das Weiße Haus nun, die Steuer werde abgeschafft – eine Maßnahme, die *auch* für die reichsten zwei Prozent der Amerikaner segensreich wäre –, um den Farmern den Weg zum Steuerberater zu ersparen. Wie rücksichtsvoll!

6. Energie-Lügen

»*Das amerikanische Volk braucht eine
ehrliche Beurteilung der [Energie-]Lage.*«

Am 17. Mai 2001 flog Bush mit der *Air Force One* nach St.
Paul (Minnesota), wo er sich durch ein neuartiges Kraft-
werk führen ließ, das sowohl herkömmliche als auch
erneuerbare Energiequellen nutzte, um billigen Strom herzustellen. Am gleichen Tag noch reiste er weiter nach Iowa
und besuchte ein Forschungszentrum, das an neuen und
effizienteren Methoden der Energiegewinnung arbeitete.
In beiden Fällen pries er die Vorteile der Ressourcenscho-
nung. War der frühere Ölmann grün (oder zu Gore) geworden? Nein, er vollzog nur ein taktisches Manöver. Bush
musste die Öffentlichkeit für seinen neuen, umfassenden
Energieplan gewinnen, und um das zu erreichen, vermittelte er bewusst einen falschen Eindruck.

In seiner ersten Amtswoche hatte er Dick Cheney zum
Leiter einer Arbeitsgruppe ernannt, die eine Energie-
agenda entwerfen sollte. Jetzt war der Plan fertig, und
Bush ließ die genannten Fototermine inszenieren, um
das 163 Seiten starke Dokument vorzustellen. »Heute«,
verkündete Bush, »habe ich über hundert Lösungen oder
Lösungsvorschläge für unsere Probleme skizziert.« Und er
beschrieb seinen Plan als vorrangig auf Ressourcenerhal-
tung ausgerichtet: »Ich habe eine Initiative eingebracht,
die verlangt, dass wir zuerst und vor allem auf Umwelt-

93

schutz Wert legen sollen.« Er bemerkte, sein Konzept verlange, »dass die Industrie Energie sparende Geräte herstellt«.

Aber der Plan ging weit über den Umweltschutz hinaus. »Wir brauchen auch zusätzliche Energie«, mahnte Bush. Er verwies auf die Stromausfälle, die damals in Kalifornien häufig vorkamen, und behauptete, das Land stehe vor einer ernsthaften Energiekrise, müsse mehr Kraftwerke bauen und verstärkt auf Atomenergie setzen. Er plädierte dafür, im Arktischen Naturschutzgebiet von Alaska nach Öl zu bohren. Er beklagte die Auswirkungen hoher Strompreise auf das »Budget einer Durchschnittsfamilie« und erklärte, seine Regierung habe einen vernünftigen nationalen Plan entworfen, der dafür sorgen werde, dass jederzeit genügend Energie zur Verfügung stehe. Und Bush forderte die Anhänger aller Parteien auf, zusammenzustehen: »Genau wie wir einen neuen Ton in Washington brauchen, brauchen wir auch einen neuen Ton in der Diskussion über Energie und Umwelt, einen Ton, der weniger misstrauisch, weniger anklägerisch, weniger giftig ist. Wir haben uns lang genug angeschrien; jetzt ist es Zeit, einander zuzuhören und zu handeln.«

Wenn man Bush so hörte, hätte man glauben können, sein Plan sei entworfen worden, um einer nahe bevorstehenden Krise zu begegnen, und enthalte einen fertigen Entwurf für die Erhaltung von Ressourcen, ferner eine Fülle neuer und innovativer Gedanken, wie man die Energieversorgung modernisieren könne, und sei das Ergebnis vieler anstrengender Sitzungen, bei denen Umweltschützer, Repräsentanten der Industrie und Politiker miteinander diskutiert hätten. Aber weit gefehlt.

*»Im Jahr 2001 herrscht in Amerika die schlimmste Energie-
knappheit seit dem Ölembargo der 1970er-Jahre.«*

Zuerst einmal: Hat es überhaupt eine Krise gegeben? Auf
der ersten Seite des Cheney-Dokuments war die Rede von
der »Energiekrise unseres Landes«, es wurde die Behauptung aufgestellt, »im Jahr 2001 herrscht in Amerika die
schlimmste Energieknappheit seit dem Ölembargo der
1970er-Jahre«. Es wurde vor einem »fundamentalen Un-
gleichgewicht von Angebot und Nachfrage« gewarnt. Eine
Grafik auf der ersten Seite illustrierte ein Horrorszenario für
die Zukunft. Sie zeigte, dass der Energiebedarf in den nächsten 20 Jahren von 100 Billiarden Britischer Wärmeeinhei-
ten (BTU) auf beinahe 130 Billiarden anwachsen werde,
während die inländische Energieerzeugung bei etwa 74 Billiarden BTU stagnierte. Es schien wirklich so, als sehe das
Land einem dramatischen Energiemangel entgegen.

Aber mit dieser Grafik dramatisierte das Weiße Haus die
Lage unmäßig – wohl mit Täuschungsabsicht –, denn auf
der Kurve erschien die Lücke größer, als sie am Ende wohl
sein würde. Die Schätzungen des zukünftigen Energieverbrauchs stammten von der U. S. Energy Information Administration (EIA). Die Zahlen zur Energieerzeugung dagegen
kamen von den Sandia National Laboratories, einer quasi-
staatlichen Institution, die auf dem Gebiet der Energie-
technologie forschte. Warum wurden zweierlei Quellen
benutzt? Vielleicht deswegen, weil die »Energielücke« erheblich geringer gewesen wäre, wenn man sowohl für Verbrauch als auch für Erzeugung die Zahlen der EIA verwendet hätte?

Die Prognose von Sandia für die Energieerzeugung
basierte auf der zweifelhaften Annahme, dass die Erzeugung in den nächsten 20 Jahren im gleichen Maß wachsen
würde wie in den 1990er-Jahren – das heißt kaum merk-

lich. In den neunziger Jahren des vergangenen Jahrhunderts lagen die Energiepreise sehr niedrig, weswegen wenig in die Erzeugung von Energie investiert, die Entwicklung nicht vorangetrieben und die Kapazität kaum erweitert wurde. Nachdem aber inzwischen die Preise gestiegen waren, würde auch die Produktion wieder wachsen. Tatsächlich prognostizierte die EIA für die Zeit zwischen 1999 und 2020 einen Zuwachs in der Energieerzeugung von 18 Prozent. Hätte man für die Grafik ausschließlich EIA-Daten benutzt, wäre die Kluft zwischen Verbrauch und Erzeugung geringer gewesen; sie wäre in 20 Jahren von 27 Billiarden auf 40 Billiarden BTU angewachsen, aber nicht auf die 50 Billiarden, die in der Kurve erschienen. Der Bedarf an importierter Energie würde nach EIA-Zahlen zwar ebenfalls steigen, aber langsamer, als der Cheney-Report behauptete.

Machten Bush und Cheney ein solches Getöse um eine angebliche Krise, um den Boden für ihre Energiepläne zu bereiten? Ganz ohne Frage hätten die USA eine umfassende Energiepolitik gebraucht, um konkurrierende Ziele wie Energiepreisstabilität, Versorgungssicherheit und Umweltschutz auch langfristig verfolgen zu können. Aktuell waren die Gaspreise verhältnismäßig hoch und die Energieknappheit in Kalifornien, die zu Stromausfällen führte, war Besorgnis erregend. (Später stellte sich bei einer offiziellen Untersuchung heraus, dass die Engpässe in Kalifornien teilweise absichtlich von Elektrizitätsgesellschaften verursacht worden waren, unter anderen von Enron. Mehr dazu in Kapitel 11.)

Tatsächlich war die Lage nicht so düster, wie Bush und Cheney behaupteten. Das Magazin *Forbes* schrieb: »Es gibt keine Energiekrise, und höchstwahrscheinlich wird es auch keine geben ... Zwischen 1980 und 2000 ist das Bruttosozialprodukt um 90 Prozent gewachsen, der Energieverbrauch aber nur um 25,6 Prozent.« In den 14 Monaten vor Bushs Energie-Vorstoß waren 123 Kraftwerke erstmals ans Netz gegangen oder erweitert worden und 197 neue Kraftwerke waren im Bau. »Wenn in diesem Tempo weitergebaut wird«, schrieb Ken Moritsugu für das Verlagshaus Knight Ridder, »dann reicht es auch für die höchsten Schätzungen der Bush-Regierung, die besagen, dass im Lauf der nächsten 20 Jahre 1 300 bis 1 900 neue Kraftwerke gebraucht werden.« Bush und Cheney malten also absichtlich einen Teufel an die Wand, den es nicht gab.

Und was war mit den Durchschnittsfamilien, um die sich Bush und Cheney angeblich solche Sorgen machten? Mussten die Vereinigten Staaten mehr Bohrungen durchführen, mehr Kohle verbrennen und mehr Kernkraftwerke bauen, um eine drückende finanzielle Last von den Schultern dieser Menschen zu nehmen? Doch der Cheney-Report belegte selbst, dass die Amerikaner nicht unter steigenden Energiekosten litten. Eine Grafik auf der ersten Seite von Kapitel zwei zeigte, dass die Haushalte aktuell einen geringeren Prozentsatz ihres Einkommens für Energie ausgaben als in der ganzen Periode zwischen 1970 und 1995.

»Wir müssen Energie sparen.«

Obwohl die PR-Abteilung des Weißen Hauses ihr Möglichstes tat, zu betonen, welch große Rolle dem Energiesparen in Bushs Plan zukam, handelte es sich dabei keineswegs um das Kernstück. »Wir müssen Energie sparen«, sagte Bush, als er seinen Plan vorstellte. Zwei Wochen vorher hatte Cheney noch kühl behauptet, Energiesparen sei keine ernsthafte Option: »Wenn man dauernd vom Energiesparen spricht, weicht man den Problemen nur aus. Energiesparen mag beim einzelnen Menschen verdienstvoll und tugendhaft sein, aber es ist keine Grundlage für eine umfassende Energiepolitik.« Aber niemand hatte behauptet, Energiesparen allein sei das Ei des Kolumbus und löse alle Probleme. Und Cheney geriet wegen seiner abschätzigen Äußerungen schwer unter Beschuss; das Weiße Haus spürte Gegenwind. Es war also keine Überraschung, dass sich Bush gute zwei Wochen später als Oberenergiesparer gerierte und seinen Energieplan als Leitfaden fürs Energiesparen ausgab. Aber das war reine Heuchelei aus politischem Kalkül und hatte mit Bushs und Cheneys wahren Energieplänen nichts zu tun.

Die *New York Times* stellte fest: »[Bush] fängt bei seinen öffentlichen Auftritten zwar immer mit dem Energiesparen an, wird aber deutlich ausführlicher, wenn er von der Notwendigkeit spricht, neue Energiequellen zu erschließen.« Der Bush-Cheney-Energieplan enthielt mehr Kapitel und Ratschläge zum Energiesparen als zur Erhöhung der Produktion von konventioneller Energie. Aber konkrete und weit reichende Maßnahmen fanden sich vornehmlich in den Abschnitten, in denen es um die Ausweitung herkömmlicher Energieerzeugung ging. Der Report drang zum Beispiel entschieden darauf, zu Hause und am Arbeitsplatz sparsamer mit Energie umzugehen, um den Bedarf an neuen Kraftwerken zu verringern, aber er nannte keine verbindlichen Zielwerte. (Monate zuvor hatte Bush eine Vorschrift zur Energieeffizienz von neuen Klimaanlagen verwässert; diese Entscheidung allein wird bis 2020 schätzungsweise den Bau von über 40 Kraftwerken nötig machen.) In diesem Stil ging es weiter: Der Cheney-Bericht stellte fest, es sei ein kluger Schritt gewesen, die Anforderungen an die Sparsamkeit von Autos zu erhöhen, drückte sich aber dann um die Entscheidung herum, ob die gegenwärtig gültigen Standards, die so niedrig waren wie seit 20 Jahren nicht mehr, erhöht werden sollten.

Außerdem stand die vorgebliche Sympathie des Reports für Energiesparen und erneuerbare Energien in offenem Widerspruch zu Bushs Bundeshaushalt. In seinem Budget, das er wenige Wochen zuvor präsentiert hatte, hatte er nämlich die Mittel für Energiesparmaßnahmen reduziert und die Forschungsgelder für Solar-, Wind- und Wasserkraftwerke um ungefähr die Hälfte gekürzt. Wie ernst konnte man da die angebliche Begeisterung des Weißen Hauses für das Energiesparen nehmen?

In Wahrheit ging es bei dem Plan – den eine Regierung ausgeklügelt hatte, die von zwei ehemaligen Ölleuten angeführt wurde – um eine Erhöhung der Kohleförderung, um zusätzliche Ölbohrungen und eine Wiederbelebung der Kernkraftnutzung. Das Dokument drängte auch darauf, die erlaubte Menge von Schadstoffemissionen bei Kraftwerken, Raffinerien und Pipelines heraufzusetzen, um die Produktion anzukurbeln. Bushs Gerede vom Energiesparen war nur ein grünes Mäntelchen, das einem Plan umgehängt wurde, der sich für die Wünsche und Bedürfnisse der traditionellen Energieproduzenten stark machte.

»Die Vorstellung, dass die Nutzung der Ressourcen in Alaska zwangsläufig große Umweltschäden hervorruft, ist nachweisbar falsch.«

Der umstrittenste Teil im Bush-Cheney-Energieplan war seine Empfehlung, im empfindlichen Arktischen Naturschutzgebiet (ANWR) in Alaska nach Öl zu bohren. Dieser Vorschlag inspirierte die Regierung zu ganz besonders fantasievollen Lügen. Sie wusste, dass sie bei diesem Thema auf erbitterten Widerstand seitens der Demokraten und der Umweltschützer stoßen würde. Um dem entgegenzutreten, produzierte die Regierung Zahlen, die gut klangen, aber völlig in die Irre führten. Cheney präsentierte sie vorsorglich schon am 30. April. »Das ANWR«, sagte er, »umfasst mehr als 19 Millionen Acres und ist damit ungefähr so groß wie South Carolina. Für die Ölförderung bräuchte man nur 2 000 Acres (etwa 8 Quadratkilometer), weniger als ein Fünftel der Fläche des Washingtoner Flughafens. Die Vorstellung, dass die Nutzung der Ressourcen in Alaska zwangsläufig große Schäden hervorruft, ist nachweisbar falsch.«

Im Gegenteil – Cheneys Behauptung war nachweisbar falsch. Man wollte nicht in einem einzigen Gebiet von 2 000 Acres Öl fördern, sondern an dreißig Stellen. Und dazu käme noch die Infrastruktur, einschließlich Straßen und Pipelines. Das Magazin *Time* stellte fest: »Bei dieser 2 000-Acres-Schätzung sind nur die Ausrüstungsgegenstände gerechnet, welche die Erde direkt berühren. Eine Bohrplattform braucht bei diesem Ansatz nur zehn Acres. Die Pipelines laufen über der Erde, also wird nur die Grundfläche ihrer Pfosten in die Rechnung einbezogen. Auch die Straßen blieben bei dieser Rechnung praktischerweise ausgeklammert.« Nach Cheneys Messmethode braucht ein Auto nur ein paar Quadratzentimeter Platz – nämlich die Stellen, wo die Reifen den Boden berühren.

Dann gab es auch noch die *große* Lüge, dass die Bohrungen in dem ANWR die Energiesicherheit in den USA entscheidend stärken würden. Schon früher hatte Regierungssprecher Ari Fleischer gesagt, nur so könne man den Bedarf des Landes decken und von ausländischen Lieferungen unabhängig werden. Die Ölvorräte in Alaska seien so groß, dass sie eine lange, lange Zeit reichen würden. Auch Bush brachte für seinen Wunsch, in Alaska zu bohren, das Argument der Unabhängigkeit von fremden Quellen vor.

Aber die Zahlen bestätigten diese Behauptungen nicht. Im Jahr 2000 verbrauchten die Vereinigten Staaten täglich 19,7 Millionen Barrel Öl, wovon nach Angaben der EIA 10,4 Millionen Barrel aus Importen stammten. Die Schätzungen der EIA ergaben, dass in Alaska jährlich zwischen 250 und 800 Millionen Barrel gefördert werden *könnten* – und das erst sieben bis zwölf Jahre nach Beginn der Arbeiten. Die Gesamtmenge an förderbarem Öl wurde vom U. S. Geological Survey auf fünf bis 16 Milliarden Barrel geschätzt. Fünf Milliarden Barrel – die unterste Schätzung – würden gerade einmal neun Monate lang den Energiebedarf des Landes decken, und 16 Milliarden Barrel kaum mehr als zwei Jahre lang. Dabei war das Wachstum des Energieverbrauchs noch gar nicht eingerechnet, genauso wenig wie die hohen Kosten der Förderung.

Die durchschnittliche Fördermenge würde, so die EIA, die Ölmenge, welche das Land importieren musste, nur um zwei Prozentpunkte drücken, von 62 Prozent auf 60 Prozent. *Forbes* schrieb dazu im Mai 2001: »Von Gesichtspunkten des Umweltschutzes einmal ganz abgesehen – wenn die Autos nur ein bisschen wirtschaftlicher im Benzinverbrauch würden, könnte man damit mehr Öl sparen, als man im Naturschutzgebiet von Alaska je fördern kann.«

»Es ist Zeit, einander zuzuhören.«

Bei der Vorstellung seines Energieplans betonte Bush edelmütig, wie wichtig es sei, dass bei der Energiedebatte alle Beteiligten einander zuhörten. Aber er und Cheney waren nicht scharf darauf gewesen, bei der Entwicklung des Plans die Umweltschützer anzuhören. Im Februar 2001 bat die Green Group, eine Vereinigung der führenden Umweltorganisationen in Washington, um Gesprächstermine bei Cheney und Energieminister Spencer Abraham, um die in Arbeit befindlichen Energievorschläge zu diskutieren. Beide Männer zeigten den Grünen die kalte Schulter. Abrahams Sekretariat behauptete, der Terminplan des Ministers sei zu voll. Aber ein gutes Jahr später bewiesen Unterlagen aus dem Energieministerium, die aufgrund eines Prozesses veröffentlicht wurden, den verschiedene Gruppen im Interesse der Allgemeinheit angestrengt hatten, dass Abraham genügend Zeit gehabt hatte, um sich mit 109 Managern, Vertretern von Wirtschaftsverbänden und Lobbyisten der Energiewirtschaft zu treffen. Er hatte mit Managern von der American Coal Company, von ExxonMobil, BP/Amoco, Shell, ChevronTexaco und einem halben Dutzend Atomkraftwerksgesellschaften Beratungen abgehalten.[4]

Bushs Aufruf zu einer völlig offenen Diskussion, bei der aufmerksam zugehört würde, war pure Augenwischerei. Das Weiße Haus wollte nicht einmal sagen, wem es sein Ohr geliehen hatte. Cheney weigerte sich, die Namen derer zu nennen, die sich mit ihm hatten treffen und ihre Anliegen hatten vorbringen dürfen. Auf Verlangen der demokratischen Abgeordneten forderte der Rechnungshof Cheney und seine Projektgruppe auf, die Sitzungsprotokolle und die Namen der Gesprächspartner herauszugeben. Cheney und das Weiße Haus weigerten sich. Bei einer Pressekonferenz im Weißen Haus wurde Ari Fleischer gefragt: »Ihnen ist doch wohl bekannt, dass man den Eindruck hat,

---

4 Als das Center for Responsive Politics die Liste der Leute durchging, mit denen Abraham sich beraten hatte, fand es heraus, dass davon 18 Einzelpersonen und Gruppen in den vergangenen zwei Jahren insgesamt 16,6 Millionen Dollar an die Republikanische Partei gespendet hatten.

beim Energieplan hätten nur die großen Ölkonzerne mitreden dürfen. Möchten Sie diesen Eindruck nicht korrigieren?« Fleischer antwortete: »Ich glaube nicht, dass dieser Eindruck besteht.« Der Reporter darauf: »O doch.« Und Fleischer konterte: »Bei ein paar Leuten vielleicht.«

Der Rechnungshof verklagte – beispiellos in der Geschichte – das Weiße Haus, und der Gerichtsstreit zog sich über ein Jahr hin. Das Weiße Haus verteidigte seine Position mit dem Argument, niemand wäre bereit, dem Präsidenten einen Rat zu geben, wenn das nicht geheim bliebe. Das vertrug sich schlecht mit Bushs Wunsch, die Energiedebatte möge in Zukunft weniger von Misstrauen geprägt sein. Und man konnte sich fragen, was ein Präsident von den Ratschlägen von Leuten halten sollte, die nicht durch die Vordertür ins Weiße Haus wollten.

Der Prozess endete damit, dass dem Rechnungshof das Recht abgesprochen wurde, die Protokolle ausgehändigt zu bekommen. Der Chef des Rechnungshofs verzichtete darauf, vor die nächste Instanz zu ziehen. Einer der Gründe für diese Entscheidung war, dass man ihm mit Mittelkürzungen gedroht hatte, sollte er den Fall weiterverfolgen. (Der Sierra Club, eine Umweltorganisation, und eine Organisation namens Judicial Watch zogen mit ähnlichen Klagen vor das Bundesgericht.)

»Elf dieser zwölf Forderungen [des Sierra Club] sind praktisch identisch mit Vorschlägen im Bush-Plan.«

Es kam nicht überraschend, dass der Energieplan von Bush und Cheney gewaltige Empörung hervorrief. Die Umweltschützer heulten auf. Die Demokraten zerrissen den Plan in der Luft. Ihr Fraktionsführer Richard Gephardt schnaubte:

»Er sieht aus wie der Jahresbericht von ExxonMobil, und vielleicht ist er das auch.« Die *New York Times* sprach für viele, als sie schrieb, der Energieplan sei ein mangelhaftes und einseitiges Machwerk, das nur die Interessen der Öl-, Gas- und Kohlenindustrie im Auge habe.

Und wie reagierte der Urheber des Plans auf die Kritik? Verlogen. Cheney brauchte Deckung, und er hüllte sich in die Fahne des Sierra Club. Bei einem Auftritt in *Meet the Press* gab er sich überrascht über die Aufregung. »Es ist faszinierend«, sagte er. »Ich habe in der letzten Woche einmal nachgeforscht. Der Sierra Club hat kürzlich zwölf Vorschläge zum Energieproblem herausgebracht. Elf dieser zwölf Forderungen sind praktisch identisch mit Vorschlägen im Bush-Plan.« Dieses Argument gefiel Cheney so gut, dass er es noch mehrmals in Ansprachen und Interviews anbrachte. Der Sierra Club verglich die beiden Schriftstücke und belegte, dass aus den konkreten Forderungen und Zielvorgaben des Sierra Club bei Cheney unverbindliche Vorschläge geworden waren. Zum Beispiel hatte der Club gefordert, bis 2012 den Spritverbrauch von Autos um 45 Prozent zu senken; die Cheney-Gruppe hatte nur empfohlen, Untersuchungen zu diesem Thema anzustellen. Der Sierra Club setzte sich dafür ein, die staatlichen Ausgaben für Energiesparmaßnahmen zu verdoppeln und eine Steuergutschrift für Niedrigenergiehäuser einzuführen; Bush und Cheney schlugen nur »angemessene« Mittel für die Forschung nach effizienteren Energienutzungsmethoden vor und keine Steuerermäßigung für Gebäude. Der Sierra Club forderte, im Jahr 2020 ein Fünftel der Elektrizität aus erneuerbaren Quellen zu gewinnen; der Bush-Plan sah ganze 2,8 Prozent vor. Und so weiter. »Wenn die Bush-Leute wirklich denken, dass ihr Energieplan elf von zwölf Sierra-Lösungen enthält«, höhnte Sierra-Vorstand Carl Pope, »dann sollten sie Nachhilfe in Mathematik nehmen.«

Bezüglich der Ölbohrungen im Naturschutzgebiet von Alaska (ANWR) gab es noch eine Besonderheit, die Bush und seine Leute zwang, Tatsachen zu verfälschen. Im August 2001 wurde Innenminister Gale Norton in einem Fernsehinterview gefragt, ob es wahr sei, dass die Karibus im Gebiet des ANWR kalbten und dass es sich um ein Schutzgebiet für Vögel und Wasservögel handle. Norton antwortete: »Manchmal kalben die Karibus in diesem Gebiet, aber heuer zum Beispiel nicht. Heuer haben sie in Kanada gekalbt. Und das ist schon öfter vorgekommen.« Diese Antwort – die auf die Vögel gar nicht einging – legte nahe, dass die Karibus auf das ANWR nicht angewiesen seien. Der U.S. Fish and Wildlife Service (der zu Nortons Ministerium gehörte) hatte jedoch beobachtet, dass die Karibus »27-mal in den letzten 30 Jahren« verstärkt im Gebiet des ANWR gekalbt hatten. Das Naturschutzgebiet war für die Karibus zweifellos sehr wichtig.

Im gleichen Interview wiederholte Norton eine der Hauptlügen der Bohrungsbefürworter, nämlich dass durch die Ölförderung in der Wildnis insgesamt 700 000 neue Arbeitsplätze in ganz Amerika geschaffen würden. Diese Prognose kam allerdings von der Ölwirtschaft und wurde mit der entsprechenden Skepsis aufgenommen. Ökonomen sprachen von einer grotesken Übertreibung und schätzten den tatsächlichen Beschäftigungseffekt auf höchstens ein Zehntel davon.

Am Ende war die ganze Trickserei, das ganze Theater umsonst, und das Gesetz fiel durch, weil die Demokraten im Senat die Mehrheit hatten. Als der Kongress nach den Wahlen des Jahres 2002 wieder zusammentrat, war das Energiegesetz tot. Das Weiße Haus und seine Verbündeten im Parlament schworen, es im folgenden Jahr erneut zum Leben zu erwecken. Und eineinhalb Jahre später wurden tatsächlich die alten Lügen über das ANWR wieder aufgewärmt, um diesen Teil des Energieplans durchzudrücken. Aber es nützte nichts. Im März 2003 stimmte der Senat mit 52 zu 48 gegen die Erlaubnis, im Naturschutzgebiet von Alaska nach Öl zu bohren.

Zwei Wochen bevor Bush seinen unseligen Energieplan veröffentlichte, sprach er im Weißen Haus mit Reportern über das bevorstehende Ereignis. »Wir werden dem amerikanischen Volk gegenüber ehrlich sein«, sagte er, »und das amerikanische Volk braucht eine ehrliche Beurteilung der Lage.« Dieses Versprechen der Ehrlichkeit wurde nicht gehalten. Genauso wenig wie bei einem anderen Thema, bei dem es um die Zukunft der Welt ging: beim Treibhauseffekt.

7. Heiße Luft

»Wir müssen das Problem des weltweiten Klimawandels anpacken.«

Am 11. Juni 2001 stand Bush auf einem Podium im Rosengarten des Weißen Hauses und erklärte:»Meine Regierung verpflichtet sich, beim Problem des Klimawandels eine Führungsrolle zu übernehmen.« Aber in seinen ersten Amtsmonaten hatte er sich um das Thema Erderwärmung nicht gekümmert. Statt Anstöße zu geben, hatte er nur Rückzieher gemacht. Und befreundete Länder auf der ganzen Welt kritisierten ihn scharf für seine Untätigkeit angesichts einer ernsten Bedrohung der Welt. Die globale Erwärmung konnte schreckliche Folgen haben: schwere Überschwemmungen, Auslöschung vieler Arten, Ausbreitung von Hunger und Krankheiten und anderes mehr. Angesichts dessen beschloss das Weiße Haus, Bush das Image eines Präsidenten zu verpassen, der sich der Schreckensvision eines Klimawandels entgegenstemmte. Aber Image und Politik decken sich nicht immer. Bush beließ es wieder einmal bei Fototerminen und leeren Worten. Er hatte nicht vor, etwas zu unternehmen; seine Absicht war, die Kritik an seiner Haltung zu entkräften, er ignoriere wissenschaftliche Ergebnisse und vertrete allein die Interessen von Großkonzernen und radikal-marktwirtschaftlichen Ideologen.

Die Geschichte von Bush und dem Treibhauseffekt begann mit einem gebrochenen Versprechen. Im Wahlkampf hatte Bush gefordert, die Vereinigten Staaten müssten den Ausstoß von Kohlendioxid reduzieren, einem Gas, das besonders stark zur Erderwärmung beiträgt. Das war eine überraschende Forderung gewesen, wenn man bedenkt, dass Bush als der Kandidat der Großkonzerne galt, die sich ja meist vehement gegen gesetzliche Emissionsgrenzen bei Treibhausgasen wehrten. Und tatsächlich ließ Bush die Forderung nach einer Beschränkung des Kohlendioxidausstoßes fallen, kaum dass er im Weißen Haus saß. Auch erklärte er im März 2001, er sei gegen das Protokoll von Kyoto, das weltweite Klimaschutzabkommen von 1997. Dieser Vertrag, der von Clinton unterschrieben, aber dem Senat nie zur Ratifizierung vorgelegt worden war, forderte die Industrieländer auf, die Emission von Treibhausgasen in den Jahren 2008 bis 2012 unter das Niveau von 1990 zu drücken. Bush behauptete, es käme die USA – die ungefähr ein Viertel aller von Menschen verursachten Treibhausgase produzierten – zu teuer, wenn sie sich an diesen Plan hielten. Er kritisierte auch die Forderung, dass die Industrieländer ihre Emissionen schneller verringern sollten als Entwicklungsländer, wie zum Beispiel Indien und China.

Um seine Ablehnung des Vertrags zu verteidigen, führte Bush an, das Wissen der Forscher über Gründe und mögliche Lösungen für den globalen Klimawandel sei lückenhaft. Er behauptete, die bisherigen Erkenntnisse seien zu vage, um strenge Auflagen zu rechtfertigen. Aber damals waren sich die Wissenschaftler schon weitgehend einig, was sich in verschiedenen Berichten der Zwischenstaatlichen Sachverständigengruppe für Klimaänderungen (Intergovernmental Panel on Climate Change; IPPC) zeigte, einer internationalen Kommission von tausenden von Wissenschaftlern, die von der UN und der Weltorganisation für Meteorologie zusammengestellt worden war.

Diese riesige Kommission stimmte weitgehend darin überein, dass die Temperaturen weltweit tatsächlich anstiegen und dies auf von Menschen verursachte Emissionen zurückzuführen war. Einigkeit bestand auch darüber, dass die Folgen einer Erderwärmung um fünf Grad Celsius, wie sie im laufenden Jahrhundert zu erwarten war, schrecklich sein würden: Der Meeresspiegel würde steigen und die Küstenbewohner vertreiben, tropische Krankheiten würden sich ausbreiten, Arten aussterben, Wetterkatastrophen sich häufen und Meeresströmungen die Richtung ändern. Also müsse man die Emissionen bald und energisch reduzieren, um dem entgegenzutreten.

Dass Bush Kyoto einfach fallen ließ, rief einen internationalen Protestschrei hervor. Bush ging in Deckung und rief nach weiteren Untersuchungen, auch durch die National Academy of Sciences (NAS). Aber als die Untersuchungsberichte einliefen und Bushs Position untergruben, griff seine Mannschaft wieder zu Lügen.

Im Juni 2001 veröffentlichte die NAS den von Bush erbetenen Bericht. Er beginnt folgendermaßen:

Treibhausgase sammeln sich als Ergebnis menschlichen Handelns in der Erdatmosphäre und bewirken, dass die Lufttemperaturen auf der Erdoberfläche und die Wassertemperaturen im Meer ansteigen. Und die Temperaturen steigen zweifellos an. Die Veränderungen, die in den letzten Jahrzehnten beobachtet wurden, sind wahrscheinlich vor allem auf menschliche Handlungen zurückzuführen, aber wir können nicht ausschließen, dass in gewissem Maß auch natürliche Schwankungen dazu beitragen. Die vom Menschen verursachte Erwärmung und die damit zusammenhängende Erhöhung der Meeresspiegel werden voraussichtlich während des ganzen 21. Jahrhunderts weitergehen.

Wenn Bush bis zum letzten Paragrafen auf der ersten Seite gekommen wäre, hätte er gelesen: »Das Komitee stimmt generell mit der Einschätzung... des IPPC-Reports überein.«

Basta. Es gab wirklich eine Erderwärmung durch Emissionen. Aber anstatt nun die bestellte Analyse anzuerkennen, versuchten Bushs Leute, Presse und Öffentlichkeit in die Irre zu führen. Fleischer verlautbarte, der Report komme zu dem Ergebnis, dass die Erde sich erwärme. Und er fuhr fort: »Aber er kann nicht eindeutig sagen, warum – ob die Gründe dafür beim Menschen liegen oder in der Natur.« Das war eine dreiste Verfälschung.

Am Tag darauf drehte Fleischer seine Botschaft noch eleganter hin. Er sagte, Bush begrüße den Bericht und sei auch der Meinung, dass die Temperaturen anstiegen. Aber dann verbiss sich Fleischer in die Tatsache, dass »Ungewissheit darüber« bestehe, einen wie großen Anteil der Erderwärmung man direkt menschlichem Handeln anlasten könne. Er legte damit die Betonung nicht auf die Tatsache, dass Menschen für den Klimawandel verantwortlich sind, sondern darauf, dass man nicht aufs Komma genau sagen konnte, in welchem Ausmaß.

Ähnlich äußerte sich Bush bei seinem Auftritt am 11. Juni. So lange man nicht genau wisse, wie stark und wie schnell sich das Klima ändern werde und inwieweit die Veränderungen vom Menschen verursacht seien, könne man keine einschneidenden Maßnahmen ergreifen. Eine gesetzliche Verpflichtung zur Abgasreduktion komme nicht in Frage. Er griff das »unrealistische« Protokoll von Kyoto an, behauptete, es basiere »nicht auf wissenschaftlichen Erkenntnissen«, und versprach, seine Regierung werde eine Alternative dazu vorlegen.

Dann tat sich lange nichts. Zur Klimakonferenz in Bonn im Juni 2001, an der sich mehr als 180 Länder beteiligten, brachte die US-Delegation keinen eigenen Plan mit. Fünf Monate später, als sich die Vertreter von über 160 Ländern in Marokko trafen, um Details eines Klimaabkommens auszuhandeln, glänzten die USA durch Abwesenheit.

Was war nun mit der versprochenen Führungsrolle?

Am 14. Februar 2002 war es endlich so weit. Bush ergriff die Initiative – oder tat zumindest so. Sein Podium stand vor einem blauen Hintergrund, auf dem von oben bis unten, von links bis rechts überall die Parolen »Cleaner Air« und »Brighter Future« prangten. Zwangsläufig sah man auf jedem Pressefoto im Hintergrund die Verheißung von »Sauberer Luft« und »Strahlenderer Zukunft«. Von Fototerminen verstehen die PR-Leute im Weißen Haus eine Menge.

»Wir müssen das Problem des weltweiten Klimawandels anpacken«, verkündete Bush und enthüllte seinen lang erwarteten Klimaplan, der aber völlig ohne Substanz war. Mit diesem Plan konnte die Luft nicht sauberer, die Zukunft nicht strahlender werden. Anstatt die Kohlendioxidemissionen zu reduzieren, gestattete der Plan sogar ein Anwachsen. Bush formulierte das so: »Unser Nahziel ist, die Emission von Treibhausgasen in Amerika im Verhältnis zum Umfang unserer Wirtschaft zu reduzieren.«

Das war pure Trickserei. *Im Verhältnis zum Umfang unserer Wirtschaft*: Weil die amerikanische Wirtschaft ständig wuchs, bedeutete das, dass die Emissionen auch ansteigen durften, solange ihr relatives Wachstum unter dem der Wirtschaft blieb. Die anderen Industrieländer verlangten im Protokoll von Kyoto eine absolute Reduzierung (unter das Niveau von 1990).

Bush wollte den Anstieg nur verlangsamen, aber nicht einmal das sollte gesetzlich festgelegt werden. Kein einziger Luftverschmutzer sollte gezwungen werden, etwas zur Reduzierung seiner Emissionen zu unternehmen.

»Im Kampf gegen die Klimaveränderung werden noch viele Generationen große Anstrengungen unternehmen müssen«, sagte Bush bei dieser Gelegenheit auch. Das war insofern irreführend, als er damit andeutete, man habe noch reichlich Zeit. Er hätte einfach sagen können, dass ihm die Kosten für die Wirtschaft zu hoch vorkamen. Stattdessen stellte er es so hin, als plädiere er für eine Verminderung der Treibhausgase, während er tatsächlich zusätzliche Emissionen billigte.

Das Thema wollte sich einfach nicht von selbst erledigen, und Bush schwindelte weiter. Im Juni 2002 schickte Bushs EPA einen Klimabericht an die Vereinten Nationen. (Damit erfüllten die USA eine Verpflichtung aus einem früheren Umweltschutzvertrag, den Bush senior unterschrieben hatte.) Darin stand, dass die USA in den kommenden Jahrzehnten infolge der Erderwärmung dramatische Veränderungen erleben würden: Hitzewellen und andere Wetterextreme, Verlust von Feucht- und Küstengebieten, Seuchen, wachsende Luftverschmutzung, Wasserknappheit. Bush tat den Bericht verächtlich ab: »Ich hab gelesen, was die Bürokraten da zusammengeschrieben haben.« Ein paar Tage später musste Fleischer zugeben, dass Bush den Report gar nicht gelesen hatte. Eine Lüge unter vielen.

Im Februar 2003 gab der National Research Council einen Bericht heraus, in dem Bushs Regierung scharf angegriffen wurde. Dem Klimaplan der Regierung fehlten, so die Studie, »ein Leitgedanke, erreichbare Ziele, klare Zeitvorgaben, eindeutige Kriterien für die Messung, eine Überprüfung, ob bestehende Programme geeignet sind, diese Ziele zu erreichen, eine ausdrückliche Betonung der Prioritäten und ein Managementplan.« Das Expertenteam stellte fest, dass in Bushs Haushaltsentwurf für 2004 die Mittel für Initiativen gegen die Erderwärmung praktisch gleich geblieben waren, entgegen seinen Versprechungen, sie zu erhöhen.

Das Team beschwerte sich auch, dass Bushs Regierung sich auf wissenschaftliche Fragen konzentriere, die längst gelöst seien. »Manchmal wirkt es, als wüssten diese Leute über wissenschaftliche Erkenntnisse einfach nicht Bescheid«, sagte William Schlesinger, einer der Experten. »Dinge, die 1980 aktuell waren, stufen sie jetzt als dringende Forschungsaufgaben für die Zukunft ein.« Und der Report rügte, dass die Regierung sich immer noch hinter der Behauptung verschanze, es sei ungewiss, in welchem Ausmaß der Mensch an der Erderwärmung schuld sei.

Kurz nachdem dieser Bericht erschienen war, warf der britische Premier Tony Blair Bush vor, er unternehme nicht genug gegen die Erderwärmung. »Es gibt keine echte Sicherheit«, bemerkte Blair, »wenn der Planet zerstört wird.« Er versprach, England werde bis zur Mitte des Jahrhunderts seine gesamten Emissionen um 60 Prozent verringern, und ging damit weit über den Zeitplan von Kyoto hinaus.

Bush hatte öffentlich versichert, er werde sich des Problems der Erderwärmung annehmen, seine Leute würden einen Plan zur Verminderung der Emissionen entwerfen und er werde eine »Führungsrolle« übernehmen. Nichts davon geschah. Er kümmerte sich nicht um das Problem; er machte es nur noch schlimmer. Er reduzierte die Emissionen nicht; er genehmigte noch mehr. Er führte nicht. Er gab nur heiße Luft von sich.

113

8. Stammzellen und Krieg der Sterne

»Das erlaubt uns, die viel versprechenden Möglichkeiten der Stammzellenforschung zu untersuchen.«

In seinem ersten Sommer im Weißen Haus war Bush ein wenig lahm geworden. Seit seinem Erfolg mit der Steuersenkung stand nichts Großartiges mehr auf dem Programm. Die Privatisierung der Rentenversicherung war an eine Kommission weitergereicht worden. Anstatt wichtige Dinge anzugehen, plante das Weiße Haus ein Herbstprogramm, das so gefühlsduselige Punkte enthielt wie »Förderung des E-Mail-Verkehrs zwischen Großeltern und Enkeln« oder einen Vorstoß bei der Presse, sie solle mehr Positives schreiben. Dabei lagen zwei äußerst wichtige Forschungsangelegenheiten auf Bushs Schreibtisch. Beide mussten entschieden werden, und beide veranlassten Bush, die Öffentlichkeit zu täuschen. Bei dieser Regierung rangierte die politische Strategie immer vor Wissenschaft und Wahrheit.

Seit Monaten schon rückte der Augenblick näher, in dem Bush ein verzwicktes moralisches, wissenschaftliches und politisches Dilemma lösen musste: Wie sollte er sich zur Forschung mit menschlichen Stammzellen stellen?

Menschliche Stammzellen sind Zellen in einem frühen Entwicklungsstadium. Sie können sich noch zu jedem der über 200 verschiedenen menschlichen Zelltypen entwickeln. Wenn Stammzellen aus einer Blastozyste gewonnen werden – dem kleinen Zellhäufchen, das sich nach der Befruchtung des Eies bildet –, können aus ihnen selbstreplizierende Zelllinien gezüchtet werden. Das ist ein ziemlich kompliziertes Verfahren, aber wenn es erfolgreich ist, kann es Zelllinien liefern, die für die medizinische Forschung sehr wertvoll sind. Die Wissenschaftler sind sich einig, dass Stammzellen bei der Suche nach Heilungsmöglichkeiten vieler schrecklicher Krankheiten wie Parkinson, Alzheimer, Diabetes und Krebs von Nutzen sein können.

Aber die Stammzellenforschung war immer umstritten, weil die Forscher die Zellen aus wenige Tage alten menschlichen Embryonen gewinnen, wobei die Embryonen zugrunde gehen. Hauptquelle für solche Embryonen sind Befruchtungskliniken, die kinderlosen Paaren mithilfe der In-vitro-Fertilisation zu einem Kind verhelfen wollen. Bei dieser Prozedur entstehen normalerweise mehr Embryonen, als der Mutter dann eingepflanzt werden. Die übrig gebliebenen Embryonen werden im Labor eingefroren und irgendwann entsorgt. Katholische Kirchenführer, christliche Fundamentalisten, Abtreibungsgegner und andere, die davon ausgehen, dass das Leben mit der Empfängnis beginnt, bekämpfen die Stammzellenforschung, weil sie auf der Vernichtung von Embryonen basiert. Und das ist für sie Mord.

Der Kongress hatte 1995 verboten, Experimente an Embryonen aus Bundesmitteln zu fördern. 1999 hatte Clinton wieder für Bundeszuschüsse plädiert. Aber es war keine Entscheidung gefallen, bis Bush ins Amt kam. Er hatte die Angelegenheit geerbt. Jetzt war er dran.

Das Problem für Bush lag darin, dass er sich im Bemühen um die Katholiken und sonstigen Abtreibungsgegner im Wahlkampf auf die Seite der Anti-Stammzellen-Front geschlagen hatte. »Ich bin dagegen, die Stammzellenforschung aus Bundesmitteln zu fördern, weil bei diesem Verfahren lebende menschliche Embryonen getötet werden«, hatte er erklärt. Aber im Streit um die Stammzellenforschung war das Für und Wider nicht so klar wie bei der Abtreibung. Prominente Konservative, die gegen Abtreibung waren, darunter auch ein paar republikanische Senatoren, drängten Bush, die Stammzellforschung zu fördern. Cheney und der Stabschef des Weißen Hauses, Andrew Card, waren Befürworter der Stammzellenforschung, desgleichen viele der wichtigsten Sponsoren der Republikaner. Auch der Gesundheits- und Sozialminister machte sich dafür stark. Nancy Reagan, deren Mann an Alzheimer litt, war eine lautstarke Anhängerin dieser Forschung, und auch viele Patienteninitiativen setzten sich dafür ein, dass vom Staat bezahlte Forscher auf diesem Gebiet tätig werden dürften.

Das Weiße Haus ließ verlauten, Bush beschäftige sich mit der Angelegenheit, bespreche sich mit Wissenschaftlern und Ethikern und befasse sich mit den moralischen Problemen, die das Thema aufwarf. Frum sagte dazu: »Er tat etwas, was ich bei ihm noch nie erlebt hatte: Er grübelte.«

Am 9. August 2001 hielt Bush seine erste landesweit zur Hauptsendezeit ausgestrahlte Rede im Fernsehen und verkündete etwas befangen seine Entscheidung zur Stammzellenforschung. Er würdigte das Potenzial dieser Forschung und die wichtige Rolle, die eine finanzielle Förderung durch den Bund dabei spielte. Dann gab er zu bedenken, dass die Stammzellenforschung sich in einem ethischen Grenzbereich bewegte. Er stellte zwei grundsätzliche Fragen: »Erstens, sind diese eingefrorenen Embryonen menschliches Leben und damit wertvoll und schutzwürdig? Und zweitens, wenn sie sowieso später vernichtet werden, sollten sie dann nicht zu höherem Nutzen verwendet werden?«

Auf dem moralischen und theologischen Prinzip beharren? Oder eine potenziell lebensrettende Forschung fördern? Bush verwischte den Unterschied – und rechtfertigte seine Entscheidung mit falschen Zahlen.

»Als Ergebnis privater Forschung«, sagte er, »existieren bereits über 60 genetisch verschiedene Stammzelllinien. Sie sind aus Embryonen gewonnen worden, die schon vernichtet sind, und haben die Fähigkeit, sich immer wieder zu regenerieren. Dadurch entsteht ständig neues Material für die Forschung. Ich habe beschlossen, dass die Forschung mit diesen Zelllinien, bei denen die Entscheidung über Leben und Tod bereits gefallen ist, aus Bundesmitteln gefördert werden darf.«

Einige Kommentatoren bezeichneten diese Kompromisslösung – Geld für die Forschung an alten Linien, kein Geld bei neuen Linien – als salomonisch. Andere nannten sie eine Mogelpackung. Schließlich erklärte Bush nicht, warum Befruchtungskliniken weiterhin wenige Tage alte Blastozysten (oder Embryonen) in den Abfall werfen, Forscher sie aber nicht für ihre Arbeit benutzen durften. Bushs Argumentation basierte auf seiner Behauptung, es gebe bereits 60 verfügbare Zelllinien, bei denen sich die entscheidende moralische Frage nicht mehr stelle. »Das erlaubt uns, die viel versprechenden Möglichkeiten der Stammzellenforschung zu untersuchen«, sagte er, »ohne eine fundamentale moralische Grenzlinie zu überschreiten.«

Diese 60 Linien ermöglichten Bush seine Kompromisslösung, mit der er sich aus einer Zwickmühle lavierte. Sonst hätte er sich entscheiden müssen: Entweder hätte er die Züchtung neuer Linien erlaubt (und wichtige Anhängergruppen vor den Kopf gestoßen) oder er hätte die Stammzellenforschung praktisch mit einem Bann belegt (was ihm den Vorwurf eingebracht hätte, er verhindere potenzielle Heilungsmöglichkeiten für Millionen Amerikaner). Bush

118

hatte vor dieser Rede bei den National Institutes of Health (NIH) angefragt, wie viele Zelllinien für die Forschung zur Verfügung ständen. Die Antwort der NIH: 30. Aber das war vermutlich stark übertrieben. Tatsächlich waren in der wissenschaftlichen Literatur bis dahin erst sechs Zelllinien beschrieben worden.

Die 30 Linien, die nach Angaben der NIH existierten, waren nach Meinung vieler Wissenschaftler nicht ausreichend für eine effektive Forschung. Associated Press stellte fest, man brauche eine große Zahl von Zelllinien, um sicherzugehen, »dass die grundlegenden biologischen Entdeckungen allgemein gültig sind und nicht nur eigentümlich für die beschränkte Anzahl von Zelllinien«. Ein prominenter Fachmann informierte Bush, dass man mindestens hundert Linien benötige. Ein anderer sagte der *Washington Post* ein paar Wochen vor der Rede: »Vielleicht muss man hunderte von Zelllinien züchten, bis man die paar bekommt, die man wirklich brauchen kann.«

Bush forderte die NIH auf, noch mal nachzuzählen. Und die Behörde machte sich wieder an die Suche. Am 2. August teilte sie Bush mit, dass ungefähr 60 Linien existierten *oder* sich in der Entwicklung befänden. Aber Bush sah über den entscheidenden Unterschied zwischen »existent« und »in der Entwicklung befindlich« hinweg und konzentrierte sich auf die bloße Zahl. Mit 60 Linien war er aus dem Schneider.

Tatsächlich aber existierten diese 60 Linien nicht. Bushs Argumentation war von Grund auf falsch.

Seine Zahl wurde sofort angezweifelt. Douglas Melton, der Vorstand des Instituts für Zell- und Molekularbiologie an der Universität Harvard, teilte der *Los Angeles Times* mit: »Mir ist nichts davon bekannt, dass 60 Zelllinien existieren. Ich habe sie nicht gezählt, aber es dürften eher nur zehn sein. Und von diesen zehn Zelllinien entwickeln sich ein paar nicht gut und sind praktisch nutzlos.« John Gearhart von der Johns-Hopkins-Universität sagte der *Baltimore Sun*: »Ich bin sehr befremdet über diese Zahl.«

In einem Interview mit Bush sagte Claire Shipman von ABC News: »Als Sie heute von 60 Zelllinien sprachen, ist kritisch angemerkt worden, dass diese Zelllinien auf der ganzen Welt verteilt sind und in den USA vielleicht nur ein Dutzend verfügbar ist, und so mancher meint: ›Da war er nicht ganz ehrlich.‹« Bush antwortete: »Ich habe nur wiedergegeben, was die NIH-Leute mir gesagt haben. Die Zweifler sollen sich doch an diejenigen wenden, die direkt an der Forschungsfront stehen. Die NIH-Leute waren der Meinung, es gebe reichlich Zelllinien, mit denen man arbeiten kann.« Und in einer Radioansprache behauptete Bush, mit diesen 60 Linien sei alles möglich: »Sie haben die Fähigkeit, sich unendlich zu regenerieren.«

Am Sonntag nach Bushs Rede trat Thompson in *Meet the Press* auf, um Bushs Entscheidung zu preisen und zu verteidigen. Er ging auch auf die Zweifel hinsichtlich der 60 Linien ein: »Es hat da eine Menge Fragen gegeben wegen der Qualität dieser Zelllinien. Lassen Sie mich das näher erklären … Wir haben Kenntnis von 60 echten, brauchbaren, robusten Zelllinien bei uns und in der ganzen Welt … Wir haben das gründlich überprüft, seit der Präsident diese Erklärung abgegeben hat.«

Gründliche Überprüfungen waren auch nicht mehr das, was sie einmal waren. Kaum wurden Details des NIH-Berichts bekannt, liefen schon Dementis aus aller Welt ein. Die Universität Göteborg sollte laut NIH die weltgrößte Sammlung embryonaler Stammzellen besitzen, nämlich 19. Aber der Neurobiologe Peter Eriksson, ein Mitglied des dortigen Stammzellenteams, gab bekannt, dass man nur drei davon wirklich als Stammzellenlinien bezeichnen könne.

»Ich war sehr überrascht, dass die NIH alle 19 so einstuft«, sagte er. »Da haben die etwas falsch verstanden.« Und die drei Linien, welche die Universität tatsächlich besaß, existierten erst seit einem halben Jahr und hatten noch nicht bewiesen, dass sie sich in alle wichtigen menschlichen Zelltypen entwickeln konnten. Möglicherweise handelte es sich dabei gar nicht um voll ausgereifte Stammzellen.

Aus anderen Labors kamen ähnliche Echos. Eine indische Firma, der von den NIH sieben funktionierende Zelllinien zugeschrieben worden waren, sagte der *Washington Post*, von den sieben Linien hätten vier gerade eben die ersten einer ganzen Latte von Tests bestanden, mit denen geprüft wurde, ob es sich bei ihnen tatsächlich um nutzbare Stammzellen handelte. Die restlichen drei Linien seien noch jünger und könnten leicht völlig ausfallen. Eine kleine Biotech-Firma in San Diego, die angeblich die größte Anzahl von Zelllinien in den USA besaß, gab bekannt, es werde auch im besten Fall noch Monate dauern, bis sie der Forschung die ersten Ableger zur Verfügung stellen könne.

Die wissenschaftliche Realität war Welten entfernt von dem Bild, das Bush von ihr malte.

Und es gab noch ein weiteres Problem: Es war noch völlig ungeklärt, wie viele der gegenwärtig oder zukünftig existierenden Linien von den Firmen und Institutionen, die sie besaßen, der Forschung tatsächlich zugänglich gemacht werden würden. Bush und Thompson hatten den Eindruck erweckt, dass die Forscher aus 60 Linien auswählen könnten. Aber das hing ganz von den Eigentümern ab.

Als Bush von 60 Linien sprach, glaubte er wahrscheinlich, die Zahl sei korrekt. Was konnte er schließlich über Stammzellenforschung wissen? Aber als sich herausstellte, dass die Schätzung weit übertrieben war, blieben er und seine Leute beharrlich bei ihren irreführenden Behauptungen. Nehmen wir das Beispiel der Göteborger Zelllinien, die sich ja quasi in Luft aufgelöst hatten. Thompson erklärte weiterhin: »Die haben 19 Linien. Sie befinden sich in verschiedenen Stadien von Produktion und Replikation.« Auch Pressesprecher Ari Fleischer ignorierte die neuen Informationen und beharrte darauf, dass es »nach Angabe der NIH« 60 bis 64 Linien gebe. Und als Thompson gefragt wurde, ob alle diese Linien »echt, brauchbar und robust« seien, antwortete er: »So ist es.« Bushs Mannschaft wich keinen Millimeter von der einmal ausgegebenen 60-Linien-Losung ab. Denn andernfalls hätte Bush das Problem noch einmal aufgreifen und eine schmerzhafte Entscheidung treffen müssen.

In den folgenden Monaten tauchten die fehlenden Linien nicht auf, und gleichzeitig schrumpfte die Zahl der verfügbaren Linien. Ein Jahr nach Bushs Rede berichtete *USA Today*: »Von den ursprünglich 64 Zelllinien, welche die NIH vorigen August gezählt haben, stehen bis jetzt nur fünf den Forschern uneingeschränkt zur Verfügung. Zwölf weitere sind laut NIH eingeschränkt verfügbar. Mehr als ein Dutzend Stammzellenlinien sind immer noch nicht ausreichend getestet; von den übrigen werden vielleicht viele nie zur Verfügung stehen – aus verschiedenen Gründen, wie zum Beispiel wegen juristischer Streitigkeiten um die Eigentumsrechte oder wegen medizinischer Probleme.« Und weiter: »Die wenigen Stammzellenlinien, mit denen die Forschung arbeiten kann, unterscheiden sich genetisch zu wenig, um den Wissenschaftlern vollständig darüber Aufschluss geben zu können, wie sie funktionieren.«

Bush gab nie zu, falsche Zahlen verkündet zu haben; er ließ seine Leute weiterhin Nebelkerzen werfen und die Öffentlichkeit belügen. Damit gefährdete er wichtige medizinische Forschungen, nur um sich selbst nicht politisch zu gefährden.

»Natürlich werden wir kein System verwenden, das nicht funktioniert.«

Aber Bush musste sich nicht nur mit den Problemen aus der Schönen Neuen Welt der Biotechnologie herumschlagen; es gab noch eine andere Angelegenheit, die Wissenschaft und Politik zugleich betraf: den Krieg der Sterne, Teil zwei. Im Sommer 2001 plante seine Regierung die schnelle Installierung eines beschränkten Raketenverteidigungssystems. Es sollte in der Lage sein, eine geringe Anzahl von Atomraketen, die auf die USA abgefeuert wurden, abzuschießen. Aber um für diese weit reichende Entscheidung den Boden zu bereiten, gingen Bush und seine Berater wieder recht großzügig mit der Wahrheit um: Sie übertrieben die Gefahr und die Wirksamkeit der von ihnen vorgeschlagenen Abwehrmaßnahmen.

Im Wahlkampf hatte Bush versprochen, er werde das amerikanische Raketenabwehrprogramm wieder aufgreifen, für das sich Präsident Ronald Reagan 1983 eingesetzt hatte. Aber auch nach zwei Jahrzehnten der Forschung – die 84,5 Milliarden Dollar verschlungen hatte – gab es immer noch kein erprobtes System. Trotzdem gelobte der Kandidat Bush, er werde »eine Raketenabwehr aufbauen und einsetzen, um die amerikanische Heimat und unsere Verbündeten zu schützen«. Diese Behauptung ließ vermuten, man könne ein effektives System installieren – was nicht der Fall war. Damit weckte er falsche Hoffnungen.

Auch nach der Wahl blieb Bush diesem Luftschloss treu. Seine Regierung gab zu erkennen, dass sie den Raketenvertrag von 1972 außer Kraft setzen wolle, um ungehindert ihre Schutzschildpläne verfolgen zu können. Dieser Vertrag gestand den Vereinigten Staaten und der Sowjetunion (bzw. heute Russland) je zwei Raketenabwehrstellungen zu und erlaubte in gewissem Ausmaß die Erprobung von

Raketenabwehrsystemen. Die Absicht, von einem so wichtigen Waffenkontrollvertrag einseitig zurückzutreten, verursachte in Moskau und Peking sowie bei den europäischen Verbündeten einige Aufregung.

Am 1. Mai 2001 kündigte Bush sein Raketenprogramm offiziell an. In seiner Rede argumentierte er, ein solches begrenztes Raketensystem sei nötig, weil »die größte Bedrohung heute nicht von tausenden von Raketen in sowjetischer Hand« ausgehe, »sondern von ein paar Raketen im Besitz von Ländern, in denen Terrorismus und Erpressung zum Alltag gehören«. Er berichtete, Verteidigungsminister Rumsfeld habe »Nahzieloptionen entwickelt, die es uns ermöglichen könnten, erste Abwehrmittel gegen begrenzte Bedrohungen einzusetzen. In manchen Fällen können wir auf bewährte Techniken zurückgreifen.« Er propagierte die Raketenabwehr als ein Mittel, »das die Abschreckung verstärken« könne, weil es die Anreize zur Entwicklung von Massenvernichtungswaffen verringere. Der Kritik aus dem Ausland begegnete er ziemlich selbstherrlich. »Es wird echte Beratungen geben«, versprach er. »Wir werden unsere Freunde und Verbündeten nicht mit bereits feststehenden, unilateralen Entscheidungen konfrontieren.« Das war alles gelogen.

Die *größte Bedrohung*? Das war ganz unmissverständlich ausgedrückt. Stellte eine Atomrakete, die von irgendeinem Schurkenstaat auf die USA abgefeuert wurde, wirklich die größte Bedrohung des Landes dar? Man konnte sich deswegen Sorgen machen, sicher, aber gab es keine größere Gefahr? Im Februar 2000 hatte Robert Walpole, der Chef der Geheimdienstabteilung für strategische und atomare Programme, vor dem Kongress erklärt, die Geheimdienste seien der Meinung, dass die Bedrohung durch Raketen wachse, dass das aber nicht die größte Gefahr für Amerika darstelle. »Vielmehr glauben wir«, sagte er, »dass in den nächsten Jahren die Wahrscheinlichkeit einer Attacke mit Massenvernichtungsmitteln, die nicht mithilfe von Raketen ins Land kommen, größer ist. Solche Angriffe werden eher nicht von anderen Nationen ausgehen, sondern von nichtstaatlichen Organisationen. Diese können ihre Bomben mittels anderer Transportmöglichkeiten billiger, zuverlässiger und präziser zum Ziel bringen. Überdies lassen sich die Urheber solcher Angriffe schwerer ermitteln.«

Mit anderen Worten: Terroristen, die ihre atomaren, chemischen und/oder biologischen Waffen in Containern, Lastwagen, Flugzeugen oder Postpaketen transportierten, stellten eine größere Bedrohung dar als irgendein Diktator mit einer Rakete. Ein Geheimdienstbericht von 1999 stellte fest, dass »in den kommenden 15 Jahren andere Transportarten ... zuverlässiger sind« als der Transport per Rakete, dass man ohne Rakete die Ziele genauer treffen und die Raketenabwehr umgehen könne.

Die Gegner der Raketenabwehr bezweifelten, dass das Oberhaupt eines Schurkenstaates, der den Amerikanern schaden wollte, das ausgerechnet mit einer Rakete versuchen würde. Solche Waffen sind teuer und außerdem schwer zu entwickeln und zu warten. Auch wäre der Absender leicht zu ermitteln, und das würde ihm und seinem Land nicht gut bekommen. In der Diskussion sagte Sam Nunn, ein militanter Demokrat: »Die ärgste Bedrohung ist im Moment nicht eine Rakete aus einem Dritte-Welt-Land, die eine Absenderadresse hat. Wenn wir ungeheure Summen ausgeben, um unbedeutende Angriffe von drei oder vier Ländern abzuwehren – drei, vier, fünf Raketen –, und dann nicht mehr genug Geld haben, um uns um die Atomwaffen und die Atomwissenschaftler [die in der ehemaligen Sowjetunion und anderswo vorhanden sind] zu kümmern, stehen wir in zehn Jahren vielleicht gefährdeter da als heute.«

Bush tat in seiner Rede so, als sei das Raketenabwehrsystem erprobt und einsatzbereit. Er unterschlug, dass wichtige Komponenten noch gar nicht entwickelt und bereits vorhandene nicht einsatzbereit waren. Im vergangenen Jahr war die Hauptkomponente des Systems – eine Abfangrakete, die in die anfliegende Rakete einschlagen und sie zerstören sollte – dreimal getestet worden, und zweimal war die Erprobung missglückt. Bei dem einen Test, der erfolgreich war, war die Zielrakete laut *Defense Week* mit einem Signal ausgestattet gewesen, das es der Abfangrakete einfacher machte, sie mitten im Flug aufzuspüren. Und ein Test im Juli 2001 – den das Pentagon anfangs als Erfolg ausgab – wurde auch auf diese Weise durchgeführt. Der Einsatz eines solchen Signals, kommentierte *Defense Week*, provoziere doch Fragen nach der Wirklichkeitsnähe dieser Versuche.

Auch Bushs Behauptung, dass die Raketenabwehr die Entwicklung von Massenvernichtungswaffen eindämmen könne, war zumindest höchst fragwürdig. Was er meinte, war: Wenn die Vereinigten Staaten ein System errichteten, das eine geringe Anzahl anfliegender ballistischer Flugkörper abschießen konnte, dann hätte ein Feind Amerikas weniger Anreize, solche Waffen zu entwickeln und zu bauen. Die Geheimdienste kamen zu einem gegenteiligen Schluss. Ein Bericht von 1999 fasste zusammen: »Wir sind der festen Meinung, dass Länder, die Raketen bauen, auf die amerikanische Raketenabwehr reagieren werden, indem sie größere Streitkräfte und effektivere Waffen einsetzen und Gegenmaßnahmen ergreifen.« Und eine als geheim eingestufte gemeinsame Prognose der Geheimdienste warnte im August 2000, die Errichtung eines amerikanischen Raketenabwehrsystems könne China dazu provozieren, die Zahl seiner Atomwaffen von etwa 20 Langstreckenraketen auf 200 zu erhöhen, um seine Bedeutung als Atommacht zu unterstreichen. (Und die atomare Aufrüstung der Chinesen, so die Analysten der Geheimdienste, könnte Indien und Pakistan dazu veranlassen, ihrerseits atomar hochzurüsten.) Die Geheimdienste meinten darüber hinaus, dass Länder, die ballistische Flugkörper herstellen könnten, auch in der Lage seien, Methoden zur Umgehung der Raketenabwehr zu entwickeln.

Und Bushs Versprechen, seine Cowboymanieren an der Garderobe abzugeben und sich mit den Verbündeten zu besprechen, hielt in der Wirklichkeit nicht lange. Einen Monat vor seiner Rede hatte er erklärt: »Ich habe unseren Verbündeten versichert, dass wir uns mit ihnen beraten werden, aber wir sind bereits dabei, Systeme zu entwickeln.« Nach der Rede kommentierte ein europäischer Diplomat: »Wenn Bush bereits entschlossen ist, den ABM-Vertrag zu brechen und sein Projekt auszuführen, wie sollen wir dann glauben, dass diese Konsultationen noch einen Sinn haben?«

Bush war versessen auf seine Raketenabwehr, aber es sollte nicht so aussehen, als überstürze er die Sache. Mitte Juni äußerte er auf einer Pressekonferenz in Brüssel: »Wer glaubt, dass meine Regierung ein System installieren wird, das nicht funktioniert, der täuscht sich sehr. Natürlich werden wir kein System verwenden, das nicht funktioniert. Was hätte das für einen Sinn? Wir werden nur ein System installieren, das funktioniert, und so den Frieden wahren.«

Das klang vernünftig, aber es war nicht die offizielle Linie. Eine Woche früher hatte Rumsfeld gesagt: »Wir werden wahrscheinlich Provisorien benutzen müssen, um mit aktuellen Gefahren fertig zu werden. Und mit der Zeit werden wir die Wirksamkeit aller Bestandteile des Systems erhöhen.« Das hieß, dass Komponenten eingesetzt werden sollten, bevor feststand, dass sie funktionierten.

Von Sinn oder Unsinn der Raketenabwehr einmal ganz abgesehen: Bush hat die Öffentlichkeit belogen. Seine Politik lief auf pures Glücksspiel hinaus: Jetzt zahlen wir erst einmal Dutzende von Milliarden Dollars und errichten ein System, das am Ende nicht das leistet, was ich behaupte. Vielleicht rechtfertigt (in naher oder ferner Zukunft) eine Gefahr von außen die vorschnelle Installation des unzuverlässigen Systems. Vielleicht haben die Miesmacher Unrecht und die technischen Schwierigkeiten können ausgebügelt werden. Aber es gibt keine Garantie dafür, dass dieser Heilige Gral der Verteidigungspolitik tatsächlich auch in Griffweite hing. Bush und Rumsfeld ließen das amerikanische Volk im Unklaren über die Risiken.

Im Dezember 2001 traten die USA aus dem ABM-Vertrag aus, wie Bush angekündigt hatte.

Anfang 2003 veröffentlichte das Pentagon einen Bericht, in dem es erklärte, das Herzstück von Bushs Raketenabwehrsystem müsse seine Tauglichkeit erst noch beweisen. In vorsichtigen Worten ließ der Bericht durchblicken, dass die übereilte Installation eines ineffektiven Systems die nationale Sicherheit der USA gefährden könne.

Im Mai 2003, als man in Alaska und Kalifornien schon an einem System arbeitete, zu dem zehn Abfangraketen gehören sollten, gab die Regierung ein Informationsblatt heraus, in dem es hieß: »Die Struktur unseres Raketenabwehrsystems steht noch nicht endgültig fest. Stattdessen beginnen wir mit wenigen Einheiten, die dann ausgebaut werden, um neuen Gefahren begegnen zu können. So werden wir von technischen Entwicklungen profitieren.« Das hieß mit anderen Worten: Wir schustern irgendwas zusammen. Gleichzeitig strich das Pentagon neun von 20 vorgesehenen Raketentests, die für die kommenden fünf Jahre angesetzt gewesen waren. Einer der gestrichenen Tests sollte einige Monate vor Inbetriebnahme des Raketenschilds im Oktober 2004 stattfinden und ein Kernstück des Systems auf die Probe stellen. Senator Carl Levin, ein notorischer

Gegner des Raketenabwehrsystems, stellte fest: »Die Entscheidung, ein noch ungeprüftes System in Betrieb zu nehmen, geht einher mit der Entscheidung, die Tests, die zeigen sollen, ob das System wirksam ist, zu streichen oder zu verzögern.«

Im Juni 2003 warnte ein Bericht des Rechnungshofes, wegen der Hast beim Aufbau des Systems laufe das Pentagon Gefahr, »aus Zeitnot grundsätzliche Fehler zu machen und das ganze Projekt zu gefährden«. Ein weiterer Hinweis darauf, dass Bush mit seinem Übereifer der Sicherheit des Landes schaden konnte.

Trotz seiner Versicherung, er werde nur ein funktionierendes System einsetzen, beharrte Bush auf einer ungetesteten und unzuverlässigen Raketenabwehr. Geschätzte Kosten bis 2004: neun Milliarden Dollar.

Wie bei der Stammzellenfrage ignorierte Bush bei der Raketenabwehr den Erkenntnisstand der Wissenschaft, und er ignorierte auch, dass Sicherheitsexperten die Bedrohung durch Raketen als gering einstuften. Ihre Einschätzung der wirklichen Gefahr – von der Bush nichts wissen wollte – sollte sich am 11. September als nur zu richtig erweisen.

9. Der 11. September

»Wir müssen jedes Detail der Ereignisse des 11. September aufklären und alles daraus lernen, was es zu lernen gibt.«

Am Morgen des 11. September 2001, als das zweite Flugzeug ins World Trade Center raste, wurde dem entsetzten Volk klar, dass es sich dabei um einen Angriff auf die USA handelte. Sofort – und zum ersten Mal seit 60 Jahren – schauten die Bürger des attackierten Amerika auf ihren Präsidenten in der Erwartung, dass er die Führung übernehme und sie vor einer Gefahr beschütze, die wahrscheinlich von außen kam und es geschafft hatte, bis auf amerikanisches Territorium vorzudringen. Als die Türme einstürzten und das Pentagon brannte, als Schätzungen über die Zahl der Toten angestellt wurden und ein zutiefst getroffenes Land mit Trauer und Entsetzen kämpfte, schauten die Amerikaner auf Bush und erwarteten Antworten auf ihre Fragen. Wer hatte das getan? Warum wollten sie amerikanische Zivilisten töten? Wie hatten sie die Sicherheitskontrollen im Flugverkehr umgehen, die Geheimdienste täuschen, vier Flugzeuge auf einmal entführen und drei davon ins Ziel lenken können? Was bedeutete das alles? Wenn es je eine Zeit gab, in der das Land – und die Welt – einen amerikanischen Präsidenten brauchte, der ehrlich und vertrauenswürdig war, dann war es diese.

Die schrecklichen Ereignisse des 11. September veränderten das Land und George W. Bush. Sein Grinsen verschwand. Er sprach und handelte ernsthaft und entschlossen. Er einte das Land, beeindruckte viele Amerikaner als mutiger, zielstrebiger und selbstbewusster Kriegspräsident und gewann in breiten Schichten neue Sympathien. Aber sein unverbindliches Verhältnis zur Wahrheit änderte sich auch nach dem 11. September nicht. Er wuchs in mancherlei Hinsicht, aber ehrlicher wurde er nicht.

Der Überfall auf die Vereinigten Staaten konfrontierte das Land mit Herausforderungen aller Art. Wie sollte man reagieren? Wie sollte man die Ereignisse verstehen? Das Verstehen war das Allerwichtigste. Um vernünftige Beschlüsse fassen zu können, was Reaktionen, Gegenschläge und Schutz vor künftigen Angriffen betraf, brauchte das Volk zuverlässige Informationen über die mörderischen Eindringlinge und ihre Absichten, die Sicherheitslücken, die ihre Taten ermöglicht hatten, und die Schwachstellen im Land, die zu künftigen Angriffen verlockten. Zu all diesen Themen gab es in Regierungskreisen und außerhalb viel gründliches Wissen. Aber als das Volk Aufklärung verlangte, speiste Bush es mit einer irreführenden, allzu einfachen Erklärung ab. Und in der ganzen Zeit seither blieb er bei seiner falschen Darstellung der vielleicht folgenreichsten Tragödie, die Amerika je getroffen hatte.

Es begann schon am Tag der Angriffe. Noch am selben Abend sprach Bush vier Minuten lang zum Volk, und zwar aus dem Oval Office, was er vorher noch nie getan hatte. Man hatte ihm bereits mitgeteilt, dass wahrscheinlich Osama bin Laden, das Oberhaupt einer islamistischen Terrororganisation, für die abscheuliche Tat verantwortlich war. Aber die Geheimdienste hatten noch nicht genügend Beweise. Deshalb wollte Bush in seiner Fernsehansprache keine Namen nennen, auch wenn in den Nachrichten bin Laden schon als Hauptverdächtiger präsentiert wurde. Bush versuchte, das Ereignis zu erklären. »Amerika wurde für die Attacke als Ziel gewählt«, sagte er, »weil es der hellste Leuchtturm der Freiheit ist und den Menschen die größten Chancen bietet.« Am nächsten Tag äußerte er bei einem Besuch im teilweise zerstörten Pentagon sinngemäß das Gleiche. Am 13. September sagte er über die (noch nicht identifizierten) Täter: »Diese Leute können Freiheit nicht ertragen. Sie hassen unsere Werte. Sie hassen alles, wofür Amerika steht.« Bei dem bewegenden Gedächtnisgottesdienst am 14. September stellte Bush fest: »Sie haben Amerika angegriffen, weil bei uns die Freiheit zu Hause ist und wir sie verteidigen.«

Und so ging es weiter. Bush wiederholte ständig, Amerika sei wegen seiner Freiheitsliebe überfallen worden, selbst als er die Namen der Schuldigen noch nicht zu nennen wagte. Als die zuständigen Behörden am 14. September bestätigten, dass bin Laden der Hauptverdächtige sei, erklärte Bush zwei Tage später dem Volk, al-Qaida sei »eine große, weit verzweigte Organisation, die es nur auf Terror abgesehen« habe. »Die Freiheit ist ihnen zuwider. Sie hassen alles, wofür Amerika steht.«

War das Motiv für bin Ladens mörderischen Dschihad gegen die Vereinigten Staaten wirklich nur, dass bin Laden Amerika dafür hasste, dass es die Freiheit verkörperte? Nichts sonst? Es war verständlich, dass Bush im ersten Moment zu einer derart simplen Begründung Zuflucht genommen hatte, um zu einer so beispiellosen Katastrophe überhaupt etwas zu sagen. Aber auch später, als er Zeit zum Nachdenken gehabt hätte, blieb er bei dieser oberflächlichen Darstellung.

Am 20. September stellte Bush in einer Rede die rhetorische Frage: »Warum hassen sie uns?« Das war eine wichtige Frage. Nicht, weil die Antwort eine Entschuldigung für den Massenmord vom 11. September liefern konnte. Sie war wichtig, weil die Amerikaner den Hass verstehen lernen mussten, der solche Terroristen hervorbrachte – und, was noch bedeutsamer war, viele Araber und Muslims veranlasste, den Attentätern Beifall zu klatschen –, damit sie Strategien entwickeln konnten, mit denen sie einer anhaltenden Bedrohung der Vereinigten Staaten begegnen konnten. Aber Bushs Antwort auf seine eigene Frage war erschreckend einfältig: »Sie hassen unsere Freiheiten.« Und über al-Qaida sagte er: »Ihr Ziel ist eine Neuordnung der Welt. Sie wollen den Menschen überall ihren radikalen Glauben aufzwingen.« Bin Ladens Anhänger, teilte er dem Volk mit, hätten das Ziel, »alle Amerikaner zu töten«.

Das war eine äußerst platte Darstellung. Sie ignorierte die Vielschichtigkeit des Problems und enthielt dem Volk Informationen vor, die unverzichtbar waren, wenn man die Attentate richtig verstehen wollte. Bush stellte bin Laden als einen Möchtegern-Weltherrscher hin, einen Menschen, der nur durch irrationalen Hass angetrieben wurde und tötete, um die Freiheit zu vernichten.

Die Dokumente – und die Fachleute – erzählen eine ganz andere Geschichte. Nach Ansicht von Terrorismus-Experten und nach Erkenntnissen des Außenministeriums waren bin Ladens Ziele nicht Weltherrschaft, Töten um des Tötens willen oder die Unterdrückung der Freiheit im Westen. Vielmehr verfolgte er mit einem religiös gefärbten Ami-go-home-Kreuzzug bestimmte geopolitische Ziele.

Bin Laden hatte die Absicht, die USA aus dem Nahen Osten zu vertreiben. Die Anwesenheit von US-Truppen in vom Islam dominierten Regionen oder Ländern (wie zum Beispiel in Saudi-Arabien) schien ihm eine untragbare Schande. Er wollte die USA zwingen, ihre Hilfe für autokratische arabische Länder einzustellen, und so den Boden für eine fundamentalistische Revolution in diesen Staaten bereiten. 1998 hatte bin Laden eine Fatwa verkündet, die zum Mord an amerikanischen Zivilisten und Militärs aufrief, und argumentiert, das müsse getan werden, »um die Al-Aksa-Moschee [in Jerusalem] und die Heilige Moschee [in Mekka] aus ihrem Griff zu befreien und um ihre Armeen aus den Ländern des Islam zu vertreiben, besiegt und nicht mehr fähig, den Muslimen zu schaden«. Ein Bericht des Außenministeriums, herausgegeben vom Anti-terrorismus-Koordinator der Behörde, stellte fest: »Bin Laden und seine Organisation möchten einen Krieg zwischen dem Islam und dem Westen provozieren und muslimische Regierungen, wie in Ägypten oder Saudi-Arabien, stürzen... Bin Ladens Ziel ist, in seinen eigenen Worten, ›die Muslime zu vereinigen und eine Regierung zu etablieren, die den Regeln der Kalifen folgt‹. Das glaubt er nur erreichen zu können, indem er alle muslimischen Regierungen stürzt, den westlichen Einfluss aus diesen Ländern verbannt und schließlich die Staatsgrenzen abschafft.«

Auch regierungsunabhängige Fachleute waren überzeugt, dass bin Laden politische Ziele im Nahen Osten verfolgte. Peter Bergen, der erste Journalist, der es schaffte, ein Fernsehinterview mit bin Laden zu machen, schreibt in seinem Buch *Holy War, Inc.* (Heiliger Krieg Inc.):

Warum tut bin Laden das, was er tut? ... In den zehntausenden von Worten, die er schon öffentlich geäußert hat, gibt es ganz auffallende Auslassungen: Er wettert nicht gegen den verderblichen Einfluss von Hollywoodfilmen, nicht gegen Madonnas Musik oder die Pornografie, die von der amerikanischen Verfassung geschützt wird. Auch hetzt er nicht gegen die Drogen- und Alkoholgewohnheiten des Westens oder gegen die Toleranz gegenüber Homosexuellen ... Aus diesem Schweigen kann man wohl schließen, dass er an sich nichts gegen den Lebensstil des Westens hat. Was er den USA zum Vorwurf macht, ist einfach ihre Einmischung im Nahen Osten. Dazu gehören, kurz zusammengefasst: die ständige militärische Präsenz in Arabien, die

Unterstützung Israels, die andauernde Kampagne gegen den Irak und die Unterstützung der Regimes in Ländern wie Ägypten oder Saudi-Arabien, die bin Laden für vom Islam abgefallen hält.

Zu den Attentaten vom 11. September bemerkt Bergen: »Bin Laden hoffte, in muslimischen Ländern antiamerikanische Gefühle zu wecken, die zum Sturz der Regierungen führen würden, und diese dann durch Taliban-ähnliche Theokratien zu ersetzen.«

In einem Video vom 27. Dezember 2001 erklärte bin Laden, warum er Amerika angegriffen hatte: »Wenn ihre Wirtschaft ruiniert ist, werden sie sich um ihre eigenen Angelegenheiten kümmern und nicht mehr schwache Völker unterwerfen.«

Bin Laden war ein »Schurke«, wie Bush richtig bemerkte. Aber mit seinen Verbrechen verfolgte er ganz bestimmte Ziele. Sein Hauptziel war es, die islamische Welt zu verändern, nicht, die USA zu vernichten und ihre Menschen zu ermorden. Er kämpfte gegen die Außenpolitik der Vereinigten Staaten, nicht gegen ihre politischen, sozialen und kulturellen Werte. Es schien bin Laden egal zu sein, was die Amerikaner zu Hause taten. Er wollte sie nur aus den arabischen Ländern hinauswerfen, um eine fundamentalistische Theokratie errichten zu können – kein löbliches Ziel, aber doch etwas anderes als die Vernichtung der Freiheit im Westen. (Im April 2003 gab der stellvertretende Verteidigungsminister Paul Wolfowitz im Wesentlichen zu, dass es beim 11. September nicht um die amerikanische Freiheit gegangen war. Die *Los Angeles Times* berichtete: »Wegen der fortdauernden Bemühungen, Saddam Hussein im Zaum zu halten, blieben nach dem Golfkrieg [von 1991] tausende von US-Soldaten in Saudi-Arabien. Ihre Anwesenheit, sagte Wolfowitz, sei ›einer der Hauptgründe, warum

Osama bin Laden so viele Anhänger findet‹. Bin Ladens Fatwa von 1998, in der zur Tötung von Amerikanern aufgerufen wird, nennt die Stationierung von ›Kreuzzugstruppen‹ in Saudi-Arabien, das für die Muslime ein heiliges Land ist, und die Bombenangriffe der US-Flugzeuge auf den Irak als Gründe für den Heiligen Krieg gegen die Vereinigten Staaten.«)

Unbeirrt von den Tatsachen brachte Bush immer wieder sein Mantra vom Krieg gegen die Freiheit vor. Warum? Schätzte er die Lage wirklich so ein? Wenn man zynisch wäre, könnte man denken, er behielt diesen Kurs bei, um zu verhindern, dass jemand über das Vorgehen der Vereinigten Staaten im Nahen Osten nachdachte. Schließlich, wenn die amerikanische Unterstützung für Hardliner in Israel und Autokraten in Saudi-Arabien Terroristen dazu brachte, gegen Amerika loszuschlagen, konnte dann die amerikanische Öffentlichkeit nicht die eigene Politik in Frage stellen, die solche Reaktionen hervorrief? Die Attentate waren zwar nur von einer Hand voll Terroristen ausgeführt worden, aber viele Araber und Muslims äußerten danach Sympathien für bin Laden. Hassten auch sie die Amerikaner wegen der Freiheiten, die sie genossen? Oder gab es noch andere Gründe für diese weit verbreitete Antipathie gegen die USA? Bushs simple Erklärung sollte verhindern, dass jemand darüber nachdachte.

Nach den schrecklichen Angriffen am 11. September brauchte sich Bush nicht zu rechtfertigen, wenn er gegen den Massenmörder bin Laden und seine Verbündeten Gewalt anwendete. Ein harter Gegenschlag war berechtigt. Aber mit seinem simplen Schwarzweißmythos, der mit der Wirklichkeit nicht viel zu tun hatte – hier die Freiheit, dort das Böse –, schuf Bush einen falschen Kontext für seinen Krieg gegen den Terrorismus und für alle Aktionen, die dem ersten Angriff auf bin Laden und al-Qaida folgten.

»Niemand hätte auch nur im Traum daran gedacht, dass sich Selbstmordattentäter in unsere Gesellschaft einschleichen könnten.«

Bush klärte die amerikanische Öffentlichkeit auch über einen weiteren wichtigen Punkt der Angelegenheit nicht auf: Was war auf Seiten der USA geschehen – oder nicht geschehen –, das bin Laden einen so durchschlagenden und ungeheuerlichen Erfolg ermöglicht hatte? Sofort stellte sich die Frage: Wieso hatte die Regierung mit all ihren Geheimdiensten so etwas nicht vorhergesehen? Hatte der riesenhaft aufgeblähte Sicherheitsapparat des Landes keine Ahnung gehabt? Hatten auch die klügsten Köpfe in den Geheimdiensten die Möglichkeit eines solchen Angriffs nicht in Betracht gezogen? Bush und seine Regierung stellten sich auf den Standpunkt, solche Attentate seien völlig unvorhersehbar gewesen. Am Sonntag nach dem 11. September erklärte Bush: »Niemand hätte auch nur im Traum daran gedacht, dass sich Selbstmordattentäter in unsere Gesellschaft einschleichen könnten und dann alle am gleichen Tag auftauchen würden, um ihre Flugzeuge – US-Flugzeuge – in Gebäude voller unschuldiger Zivilisten zu steuern.«

Das stimmte nicht. Ein solches Szenario hatten sich Fachleute in der Regierung und außerhalb schon ausgemalt. Derartige Pläne waren bereits früher von Sicherheitsdiensten in anderen Ländern aufgedeckt und vereitelt worden. Diese Fälle waren den zuständigen Behörden in den USA bekannt. Überdies hatte das Weiße Haus im Juli 2001 einen Hinweis bekommen, dass bin Laden eine größere Aktion vorbereite. Aber davon erfuhr die Öffentlichkeit nach dem 11. September kein Wort; selbst die Tatsache, dass Bush persönlich vor einer möglichen al-Qaida-Attacke gewarnt worden war, wurde unterdrückt. Die Frage, was da falsch gelaufen war, wurde abgewürgt. Bush versuchte auch, die Einsetzung einer Kommission zu verhindern, die unter anderem die Leistungen der Geheimdienste im Vorfeld des 11. September untersuchen sollte. Er hatte kein Interesse daran, die Verantwortlichen zu finden.

Acht Monate lang verhinderte Bush eine öffentliche Untersuchung der Frage, ob seine oder Clintons Regierung Hinweise oder Anzeichen außer Acht gelassen hatte, welche die US-Administration auf einen solchen Albtraum vorbereitet hätten. Seine Devise »Niemand hätte auch nur im Traum daran gedacht« hielt stand. Dann aber berichtete Associated Press (AP) Anfang Mai 2002, dass ein FBI-Agent im Juli 2001 in Phoenix ein geheimes Memo geschrieben und darin den Verdacht geäußert hatte, eine Gruppe nahöstlicher Flugschüler stehe in Verbindung zu Terroristen. AP enthüllte, dass niemand auf dieses Memo reagiert hatte. Es folgte die Enthüllung, dass ein Antiterror-Agent des FBI versucht hatte, hinter die Absichten von Zacarias Moussaoui zu kommen, einem verdächtigen Flugschüler, der im August 2001 verhaftet worden war. Dieser Agent hatte den Gedanken geäußert, Moussaoui plane möglicherweise, ein Flugzeug ins World Trade Center zu steuern. Doch das FBI ging dem Fall nicht weiter nach.

Diese Nachlässigkeit des FBI sorgte in der Öffentlichkeit für Empörung, aber Bush selbst stand noch nicht in der Kritik. Bis zum 16. Mai 2002. An diesem Tag bestätigte das Weiße Haus einen CBS-Bericht, wonach Bush am 6. August 2001 (während er auf seiner Ranch in Texas Ferien machte) vom Geheimdienst die Information bekommen habe, dass Osama bin Laden Flugzeugentführungen plane und die USA direkt angreifen wolle. Das provozierte einen ungeheuren politischen Wirbel; Kritiker warfen Bush vor, er habe nicht angemessen reagiert und so die Chance verpasst, die Anschläge vom 11. September zu verhindern. *Newsweek* schrieb: »Die Tatsache, dass der populäre Kriegs-

139

präsident unseres Landes schon mehr als einen Monat vor dem 11. September gewarnt worden ist – und dass seine angeblich so ehrlichen Leute das niemandem mitgeteilt haben – erschütterte zum ersten Mal in diesem Kampf gegen den Terror die Glaubwürdigkeit der Regierung.«

Das Weiße Haus reagierte heftig, verurteilte jede Kritik als »unverantwortlich in diesen Kriegszeiten«, spielte die Bedeutung der fraglichen Warnungen herunter und zog sich immer wieder auf seine argumentative Grundlinie zurück: »Niemand hätte auch nur im Traum daran gedacht.«

Tatsache war, dass ein ähnlicher Angriff vorhergesagt worden war, und zwar mehr als einmal. Die Hinweise begannen schon 1995, als ein pakistanischer Terrorist, der in Verbindung zu bin Laden stand, auf den Philippinen verhaftet wurde. Er sagte aus, er wolle seine Flugkenntnisse, die er in amerikanischen Flugschulen erworben hatte, dazu benutzen, ein Flugzeug ins Hauptquartier der CIA oder in ein anderes Bundesgebäude zu steuern. Vorher schon hatten algerische Terroristen mit al-Qaida-Verbindungen ein Flugzeug gekidnappt, mit dem sie in den Eiffelturm rasen wollten. (Französische Einheiten töteten die Entführer bei einem Zwischenstopp.) Diese zwei Vorfälle hätten den amerikanischen Geheimdiensten als Warnung dienen können.

Aber das war noch nicht alles: 1998 informierten Terroranalysten die Leute vom Bundesministerium für Luftverkehr über die Möglichkeit, dass Terroristen sich mit Flugzeugen in Atomkraftwerke stürzen oder Frachtflugzeuge kidnappen und sie ins World Trade Center, ins Pentagon, ins Weiße Haus, ins Kapitol und andere Ziele steuern würden. 1999 kam ein Untersuchungsbericht zu dem Schluss, »Selbstmordattentäter aus dem Märtyrerbataillon von al-Qaida könnten ein mit Sprengstoff voll beladenes Flugzeug« in die bereits erwähnten Ziele lenken.

Die vom Kongress gebildete Kommission zur Untersuchung der Geheimdienstarbeit brachte im September 2002 einen vorläufigen Bericht heraus, dem zufolge es etliche Warnhinweise darauf gegeben habe, dass al-Qaida Flugzeuge als Waffen zu benutzen beabsichtigte. Dennoch hätten die Geheimdienste sich nicht mit Planungen befasst, wie solchen Angriffen zu begegnen sei. Es war also nicht so, wie Bush und Condoleezza Rice behauptet hatten, dass die Geheimdienste »nicht im Traum daran gedacht hätten …« Nein; sie hatten einfach versäumt, auf vorhandene Informationen angemessen zu reagieren.

Und durch folgenden Absatz auf S. 23 des vorläufigen Berichts geriet der Präsident selbst in die direkte Schusslinie:

Ein Report, der Anfang Juli 2001 für hochrangige Regierungsbeamte zusammengestellt wurde, enthielt folgende Worte: »Nach Überprüfung aller Berichte aus den verschiedenen Quellen glauben wir, dass Osama bin Laden in den kommenden Wochen einen groß angelegten Angriff gegen amerikanische oder israelische Ziele starten wird. Der Angriff wird spektakulär sein und soll möglichst viele Menschenleben kosten. Vorbereitungen wurden schon getroffen. Dem Angriff wird keine oder kaum eine Warnung vorausgehen.«

Das waren sehr klare Worte. Aber wer waren die »hochrangigen Regierungsbeamten«, die diese Warnung erhalten hatten? Und was hatten sie daraufhin unternommen? Das stand nicht im Bericht.

Und zwar, weil Bushs Regierung unbedingt verhindern wollte, dass die Öffentlichkeit es herausbekam. Bevor der Bericht geschrieben wurde, wies CIA-Direktor George Tenet die Kongresskommission an, nicht zu erwähnen, ob diese Warnung Bush vorgelegen hatte. Was

Bush wusste oder nicht wusste, falle weiterhin unter Geheimhaltung.

Das war absurd – aber aus Bushs Sicht nur zu verständlich: Es sollte nicht weiter darüber debattiert werden, was Bush vor dem 11. September wusste oder nicht wusste – und wie er darauf reagierte. Was hätte das für Schlagzeilen gegeben, wenn der Bericht enthüllt hätte, dass Bush schon zwei Monate vorher erfahren hatte, dass ein »spektakulärer Angriff« innerhalb von Wochen bevorstand?

Im endgültigen Bericht der Kommission, der im Juli 2003 herauskam, wird festgehalten, das Weiße Haus bestehe immer noch darauf, dass die Öffentlichkeit nichts von Warnungen erfahren dürfe, die Bush vielleicht zu Ohren gekommen waren. Die Kommission kam außerdem zu dem Schluss, die Anschläge vom 11. September hätten vielleicht verhindert werden können, wenn FBI und CIA mit den Informationen, die ihnen zur Verfügung gestanden hatten, richtig umgegangen wären.

Bush legte nicht den geringsten Wert auf die volle Aufklärung der Ereignisse des 11. September. Monatelang sträubte er sich gegen die Einsetzung einer unabhängigen Untersuchungskommission und gab erst nach, als ihm das Recht zugestanden worden war, ihren Vorsitzenden selbst zu ernennen. Am Tag vor Thanksgiving 2002 teilte Bush mit, er habe für diese Aufgabe den früheren Außenminister Henry Kissinger ausersehen, der für viele geradezu eine Symbolfigur für staatliche Geheimnistuerei war. Bush erläuterte bei dieser Gelegenheit: »Wir müssen jedes Detail der Ereignisse des 11. September aufklären und alles daraus lernen, was es zu lernen gibt.« Das war der Gipfel der Scheinheiligkeit. (Kissinger blieb genau zwei Wochen im Amt. Er weigerte sich, auf Anforderung die Kunden seiner internationalen Consulting-Firma bekannt zu geben, und als er deswegen angegriffen wurde, trat er zurück. Bush

ernannte statt seiner den moderaten Republikaner Thomas
Kean, einen früheren Senator von New Jersey, der auf dem
Gebiet der Inneren Sicherheit nicht viel Erfahrung hatte.)

Bush und seine Leute tischten der Öffentlichkeit irreführende Behauptungen über die Ziele der Massenmörder
und über die Kenntnisse auf, welche die Geheimdienste
vor den Attentaten besessen hatten. Und vor allem verhin-
derten sie, dass bekannt wurde, was Bush und seine Berater
vor den Anschlägen gewusst hatten. Das war nicht die Haltung eines Mannes, der »jedes Detail« aufklären und »alles
daraus lernen« wollte, was es zu lernen gab. Es war die Haltung eines Mannes, der nicht möchte, dass die ganze Wahrheit ans Licht kommt.

»[Wir ergreifen] alle nur denkbaren Maßnahmen,
um unser Land vor Gefahren zu schützen.«

An Bushs Kampf gegen den Terrorismus war nicht alles
gelogen. Seine Regierung klagte zu Recht bin Laden und al-
Qaida an, für die Anschläge verantwortlich zu sein. Sie
durchschaute die Beziehungen zwischen bin Laden und
den in Afghanistan herrschenden Taliban. Bushs Begründung für den Krieg gegen Afghanistan basierte auf Tatsachen und logischen Schlussfolgerungen. Aber in Bezug auf
einige Umstände des 11. September, wichtige und nebensächliche, wurde vertuscht und geschwindelt, was das
Zeug hielt.

Am Tag nach den Anschlägen gab das Weiße Haus hastig
Informationen darüber heraus, mit welchen Maßnahmen
der Präsident am 11. September geschützt worden und wo
er abgeblieben war. Bush hatte am Morgen Florida besucht,
und anstatt sofort auf die Kommandobrücke zurückzukeh-

143

ren, war er in der *Air Force One* im Land umhergeirrt und erst am Abend in Washington eingetroffen. Dieses Herumtrödeln hatte Kritik hervorgerufen. Das Weiße Haus behauptete daraufhin, Bush habe nicht sofort nach Washington zurückkommen können, weil im Weißen Haus eine »echte und glaubwürdige« Drohung gegen die *Air Force One* eingegangen sei. Aber zwei Wochen später berichtete Associated Press: »Regierungsbeamte bezweifeln mittlerweile, dass es einen Telefonanruf mit einer Drohung gegen das Flugzeug des Präsidenten gegeben hat.« In den Abendnachrichten von CBS hieß es, dieser Anruf habe »nicht stattgefunden«.

Die Sache hatte keine große Bedeutung, aber in der schwierigen Zeit nach dem 11. September hätte das Volk Anspruch auf die volle Wahrheit gehabt.

Tatsächlich aber war die Regierung nur darauf aus, die Menschen zu beschwichtigen und zu beruhigen. Verkehrsminister Norman Mineta zum Beispiel behauptete, beim Luftverkehr sei »Sicherheit immer von höchster Wichtigkeit«. Immer? Die amerikanische Regierung hatte sich lange Zeit sehr viel weniger um die Sicherheit in Flugzeugen und Flughäfen gekümmert als die Europäer. Die Sicherheitskontrollen auf den Flughäfen wurden oft Privatfirmen überlassen, die ihre Leute schlecht bezahlten und kaum ausbildeten. Diese Firmen hatten sich mit Erfolg gegen Bestrebungen gewehrt, höhere Löhne zu erzwingen oder die Kontrolleure vom FBI überprüfen zu lassen. Nach dem 11. September beriet der Kongress über ein Gesetz zur Sicherung des Flugverkehrs, durch das 28 000 Sicherheitsleute an Flughäfen verbeamtet werden sollten. Bush bekämpfte diese Gesetzesvorlage vehement. Aber als das Gesetz vom Kongress beschlossen worden war, unterschrieb er es und nannte es einen »wichtigen Schritt«.

Um das Volk zu beruhigen, erklärte Gesundheitsminister Tommy Thompson am 30. September in *60 Minutes*: »Wir sind für alle Eventualitäten, für alle Folgen gerüstet, die sich aus einem Attentat mit biologischen Mitteln ergeben können.« Ein CIA-Beamter hielt dagegen: »Wenn diese Leute den Amerikanern gegenüber ehrlich wären, was die Gefährdung durch biologische Waffen anbetrifft, gäbe es eine Panik.«

Das Land war nicht annähernd gerüstet. Zwei Tage bevor Thompson bei CBS erklärte, alles sei bestens, hatte der Oberste Rechnungshof eine Studie zum Thema Abwehr von Bioterrorismus herausgegeben. Sie beklagte »Kapazitäts-, Kommunikations- und Koordinationsmängel, die sich negativ auf die Bereitschaft niederschlügen, mit einem Biowaffenangriff fertig zu werden«. Bei staatlichen und örtlichen Behörden mangele es »an der notwendigen Aufklärung durch die Regierung, auf welche Weise man sich auf einen Anschlag mit biologischen Waffen vorbereiten« solle.

Drei Tage nach seinem Auftritt bei *60 Minutes* musste Thompson vor einer Kommission des Senats diese Analyse im Großen und Ganzen bestätigen. Die Verwaltung sei nicht in der Lage, mit einem biologischen Angriff fertig zu werden. Für eine »regionale oder nationale Reaktion auf ein Gesundheitsproblem infolge von Bioterrorismus«, gestand er, »brauchen wir zusätzliche Kapazitäten«.

Aber als am 4. Oktober die erste Meldung über Anthrax einlief, stellte Thompson diesen Fall wieder falsch dar. Robert Stevens, Bildredakteur bei einer Supermarktzeitung, hatte sich mit Anthrax infiziert. Thompson behauptete bei einer Besprechung im Weißen Haus, es gebe kein Anzeichen für Terrorismus, es handle sich um einen Einzelfall und Stevens könne sich die Krankheit durch verseuchtes Flusswasser geholt haben. Fachleute allerdings widerspra-

145

chen. Eine solche Art der Übertragung sei noch nie beobachtet worden. Als Thompson diese Bemerkung machte, wusste Dr. Larry Bush, der Stevens untersucht hatte, schon, dass Stevens über seine Post mit den Milzbranderregern in Berührung gekommen war. Als er Thompsons Behauptung hörte, die Infektion könne auf natürlichem Wege stattgefunden haben, war er überrascht. Später sagte er der *New York Times*: »Ich dachte: Mensch, warum hat er das gesagt? Das war ganz und gar nicht hilfreich. Er hätte erklären müssen: ›Wir haben einen Fall von Anthrax. Das ist Besorgnis erregend. Ich weiß noch nichts Näheres, aber wir werden die Angelegenheit als einen Fall von Bioterrorismus behandeln.‹«

Am 11. Oktober verkündete Bush öffentlich, die Regierung ergreife »alle nur denkbaren Maßnahmen, um unser Land vor Gefahren zu schützen«. Das waren allzu große Worte – verständlich in dieser Situation, aber trotzdem irreführend. Hatte die Bevölkerung nicht das Recht, zu erfahren, welche Maßnahmen *nicht* ergriffen wurden? Gesundheitsexperten wiesen zum Beispiel darauf hin, dass die schwach ausgebildete Infrastruktur des öffentlichen Gesundheitswesens – der bei einem bioterroristischen Angriff eine wichtige Rolle zukäme – dringend und erheblich verbessert werden müsse.

Viele wichtige und notwendige Maßnahmen wurden in der Folgezeit unterlassen, laut einer Brookings-Studie zum Beispiel die Vernetzung der Geheimdienste, der Schutz potenzieller nichtstaatlicher Ziele, wie Chemiefabriken und Hochhäuser, und die Verstärkung von Küstenwache und Zoll. Ein Jahr nach den Anschlägen untersuchte der Zoll immer noch weniger als fünf Prozent aller Frachten, die ins Land kamen. Die Bundesausgaben für die innere Sicherheit waren nicht angemessen erhöht worden.

Die Brookings-Studie bezeichnete die Sicherung von Chemieanlagen als eine vorrangige Sorge, die bisher unbeachtet geblieben war. In den USA gibt es 12 000 Chemiewerke. Etwa 123 von ihnen arbeiten mit Giftstoffen, die, wenn sie freigesetzt würden, eine Million Menschen gefährden könnten. Die Studie stellte fest: »Diese Chemieanlagen sind nicht ausreichend gegen Angriffe von Terroristen geschützt.«

Im Oktober 2002 schrieben EPA-Chefin Christine Todd Whitman und der Beauftragte für Innere Sicherheit, Thomas Ridge, in einem Artikel, dass zum Schutz dieser Betriebe gesetzliche Regelungen mit bindenden Vorschriften nötig seien. »Freiwillige Anstrengungen reichen nicht aus, um den Sicherheitsstandard zu gewährleisten, auf den die Amerikaner Anspruch haben«, stellten sie fest. Aber unter dem Druck der Chemie-Lobby arbeitete die Regierung Bush ein Gesetz aus, das nur freiwillige Schutzmaßnahmen vorsah. Und die Standards dafür sollten auch noch von Vertretern der Chemiebranche festgelegt werden, nicht von der Regierung.

Alle nur denkbaren Maßnahmen? Nicht wirklich. Der Brookings-Bericht griff Bushs Behauptung, die Regierung unternehme alles, was möglich sei, indirekt auf und urteilte: »Für jeden wichtigen Schritt, der getan wurde, wurde ein ebenso wichtiger unterlassen.«

Und es wurde auch in der Folgezeit nicht besser. Im Juli 2003 veröffentlichte eine unabhängige Arbeitsgruppe einen erschreckenden Bericht, in dem sie zu dem Schluss kam, die USA seien auf gefährliche Weise unvorbereitet auf Anschläge größeren Ausmaßes. Die Feuerwachen im Land hätten zu wenig Funk- und Atemschutzgeräte, Polizeistationen verfügten nicht über die nötige Ausrüstung, um nach einem Anschlag mit Massenvernichtungsmitteln das Katastrophengebiet zu sichern, und den Labors des öffentlichen Gesundheitswesens fehlten sowohl die Geräte als auch das Wissen, um mit einem chemischen oder biologischen Angriff fertig zu werden. Insgesamt, so der Bericht, gebe Amerika über die nächsten fünf Jahre ungefähr 98,4 Milliarden Dollar weniger für den Katastrophenschutz aus, als nötig wäre.

»Jetzt ist in Amerika nicht die Zeit für Parteipolitik.«

In den Tagen des Schocks nach dem 11. September waren in ganz Washington von beiden Parteien ernst gemeinte Aufrufe zu überparteilicher Zusammenarbeit zu hören. Bush hatte schon wiederholt bewiesen, dass sein Slogan »Ich bin Versöhner, kein Spalter« nur eine hohle Phrase war, aber der 11. September hätte ihm noch einmal eine Chance gegeben, sein Versprechen zu erfüllen. In einer solchen Lage konnte das Land erwarten, dass die Politiker über ihr übliches Gezänk hinauswüchsen. Und Bush erkannte das an. »Jetzt ist in Amerika nicht die Zeit für Parteipolitik«, erklärte er. Aber kaum hatte man in der Hauptstadt die Arbeit wieder aufgenommen, brach der politische Zank wieder los. Und Bush verhielt sich wie vor dem 11. September. Er log, klagte an, griff an. Vor allem, wenn es um seine Steuersenkungen ging. Er propagierte sie mit dem alten faulen Argument, sie kämen hauptsächlich den Geringverdienern zugute, und stempelte jeden Widerspruch der Demokraten als Parteiengezänk ab, das in einer so schwierigen Lage unpatriotisch sei.

Auch beim wichtigsten Projekt in Folge des 11. September – der Gründung eines Ministeriums für Innere Sicherheit – brachte Bush wieder Parteipolitik und Unehrlichkeit ins

Spiel. Im Oktober 2001 ernannte Bush den Gouverneur von Pennsylvania, Tom Ridge, zum Leiter des neu gegründeten Amtes für Heimatschutz. Einige demokratische Abgeordnete plädierten dafür, noch viel weiter zu gehen und ein Ministerium für Innere Sicherheit zu schaffen, in dem verschiedene bereits existierende Behörden zusammengefasst werden sollten. Bush weigerte sich. Ein gutes halbes Jahr lang sträubte er sich, und sein Sprecher Ari Fleischer versicherte bei jeder Gelegenheit, die Schaffung eines Ministeriums löse das Problem nicht.

Aber dann verkündete Bush am 6. Juni 2002 ganz überraschend, er werde ein Ministerium für Innere Sicherheit ins Leben rufen. Warum diese Kehrtwendung? Zu diesem Zeitpunkt gerieten Ridge und sein neues Amt immer stärker in die Kritik, und man warf der Regierung vor, sie habe mögliche Warnhinweise auf die Anschläge ignoriert. Dadurch, dass Bush nun in Sachen Heimatschutz mehr forderte als seine Kritiker, kam er aus der Defensive heraus. Natürlich wollte er nicht zugeben, dass Taktik bei seinem Vorgehen eine Rolle spielte. Als er seine Pläne für die größte Umstrukturierung der Bundesregierung seit 50 Jahren bekannt gab, erwähnte Bush weder, dass er dieses Ministerium vorher abgelehnt hatte, noch dass die Demokraten in einer Gesetzesvorlage dessen Schaffung gefordert hatten. Er tat sogar, als wäre es seine Idee gewesen. Er beschwor die Amerikaner, auf den Kongress Druck auszuüben, »um meinen Plan zu unterstützen«.

Inzwischen bemühte sich Bush mit neuen Schauermärchen darum, in Reaktion auf den 11. September eine weitere Initiative durchzubringen: einen staatlichen Fonds zur Deckung von Terrorfolgen. Mit bis zu 90 Milliarden Dollar pro Jahr sollte der Staat gegenüber den Versicherungsunternehmen für Kosten aufkommen, die infolge eines weiteren katastrophalen Terroranschlags möglicherweise entstehen würden. Konsequenz: Die – unabwägbaren – Kosten des nächsten Anschlags würde der Steuerzahler tragen. (Durch den 11. September entstanden Ansprüche in Höhe von circa 30 bis 40 Milliarden Dollar.) Um dieses Gesetz zu rechtfertigen, behauptete Bush, infolge der Anschläge hätten »manche Versicherungen aufgehört, Baufirmen und Hausbesitzer gegen das Risiko eines Terroranschlags zu versichern«. Der fehlende Versicherungsschutz gegen Terrorismus habe Immobiliengeschäfte und Baumaßnahmen im Wert von 15 Milliarden Dollar verzögert oder verhindert. Das wiederum habe 300 000 Arbeitsplätze vernichtet – »Arbeitsplätze von Zimmerern und Schreinern, Maurern, Installateuren und anderen hart arbeitenden Amerikanern«. Der Versicherungsschutz gegen Terrorismus sei »praktisch erloschen«.

Davon stimmte vieles nicht, und die Zahlen, die Bush produzierte, waren nicht glaubwürdig. Die *Washington Post* berichtete, die »15 Milliarden Dollar« seien von der Immobilienbranche genannt worden, die durch das neue Gesetz viel gewinnen konnte. Auch die »300 000 Arbeitsplätze« waren aus der Luft gegriffen. Ein Jahr nach dem 11. September gab es außerdem in den meisten Fällen schon wieder eine Antiterror-Versicherung. Die Preise waren hoch, begannen aber bereits zu fallen. Die Versicherungen standen gut da. Es gab keine Krise. Trotzdem beschloss der Kongress das Gesetz. Als Bush es unterschrieb, sagte er, es werde »unseren Bauarbeitern wieder Beschäftigung verschaffen«. Aber es gab keinerlei Beweise, dass viele – oder auch nur einige – von ihnen ihren Arbeitsplatz wegen eines Versicherungsproblems verloren hatten.

Im Vorfeld der Senatswahlen von 2002 hatte Bush, der selbst ernannte Feind politischer Zwietracht, keine Bedenken, die Gesetze zur inneren Sicherheit als Munition zu benutzen, um zu polarisieren und sich einen Vorteil zu verschaffen. Bei Wahlkampfauftritten warf er den Demokraten vor, sie seien willens, die Sicherheit der Bevölkerung ihren eigenen Interessen zu opfern (weil sie für Vorschriften zur Sicherheit am Arbeitsplatz im neuen Ministerium für Innere Sicherheit kämpften). Die Demokraten beschwerten sich über die üblen Angriffe, aber Bush wiederholte sie ungerührt. Ein Reporter fragte Fleischer sarkastisch, ob Bush die Einigkeit zwischen Republikanern und Demokraten dadurch herstellen wolle, dass er drohe: Wenn ihr nicht meiner Meinung seid, erzählen wir überall, dass ihr Amerika nicht schützen wollt. Fleischer antwortete, Bush führe eine ganz normale Grundsatzdebatte und was er über die Demokraten sage, sei »nicht böse gemeint«.

Mitte Oktober nahm Bush an einer Fundraising-Veranstaltung für den Abgeordneten Saxby Chambliss teil, einen Republikaner aus Georgia, der dem demokratischen Amtsinhaber Max Cleland seinen Sitz im Senat abjagen wollte, und er warf den Demokraten – und damit auch Cleland – vor, sie wollten »dem jetzigen und allen zukünftigen Präsidenten die Hände binden, so dass diese eine ihrer vornehmsten Pflichten nicht erfüllen können: unsere Heimat zu schützen«.

Die Taktik, die Demokraten als Feinde der inneren Sicherheit hinzustellen, war erfolgreich. Die Republikaner behielten ihre knappe Mehrheit im Abgeordnetenhaus und gewannen die Herrschaft im Senat zurück. Kaum hatte die Schmutzkampagne ihren Zweck erreicht, tat Bush so, als wäre kein böses Wort gefallen. Die Kandidaten seiner Partei hätten wegen ihrer sauberen Wahlkämpfe gewonnen. »Sie betonten das Positive«, sagte er. »Wenn man in Amerika in der Politik etwas erreichen will, muss man den Ton ändern.«

Nach den Wahlen verabschiedete der Kongress das Gesetz zur Einrichtung eines Ministeriums für Innere Sicherheit. Die demoralisierten Demokraten konnten ihre Forderung nach Sicherheit am Arbeitsplatz nicht durchsetzen. Als Bush das Gesetz am 25. November unterzeichnete, verkündete er:»Dies ist ein historischer Schritt zur Verteidigung der Vereinigten Staaten und zum Schutz unserer Bürger.« Hatte er damit Recht? Die Sicherheitsexperten der Brookings Institution bezweifelten es.»Dieses Ministerium«, stellten sie fest,»wird durch seine bloße Existenz das Land nicht sicherer machen.« Im Gegenteil, durch das Zusammenlegen so vieler Behörden entstünden Probleme, welche die Aufmerksamkeit von der eigentlichen Arbeit ablenken würden. Weil die Behörde sich primär mit organisatorischen Fragen beschäftige, habe der Kongress noch nicht einmal ein Budget des Ministeriums für das Jahr 2003 aufstellen können. Auf jeden Fall habe man viel Zeit verloren.

Der 11. September veränderte die amerikanische Regierung, die amerikanische Politik und das ganze Land. Er führte zu (vorerst) zwei Kriegen. Bush aber blieb sich treu. Er leugnete Tatsachen und verdrehte die Wahrheit, wenn es seinen Interessen diente. Er behauptete immer noch, ein Versöhner zu sein, der das Positive betonte, verließ sich aber weiterhin auf Polarisierung und Täuschungsmanöver. Die ungeheuren Herausforderungen, die der 11. September mit sich brachte, bewogen ihn nicht zur Umkehr. Im Gegenteil.

10. Afghanistan

»[Das] unterdrückte Volk Afghanistans wird die Großzügigkeit Amerikas kennen lernen.«

Am 7. Oktober 2001 machte Bush sein Versprechen wahr, al-Qaida und dessen Verbündete zu bestrafen. An jenem Sonntag attackierten amerikanische und britische Einheiten Ziele in Afghanistan. Kriegsziel war, die Terroristen und die Taliban-Regierung des Landes zu eliminieren, die sich geweigert hatten, bin Laden und seine Komplizen auszuliefern. Bush musste diesen Krieg nicht groß begründen. Die Ereignisse des 11. September genügten, den Angriffsbefehl zu rechtfertigen. Dennoch bedeutete das nicht, dass der Afghanistanfeldzug frei von Lügen und Irreführungen sein würde, wie sie typisch für die meisten Kriege und viele von Bushs Unternehmungen sind. Seine Regierung verbog die Wahrheit, indem sie Erfolge aufbauschte und Rückschläge sowie fatale Fehler herunterspielte. Die problematischste Lüge des ganzen Krieges bestand aber in der wiederholten Behauptung Bushs, er sei fest entschlossen, Afghanistan wieder aufzubauen und mit neuem Leben zu erfüllen. Dieses Versprechen war von Anfang an ein integraler Bestandteil von Bushs Afghanistanfeldzug. Als er die US-Bombenangriffe auf das Land ankündigte, gelobte er: Das »unterdrückte Volk Afghanistans wird die Großzügigkeit Amerikas kennen lernen«. Die tatsächlichen Handlungen seiner Regierung zeigten aber, dass die Einlösung dieses großmütigen Versprechens keine hohe Priorität genoss.

Obwohl der Krieg anfangs nur zäh lief, stellten das Pentagon und das Weiße Haus das Geschehen im bestmöglichen Licht dar. Nur ein sorgfältig ausgewählter Teil der Realität wurde präsentiert – aber das durfte man erwarten. Am ersten Tag der Bombardements berichtete General Richard Myers, Vorsitzender des Generalstabs der einzelnen Waffengattungen, den Reportern, in der ersten Angriffswelle seien 15 Bomber, 25 trägergestützte Kampfjets und 50 Cruise Missiles eingesetzt worden. Diese Streitmacht war zwar nicht überwältigend, reichte aber, um etliche Ziele anzugreifen. Myers informierte die Reporter allerdings nicht darüber, dass das Pentagon – laut Bob Woodwards Insiderbericht *Bush at War* (deutscher Titel: *Bush at War. Amerika im Krieg*) – nur 31 Ziele ausgewiesen hatte. 31 Ziele, das hätte wohl kaum beeindruckend geklungen. Bei jener Pressekonferenz fragte ein Reporter Donald Rumsfeld: »Können Sie uns ungefähr sagen, wie viele Ziele getroffen worden sind?« Der Verteidigungsminister antwortete: »Nein. Es ist uns nicht möglich, mehr über das Ergebnis der Operation preiszugeben.« Sicherlich hätte er verraten können, wie viele Ziele getroffen worden waren. Doch Rumsfeld wollte, wie Woodward vermerkt, der Öffentlichkeit nicht enthüllen, »wie unbedeutend die Operation war«.

Oft fällt es den Befehlshabern schwer, der Öffentlichkeit gegenüber ehrlich über Kriegsereignisse zu sein. Bush und Rumsfeld wussten, dass der Krieg nicht gut lief, dennoch legten sie den Amerikanern nur optimistische Zwischenberichte vor. Auf einer Sitzung des Nationalen Sicherheitsrats am 23. Oktober, an der auch Bush teilnahm, erfuhren die Teilnehmer, dass die Nordallianz – die mit der Bush-Regierung verbündeten Bodentruppen vor Ort – den Taliban nur

154

wenig Terrain abgenommen hatten. Es kam noch schlimmer: Die CIA berichtete, an einem wichtigen Frontabschnitt sei die Zahl der Talibankämpfer um tausende gewachsen. An jenem Tag verkündete Bush öffentlich: »Wir kommen am Boden sehr gut voran.« Vier Tage später hielten Bush und sein Kriegsrat eine Telefonkonferenz ab, die von weiteren schlechten Nachrichten dominiert wurde. George Tenet, der CIA-Direktor, beichtete, dass seine Leute im Süden keine Fortschritte machten. Rumsfeld äußerte sich tief enttäuscht über die Nordallianz. Viel Gesprächsstoff lieferte Bushs Leuten auch ein Memo des militärischen Geheimdienstes DIA (Defense Intelligence Agency), wonach weder Masar-i-Scharif, eine strategisch wichtige Stadt, noch die Hauptstadt Kabul vor dem Winter würden erobert werden können.

Am nächsten Morgen, dem 28. Oktober, trat Rumsfeld in der Sendung *This Week* des Senders ABC auf. Er wurde gefragt: »Verläuft der Krieg etwa schlechter, als Sie es sich für diesen Zeitpunkt erhofft hatten?« Seine Antwort lautete: »Nein, eher im Gegenteil. Er verläuft ziemlich genau so, wie wir uns das von Anfang an vorgestellt haben … Wir haben sichtbare Fortschritte gemacht. Wir sind der festen Überzeugung, dass die Luftschläge effektiv waren.« Auch auf seiner täglichen Pressekonferenz am nächsten Tag bekräftigte Rumsfeld, er sei weiterhin zufrieden mit dem Kriegsverlauf. Am gleichen Abend jedoch sagte Woodward zufolge Condoleezza Rice bei einem Treffen des Kriegsrats: »Wir können es uns nicht leisten, zu verlieren. Die Taliban haben sich als zäher erwiesen, als wir erwartet haben.«

Am 9. November gelang es der Nordallianz dann doch, Masar-i-Scharif zu erobern. Vier Tage später brachte sie Kabul unter Kontrolle. Die Taliban flüchteten. Bushs Kriegsrat wurde vom plötzlichen Zusammenbruch der Taliban überrascht. Doch am 27. November, als klar war, dass das

155

Talibanregime gestürzt war, erklärte Rumsfeld gegenüber Reportern: »Das Geschehen während der früheren Phasen lief genau wie erwartet.«

Ein Präsident muss in Kriegszeiten ermutigen und kommandieren, ebenso wie seine Leute, die für die Landesverteidigung zuständig sind. Möglicherweise geschönte oder übertrieben optimistische Darstellungen der Wahrheit lassen sich als Preis des Krieges rechtfertigen. Doch niemand hatte Rumsfeld gezwungen, täglich eine Pressekonferenz abzuhalten. Wegen seiner Art, scheinbar nicht um den heißen Brei herumzureden, war er sogar zum Medienstar geworden – obwohl er oft die Wahrheit zurechtbog. Unverzeihlicher und unnötiger war Rumsfelds Doppelzüngigkeit im Hinblick auf einen unvermeidlichen Nebeneffekt von Kampfhandlungen: dem Sterben von Zivilisten.

»Wenn wir ein Dorf getroffen und versehentlich etliche Zivilisten getötet hätten, würden wir das auch zugeben.«

Von Beginn des Krieges an haben Bush und seine Berater wiederholt betont, dass sich die Operation in Afghanistan nicht gegen die Bevölkerung des Landes, sondern gegen die Taliban und al-Qaida richtete. Und sie ermahnten die militärische Führung, die Zahl der zivilen Opfer möglichst gering zu halten. Gleichzeitig aber zerstörte die Regierung Bush ihre Glaubwürdigkeit in dieser Sache, weil sie sich nie entschließen konnte, ehrlich über die Anzahl der durch amerikanische Aktionen getöteten oder verletzten Zivilisten Rechenschaft abzulegen.

Auf einer Pressekonferenz am 4. Dezember behauptete Rumsfeld: »Angesichts des in Afghanistan herrschenden

156

Chaos ist es fast unmöglich, gesicherte Informationen über die Zahl ziviler Opfer zu bekommen.« Doch Susan Glasser, eine Reporterin der *Washington Post*, widerlegte diese Aussage einfach, indem sie ein Krankenhaus in Dschalalabad besuchte. In den vorangegangenen vier Tagen waren dort 36 Patienten aufgenommen worden, die behaupteten, Opfer der amerikanischen Luftschläge auf die Dörfer südwestlich von Dschalalabad geworden zu sein. Darüber hinaus waren 35 Tote im Krankenhaus angeliefert worden. Einer der Verletzten war Nur Mohammed, ein Junge, der beide Augen und Arme verloren hatte. Er erzählte, er habe ein Flugzeug über sich gehört, sei aus seinem Zimmer gerannt und könne sich danach an nichts mehr erinnern. Glasser stieß auf weitere verwundete Kinder, deren Familienangehörige angaben, in ihren eigenen Lehmhäusern von Bomben getroffen worden zu sein.

Einige Tage zuvor hatte die *New York Times* einen Bericht des Pulitzerpreisträgers Tim Weiner gedruckt, wonach amerikanische Bomber, die über das Gebiet von Tora Bora geflogen waren, drei Dörfer getroffen und Dutzende Zivilisten getötet hätten. Weiner zitierte den örtlichen Minister für Recht und Ordnung und den Verteidigungsminister der Region. Beide bestätigten, dass diese Angriffe stattgefunden hatten. Von Weiner befragte Überlebende berichteten von schrecklichen Verlusten in diesen Gebieten. »Mein Dorf wurde ausradiert«, sagte ein Mann namens Khalil. »Alle meine Angehörigen, zwölf Leute, kamen um. Nur ich bin übrig geblieben. Ich habe meine Kinder verloren und meine Frau. Sie sind alle tot.« Eine andere Überlebende gab an, 38 Familienmitglieder verloren zu haben, ein weiterer schätzte, dass bis zu 200 Menschen umgekommen seien.

Im Krieg werden Fehler gemacht, das gab auch Rumsfeld zu. Aber eine Regierung, die behauptet, solche Fehler nach Kräften zu vermeiden und den unschuldigen Opfern beizustehen, befindet sich in der Verantwortung, solche Fehler auch offen zuzugeben. Wäre die Regierung wirklich um die afghanische Zivilbevölkerung besorgt gewesen, hätte sie dann nicht zumindest anerkennen müssen, was die Menschen erleiden? Doch anstatt die Wahrheit über die Verluste in der Zivilbevölkerung zuzugeben, stritt Rumsfelds Pentagon alles ab. Konteradmiral Craig Quigley, Sprecher des amerikanischen Regionalkommandos, sagte, amerikanische Bomber hätten 20 Meilen von diesen Orten entfernte Ziele angegriffen. Er fuhr fort: »Wenn wir ein Dorf getroffen und versehentlich etliche Zivilisten getötet hätten, würden wir das auch zugeben. Wir haben akribisch über jeden einzelnen Fall berichtet, bei dem ein Zivilist getötet wurde.«

Am Tag nach Erscheinen von Weiners Bericht wurde Konteradmiral John Stufflebeem bei der täglichen Pressekonferenz im Pentagon befragt, was es mit getöteten Zivilisten in der Gegend von Tora Bora auf sich habe. Er antwortete: »Ich habe die Presseberichte über angebliche Verluste in der Zivilbevölkerung gesehen, aber ich bitte Sie, sich vor Augen zu halten, dass all das von den Taliban orchestriert wurde. Deswegen wissen wir tatsächlich nicht sicher, ob es dort unschuldige Zivilisten gab, die möglicherweise tatsächlich verletzt wurden.« (Man achte auf das wiederholte »tatsächlich«.) Der Admiral fuhr fort: »Wir wissen sicher, dass es in dieser Gegend legitime militärische Ziele gab, die auch getroffen wurden. Wir wissen, dass es eine akribische, konsistente Vorbereitung gab, um sicherzustellen, dass nur diese Ziele getroffen wurden. Wir wissen, dass es keine Einschläge außerhalb dieser Ziele gab, deswegen machten wir uns auch keine Gedanken über mögliche Kollateralschäden bei diesen Angriffen. Darum kann ich keinen Kommentar über zivile Opfer abgeben; ich weiß einfach nicht, ob solche Berichte wahr sind.«

Doch Richard Lloyd Parry, ein Reporter des englischen *Independent*, besuchte die Region und fand Krater, wo früher Wohnhäuser gestanden waren, einen Friedhof mit 40 frischen Gräbern (manche, so erfuhr er, enthielten nur Körperteile) und ein Trümmerteil, das die Aufschrift »Surface Attack Guided Missile AGM 114« trug. Und das war kein Einzelfall. Wochen zuvor hatten die Einwohner des Weilers Thoral der Reporterin Molly Moore von der *Washington Post* erzählt, eine Rakete habe einen Wohnwagen und ein Haus getroffen und 21 Angehörige zweier Bauernfamilien getötet, vorwiegend Kinder. Das Pentagon bestand weiterhin darauf, dass es sich bei dem Ziel um eine Kommandozentrale der Taliban gehandelt habe und alle Bomben diesen Kommandostand auch getroffen hätten.

In Kriegszeiten lässt sich die Wahrheit oft nur schwer ermitteln. Aber Stufflebeem und Rumsfeld sagten in diesen Fällen ganz offenkundig nicht die Wahrheit. Die Berichte über getötete Zivilisten in der Region von Tora Bora wurden nicht, wie Stufflebeem behauptete, »von den Taliban orchestriert«, sondern stammten von Vertretern der neuen Regierung, die die Taliban abgelöst hatte. Hätte das Pentagon sich wirklich für die Zahl ziviler Opfer interessiert, hätte es das Gleiche tun können wie Weiner und die anderen Reporter: Es hätte die Menschen vor Ort fragen können. Stattdessen beleidigte das Pentagon Überlebende und örtliche Offizielle der neuen Regierung, indem es ihre Berichte als Taliban-Propaganda abtat. Es war nicht »unmöglich, verlässliche Informationen über zivile Todesopfer zu erhalten«, wie Rumsfeld behauptete. Sein Militär gab sich bloß keine Mühe.

Dieses Muster setzte sich in den folgenden Wochen und Monaten fort. US-Truppen töteten versehentlich Zivilisten (oder Verbündete der neuen, amerikafreundlichen Regierung von Hamid Karsai), und die Regierung Bush versuchte, die Vorfälle zu vertuschen oder die Verantwortung für sie abzuschieben. Im Dezember traf ein amerikanischer Luftschlag einen Konvoi von Stammesältesten auf ihrem Weg zu Präsident Karsais Amtseinführung. Zwölf Menschen starben. Das Pentagon behauptete, der Angriff sei legitim gewesen, aber Karsai beschwerte sich persönlich über den Vorfall.

Am 23. Januar stürmten amerikanische Sondereinsatzkommandos zwei kleine Anwesen in einer Stadt 160 Kilometer nördlich von Kandahar. Bis zu zwei Dutzend Menschen wurden getötet, 27 gefangen genommen. Das Pentagon behauptete, die Zielpersonen seien Taliban-Soldaten gewesen, und Rumsfeld stellte diesen Angriff als Beweis dafür hin, dass die Vereinigten Staaten den Terroristen weiterhin auf der Spur waren. Doch Tage später widerlegten Medienberichte, die auf Interviews mit Anwohnern vor Ort basierten, die offizielle Version. Die Befragten gaben an, eines der Anwesen sei als Waffenlager der örtlichen Entwaffnungsinitiative genutzt worden; die getöteten und gefangen genommenen Afghanen hätten weder den Taliban noch al-Qaida angehört, sondern seien treu zur neuen Regierung in Kabul gestanden. Das Pentagon verteidigte die Operation reflexartig und behauptete, es seien keine Fehler gemacht worden. Ein Sprecher sagte der *New York Times* gegenüber: »Wir gehen mit größter Sorgfalt vor, um sicherzugehen, dass wir nur Ziele angreifen, die nachgewiesenermaßen von den Taliban oder al-Qaida genutzt werden.« Doch nachdem afghanische Offizielle sich weiterhin darüber beklagten, dass verbündete Soldaten getötet beziehungsweise gefangen genommen worden waren, ruderte das Pentagon allmählich zurück. Erst am 4. Februar gab Rumsfeld endlich zu, dass bei dem Angriff *möglicherweise* verbündete afghanische Soldaten getötet worden waren. 48 Stunden später ließ das amerikanische Militär die 27 Afghanen frei, die bei dem Überfall gefangen genommen worden waren. Das Pentagon erklärte, keiner von ihnen sei ein Anhänger der Taliban oder von al-Qaida.

Rumsfeld allerdings weigerte sich noch immer, einzuräumen, dass die Mission ein Fehler gewesen sei. Er rechtfertigte sich damit, dass die Lage »unübersichtlich« gewesen sei. Doch wie konnte die Tötung von bis zu zwei Dutzend unschuldiger Menschen kein Fehler gewesen sein? Rumsfelds Unaufrichtigkeit war in diesem Fall so offensichtlich, dass man kaum mehr von einer Lüge sprechen konnte. (In Afghanistan räumte die CIA ihren Fehler ein und entschädigte die Angehörigen jedes bei jenem Angriff getöteten Soldaten mit tausend Dollar. Die Angehörigen von Zivilisten, die durch Fehler der Amerikaner getötet wurden, gingen leer aus.)

Bis April 2002 hatten sich die Verluste in der afghanischen Zivilbevölkerung zu einem politischen Problem entwickelt. Vor der US-Botschaft in Kabul protestierten Afghanen, die durch fehlgeleitete Bomben verletzt worden waren oder Angehörige verloren hatten. Sie verlangten offizielle Untersuchungen und Entschädigungen. Präsident Karsai sagte: »Es wäre gut für die Vereinigten Staaten, wenn sie den Familien helfen würden.« Salmai Khalilsad, Bushs Sondergesandter in Afghanistan, griff dieses Thema bei einer Pressekonferenz auf: »Ich versichere Ihnen, wir tun unser Bestes, um Unschuldige zu verschonen… Aber Fehler passieren. Wenn Vorwürfe erhoben werden, gehen wir ihnen nach. Und dann tun wir das Angemessene, um das Leid der Betroffenen zu lindern.« Doch genau das war nicht geschehen. Es hatte keinerlei Untersuchungen von getöteten Zivilisten gegeben. Und kein Geld für die hunderte, wenn nicht tausende afghanischer Opfer (von dem unglücklichen Angriff auf die zwei Anwesen einmal abgesehen). Bushs Vertreter in Afghanistan hatte gelogen.

Am 1. Juli griff ein US-Kampfhubschrauber im Ort Kakrak ein Anwesen an und tötete 54 Hochzeitsgäste, vorwiegend Frauen und Kinder. Auch hier stritt das Pentagon jegliches Fehlverhalten ab. Und wieder sammelten Reporter glaubhafte Augenzeugenberichte von einem Massaker. Afghanische Offizielle protestierten entrüstet. Daraufhin änderte das Pentagon seine Darstellung vorsichtig; es räumte ein, dass der Hubschrauber auf Zivilisten gefeuert hatte. Dies aber angeblich nur als Reaktion auf Luftabwehrfeuer.

Dieses Mal versprach die US-Regierung eine eingehende Untersuchung des Vorfalls. Zwei Monate später gab das Regionalkommando einen Bericht heraus, der sich an die korrigierte Darstellung des Pentagons anlehnte: Der Angriff sei durch Luftabwehrfeuer provoziert worden. Im Bericht hieß es: »Große Sorgfalt wurde darauf verwendet, nur Gebäude anzugreifen, von denen aus in dieser Nacht aktiv geschossen wurde.« Doch er räumte auch ein, dass ein Untersuchungsteam beim Besuch der zwei Stätten, an denen die meisten Frauen und Kinder niedergemäht worden waren, weder »Luftabwehrwaffen noch überhaupt erhebliche Mengen irgendwelcher Munitionshülsen« gefunden hatte. Journalisten sammelten Augenzeugenberichte, wonach es aus dem Anwesen keinerlei Luftabwehrfeuer gegeben habe und die Zivilisten von dem Hubschrauber regelrecht gejagt worden seien. Die Wahrheit kennen nur die, die in jener schrecklichen Nacht vor Ort waren. Aber die Version des Pentagons ist – um es freundlich auszudrücken – mäßig glaubwürdig.

»Unsere Verantwortung für das Volk Afghanistans endet hier noch nicht.«

Präsident Bush überließ es hauptsächlich dem Pentagon, über den Kriegsverlauf zu berichten und Verluste in der Zivilbevölkerung zu kommentieren. Doch über die feste Entschlossenheit seiner Regierung, sich auch nach dem Krieg für Afghanistan und seine Bevölkerung einzusetzen, redete er oft und wortreich. Wiederholt betonte er seinen festen Willen, diesem armen und bedrängten Land beim Wiederaufbau zu helfen. Einen Monat nach Kriegsbeginn versprach er: »Amerika wird sich der Welt anschließen und dem afghanischen Volk helfen, sein Land wieder aufzubauen.« Nach dem Sturz des Taliban-Regimes sagte er: »Unsere Verantwortung für das Volk Afghanistans endet hier noch nicht.« Er nahm indirekt Bezug darauf, dass sein Vater 1989 das Land allein gelassen hatte, nachdem die Sowjets abgezogen waren, und erklärte: »Amerika und seine Verbündeten werden ihren Teil am Wiederaufbau Afghanistans leisten. Wir haben unsere Lektionen aus der Vergangenheit gelernt. Wir verlassen das Land erst, wenn unsere Mission erfüllt ist.«

Bush unternahm auch erste Schritte, sein Versprechen einzulösen. Wenige Tage nach Kriegsbeginn rief er amerikanische Schulkinder dazu auf, je einen Dollar an das Weiße Haus zu schicken, zur Finanzierung eines Hilfsfonds für afghanische Kinder. Und er versprach 320 Millionen Dollar an humanitärer Hilfe (im Vorjahr hatten die Vereinigten Staaten 170 Millionen Dollar an Mitteln für Afghanistan budgetiert). Doch seine Entschlossenheit hielt nicht lange an.

Die ersten Anzeichen dafür zeigten sich im Dezember 2001, als hohe Vertreter der Regierung ankündigten, dass die Vereinigten Staaten im Nachkriegsafghanistan nur eine

163

begrenzte Rolle spielen würden. »Wir wollen uns beim Aufbau der Nation nicht zu sehr einmischen«, erklärte Richard Haass, der Leiter der Abteilung für Politikplanung im Außenministerium, dem *San Francisco Chronicle*. »Und wir wollen, dass andere Nationen den Großteil der für den Wiederaufbau nötigen Ressourcen bereitstellen.« Die Kosten für den Wiederaufbau wurden auf zehn bis fünfzehn Milliarden Dollar innerhalb der nächsten zehn Jahre geschätzt – doch irgendwie hatte Bush zu erwähnen vergessen, dass er bei diesem Unterfangen nur ein *kleiner* Minderheitspartner sein wollte, als er versprach, den Afghanen beizustehen.

Seit Monaten bat Karsai darum, die internationalen Schutztruppen in seinem Land zu verstärken. Diese Truppen – etwa 4500 Soldaten aus 17 Ländern, nicht aber aus den USA – patrouillierten nur in Kabul und Umgebung. In anderen Regionen des von der Regierung kaum kontrollierten Landes breiteten sich Gesetzlosigkeit und Gewalt aus, weshalb Karsai und der Generalsekretär der Vereinten Nationen, Kofi Annan, dazu aufriefen, die Schutztruppen zu verstärken und einen größeren Teil des Landes abzusichern. Die Regierung Bush überlegte kurz, ob sie einen Plan zur Verdopplung der Truppenstärke unterstützen solle, stellte sich dann aber quer. Und das, obwohl das Außenministerium dafür plädiert hatte, die Schutztruppe bis auf 25 000 Mann auszubauen.

Am 15. März rechtfertigte Rumsfeld diese Entscheidung so: In Afghanistan gebe es »kein ernsthaftes Problem mit der Sicherheit«. Vier Tage später allerdings bekam der Streitkräfteausschuss des Senats etwas ganz anderes zu hören; CIA-Chef Tenet und Vizeadmiral Thomas Wilson, Leiter der Defense Intelligence Agency, erklärten dem Ausschuss, Afghanistan leide unter ernsten wirtschaftlichen, sozialen und politischen Problemen. Wilson erklärte, es bestehe »eine hohe Wahrscheinlichkeit für kriegsähnliche Aufstände« in ländlichen Gebieten und abgelegenen Städten Afghanistans. Die verbliebenen Taliban und al-Qaida-Anhänger seien noch stark. Sie stellten in Tenets Worten »ein langfristiges Problem« dar.

Dennoch behaupteten Bush und Rumsfeld, eine Aufstockung der UN-Truppen sei unnötig. Das schien eine bewusste Lüge, um die mangelnde Bereitschaft vom Weißen Haus und Pentagon zu verbergen, sich an einer erweiterten Schutztruppe zu beteiligen oder sich mit ihr zu arrangieren, während amerikanische Truppen noch immer auf der Suche nach Taliban- und al-Qaida-Anhängern Afghanistan durchstreiften. Doch das Fehlen von Sicherheit und Stabilität außerhalb Kabuls hatte für die örtliche Bevölkerung lebensbedrohliche Konsequenzen. Am 20. März 2002 hatte Bush geprotzt: »Wir haben Hungersnöte verhindert, indem wir eine Menge Nahrungsmittel in die Region gebracht haben.« Doch Kenneth Bacon, Präsident von Refugees International und ehemaliger Pentagon-Sprecher unter Präsident Clinton, berichtete, die Sicherheitslage sei in Teilen Afghanistans derart angespannt, dass die Hilfsorganisationen dort nicht gefahrlos arbeiten könnten und die Nahrungsmittel die Hungernden nicht erreichten. Im August 2002 – kurz nach einem fehlgeschlagenen Attentat auf Karsai – gab die Regierung Bush endlich ihren Widerstand gegen eine Ausweitung der Schutztruppe auf, weigerte sich aber weiterhin, US-Truppen dafür abzustellen oder zusätzliche Geldmittel für diese Operation bereitzustellen. Zu diesem Zeitpunkt hatten allerdings andere Nationen das Interesse an einer Ausweitung der Schutztruppe oder ihres Aktionsgebiets wieder verloren. »Weil Amerika sich einer Führungsrolle verweigerte, scheiterte der Plan einer ernsthaften internationalen Friedensmission außerhalb Kabuls«, schrieb Larry Goodson, Professor für Nahoststudien am U. S. Army War College, im *Journal of Democracy*.

Auch in Sachen Wiederaufbau Afghanistans zeichnete Bush sich also mehr durch Doppelzüngigkeit als durch Entschlossenheit aus. In einer Rede am Virginia Military Institute im April 2002 verkündete er, sich beim Wiederaufbau Afghanistans »in der besten Tradition von George Marshall« zu befinden. Was für eine Übertreibung! Mit einem Marshall-Plan hatte das wenig zu tun, was seine Regierung da tat. Als die U. S. Agency for International Development, die von der Regierung mit der Hilfe für Afghanistan betreut worden war, zusätzliche 150 Millionen Dollar für den Wiederaufbau beantragte, genehmigten die Erbsenzähler im Haushaltsbüro des Weißen Hauses nur 40 Millionen und signalisierten, dass kein massives Programm zur Linderung der Not oder zum Wiederaufbau des Landes aufgelegt werden würde.

Am 11. Oktober 2002 sagte Bush: »Wir wollen weiterhin Teil einer neuen Ära der Hoffnung in Afghanistan sein.« Nach Angaben des Weißen Hauses hatte die US-Regierung im Vorjahr 588 Millionen Dollar für »humanitäre Hilfe und Wiederaufbau« zur Verfügung gestellt. Doch nach Zahlen des Weißen Hauses floss etwa die Hälfte davon – und möglicherweise viel mehr – in humanitäre Nothilfe, nicht in den Wiederaufbau. Angesichts von geschätzten Wiederaufbaukosten von einer bis eineinhalb Milliarden Dollar pro Jahr beteiligte sich die Regierung Bush also nur geringfügig an den Kosten für den Wiederaufbau. »Anstatt die Führungsrolle zu übernehmen, zu sagen ›Wir brauchen einen Marshall-Plan‹, und sich für diesen Plan auch einzusetzen, hat die Regierung nur das Allernötigste getan«, bemerkte Joel Charny, ein Vizepräsident von Refugees International.

Im November 2002 unterschrieb Bush den Afghanistan Freedom Support Act, der Ausgaben in Höhe von 3,3 Milliarden Dollar über vier Jahre für wirtschaftliche, politische und humanitäre Hilfe sowie zur Befriedung Afghanistans genehmigte. Bush unterschrieb, ohne großes Tamtam darum zu machen – verständlich, denn das Gesetz stellte ein Misstrauensvotum gegen Bushs Vorgehen beim Wiederaufbau Afghanistans dar. Es war von dem republikanischen Senator Chuck Hagel initiiert worden, der freundlich, aber hartnäckig die Anstrengungen der Regierung Bush in Afghanistan als unzureichend angeprangert hatte. Doch nur weil das Gesetz jetzt unterschrieben war, hieß das nicht, dass auch deutlich mehr Hilfe für Afghanistan bereitgestellt wurde. In der Welt von Regierungsbudgets bedeutet die Erlaubnis zur Finanzierung einer Maßnahme nicht automatisch, dass das Geld auch tatsächlich zur Verfügung steht. Beispielsweise hieß es im Gesetz, dass im Jahr 2003 500 Millionen Dollar dafür verwendet werden *konnten*, Schutztruppen zu finanzieren und bei Bedarf zu verstärken. Doch dann fand sich in Bushs Budget für 2003 kein Geld für Schutztruppen.

Der bereits zitierte Larry Goodson befand im Januar 2003, dass die Vereinigten Staaten und der Rest der Welt offenbar »das Interesse daran verloren hatten«, Afghanistan wieder auf die Beine zu helfen. Das Land versinke im Chaos, die Kriegsfürsten übernähmen die Macht, Karsai verfüge außerhalb von Kabul kaum mehr über Einfluss. Was war aus Bushs »neuer Ära der Hoffnung« geworden? Es gab sie nicht. Im Mai 2003 protestierten hunderte Afghanen in Kabul. Sie skandierten »Tod dem Präsidenten Bush« und »Lang lebe der Islam«. Zu diesem Zeitpunkt hatte die Regierung ihre Angestellten seit Monaten nicht mehr bezahlt, Arbeitslosigkeit grassierte, große Straßen waren noch immer nicht befahrbar, und es herrschte weiterhin Gewalt im Land.

Ende Juli 2003 erklärten Beamte der Regierung Bush, dass das Weiße Haus sich bemühe, eine Milliarde Dollar

Soforthilfe für Afghanistan zu beantragen. Das wäre nun eine nette Summe, wenn sie denn tatsächlich bereitgestellt wird – und sie wäre längst überfällig. Mit dieser Erklärung wurde (natürlich nur implizit) eingeräumt, dass der Präsident bisher nicht genug für Afghanistan getan hatte. Aber vielleicht markiert sie eine veränderte Einstellung der Regierung, markiert sie den Schritt von Gleichgültigkeit zu Engagement. Zuvor hatte Bush oft erklärt, er sorge sich um Afghanistans Zukunft und werde das Land wieder aufbauen helfen. Doch zwei Jahre lang hatte er sich vor der Erfüllung seiner Versprechen gedrückt. Seinen großartigen Ankündigungen war nur eine unzureichende Finanzierung gefolgt. Jetzt muss sich zeigen, ob Bush – nachdem er Afghanistan einen ungedeckten Scheck ausgestellt hatte – endlich seine Versprechen einlöst.

11. Lügen mit Anzug und Krawatte

*»[1994] habe ich Ken [Lay]
kennen gelernt.«*

Am 10. Januar 2002 erzählte George Bush eine der dicksten
Schoten seiner Präsidentschaftszeit.

Es geschah unmittelbar vor einer Sitzung mit Mitgliedern seines Wirtschaftsteams im Oval Office; kurz bevor er
die Türen schloss und sich an die Arbeit machte, redete
Bush mit Reportern und vermittelte die Botschaft des
Tages: *Bush kümmert sich um die Wirtschaft.* An jenem Tag
kümmerte er sich insbesondere um den Bankrott von
Enron, einer texanischen Energiefirma, die einmal das
siebtwertvollste Unternehmen des ganzen Landes gewesen
war. Enron war einen Monat zuvor Pleite gegangen, tausende Angestellte hatten ihre Jobs und ihre Betriebsrentenansprüche verloren, nachdem der Marktwert der Firma in
gerade einmal sieben Wochen um 26 Milliarden Dollar
gesunken war. (Im Lauf eines Jahres sollte der Wertverlust
beinahe 80 Milliarden Dollar betragen.) Es hatte sich herausgestellt, dass das früher hochgejubelte Überflieger-
unternehmen Enron hauptsächlich aus Täuschung, geheimen Partnerschaften und komplizierten, verschlungenen
und anrüchigen Geschäften mit Derivaten bestand und
mit Buchführungstricks gearbeitet hatte. Im Oktober hatte
das Unternehmen einen Quartalsverlust von 638 Millionen Dollar verkündet. Im November gab es zu, die Ge-

winne der letzten Jahre um 600 Millionen aufgebläht zu haben. Kurz vor dem Zusammenbruch der Firma hatte die angesehene Wirtschaftsprüfungsgesellschaft Arthur Andersen die kunstvoll frisierten Bilanzen von Enron noch abgesegnet (und später belastendes Material vernichtet). Zu allem Überfluss hatte Enron in vier der letzten fünf Jahre keine Unternehmenssteuern bezahlt; das war durch die Gründung von Scheinfirmen in ausländischen Steuerparadiesen und andere Maßnahmen geglückt.

Eine der übelsten Schandtaten des Unternehmens bestand darin, dass sie die eigenen Angestellten davon abgehalten hatte, ihre Belegschaftsaktien zu verkaufen, als es mit der Firma schon bergab ging. Die Manager hingegen warfen in jener Zeit Aktien im Wert von über einer Milliarde Dollar auf den Markt. Enrons Chef Ken Lay riet den Angestellten sogar, mehr Aktien des Unternehmens zu kaufen, während es schon auf den Ruin zusteuerte. Er behauptete, bei so niedrigen Kursen sei die Aktie ein Schnäppchen. Er selbst hatte geschätzte 50 Millionen Dollar eingesackt, nachdem er in weiser Voraussicht in den Monaten vor dem Zusammenbruch des Unternehmens einen Teil seiner Papiere abgestoßen hatte. Zusätzlich hatte Enron – was man zu jenem Zeitpunkt aber noch nicht beweisen konnte – die Energieversorgung Kaliforniens manipuliert und zu der Energiekrise beigetragen, welche die Stromkonsumenten des Staates Milliarden Dollar gekostet hatte. Der Enron-Skandal war eine der abstoßendsten Episoden in der gesamten Wirtschaftsgeschichte des Landes – und der Zusammenbruch des Unternehmens bildete den Auftakt zu einer ganzen Serie von Konkursen, welche die Nation im Jahr 2002 erschütterten.

Das Enron-Debakel beherrschte im Januar 2002 noch immer die Schlagzeilen, und so war es nur natürlich, dass Bush der Presse erzählte, er werde noch am gleichen Tag angemessen auf die Vorgänge reagieren, indem er sich mit einer Arbeitsgruppe treffe und neue Veröffentlichungspflichten und Regelungen für die Unternehmensführung bespreche. »Die Regierung sorgt sich ernsthaft um die möglichen Folgen [des Enron-Zusammenbruchs] für die Wirtschaft«, erklärte Bush.

Doch Bush hatte vor allem Anlass, sich ernsthafte Sorgen darüber zu machen, welche Folgen der Zusammenbruch für *ihn selbst* haben konnte. Jahrelang war er eng mit Enron und Lay verbunden gewesen. Enron hatte hunderttausende Dollar auf Bushs Wahlkampfkontos gepumpt und sich zum wichtigsten Mäzen von Bushs Politikerkarriere gemacht. Nach den Anschlägen vom 11. September und dem Sieg über die Taliban waren Bushs Sympathiewerte in die Höhe geschossen. Doch der Enron-Skandal drohte, diesen Höhenflug zu beenden. Denn er ließ die Vorwürfe wieder aufleben, die vor dem 11. September häufig gegen Bush erhoben worden waren, nämlich dass er sich mehr um die Bosse sorgte als um die kleinen Arbeiter. Jetzt war sein bester Kumpel unter den Bossen zum nationalen Symbol für die Gier der Konzerne und die Tricksereien der Vorstände geworden. Anstatt die Wahrheit über seine Verbindungen mit Lay offen zu legen, entschloss Bush sich deshalb zur Lüge.

Als ein Reporter ihn fragte, ob jenes Treffen mit der Arbeitsgruppe den Versuch darstelle, sich gegen den Enron-Virus zu impfen, antwortete Bush:»In erster Linie ist Ken Lay ein Anhänger von mir. Ich lernte ihn in seiner Funktion als Leiter des Governor's Business Council in Texas kennen. Im Wahlkampf 1994 unterstützte er [die damalige Gouverneurin] Ann Richards [gegen mich]. Sie hatte ihn zum Leiter des Governor's Business Council ernannt und der Kontinuität halber ließ ich ihn nach meinem Wahlsieg im Amt. Damals habe ich Ken kennen gelernt und erstmals mit ihm zusammengearbeitet. Er hat mich im Präsidentschaftswahlkampf unterstützt... und... das wird jeder sehen... diese Regierung wird Dingen wie dem Enron-Bankrott vollständig auf den Grund gehen.«

Diese Erklärung war so unehrlich wie Enrons eigene Veröffentlichungen – und nur eine von vielen Behauptungen Bushs und seiner Berater bezüglich Enron und Bushs eigenen Abenteuern als Unternehmer, die einer näheren Überprüfung nicht standhielten.

Bushs Beziehungen zu Lay reichen weiter zurück – möglicherweise sogar viel weiter – als nur bis zu der Zeit, als Bush Gouverneur von Texas wurde. Es ist völlig unglaubhaft, dass Bush Lay, wie behauptet, erst *nach* der Gouverneurswahl von 1994 kennen gelernt hat. Öffentlich zugängliche Dokumente weisen darauf hin, dass Bush und seine Familie schon vor dem Wahlkampf mit »Kenny Boy«, wie Bush ihn nannte, zu tun gehabt hatten. 1989 führte Lay eine Kampagne an, die Präsident Bush senior zu überreden versuchte, seine Präsidentschaftsbibliothek in Houston anzusiedeln. »Bei dieser Gelegenheit unterhielt ich mich, glaube ich, ein wenig ausführlicher mit George W.«, verriet Lay der *Dallas Morning News* im Sommer 2001. 1990 war Lay Mitvorsitzender des Veranstaltungskomitees für einen G-7-Wirtschaftsgipfel, den Vater Bush ausrichtete. Lay hatte im Weißen Haus übernachtet, als Vater Bush noch Präsident war. Er hatte auch das Veranstaltungskomitee des republikanischen Nationalkonvents 1992 geleitet, auf dem Bush senior, der amtierende Präsident, als Kandidat der Republikaner für die nächsten Präsidentschaftswahlen bestätigt wurde. Laut *Houston Chronicle* »arbeitete Lay [bei diesem Konvent] eng mit George W. Bush zusammen«.

Im Rahmen eines Interviews mit dem Fernsehsender PBS im März 2001 (also bevor das Enron-Desaster begann) gab Lay an, länger und enger mit Bush verbunden zu sein, als dieser später zugeben wollte:

*Ich habe zuerst Bush senior politisch wie finanziell stark unter-
stützt, als er sich [1980 vergeblich] um das Präsidentenamt
bewarb... Und dann natürlich, als er 1988 kandidierte und
zum Präsidenten gewählt wurde. [Ich stehe] der Familie sehr
nahe, auch Barbara Bush und den Kindern. Als Gouverneur Bush
– heute Präsident Bush – beschloss, für den Gouverneursposten
zu kandidieren, [kam es] zu einer kniffligen Situation. Ich hatte
mit Ann Richards in ihren vier Amtsjahren sehr eng zusammengearbeitet. Aber auch George W. stand ich sehr nahe und
respektierte ihn sehr. Ich hatte ihn jahrelang beobachtet, besonders im Hinblick darauf, wie er mit seinem Vater umging, als dieser im Weißen Haus war, und was er für ihn tat. Deswegen
unterstützte ich ihn.*

Laut *Houston Chronicle* sagte Lay auf einem Treffen mit
Enron-Mitarbeitern im Oktober 2000, das auf Video aufge-
zeichnet wurde: »Ich habe [Bush] beide Male, als er für den
Gouverneursposten in Texas kandidierte, massiv unterstützt.« Diese Worte passen zum Ton eines Briefes, den
George W. Bush Lay 1997 schrieb und in dem er ihn als
einen seiner »alten Freunde« bezeichnete.

Ja, im Wahlkampf um den Gouverneursposten in Texas
hatte Lay seine Konkurrentin Richards unterstützt, wie
Bush behauptete. Aber Bush hatte *auch* Geld bekommen –
mehr als Richards. Lay und seine Frau spendeten Bush
47 500 Dollar und Richards 12 500. Enrons Komitee für
politische Aktionen und die Führungskräfte des Unternehmens – inklusive Lay – spendeten in jenem Jahr insgesamt
146 500 Dollar für Bush und 19 500 für Richards.

Seit 1994 unterstützten Lay und seine Frau mehrere Vorhaben der Bushs großzügig. Unter anderem ließen sie
122 500 Dollar für die beiden Wahlkämpfe um den Gouverneursposten, 100 000 Dollar für die Feier zum Amtsantritt des Präsidenten und 250 000 Dollar für die Präsident-

schaftsbibliothek von Vater Bush springen. Den Angaben des Center for Responsive Politics zufolge überließen Enron und seine Manager George W. Bush für seine Wahlkämpfe, den Wahl-Nachzählungsfonds und seine Antrittsgala 736 680 Dollar. 1996 fungierten die Lays, George und Laura Bush als Vorsitzende der Spendenaktion für eine Wohltätigkeitsorganisation zur Förderung der Alphabetisierung, deren Patronin Barbara Bush war. 1997 wurden Vater und Sohn Bush bei der Abschiedsparty des damaligen Enron-Präsidenten Rich Kinder gefilmt. In der Aufnahme sagt Vater Bush zu Kinder: »Sie waren fantastisch zur Familie Bush. Ich glaube nicht, dass irgendjemand mehr für George getan hat.« George W. bittet: »Gehen Sie nicht aus Texas weg. Sie sind ein zu guter Mann!« Im Wahlkampf 2000 flogen Bushs Wahlkämpfer und seine Eltern in Firmenflugzeugen von Enron umher, und Lay war ein »Pionier« des Bush'schen Wahlkampfs – das heißt, ein Helfer, der mindestens 100 000 Dollar an Spenden gesammelt hatte. Im Wahlzyklus 2000 spendete Lay der republikanischen Partei mehr als 275 000 Dollar und Enron legte über eine Million Dollar drauf. Am Tag nach Bushs Amtseinführung war Lay zu einem privaten Mittagessen im Weißen Haus eingeladen. Eine kostenlose Mahlzeit war das Mindeste, was Bush ihm schuldete.

Bush stand sogar in geschäftlicher Verbindung mit Enron – auch wenn er es einmal abstritt.

Während des Wahlkampfs um den Gouverneursposten in Texas 1994 hatte ich in Bushs Wahlkampfbüro angefragt, ob Bush jemals irgendwelche Geschäftsbeziehungen mit Enron unterhalten habe. Als Antwort erhielt ich von der Bush-Beraterin Karen Hughes ein knappes »Nein«. Auch ein Sprecher von Enron erklärte: »Enron hatte keinerlei Geschäftsbeziehungen mit George W. Bush.«

Aber das stimmte nicht. Als 2002 der Enron-Skandal

platzte, erhielt ich vom Sohn eines ehemaligen Enron-Managers einen Tipp und entdeckte Dokumente, wonach 1986 eine von Bush geleitete Firma gemeinsam mit Enron eine Ölquelle ausbeutete. Damals war Bush ein mäßig erfolgreicher Ölmann an der Spitze von Spectrum 7, einem privaten Ölbohrunternehmen, das sich in Finanznöten befand. Bush besaß etwa 15 Prozent des Unternehmens. Im Oktober jenes Jahres verkündete die Enron Oil and Gas Company, eine Tochter der Enron Corporation, die Fertigstellung einer Förderanlage für Öl und Erdgas in Marin County, Texas. Zehn Prozent davon gehörten Spectrum 7. Kurz gesagt: George W. Bush und Enron Oil and Gas hatten 1986 geschäftlich miteinander zu tun – als Ken Lay Chef von Enron war.

Wie war es zu diesem Geschäft gekommen? Wie lange dauerten die Beziehungen an? War das das einzige Projekt, bei dem Bush und Enron Partner waren? Ich rief das Weiße Haus an und fragte nach, erhielt aber keine Antwort.

Auch meine Recherchen bei Enron verliefen im Sande; niemand wollte mir etwas sagen. Nachdem ich einen Bericht über die Verbindung zwischen Bush und Enron veröffentlicht hatte, sagte der Kommunikationsdirektor des Weißen Hauses, Dan Bartlett, der *New York Times*, Bush könne sich »an diesen einzelnen Geschäftsvorfall nicht mehr erinnern«.

Die Tatsache, dass 1986 zwischen Bush und Enron Geschäftsbeziehungen bestanden hatten, straften die Behauptungen von 1994 Lügen, es gebe keinerlei geschäftliche Verbindung zwischen dem Bush-Sprössling und dem Unternehmen. Bedeutete die Zusammenarbeit von 1986, dass die persönliche Verbindung zwischen Bush und Lay bis Mitte der 1980er-Jahre zurückreichte? Das Geschäft könnte ohne direkten Kontakt der beiden zustande gekommen sein. Doch die meisten Firmenchefs würden sich dafür interessieren, wenn der Sohn des aktuellen Vizepräsidenten (dessen Präsidentschaftskandidatur sie unterstützt hatten) sich an einem Vorhaben der Firma beteiligte. Angesichts der Neigung von Enron, politische Verbindungen zu pflegen, um geschäftliche Interessen zu schützen und zu fördern, darf man sich schon fragen, ob es bei dieser Partnerschaft zwischen Enron und Bush vielleicht Sondervereinbarungen gegeben hat. Wie auch immer: Die Verbindung zwischen Enron und Spectrum 7 bereitete Bush – ob er sich jetzt an das Geschäft erinnerte oder nicht – zusätzliche Sorgen, während der Enron-Skandal sich hinzog.

»Wenn sie diese Regierung um Hilfe gebeten hätten, hätten sie keine bekommen.«

Obwohl Bush dem Unternehmen seit langem verbunden war, wurde er erst in den Skandal hineingezogen, als im Januar 2002 herauskam, dass Lay Ende Oktober 2001 den Finanzminister Paul O'Neill und den Handelsminister Don Evans angerufen hatte, um die Notlage seines Unternehmens zu besprechen. Das Weiße Haus behauptete, nichts veranlasst zu haben, um Bushs Freund und Unterstützer zu helfen. Sorgten vielleicht gerade die engen Verbindungen der Firmenspitze mit etlichen Leuten im Umfeld Bushs dafür, dass der Präsident keinen Versuch unternahm, Enron zu retten? Hätte nicht jede Hilfe nach Günstlingswirtschaft gerochen? Wer hätte schon geglaubt, dass Bush dem Unternehmen allein im Interesse des Landes beistand?

Doch Bush half Lay und Enron indirekt, indem er sich selbst dann noch nicht kritisch über das Unternehmen äußerte, als schon offensichtlich war, dass die Firma auf einer riesigen Täuschung beruhte und ihre Arbeiter aufs

Kreuz gelegt hatte. Erst als im Kongress Anhörungen liefen und die Republikaner sich Sorgen zu machen begannen, dass dem Weißen Haus Vorwürfe gemacht werden könnten, es sei zu eng mit Enron verbunden gewesen, räusperte sich Bush am 22. Januar 2002 und sagte, er sei über den Zusammenbruch des Unternehmens »entsetzt«. Er verriet, dass seine Schwiegermutter mit Enron-Aktien 8 000 Dollar verloren hatte.

Berater von Bush behaupteten gegenüber der *New York Times*: »Bush verurteilte Enron nicht schon früher, weil er und seine Mitarbeiter mit Anfragen zu Verbindungen zwischen der Regierung und der Enron-Spitze überflutet wurden.« Was für eine lächerliche Erklärung! War etwa Bush selbst damit beschäftigt gewesen, all den Anfragen der Presse nachzugehen? Und brauchte er die Hilfe seiner Berater, um harte Worte für Enron zu finden? In jener Zeit hatte Bush die Muße, sich ein Footballspiel anzusehen (wobei er beinahe an einer Salzbrezel erstickt wäre) und für ein NBC-Special einen ganzen Tag mit dem NBC-Anchorman Tom Brokaw zu verbringen. Er redete sogar mit Brokaw über Enron. »Mein Justizministerium wird diesen Vorfall vollständig untersuchen«, versprach er. Aber harsche Worte fand er für seine alten Freunde nicht.

Bushs lahme Kritik an Enron verhinderte nicht, dass weiter nachgebohrt wurde. Während einer kurzen Sitzung mit Reportern im Rosengarten wurde Bush am 28. Januar gefragt, ob seine Regierung Enron eine Sonderbehandlung gewährt habe. Dabei ging es insbesondere um den »Energieplan«, den Vizepräsident Cheney im Vorjahr aufgestellt hatte. Bush antwortete: »Enron hat etlichen Leuten in und um Washington Spenden zukommen lassen. Und wenn sie diese Regierung um Hilfe gebeten hätten, hätten sie keine bekommen.« Für die letzten Tage von Enron stimmt das vielleicht – als Lay mit Mitgliedern von Bushs Kabinett telefonierte –, aber in den Monaten zuvor, als Enron noch nicht aussätzig war, traf das nicht zu.

Vor dem Zusammenbruch Enrons war die Bush-Regierung dem Unternehmen an verschiedenen Fronten enorm hilfreich gewesen: durch Berufungen in die Federal Energy Regulatory Commission, in der kalifornischen Energiekrise, bei einem Milliarden-Dollar-Vertragsstreit, den Enron in Indien führte, und beim »Energieplan«. Mehrere Zeichen deuten darauf hin, dass ein großer Teil dieser Hilfe weder unabsichtlich noch zufällig gewährt wurde, sondern infolge der engen Verbundenheit zwischen Enron und der Bush-Gang.

Als es im März 2001 darum ging, Ausschussmitglieder für die Federal Energy Regulatory Commission (FERC) zu ernennen – ein für Enron sehr wichtiges Gremium zur Regulierung des Strommarktes –, entschied sich Bush für zwei Leute, die von Lay gepusht worden waren, Nora Mead Brownell und Pat Wood III. Beide waren (wie Lay) Befürworter der Energie-Deregulierung.

Es ist für einen Unternehmer eine tolle Sache, wenn er Mitglieder des Kontrollgremiums bestimmen kann, das die Handlungen seines eigenen Unternehmens überwachen soll. Hatten die Wahlspenden, die Lay locker gemacht hatte, ihm Einfluss im Weißen Haus verschafft? Lay meinte gegenüber der *New York Times*, seine Großzügigkeit helfe »vielleicht«, Zugang zu den wichtigen Leuten der Regierung zu bekommen. Doch er betonte, er unterstütze nur Kandidaten, »an die ich fest glaube«.

Anfang Januar 2002 enthüllte das Weiße Haus, nachdem es sich monatelang geweigert hatte, irgendwelche Informationen über die Vorgänge in der Energiearbeitsgruppe Cheneys herauszugeben, endlich, dass Enron-Vertreter sich sechsmal mit Cheney oder seinen für Energiepolitik verantwortlichen Mitarbeitern getroffen hatten, und zwar bevor und nachdem Cheney den »Energieplan« der Regierung entworfen hatte. Eines dieser Treffen war ein Vier-Augen-Gespräch zwischen Cheney und Lay.[5]

In diesen Sitzungen hatte Enron die Möglichkeit, dem Weißen Haus diejenige Energiepolitik zu »verkaufen«, die Enron nützte. Zu den Enron-Cheney-Gesprächen befragt – ein Zeichen für Günstlingswirtschaft? – antwortete Regierungssprecher Ari Fleischer: »Der Präsident findet, alle Beteiligten sollten sich äußern können. Zum Beispiel traf sich auch der Sierra Club, wie Sie wissen, wiederholt mit der Energiearbeitsgruppe.« Was für eine Lüge! Vertreter des Sierra Club hatten sich ein einziges Mal mit Cheney getroffen, doch erst *nachdem* die Arbeitsgruppe ihren »Energieplan« fertig gestellt und veröffentlicht hatte. Carl Pope, der Leitende Direktor des Sierra Club, bemerkte dazu:»Im Gegensatz zu Enron traf sich der Sierra Club nie mit der Energiearbeitsgruppe oder machte ihr Empfehlungen.«

Haben sich die Gespräche im Weißen Haus für Enron ausgezahlt? Im Rückblick scheint vor allem das Rendezvous zwischen Cheney und Lay nützlich für Enron gewesen zu sein. Am 17. April 2001 steckten die beiden die Köpfe zusammen, und Lay legte, einem Enron-Memo zufolge, das später vom *San Francisco Chronicle* veröffentlicht wurde, Cheney eine Liste von Anregungen für den Energieplan des Weißen Hauses vor. Er erläuterte auch, wie die Regierung nach Ansicht seines Unternehmens auf die Energiekrise reagieren (bzw. nicht reagieren) sollte, die zu jener Zeit in Kalifornien herrschte. Dieser Bundesstaat litt unter vorübergehenden Stromabschaltungen, und die Strompreise

---

5 In einem Brief vom 3. Mai 2002 an Senator Joseph Lieberman listete Alberto Gonzales, der juristische Berater des Weißen Hauses, 18 weitere Kontakte zwischen Enron und dem Weißen Haus in Sachen Enron auf.

waren auf das Zehnfache gestiegen. Die Krise kostete den Bundesstaat zig Milliarden Dollar, und einige Vertreter der kalifornischen Regierung riefen nach Preisobergrenzen für den Stromhandel zwischen Energieerzeugern. Bei seinem Treffen mit Cheney sprach sich Lay, dessen Unternehmen Strom an Kalifornien lieferte, gegen Preisobergrenzen aus. In seinem Memo behauptete er, selbst vorübergehende Preisbeschränkungen würden »den Energiemärkten schaden und private Investitionen abschrecken«.

Am folgenden Tag sprach sich Cheney in einem Telefoninterview mit der *Los Angeles Times* gegen Preisobergrenzen aus und argumentierte (wie Lay), dass Preisbeschränkungen private Investoren abschrecken würden. Er machte Preisbeschränkungen sogar für Kaliforniens aktuelle Krise verantwortlich: »Ehrlich gesagt, betrachten viele Leute Kalifornien als klassisches Beispiel dafür, welche Probleme auftreten, wenn man Preisobergrenzen einführt.« Selbst gegen vorübergehende Preisbeschränkungen sprach er sich vehement aus: »Sechs Monate? Sechs Jahre? Wenn Politiker einmal der Versuchung von Preisbeschränkungen erliegen, bringen sie normalerweise nicht mehr den Mut auf, sie wieder zu beenden ... Das betrachte ich nicht als Option.«

Vielleicht hatten sich mit Lay und Cheney ja nur zwei Leute gefunden, die in gleichem Maß der freien Marktwirtschaft vertrauten. Dennoch könnte man es Lay nicht übel nehmen, wenn er den Schluss gezogen hätte, seine Intervention im Weißen Haus habe etwas gebracht.

Auch Bush kritisierte Preisbeschränkungen. Und so hielt die Energiekrise wochenlang unvermindert an und saugte Milliarden Dollar aus Kalifornien ab. Erst im Juni 2001 beschloss die Regulierungsbehörde (FERC) eine Obergrenze für den Strompreis im Handel zwischen Energieerzeugern. Viel später kam dann heraus, dass Enron und andere Energieproduzenten den Strommarkt Kaliforniens gezielt manipuliert und die Krise absichtlich verschärft hatten, um die Preise – und Profite – nach oben zu treiben. Zwei Jahre nach den vorübergehenden Stromabschaltungen kam eine Untersuchung der Regulierungsbehörde zu folgendem Schluss: »Enron und seine Tochterunternehmen manipulierten den Markt durch mehrere Maßnahmen absichtlich, wodurch die Marktergebnisse massiv negativ beeinflusst wurden.« Der Bericht vermerkte, dass Enron und einige Energiehändler, die davon profitierten, »eine ganze Palette von Tricks einsetzten; unter anderem fälschten sie Berichte, sorgten künstlich für Engpässe bei der Stromdurchleitung und im- und exportierten Strom nach bzw. aus Kalifornien.« Ein Unternehmensbereich Enrons hatte nach Angaben der Regulierungsbehörde über 500 Millionen Dollar an Spekulationsgewinnen generiert, indem es Gas- und Strompreise manipulierte. Wissentlich oder nicht – Cheney und Bush hatten diese gigantische Milliardenabzocke begünstigt.

Im Laufe des Treffens vom 17. April legte Lay Cheney Ideen für den Energieplan der Regierung vor und übergab dem Vizepräsidenten ein Arbeitspapier, in dem genau aufgelistet war, was Enron gern in Cheneys Entwurf gesehen hätte. Als Lays Arbeitspapier im Januar 2002 an die Öffentlichkeit gelangte, behauptete Mary Matalin, eine Mitarbeiterin Cheneys: »Nun, es sieht so aus, als ob eine Zeitung in San Francisco eine Kopie des Arbeitspapiers zugespielt bekommen hätte, in dem Enron festlegt, was das Unternehmen gern in den Energieplan aufgenommen sehen würde... Und siehe da, neun der elf Dinge, die es sich wünschte, standen später nicht im Plan.« Doch die (demokratische) Minderheit im Komitee des Repräsentantenhauses zur Regierungsreform kam zu einem anderen Urteil: Ihr Bericht stellte fest, dass das Lay'sche Arbeitspapier in acht, nicht elf Bereichen Politikempfehlungen gab und der endgültige Energieplan »in sieben der acht Bereiche Enrons Vorschläge ganz oder weitgehend übernimmt«. Klar, diesen Vorwurf erhoben die oppositionellen Demokraten. Doch ihr Bericht, der auf hochtechnische Details von Energiefragen einging, an denen Enron gelegen war, war detaillierter und folglich überzeugender als die Behauptung Matalins. Nach einer noch eingehenderen Untersuchung schloss die demokratische Minderheit des Komitees: »Es ist sehr unwahrscheinlich, dass irgendein anderer Konzern in Amerika mehr vom Energieplan des Weißen Hauses profitieren konnte als Enron.«

Auch in einem anderen Fall hat die Bush-Regierung Enron unleugbar geholfen, und zwar in einem Streit mit der indischen Regierung über einen Megadeal, der schief gegangen war. 1992 begann ein Jointventure zwischen Indien und Enron über den Bau des (nach Angaben Enrons) größten Flüssiggaskraftwerks der Welt. Doch als die Anlage 1999 nach langem politischem Gezerre endlich eröffnet wurde, produzierte sie Strom zu höheren Kosten als die einheimischen Produzenten. (Schon 1993 hatte die Weltbank das Projekt für »ökonomischen Unfug« erklärt und jede Unterstützung abgelehnt.) Schließlich entschied der indische Bundesstaat Maharaschtra im Jahr 2001, den Strom nicht länger abzunehmen und den langfristigen Liefervertrag zu kündigen. Enron schloss die Anlage und bat die heimische Politik um Hilfe. Im April 2001 vertrat Außenminister Powell Enrons Interessen in einem Gespräch mit dem indischen Außenminister. Und Bush sollte das Thema im November 2001 bei einem Treffen mit Indiens Premier in Washington erneut ansprechen. Doch am Tag vor dem Treffen gab Enron zu, seine Profite um 600 Millionen Dollar aufgebläht zu haben. Damit begann der Zusammenbruch des Unternehmens; das Kraftwerkprojekt in Indien verschwand von der Tagesordnung.

Trotzdem zeigt sich an der Episode, dass Bush gelogen hatte. Er war derjenige, der gesagt hatte, *wenn* Enron seine Regierung um Hilfe gebeten hätte, *hätte es keine bekommen.*

Doch Enron hat um Hilfe gebeten. Das war dokumentiert. Und es hatte in wichtigen Angelegenheiten Hilfe bekommen. Auch das stand fest. Vielleicht hätte die Regierung Bush genau das Gleiche getan, wenn es sich nicht um ein Unternehmen und einen Boss gehandelt hätte, die ihn jahrelang mit Geld überhäuft hatten. Aber Bush entschied sich, nicht so zu argumentieren. Stattdessen verlegte er sich auf verlogenes, vollständiges Abstreiten. Mitte März 2002 dominierte der Enron-Skandal die Sonntags-Talkshows und die Pressekonferenzen im Weißen Haus nicht mehr. Doch für Bush waren die Schwierigkeiten damit nicht vorüber. Denn aus dem Enron-Skandal entwickelte sich die Harken-Sache.

»Alles, was ich tue, liegt völlig offen. Alles wurde genau geprüft. Sonst noch Fragen?«

Das Enron-Fiasko war nur der erste in einer ganzen Reihe von Unternehmensskandalen. Das Jahr 2002 über lasen sich die Wirtschaftsteile der Zeitungen eher wie Kriminalreportagen, voller Geschichten über WorldCom (das seine Vorsteuergewinne um sagenhafte 3,8 Milliarden Dollar übertrieb), Tyco International (dessen Topmanagement unter dem Vorwurf stand, Unternehmensgelder veruntreut und ungerechtfertigte Zahlungen an sich selbst vertuscht zu haben), Xerox (das seine Gewinne auf mehr als das Doppelte aufgebläht hatte), Martha Stewart (die Sauberfrau, die wegen Insiderhandels angeklagt wurde) und weitere mutmaßliche Schurken der Unternehmenswelt. Besonders

183

peinlich für die Regierung war der Fall Halliburton. Das war jene Firma für Öldienstleistungen, die Cheney geleitet hatte, bevor er als Bushs Kandidat für die Vizepräsidentschaft antrat. Gegen das Unternehmen wurde wegen des Verdachts ermittelt, es habe während Cheneys Zeit als Chef unzulässige Bilanzierungstricks angewendet, um den Gewinn auf dem Papier aufzublähen. (Diese Mauscheleien waren übrigens von der – durch den Enron-Fall berüchtigt gewordenen – Wirtschaftsprüfungsgesellschaft Arthur Anderson abgesegnet worden.) Noch größeres Unbehagen sollte dem Weißen Haus aber Bushs Vergangenheit als Manager eines viel kleineren Unternehmens namens Harken Energy bereiten.

Es dauerte zwar noch eine Weile, bis die Geister von Harken Bush einholten. Bis dahin hatte er mit den verschiedenen Unternehmensskandalen alle Hände voll zu tun, die nach und nach aufgedeckt wurden. Bush, der erste Präsident, der einen Universitätsabschluss in Betriebswirtschaftslehre hatte und selbst Unternehmer gewesen war, stand unter hohem Druck, auf eine veritable Lawine von Managerfehltritten angemessen zu reagieren – insbesondere, weil diese von fallenden Börsenkursen begleitet wurden (oder sie gar verursachten). Während einer Rede im März kündigte Bush seinen »Corporate Responsibility Plan« (ein Paket mit strengeren Richtlinien für die Unternehmensführung) an, der auf zehn Grundprinzipien ruhte, die jeweils im Enron-Skandal verletzt worden waren. Als Bush sein Projekt vorstellte, nahm er das Wort »Enron« nicht in den Mund. Doch der Plan sah beispielsweise vor, dass jeder Anteilseigner einer Aktiengesellschaft »vierteljährlichen Zugang zu Informationen [bekommen sollte], die man benötigt, um die Gewinnsituation, die Risiken und die allgemeine Lage des Unternehmens zu beurteilen«. Weiter verlangte er: »Spitzenmanager sollten verpflichtet werden, der Öffentlichkeit

184

sofort mitzuteilen, wenn sie Aktien des Unternehmens auf eigene Rechnung kaufen oder verkaufen.«

Bushs Initiative brachte ihn nicht aus der Schusslinie. Die Abgeordneten von Senat und Repräsentantenhaus arbeiteten an neuen Bilanzierungsgesetzen, wobei einige Volksvertreter viel drastischere Maßnahmen vorschlugen, als Bush gefordert hatte. Als im Sommer die Mauscheleien der Spitzenmanager noch immer die Schlagzeilen beherrschten, beschloss das Weiße Haus, Bush müsse das Thema »Verhaltenskodex für Unternehmen« ein weiteres Mal ausführlich behandeln. Als der Termin für die Rede näher rückte und die Kontroversen um das Fehlverhalten von Unternehmen anhielten, geriet auch Bushs Vergangenheit als Unternehmer ins Interesse der Öffentlichkeit. (Während des Präsidentschaftswahlkampfs 2000 hatten sich nur wenige Journalisten die Mühe gemacht, diesem Thema nachzugehen.) Das ist hauptsächlich dem *New York Times*-Kolumnisten Paul Krugman zu verdanken. In einer Reihe von Kolumnen hatte Krugman böse Kommentare zu Bushs kurzem Intermezzo als Chef von Harken abgegeben. Schon früher hatten Molly Ivins, eine langjährige Bush-Gegnerin, und einige andere Journalisten detailliert über Bushs merkwürdige Harken-Geschäfte berichtet. Doch wenn ein Kolumnist der *Times* zuschlägt, wird aufgehorcht. Krugmans Kolumnen sorgten dafür, dass die Medien sich erneut – diesmal intensiver – mit Bushs Vergangenheit als Ölbohrer beschäftigten.

Die meisten Fragen warf Bushs Verkauf seiner Harken-Energy-Aktien im Jahr 1990 auf. Harken ist eine Ölfirma mit Sitz in Dallas; Bush saß im Vorstand und im Wirtschaftsprüfungskomitee des Unternehmens. Die kritische Frage lautete, ob Bush den Großteil seiner Harken-Aktien losschlug, weil er Insiderinformationen über den kritischen Zustand der Firma erhalten hatte. Aber die Sache ging noch tiefer.

Harken hatte 1986 Bush gerettet, indem es Bushs kränkelndes, beinahe todkrankes Unternehmen Spectrum 7 aufkaufte. Bush erhielt etwa 500 000 Dollar in Harken-Aktien für seinen Anteil an Spectrum 7, und Harken stellte ihn für ein jährliches Salär von 120 000 Dollar als Berater an.

Warum hatte Harken, das von einem Spendensammler der Republikaner namens Alan Quasha geleitet wurde, Bushs Firma vor dem Ruin gerettet? An Bushs Ruf als Unternehmer konnte es nicht gelegen haben. Denn das Harken-Geschäft markierte schon das zweite Mal in Bushs Karriere als erfolgreich scheiternder Ölmann, dass eine siechende Firma Bushs von einem außen stehenden Unternehmen geschluckt wurde. Allen geschäftlichen Misserfolgen zum Trotz, war er schließlich noch immer der Sohn des Vizepräsidenten. Später stritt Bush ab, je von seinem Nachnamen profitiert zu haben. 1994 gab er der *Dallas Morning News* gegenüber an, seine Erfolge im Geschäftsleben schulde er »harter Arbeit, geschickten Investitionen und der Fähigkeit, eine sich ständig ändernde Umgebung zu erfassen und schnell zu reagieren«. Er bestand darauf, niemals von seiner Abstammung profitiert zu haben: »Ich war der Sohn des Präsidenten der Vereinigten Staaten. Aber das allein kann manchmal ziemlich belastend sein.« Vielleicht.

Im Juli 2002, als Bushs Vergangenheit bei Harken gerade von den Reportern ausgegraben wurde, traf ich auf einem Empfang in Washington den Milliardär George Soros. Soros war einer der Hauptaktionäre bei Harken, als das Unternehmen Bushs Spectrum 7 übernahm. Ich fragte: »Was versprach man sich davon, Spectrum 7 zu kaufen und Bush zu retten?« Soros antwortete, er habe Bush nicht gekannt. »Angeblich sollte er Verbindungen in den [Persischen] Golf mitbringen. Aber da wurde nie etwas daraus.

Wir kauften politischen Einfluss. Sonst nichts. Als Geschäftsmann taugte er nicht viel.«

Drei Jahre, nachdem Bush und sein potenzieller politischer Einfluss von Harken gekauft worden waren, erhielt das Unternehmen vom Emirat Bahrain im Persischen Golf einen Explorationsvertrag über 35 Jahre – ein merkwürdiger Vorgang, denn schließlich hatte dieses kleine Unternehmen überhaupt keine Erfahrung im internationalen Geschäft und mit Offshorebohrungen. Ein Branchenanalyst in Houston verriet *Forbes*, ein solches Geschäft sei »kaum vorstellbar«. Einige Beobachter der Branche fragten sich, ob bei diesem Vertrag Harkens Verbindung mit Bush eine Rolle gespielt haben könnte.

Im Juni 1990 verkaufte Bush mehr als 212 000 Harken-Aktien, etwa zwei Drittel seines Gesamtanteils am Unternehmen, zu je vier Dollar. Damals machte Harken nach außen hin einen gesunden Eindruck. Es hatte zwar Verluste ausweisen müssen, aber eben auch das Bahrain-Geschäft an Land gezogen (das Eindruck machte, aber kein Erfolg wurde). Tatsächlich aber ging es mit dem Unternehmen bergab. Harken hatte einen Großteil seiner Verluste versteckt, indem es die Tochterfirma Aloha Petroleum mehr oder weniger an sich selbst verkaufte. Die amerikanische Börsenaufsicht erklärte dies später zu einem Schwindelgeschäft – doch als Bush seine Anteile veräußerte, wusste die Öffentlichkeit wegen dieser Manipulation nichts über Harkens Verluste. Bush schaffte es, seine Aktien (an einen nie identifizierten Käufer) zu verscherbeln, bevor die Meldung von den enormen Verlusten im zweiten Quartal 1990 öffentlich wurde. Erst im August meldete das Unternehmen, dass es im vorangegangenen Quartal 23 Millionen Dollar verloren hatte. Daraufhin fiel der Kurs um mehr als 20 Prozent und sackte über die nächsten Monate auf 1,25 Dollar ab. (Später erholte er sich wieder.)

Bush hatte zu einem sehr günstigen Zeitpunkt verkauft; die Verluste von 1989 waren versteckt worden, die aktuellen Verluste noch nicht veröffentlicht. Und er benötigte das Geld aus diesem Verkauf dringend. Er zahlte damit einen 500 000-Dollar-Bankkredit zurück, den er im Vorjahr aufgenommen hatte, um einen Anteil am Baseballteam der Texas Rangers zu erwerben. (Als der Klub 1998 weiterverkauft wurde, brachte ihm dieser Anteil 16 Millionen Dollar.)

Im Jahr 2000 machte das Center for Public Integrity den suspekten Aloha-Deal öffentlich und merkte an, es gebe keine Hinweise darauf, dass Bush sich der Anrüchigkeit dieser Transaktion bewusst gewesen sei. Doch hätte es diese Finanztricksereien nicht gegeben, wären Bushs Harken-Aktien wahrscheinlich zu dem Zeitpunkt deutlich weniger wert gewesen, als er sie abstieß, um mit dem Erlös seinen Einstieg bei den Rangers zu finanzieren. Harkens Enron-ähnliche Praktiken ermöglichten es Bush eventuell erst, Multimillionär zu werden.

Hatte Bush im Juni 1990 eine Vorahnung, dass es ein guter Zeitpunkt war, den Großteil seiner Harken-Aktien zu verkaufen? Eine 1992 vom *U. S. News & World Report* durchgeführte Untersuchung kam zu dem Schluss, es gebe »substanzielle Hinweise darauf, dass Bush zum Zeitpunkt des Verkaufs von den gravierenden Schwierigkeiten wusste, in denen Harken steckte«.

Kaum hatte Bush die Börsenaufsicht SEC von seinem Aktienverkauf informiert, begann eine Untersuchung wegen möglichen Insiderhandels. Doch im August 1991 schloss die SEC den Fall ab; es gebe »nicht genügend Hinweise, um Maßnahmen« gegen Bush zu empfehlen. Bush war von den Untersuchungsbeamten nicht einmal zu dem Thema befragt worden. Und jeder, der an der Entschlossenheit der Börsenaufsicht zweifelte, gegen den Sohn eines amtierenden Präsidenten zu ermitteln, konnte auf den Umstand verweisen, dass der damalige Vorsitzende der SEC, Richard Breeden, von Vater Bush nominiert worden war.

Die ganze Harken-Geschichte war sehr Enron-ähnlich. Ein Insider verkaufte Aktien, kurz bevor der Kurs in den Keller fiel. Ein Manager mit besten Verbindungen zur Politik entgeht finanziellem Ungemach. Ein Unternehmen vertuscht Verluste – und hält damit seinen Börsenkurs künstlich hoch –, indem es mit einer Scheinfirma arbeitet. Angesichts all dessen wirkte es besonders deplatziert, dass Bush sich elf Jahre später als Reformator der Geschäftswelt aufspielte. Insbesondere als er Tricksereien anprangerte, bei denen Unternehmen »kunstvolle und verwickelte Finanzkonstruktionen einsetzen«, und als er forderte, dass Manager es künftig früher anzeigen sollten, wenn sie Aktien ihres Unternehmens kauften oder verkauften. Nun, da Harken wieder in die Schlagzeilen geraten war, gab Bush, wie er das schon jahrelang getan hatte, weiterhin wenig überzeugende Erklärungen zu seinen damaligen Handlungen ab.

Krugmans Vorwürfe aufgreifend, befragten Reporter Bush am 2. Juli 2002 zum Thema Harken. »Alles, was ich tue, liegt völlig offen«, blaffte er. »Alles wurde genau geprüft. Sonst noch Fragen?« In seiner Antwort wiederholte er, was er 1994 während des Wahlkampfs um den Gouverneursposten schon gesagt hatte: »Ich wurde entlastet.« 1993 hatte die Börsenaufsicht Bush einen Brief geschrieben, in dem sie ihm mitteilte, sie sei zu dem Schluss gekommen, »Maßnahmen« müssten nicht ergriffen werden. Doch der Brief enthielt auch eine Vorbehaltsklausel, wonach »dies keinesfalls als Hinweis darauf ausgelegt werden darf, dass der Betroffene [Bush] von den Vorwürfen entlastet wurde oder nicht später noch Maßnahmen ergriffen werden«.

Bei einer Pressekonferenz am 3. Juli versuchte Ari Fleischer zu erklären, warum die Börsenaufsicht erst acht Monate nach dem Verkauf der Harken-Aktien von Bush informiert worden war. Fleischer gab an, Bush habe 1990 ein Formular 144 bei der SEC eingereicht, in dem er seine Absicht mitgeteilt hätte, Harken-Aktien zu verkaufen. Fleischer behauptete, Bushs verspätete Abgabe von Formular 4 (die Anzeige des tatsächlich getätigten Verkaufs) sei auf einen »Irrtum« der Harken-Anwälte zurückzuführen. Doch diese Geschichte unterschied sich von der Erklärung, die Bush 1994 im Wahlkampf geliefert hatte. Sein Wahlkampfteam gab zu jener Zeit an, Bush habe den Verkauf ordnungsgemäß angezeigt und die Börsenaufsicht müsse das Formular wohl verschlampt haben. Damals erzählte Bush dem *Houston Chronicle,* er sei »absolut sicher«, sich ans Gesetz gehalten zu haben. Ein Sprecher der Börsenaufsicht sagte der *Time,* niemand in seiner Behörde habe das verschwundene Dokument je wiedergefunden.

Woran lag es denn nun? An einem verschusselten Dokument oder an lausigen Anwälten? Wann hat Bush die Wahrheit erzählt – und wann nicht? Die *New York Times* vermerkte in einem Bericht: »Mr. Fleischer konnte diesen Widerspruch nicht vollständig auflösen.« Seinerseits erklärte Bush auf einer Pressekonferenz am 8. Juli: »Warum Formular 4 zu spät einging, habe ich immer noch nicht ganz herausgefunden.« 1994 im Wahlkampf hatte er etwas anderes behauptet.

Auf der gleichen Pressekonferenz setzten die Reporter Bush auch mit Fragen zu der Scheintransaktion zu, mit der Harken-Verluste in Höhe von acht Millionen Dollar versteckt worden waren. Bush antwortete: »Alles, was ich Ihnen sagen kann, ist, dass in der Geschäftswelt manchmal die Dinge nicht eindeutig schwarz oder weiß sind, wenn es um Bilanzierungsfragen geht. Es ist Aufgabe der Börsenaufsicht, herauszufinden, ob die Entscheidung der Wirtschaftsprüfer gerechtfertigt war oder nicht. Das hat sie getan und beschlossen, dass der Jahresabschluss neu gemacht werden musste. Dies hat das Unternehmen sofort gemacht ... Es lag keine strafbare Handlung vor. Es gab nur unterschiedliche Auffassungen von Bilanzierungsprozeduren.«

Ebenso gut könnte man behaupten, es herrschten offenbar unterschiedliche Auffassungen über Eigentum, wenn jemand mit der Hand in der Keksdose erwischt und gezwungen wird, die Kekse zurückzulegen. Bush verharmloste die Angelegenheit. In Wirklichkeit gab es Schwarz und Weiß: Harken versuchte einen krummen Trick, wurde erwischt und musste den Jahresabschluss neu machen.

War Bush an dem Scheingeschäft beteiligt? Auf Fragen dazu antwortete er nicht direkt. Stattdessen sagte er: »Sie müssen sich die Aufzeichnungen des Vorstands ansehen.« Zwei Tage später erklärte der Kommunikationsdirektor des Weißen Hauses, Dan Bartlett, dass die Regierung diese Aufzeichnungen nicht habe und sich auch nicht die Mühe machen werde, Harken zu bitten, sie herauszugeben. Mit anderen Worten: Bush weigerte sich zu sagen, ob er an diesen Enron-ähnlichen Mauscheleien beteiligt war.

Wusste Bush von Harkens aktuellen Verlusten, als er seine Aktien verkaufte? 1994 erklärte er gegenüber der *Dallas Morning News*: »Ich hatte absolut keine Ahnung und hätte sie nicht verkauft, wenn ich davon gewusst hätte.« E. Stuart Wilson allerdings, damals ebenfalls Vorstand von Harken und wie Bush Mitglied im Buchprüfungs- und Restrukturierungskomitee, verriet der Zeitung, er und Bush seien kontinuierlich über die Finanzen des Unternehmens informiert worden und hätten gewusst, dass Verluste gemeldet werden würden. Bush meinte dazu, Watson habe »sich getäuscht«. In einem Brief vom 20. April 1990 warnte der Vorstandsvorsitzende die restlichen Vorstandsmitglieder vor einer »Liquiditätskrise«. Nach Angaben des Center for Public Integrity »bezogen sich weitere interne Dokumente [bei Harken] auf eine ›ernsthafte Liquiditätskrise‹ und einen ›kritisch knappen Cashflow‹«. Im Mai 1990 übten Harkens Banken Druck auf das Unternehmen aus. Um Bush herum wimmelte es von Anzeichen für die kritische Lage von Harken, aber wie viel er wirklich wusste, blieb eine offene Frage.

Mitte Juli 2002 kam heraus, dass Bush 16 Tage, bevor er seine Harken-Anteile verkaufte, den »wöchentlichen Blitz-Bericht« des Unternehmens bekommen hatte, das die Gewinnschätzungen von Tochtergesellschaften enthielt. Der Bericht prognostizierte einen Verlust im zweiten Quartal von 4,2 Millionen Dollar. Die Untersuchungsbeamten der Börsenaufsicht urteilten, dieses Ergebnis habe zum aktuellen Trend der Verluste von Harken gepasst, weshalb Bush durch den Bericht auch kein illegales Insiderwissen erhalten habe.

Dan Bartlett, der Kommunikationsdirektor des Weißen Hauses, erklärte auf Nachfragen der Presse, Bush und die anderen Vorstandsmitglieder »wussten, dass [im zweiten Quartal 1990] Verluste um die neun Millionen Dollar ausgewiesen werden würden« – doch in Wirklichkeit wurden 23 Millionen ausgewiesen. Bartletts Aussage widersprach Bushs Behauptung von 1994, er habe nichts von solchen Verlusten gewusst. Noch merkwürdiger: Die ins Spiel gebrachte Zahl von neun Millionen lag mehr als doppelt so hoch als der im Blitz-Report angekündigte Verlust. Woher hatte Bartlett diese Zahl? Das verriet er nicht. Wie aber hätten die Untersuchungsbeamten der Börsenaufsicht geurteilt, wenn sie gewusst hätten, dass Bush nicht von Verlusten in Höhe von nur vier Millionen, sondern von neun Millionen Dollar wusste? Hätten sie den Verkauf der Anteile dann in einem anderen Licht gesehen? Ein Verlust von neun Millionen Dollar, viermal so viel wie im vorangehenden Quartal, stellte einen guten Grund dar, die Aktien schnell zu verkaufen.

»Wir müssen eine neue Ära der Unternehmensehrlichkeit in Amerika einläuten.«

Mit all dem Harken- und Enron-Ballast im Gepäck hielt Bush am 9. Juli 2002 seine zweite große Rede über die Verantwortung von Unternehmen. »Was Amerikas Wirtschaft am dringendsten braucht, sind höhere ethische Standards«, forderte er. Und fügte hinzu: »Wir müssen eine neue Ära der Unternehmensehrlichkeit in Amerika einläuten.« Er fand einige harte Worte für Ganoven in Führungsetagen und wetterte über Topmanager, die »die Justiz behinderten, die Kunden in die Irre führten, Bilanzen fälschten ... Vertrauen und Macht missbrauchten ... zig Millionen Dollar an Boni verdienten, kurz bevor ihre Firmen Bankrott gingen, und den ganzen Schaden auf die Beschäftigten, die Rentner und die Investoren abluden«. Aber er nannte keine Namen. Nicht Enron, WorldCom, Global Crossing, Adelphia oder Arthur Andersen. Auch nicht Halliburton.

Bush forderte »eine neue Ethik persönlicher Verantwortung in der Geschäftswelt«. Und er stellte eine Liste von Initiativen vor – zusätzlich zu den im März gestarteten. Er pries die von ihm ins Leben gerufene »Task Force Unternehmensbetrug«, die als »schnelle Eingreiftruppe bei kriminellen Finanzmachenschaften« fungieren würde. Er schlug vor, die Höchststrafen bei Post- oder Telefonbetrug von fünf auf zehn Jahre zu verdoppeln. Er versprach zusätzliche Mittel und Ermittlungsbeamte für die Börsenaufsicht. Er »forderte jeden Chef in Amerika auf«, im Jahresbericht des Unternehmens in allgemeinverständlichen Worten sein Entlohnungspaket darzulegen. Darüber hinaus rief er die Entlohnungskomitees in Unternehmen auf, keine Kredite mehr an Manager zu vergeben.

Trotz dieser beeindruckend klingenden Vorschläge spiegelte dieses Paket reinen Aktionismus wider, nicht den Willen, ernsthaft gegen Gauner in Nadelstreifen vorzugehen. Denn es fehlten die beiden meistdiskutierten Vorschläge zur Rettung der guten Sitten in Corporate America: Erstens sollten die Unternehmen gezwungen werden, die Aktienoptionen der Manager in die Gewinnermittlung einzubeziehen, und zweitens sollte es Wirtschaftsprüfungsfirmen verboten werden, gleichzeitig auch als Unternehmensberatung für die zu prüfenden Firmen zu arbeiten. Diese Verquickung hatte dazu geführt, dass die Wirtschaftsprüfer zu enge Verbindungen zu den Unternehmen flochten, die sie gleichzeitig auch kontrollieren sollten. Analysten versicherten, dies habe zu Nachlässigkeit in der Buchprüfung geführt und dadurch Mauscheleien Tür und Tor geöffnet.

Die *U.S. News & World Report* urteilte: Bushs »Rede war kein leidenschaftlicher Aufruf zum Kampf«. Hinzu kam, dass Bush bei seiner Ansprache auf die für ihn typische Art die Wahrheit verdreht hatte. Seine Task Force Unternehmensbetrug war keine GSG 9, die bereitstand, um jederzeit Gauner in Nadelstreifen dingfest zu machen. Vertreter von FBI und Justizministerium erklärten der *Times*, es handle sich dabei um eine Koordinationsbehörde und eine Clearingstelle für Informationen, ohne die Macht, Nachforschungen anzustellen oder Anklagen zu erheben. Auch Bushs Forderung, die Höchststrafen für verurteilte Spitzenmanager zu verdoppeln, klang großartiger, als sie war. Denn Hauptziel aller Maßnahmen musste ja sein, die *Chancen* zu erhöhen, dass kriminelle Manager gefasst und einer Strafe zugeführt werden. Ein paar zusätzliche Jahre Knast im unwahrscheinlichen Fall, dass man doch ertappt wurde, würden potenzielle Betrüger in Chefetagen wohl kaum abschrecken, die ohnehin schon Vermögen, Ansehen und Freiheit riskierten, wenn sie gegen das Gesetz verstießen. Wie verlogen Bushs Rede war, wurde erst zwei Tage später klar, als die *Washington Post* berichtete, dass Bush 1986 und 1988 von Harken einen Niedrigzinskredit in Höhe von insgesamt über 180 000 Dollar erhalten hatte, mit dem er Harken-Anteile kaufte. Genau diese Praxis hatte Bush in seiner Rede verdammt.

Als Vorreiter in Sachen Unternehmensreformen genoss Bush kaum Glaubwürdigkeit, nicht im Wort und nicht in der Tat. Als Geschäftsmann hatte er mit einigen der Praktiken zu tun gehabt, die er jetzt verdammte. Und so kam es nicht überraschend, als der Senat eine Woche nach Bushs Rede – und gegen seinen Widerstand – mit 97 zu 0 Stimmen ein Gesetzespaket zur Unternehmensreform verabschiedete, das in erster Linie von Demokraten gestaltet worden war und weit über Bushs Vorschläge hinausging. Selbst Bushs Verbündete von der republikanischen Partei boten ihm in dieser Angelegenheit die Stirn.

Bush beschloss daraufhin, auf den fahrenden Zug aufzuspringen, statt sich von ihm überrollen zu lassen. Er erklärte, der Senat habe »ein hartes Gesetz verabschiedet, das meine Ziele teilt und alle Reformen im Bilanzierungs- und Strafrecht beinhaltet, die ich vorgeschlagen habe«. Dabei vergaß er zu erwähnen, dass er viele zentrale Punkte des Gesetzes zu verhindern versucht hatte. Als Bush das Gesetz zwei Wochen später in einer im Fernsehen übertragenen Zeremonie unterzeichnete, lobte er es und erklärte: »Die Ära niedriger Standards und falscher Gewinne ist vorbei.« Er versuchte auch, die Lorbeeren für das Gesetz selbst einzuheimsen, und behauptete: »Meine Regierung hat

195

mehr Integrität in der Geschäftswelt gefordert, und der Kongress hat diese Forderung einhellig in ein Gesetz gegossen.« Als ob der Kongress *seine* halbherzigen Vorschläge zum Gesetz gemacht hätte! Bush versprach, seine Regierung werde »die neuen gesetzlichen Möglichkeiten in vollem Umfang« ausschöpfen. Doch zweieinhalb Monate später bewies Bush, wie unaufrichtig seine Worte gewesen waren: Das Gesetz bewilligte eine Erhöhung des Budgets der Börsenaufsicht von 438 Millionen auf 776 Millionen Dollar. Der Kongress hatte diese zusätzlichen Mittel genehmigt, um der SEC die Erfüllung der neuen Aufgaben zu ermöglichen, die das Gesetz ihr übertrug. Doch Mitte Oktober kündigte die Regierung an, sie werde nur 568 Millionen Dollar für die Behörde beantragen. Das bedeutete, dass Bush der Börsenaufsicht nur 38 Prozent der zusätzlichen Gelder zukommen ließ, die der Kongress eigentlich bewilligt hatte. Ein Sprecher der SEC erklärte gegenüber der *New York Times*, eine solche Finanzausstattung erlaube »nicht viele neue Initiativen«. So viel zur Behauptung, Bush werde die Möglichkeiten des neuen Gesetzes »in vollem Umfang« ausnützen.

Als Bush seine Unterschrift unter das Gesetz zur Unternehmensreform setzte, bemerkte er: »Nach diesem Gesetz müssen Firmen- und Finanzchefs persönlich für die Wahrhaftigkeit und Fairness der Berichte ihrer Unternehmen bürgen.« Leider galten die gleichen hohen Standards nicht für den Chef der amerikanischen Regierung. Bushs Angaben zu seiner eigenen Vergangenheit als Geschäftsmann, die Kungelei seiner Regierung mit Gaunern in Nadelstreifen und seine angeblichen Reformen konnten wohl kaum jemandem Mut machen, der auf eine neue Ära der Ehrlichkeit hoffte. Bush fälschte in dieser Angelegenheit seine Bilanz als Regierungschef.

12. Wie man einen Krieg verkauft

»Informationen, die von dieser und anderen Regierungen gesammelt wurden, lassen keinen Zweifel daran, dass das irakische Regime weiterhin einige der tödlichsten Waffen besitzt und verbirgt, die je entwickelt worden sind.«

Wie passend, dass Bush zum Auftakt einer monatelangen und unaufrichtigen Kampagne, die das Land in einen Krieg führen sollte und zur Besatzungsmacht werden ließ, zu einer irreführenden Phrase griff. Die »Achse des Bösen«, wie Bush sie nannte, gab es nämlich nie. Trotzdem benutzte Bush am 29. Januar 2002 in seiner ersten Rede zur Lage der Nation diesen Ausdruck, um drei unterdrückerische und antiamerikanische Regimes in einen Topf zu werfen, die alle drei in der Vergangenheit Massenvernichtungswaffen entwickelt hatten. Sich auf Nordkorea, Iran und Irak beziehend, gelobte Bush: »Die Vereinigten Staaten von Amerika werden es den gefährlichsten Regimes der Welt nicht gestatten, uns mit den zerstörerischsten Waffen der Welt zu bedrohen.« Damit begann Bushs öffentlicher Kreuzzug gegen Saddam Hussein, ein vom ersten Tag bis zum Kriegsbeginn durch Lügen und Übertreibungen gekennzeichneter Feldzug.

Eine »Achse« bezeichnet eine Allianz von Nationen, die ihre Außen- und Sicherheitspolitik miteinander abstimmen. Auf Iran, den Irak und Nordkorea traf das nicht zu –

am allerwenigsten für Iran und den Irak, die den Großteil der 1980er-Jahre erbittert gegeneinander Krieg geführt hatten. Bushs Achse war eher poetisch denn real. Doch er gebrauchte diesen emotional stark besetzten Begriff, den sich seine Redenschreiber ausgedacht hatten, mit voller Absicht. Er zielte darauf ab, gleichzeitig die Bedrohung zu betonen und seine Antwort darauf zu rechtfertigen. Was bleibt einem mächtigen Staat schließlich übrig, der sich einer »Achse des Bösen« gegenübersieht, als die bedrohliche Achse zu sprengen? Und auf der Abschussliste stand der Irak ganz oben.

Nachdem er diese drei irreführenden Worte ausgesprochen hatte, versuchte Bush 14 Monate lang nachzuweisen, dass Saddam Hussein eine unmittelbare Gefahr für die Vereinigten Staaten darstellte. Er besitze Massenvernichtungswaffen und stecke mit den Schurken vom 11. September unter einer Decke, behauptete er. Einen Beweis für diese zwei Hauptanschuldigungen lieferte er nicht. Die Wahrheit wurde der Rhetorik geopfert, Bush bekam seinen Krieg.

Bei seiner Argumentation für einen Irakkrieg hätte für Bush durchaus die Möglichkeit bestanden, einfach die Wahrheit zu sagen. Er hätte der Öffentlichkeit mitteilen können, dass die Beweislage hinsichtlich der Massenvernichtungswaffen und der Verbindungen zu al-Qaida widersprüchlich sei, Amerika es sich aber nicht leisten könne, in so schwerwiegenden Fragen ein Risiko einzugehen. Er hätte geradeheraus zugeben können, dass Amerika und seine Alliierten unterschiedlicher Ansicht darüber waren, wie mit Hussein umzugehen sei, er sich als Präsident aber verpflichtet fühlte, seinen eigenen Prinzipien zu folgen. Wenn es für Bush andere Gründe über die angebliche direkte Bedrohung durch Hussein hinaus gab, die eine Opferung amerikanischer und irakischer Menschenleben rechtfertigte, hätte er sie in vollem Umfang darlegen können. Stattdessen wurde die Wahrheit schon während des langen Auftakts zum ersten Opfer des Krieges. Bush, sein Vizepräsident, sein Außenminister, sein Verteidigungsminister, seine Sicherheitsberaterin und andere hochrangige Regierungsmitglieder verdrehten Indizien, verfälschten Tatsachen, erhoben unbelegte Vorwürfe, wechselten Darstellungen und Begründungen – all dies, um zu Hause und in der Welt Unterstützung für ihren Krieg gegen Irak zu gewinnen. Sie flunkerten sich in die Schlacht.

Natürlich war nicht alles gelogen. Regierungsvertreter griffen Hussein in der Tat als mörderischen Tyrannen an, der Millionen Menschen unterdrückte. Sie wiesen auch zu Recht darauf hin, dass man diesem Schlächter nicht trauen konnte, wenn er behauptete, er besitze keine schrecklichen Waffen. Und selbstverständlich bereitete ihnen die Vorstellung Sorge, Hussein könnte sich mit Bio-, Chemie- oder Atomwaffen rüsten. Aber die Clique um Bush manipulierte oder vermied die Wahrheit in ihrem Versuch, den Krieg zu rechtfertigen, zu häufig. Bei dieser überaus wichtigen Angelegenheit, bei der es buchstäblich um Leben und Tod ging und die Sicherheit der Vereinigten Staaten und weiter Teile der Welt auf dem Spiel stand, durfte man Bush und seinen Gefolgsleuten nicht trauen. Von all den Lügen, die Bush als Präsident verbreitete, setzte nichts die Beziehung zwischen Regierenden und Regierten so unverschämt aufs Spiel wie die Lügen, die zum Einmarsch in den Irak führten. Als Bush die Nation mithilfe von ganz gezielten Täuschungsmanövern in einen durchaus vermeidbaren Krieg zog, verletzte er damit eines der grundlegenden Prinzipien der Demokratie. Sein Krieg war ein Angriff auf die Vorstellung, dass ein richtig informiertes Volk der letztendliche Richter über das Verhalten des Präsidenten sein soll und muss.

»Der Präsident hat noch nicht über den Einsatz von Gewalt entschieden.«

Die Achse-des-Bösen-Rede vom Januar 2002 heizte die Spekulationen um einen Krieg verständlicherweise an. Doch öffentlich behaupteten Bush und seine Mannschaft einhellig, er habe sich noch nicht auf einen Krieg gegen den Irak festgelegt. »Wir erwägen eine ganze Reihe von Maßnahmen«, sagte Condoleezza Rice am 1. März. »Doch der Präsident hat noch nicht über den Einsatz von Gewalt entschieden.« Mitte März äußerte sich Bush gegenüber Reportern: »Alle Optionen liegen auf dem Tisch.« Eine Woche darauf wurde Fleischer gefragt: »Werden die USA jetzt in den Irak einmarschieren und Saddam Hussein verfolgen?« Und wieder bekräftigte Fleischer, dass Bush »in dieser Phase des Krieges gegen den Terror noch keine Entscheidung getroffen« habe.

Doch innerhalb der Regierung hatten einige Kräfte schon seit Monaten auf einen Krieg gedrängt. Hochrangige Mitarbeiter der Regierung Bush hatten schon einen Feldzug gegen Saddam Hussein gefordert, bevor noch die Flammen des 11. September gelöscht waren. Nach Darstellung von Bob Woodward (in seinem Buch *Bush at War. Amerika im Krieg*) bedrängten Donald Rumsfeld und Paul Wolfowitz schon am Tag nach dem Anschlag auf das World Trade Center den Präsidenten, den Irak gleich in der ersten Runde des Krieges gegen den Terrorismus zum Ziel zu machen. Einige Tage später behauptete Wolfowitz auf einer Sitzung des Nationalen Sicherheitsrats sogar, der Irak stelle ein leichteres Ziel dar als Afghanistan. Anfangs widerstand Bush diesem Drängen. Doch auf der Sitzung des Nationalen Sicherheitsrates am 17. September bemerkte er: »Ich glaube, der Irak war am 11. September beteiligt. Aber ich werde das Land nicht jetzt angreifen. Noch fehlen mir die Beweise.«

Doch der Wunsch der amerikanischen Regierung nach einer kriegerischen Auseinandersetzung mit dem Irak geht sogar auf die Zeit *vor* dem 11. September zurück. Im Golfkrieg von 1991 hatte Bush senior Saddam Hussein aus Kuwait vertrieben, nicht aber den Irak besetzt. Nach Ansicht vieler Vertreter einer konservativen Außenpolitik war Vater Bush damit auf halbem Weg stehen geblieben. Jetzt musste sich sein Sohn mit dieser unerledigten Angelegenheit herumschlagen. Und dann gab es noch ein Element persönlicher Rache: Angeblich hatte Hussein 1993 geplant, Vater Bush ermorden zu lassen.

Während des Präsidentschaftswahlkampfs verriet Bush einem Interviewer: »Sollte ich nur den geringsten Hinweis darauf finden, dass Hussein Massenvernichtungswaffen entwickelt, werde ich sie zerstören.« Bei einer anderen Gelegenheit kündigte er großspurig an: »Saddam muss sich klar werden, dass er ein Problem hat, wenn ich Präsident werde.« Darüber hinaus hatten traditionelle Falken und neokonservative Verteidigungsexperten schon jahrelang zum Krieg gegen Hussein aufgerufen; einige dieser Schreibtischkrieger bekamen hochrangige Posten in der Regierung von George W. Bush, wie zum Beispiel Rumsfeld oder Wolfowitz. Diese beiden hatten schon 1998 einen Brief an Präsident Clinton mitunterzeichnet, in dem dieser dazu aufgefordert wurde, im Irak »die nötigen Schritte, notfalls auch militärische, zu unternehmen, um unsere vitalen Interessen im Golf zu wahren«. Diese »vitalen Interessen« wurden in dem Brief nicht genau definiert – doch nirgendwo war die Rede davon, dass man Irak von der brutalen Herrschaft Saddams befreien oder den Irakern die Demokratie bringen müsse. Diese Argumente führten die Absender des Briefes und George Bush erst später als Gründe für eine Invasion an.

Entgegen den Behauptungen von Rice und Fleischer hatte Bush sich im März 2002 wahrscheinlich schon zu dem Krieg entschlossen, den viele seiner Anhänger und Berater seit Jahren gefordert hatten. Laut einem Artikel der *Time* steckte Bush in jenem Monat einmal seinen Kopf ins Büro von Condoleezza Rice, als diese gerade mit einigen Senatoren über den Irak redete. Bush habe eine wegwerfende Handbewegung gemacht und gesagt: »Fuck Saddam, wir bringen ihn um.« *Time* zitierte neben dieser Anekdote weitere Belege für den Verdacht, dass Bush zu jenem Zeitpunkt seine Entscheidung bereits getroffen hatte und mit seiner vorgeblichen »Wir prüfen alle Optionen«-Haltung die Öffentlichkeit täuschte. Ende März, so das Magazin, habe Vizepräsident Cheney einigen republikanischen Senatoren vertraulich mitgeteilt: »Die Frage lautet nicht mehr, ob Amerika den Irak angreift. Sondern allein, wann.« Diese beiden Episoden scheinen zu belegen, dass Bushs Öffentlichkeitskampagne in Sachen Irak von Anfang an verlogen war: Bush wollte den Krieg und tat nur deswegen so, als prüfe er andere Optionen, um den Schein zu wahren.

Zur gleichen Zeit, in der ersten Hälfte des Jahres 2002, änderte die Regierung Bush die militärische Doktrin der Vereinigten Staaten dramatisch. Bush entwickelte einen theoretischen Rahmen, innerhalb dessen auch der Krieg gegen Hussein begründbar war. In einer Rede vor Kadetten der Militärakademie West Point umriss Bush im Juni 2002 das neue Leitprinzip der amerikanischen Sicherheitspolitik: Präventivschläge. »Wenn wir so lang warten, bis eine Bedrohung sich vollständig aufgebaut hat, haben wir zu lang gezögert. Wir müssen den Krieg zum Feind tragen, seine Pläne vereiteln und die schlimmsten Bedrohungen schon im Ansatz bekämpfen.« Das Schlüsselwort lautete dabei »Ansatz«. Wie sollte man Bedrohungen einschätzen, die erst im Entstehen begriffen waren? Das verriet Bush nicht. Doch der Irak war der erste Testfall für die neue Doktrin der vorbeugenden Kriegführung.

»Der Präsident der Vereinigten Staaten und der Verteidigungsminister würden nicht so unumwunden und deutlich sagen, dass der Irak Massenvernichtungswaffen besitzt, wenn es nicht stimmte und sie keine solide Grundlage für diese Behauptung hätten.«

In den Monaten nach der Rede zur Lage der Nation begannen hochrangige Vertreter der Regierung Bush, in den Medien und in Kongressanhörungen die Auffassung zu vertreten, dass der irakische Diktator eine direkte Bedrohung der Vereinigten Staaten darstelle. Doch erst im September 2002 kam die Kampagne voll in Schwung. Der Beginn der Publicity-Offensive fiel mit dem emotionsgeladenen ersten Jahrestag des Attentats auf die Türme des World Trade Center zusammen. Von da an begründeten Bush und seine Leute bei wichtigen Gelegenheiten immer wieder, warum man gegen Saddam Hussein vorgehen müsse. Am 12. September sprach Bush vor den Vereinten Nationen, eine Woche später schickte er einen Gesetzesentwurf an den Kongress, der ihn zum Angriff auf den Irak ermächtigen sollte, wann immer er ihn für nötig erachtete. Am 7. Oktober hielt er zur Hauptsendezeit eine Fernsehansprache zum Thema Irak. Auch nachdem der Sicherheitsrat der Vereinten Nationen am 8. November die Resolution 1441 verabschiedet hatte, die verstärkte Waffenkontrollen im Irak ermöglichte, warnte Bush weiterhin vor der Gefahr, die von Saddam ausgehe. Am 5. Februar 2003 trug Außenminister Powell dem Sicherheitsrat der UN einen ausführlichen Bericht vor, der einen militärischen Schlag gegen den Irak rechtfertigen sollte.

Die ganze Zeit über ruhte Bushs Argumentation auf zwei Pfeilern: Erstens besitze Saddam Hussein einsatzbereite Massenvernichtungswaffen, und zweitens könne er sie jederzeit an Terrororganisationen wie al-Qaida weiterreichen. Ganz offenkundig war die Frage, ob Saddam Hussein diese Waffen überhaupt besaß, die wichtigere. Ohne Bio-, Chemie- oder Atomwaffen konnte er wohl kaum eine unmittelbare Bedrohung für die Vereinigten Staaten darstellen. Es gab keinen Zweifel darüber, dass Hussein in der Vergangenheit chemische Kampfstoffe besessen und sogar eingesetzt hatte: gegen die oppositionellen Kurden im eigenen Land und in den 1980er-Jahren gegen den Iran. Während der ersten Jahre der UN-Waffeninspektionen arbeitete der Irak noch an Entwicklungsprogrammen für Massenvernichtungswaffen, die Hussein vor den Inspekteuren geheim zu halten versuchte. Als die Inspektionen 1998 endeten, war der Verbleib geringer Reste von ABC-Materialien (und möglicherweise Massenvernichtungswaffen) weiterhin ungeklärt. Doch Bushs Begründung für einen Krieg bezog sich nicht auf die Vergangenheit, sondern darauf, was Hussein angeblich aktuell in Händen hielt. Wenn Bush und seine Berater aber sagten, Hussein verfüge über Massenvernichtungswaffen, war das nur eine Behauptung, die sie nicht belegen konnten. Ihre Strategie bestand darin, den Vorwurf ständig zu wiederholen, anstatt Beweise vorzulegen.

In einer Rede erklärte Cheney am 26. August: »Ganz einfach gesagt, besteht kein Zweifel daran, dass Hussein heute Massenvernichtungswaffen besitzt. Es gibt keinen Zweifel, dass er sie anhäuft, um sie gegen unsere Freunde, unsere Verbündeten und gegen uns einzusetzen.« Der Vizepräsident führte überzeugende Hinweise dafür an, dass Hussein sich Massenvernichtungswaffen wünschte, in der Vergangenheit Waffeninspektionen zu umgehen versucht hatte und dies auch weiterhin versuchen werde. Aber er legte keine Beweise vor, mit denen er die Behauptung untermauern konnte, Hussein habe sich bereits ein nennenswertes Arsenal an Massenvernichtungswaffen zugelegt, das – von ihm oder anderen – gegen die Vereinigten Staaten eingesetzt werden könnte.

In seiner Rede vor den Vereinten Nationen legte Bush Husseins jahrzehntelange Vorgeschichte als Schurke in allen Einzelheiten dar und zitierte die zahlreichen Gelegenheiten, bei denen der UN-Sicherheitsrat festgestellt hatte, der Irak habe Resolutionen zur Vernichtung von Massenvernichtungswaffen missachtet. Doch Bushs zentrales Argument war, dass »Saddam Husseins Regime eine schwerwiegende und wachsende Gefahr darstellt«. Und am gefährlichsten würden ihn seine Waffen machen. Bush erklärte: »UN-Inspektionen [in den 1990er-Jahren] ... haben enthüllt, dass der Irak wahrscheinlich VX-Gas gelagert hat, ebenso Senfgas und andere Chemikalien, und dass das Regime Anlagen wieder aufbaut und erweitert, mit denen chemische Waffen produziert werden können.« Aber hier setzte Bush einen Taschenspielertrick ein. Denn wie konnten Inspektionen, die mindestens vier Jahre zurücklagen, einen heutigen »Wiederaufbau« und eine aktuelle »Erweiterung« der Anlagen feststellen?

Aber das Unterschlagen der zeitlichen Lücke von vier Jahren war nicht der einzige Trick Bushs. Auf gerissene und verschlagene Art verdrehten Bush und seine Helfer die Untersuchungsergebnisse der früheren UN-Waffeninspektionen, um den Irak als vor Massenvernichtungswaffen geradezu starrend hinzustellen. In seiner Fernsehansprache vom 7. Oktober erwähnte Bush, der Irak habe in den 1990er-Jahren zugegeben, 30 000 Liter Anthrax und andere tödliche biologische Kampfstoffe hergestellt zu haben. »Die [UN-]Inspekteure kamen allerdings zu dem Schluss, dass der Irak wahrscheinlich zwei- bis viermal so viel hergestellt hat«, unkte Bush. »Das ist ein massiver Vorrat an Biowaffen, der keiner Kontrolle unterlag und ausreichen würde, Millionen Menschen umzubringen.«

Bush zitierte UN-Inspekteure als Quelle dafür, dass der Irak einen Bestand von gefährlichen Waffen besitze. Doch die Inspekteure waren nicht »zu dem Schluss gekommen«, dass der Irak diese Mengen an Waffen erzeugt und solche »massiven« Bestände angelegt hatte. Die Inspekteurstruppe, die den Irak in den 1990er-Jahren durchsucht hatte – die UN-Spezialkommission (UNSCOM) –, berichtete, sie habe die wichtigsten Anlagen des Irak zur Entwicklung von Bio-, Chemie- und Atomwaffen demontiert und erhebliche Mengen an chemischen und biologischen Kampfstoffen vernichtet. Doch den UNSCOM-Inspekteuren fiel auf, dass es Widersprüche in den Bestandslisten konventioneller und nichtkonventioneller Waffenlager des Irak gab. Sie schlossen daraus, das Regime habe *möglicherweise* mehr Waffen hergestellt, als die Inspekteure gefunden hatten und die Führung zugegeben hatte. Das bedeutete jedoch nicht, dass der Irak tatsächlich riesige Reserven an Massenvernichtungswaffen hatte. In irreführender Weise verwandelte Bush möglicherweise verschwundene Bestände derartiger Waffen in real existierende Waffen.

Beispielsweise behauptete der Irak, man habe 8 445 Liter Anthrax hergestellt und diesen Vorrat später wieder vernichtet, wie alle anderen nichtkonventionellen Waffen auch. Die UN-Inspekteure schätzten, dass Husseins Regime eine Herstellungskapazität für 22 000 bis 39 000 Liter unterhalten habe. Doch hatte das Land auch die volle Kapazität genutzt und diese Menge an Anthrax hergestellt? Die Inspekteure wussten es nicht genau, also gingen sie der Sache weiter nach. Schließlich fanden sie heraus, dass Nährmedien für Anthrax verbrannt und begraben worden waren, sie wussten aber nicht, in welchen Mengen. Sie vermuteten, 10 000 Liter Anthrax seien nicht zerstört worden und existierten möglicherweise weiter. Doch die Inspekteure betrachteten dies als einen ungeklärten Umstand – einen sehr wichtigen –, aber keineswegs als feststehende Tatsache. Ähnlich verhielt es sich mit den VX-Nervengasbeständen des Irak. In Sachen Botulintoxine schätzten die UN-Inspekteure, dass der Irak doppelt so große Mengen der tödlichen Bakterien hergestellt haben könnte wie zugegeben. Aber die verbleibenden Bestände – wenn es sie denn gab – waren nach Ansicht der Inspekteure wohl kaum mehr besonders gefährlich, da das Material im Lauf der Zeit immer stärker verfällt. Auch die Behauptungen des Irak, es habe alle Sarin-gefüllten Gefechtsköpfe entsorgt, wurden von den Inspekteuren bezweifelt. Doch die Inspekteure hielten diese Waffen mit größter Wahrscheinlichkeit ebenfalls für nicht mehr einsetzbar.

Als die UNSCOM-Inspekteure 1998 den Irak verließen, blieben Fragen und Bedenken hinsichtlich des chemischen und biologischen Arsenals des Irak, aber Bush stellte die Ergebnisse der Inspektion völlig falsch dar, wenn er so tat, als glaubten die Inspekteure, im Irak lagerten noch gigantische Vorräte an Massenvernichtungswaffen. Im Jahr 2000 fasste Rolf Ekeus, ehemaliger Chef von UNSCOM, die Inspektionen der 1990er-Jahre folgendermaßen zusammen: »UNSCOM war sehr erfolgreich darin, die verbotenen Waffen im Irak zu identifizieren und zu eliminieren – allerdings nicht in dem Ausmaß, dass alles zerstört worden wäre... Meiner Ansicht nach gibt es keine großen Waffenarsenale mehr. Ich glaube auch nicht, dass der Irak derart versessen auf Bio- und Chemiewaffen ist, dass man Bestände auf Halde produzieren würde. Der Irak betrachtet diese Waffen als taktische, nicht als strategische Option. Das Ziel des Irak bestand darin, die Fähigkeit zu behalten, bei Bedarf jederzeit die Produktion wieder aufnehmen zu können. Dadurch konnte sich das Land die komplizierte langfristige Lagerung dieser Stoffe sparen.«

Die UN-Inspekteure waren sich sicher, den Großteil von Husseins Massenvernichtungswaffen zerstört zu haben, wussten aber nicht, ob es Restbestände gab und, falls ja, wie groß sie waren. War es möglich, dass der Irak sie hinters Licht geführt und es geschafft hatte, große Vorräte an Massenvernichtungswaffen vor ihnen zu verstecken? Bush behauptete das (unausgesprochen) – lieferte aber keine Beweise dafür. Stattdessen verdrehte er die Untersuchungsergebnisse der Inspekteure. Nuancen und Zweifel in den Berichten wurden von Mitarbeitern der Regierung Bush absichtlich ignoriert. Anstatt Beweise zu liefern, wiederholten sie stur immer wieder die gleiche Behauptung: Saddam Hussein, daran könne es keinen Zweifel geben, verfüge über erhebliche Mengen der schrecklichsten Waffen der Welt.

Am 13. September 2002 bemerkte Rumsfeld: »Es gibt weltweit überhaupt keine Diskussion darüber, ob sie diese Waffen haben … Das wissen wir alle. Selbst ein abgerichteter Affe weiß das.«

Am 28. September behauptete Bush: »Das irakische Regime besitzt biologische und chemische Waffen, baut Anlagen wieder auf, um mehr herzustellen, und könnte nach Erkenntnissen der britischen Regierung innerhalb von nur 45 Minuten nach Erteilung des Befehls einen Angriff mit Bio- oder Chemiewaffen starten.«

Am 2. Dezember sagte Wolfowitz: »Bushs Entschlossenheit, falls nötig Gewalt einzusetzen, wurzelt in der Bedrohung durch irakische Massenvernichtungswaffen.«

Am 5. Dezember äußerte sich Fleischer: »Der Präsident der Vereinigten Staaten und der Verteidigungsminister würden nicht so unumwunden und deutlich sagen, dass der Irak Massenvernichtungswaffen besitzt, wenn es nicht stimmte und sie keine solide Grundlage für diese Behauptung hätten.«

Am 12. Dezember erklärte Rumsfeld: »Es ist klar, dass die Iraker Massenvernichtungswaffen besitzen. Die Frage, ob sie Massenvernichtungswaffen haben, stellt sich gar nicht.«

Am 7. Januar wiederholte Rumsfeld: »In meinen Augen gibt es keinen Zweifel, dass [der Irak] heute chemische und biologische Waffen hat.«

Am 9. Januar betonte Fleischer: »Es gibt dort Waffen. Das ist eine Tatsache; das wissen wir.«

Es war aber keine Tatsache – nicht, als diese Aussagen gemacht wurden. Nach dem Krieg enthüllte *U. S. News & World Report*, dass die Defense Intelligence Agency (DIA) im September 2002 einen Bericht abgeliefert hatte. Darin hieß es: »Es gibt keine verlässliche Information darüber, ob der Irak chemische Waffen herstellt oder lagert, und darüber, wo das Land die Produktionsanlagen für Chemiewaffen installiert hat bzw. installieren wird.« Der Bericht urteilte auch: »Eine beträchtliche Menge des irakischen Chemiewaffenarsenals – Kampfstoffe, Vorprodukte, Munition und Herstellungsanlagen – wurde zwischen 1991 und 1998 im Zuge von Desert Storm und den UNSCOM-Inspektionen vernichtet.« Weiter hieß es: »Vielleicht besitzt der Irak [Chemiewaffen] in Form von Chemiemunition, möglicherweise unter anderem in Artillerieraketen und -granaten, Bomben und Gefechtsköpfen ballistischer Raketen«, doch darüber »fehlt uns direkte Information«. In anderen Worten: Der Nachrichtendienst des Pentagons nahm an, der Irak besitze Chemiewaffen, konnte diese Vermutung aber nicht belegen. Im November kam ein weiterer DIA-Report zu den gleichen Schlüssen. Trotz dieser Berichte behaupteten Bush und seine Leute – darunter Rumsfeld, der die DIA beaufsichtigt – weiterhin, dass der Irak definitiv Chemiewaffen besitze. Indem sie sich mit solcher Überzeugung äußerten, straften sie ihre eigenen Experten Lügen.

Nach dem Krieg stellte sich auch heraus, dass die britische Behauptung – die Bush begierig aufgegriffen hatte –, der Irak könne innerhalb von nur 45 Minuten Chemie-

und Biowaffen einsetzen, nicht belegt war (was dem britischen Premier Tony Blair zu Hause Riesenärger einbrachte). Mitglieder der Regierung Bush verrieten der *Washington Post*, das Weiße Haus habe sich nicht einmal die Mühe gemacht, die Meinung der CIA zu den britischen Behauptungen einzuholen, bevor Bush sie wiederholte.

Alles in allem war die Frage nach den Massenvernichtungswaffen des Irak viel verzwickter, als Bush einräumte. Vielleicht gab es welche, vielleicht nicht. Während der Inspektionen waren Ungereimtheiten aufgefallen, und man darf gefahrlos annehmen, dass der Irak gewisse Herstellungskapazitäten und das Know-how für die Produktion von nichtkonventionellen Waffen behalten hat. Falls Hussein die UN-Inspekteure belogen und Chemie- und Biowaffen versteckt haben sollte, wäre das bedenklich und möglicherweise eine Rechtfertigung für gewaltsame Aktionen gewesen. Aber es gab nur einen Verdacht, keine Bestätigung. Es gab keine Beweise für »massive« Bestände an Waffen. Doch Bush und seine Regierung weigerten sich, die Frage nach Massenvernichtungswaffen differenziert zu diskutieren. Sie nutzten die Unstimmigkeiten und Husseins Starrsinn, deuteten an, sie hätten eindeutige Hinweise, auch wenn das nicht stimmte, und verwandelten möglicherweise existierende Waffen in ein bedrohliches Arsenal. Sie erfanden einen Berg von Massenvernichtungswaffen, um ihre Ziele verfolgen zu können.

»Ich wüsste nicht, was für Beweise wir noch bräuchten.«

In Sachen Atomwaffen gaben sich Bush und seine Leute noch größere Mühe, den Irak als unmittelbare Gefahr hinzustellen. Die Vorstellung, Saddam Hussein könne über

Atomwaffen verfügen, war ja tatsächlich Angst einflößend. Ein solches Szenario rechtfertigte möglicherweise einen Präventivschlag. Doch musste man sich wirklich Sorgen machen? Ein Bericht der CIA über die Verbreitung von Massenvernichtungswaffen warnte noch im Frühjahr 2002 nicht davor, dass der Irak eine nukleare Bedrohung darstelle. Doch Monate später vermittelte die US-Regierung den Eindruck, Hussein stehe unmittelbar davor, sich Atomwaffen zu verschaffen (und sie umgehend an Osama bin Laden weiterzugeben). Im August 2002 erklärte Vizepräsident Cheney: »Viele von uns sind überzeugt davon, dass Saddam Hussein ziemlich bald an Atomwaffen kommen wird.« Doch auf welcher Information beruhte diese Überzeugung? Cheney schwieg dazu. Senator Chuck Hagel, ein Republikaner im Geheimdienstausschuss, widersprach ihm: Die CIA, bemerkte er, habe »absolut keinen Hinweis« darauf, dass der Irak aktuell über Atomwaffen verfüge oder sie sich in absehbarer Zukunft beschaffen könnte.

Cheneys Chef versuchte, die Welt davon zu überzeugen, dass Hussein versuchte, an Atomwaffen zu gelangen. Doch alles, was er tat, war, haltlose Vorwürfe immer neu zu wiederholen. Auf einer gemeinsamen Pressekonferenz am 7. September behaupteten Bush und Blair, ein am selben Tag veröffentlichter Bericht der Internationalen Atomenergiebehörde (IAEA) stelle fest, dass der Irak an mehreren Stätten, die zum Atomprogramm gehört hatten, Neubauten errichte. Bush mahnte die Reporter: »Darf ich Sie daran erinnern, dass die IAEA, nachdem den Inspekteuren im Irak 1991 und 1998 endgültig der Zugang verweigert worden war, zum Schluss kam, der Irak sei nur sechs Monate davon entfernt, eine Waffe zu entwickeln. Ich wüsste nicht, was für Beweise wir noch bräuchten.«

211

Eine gemeine Antwort darauf hätte gelautet: *Man hätte real existierende Beweise gebraucht.* Die IAEA nämlich stritt ab, über Bautätigkeit an irakischen Atomanlagen berichtet zu haben. 1998 hatte die IAEA auch nicht behauptet, der Irak sei nur sechs Monate davon entfernt, selbst eine Atombombe bauen zu können. Die Behörde hatte genau das Gegenteil geschrieben: »Es gibt keinerlei Hinweis darauf, dass der Irak das Ziel des Programms – den Bau einer Atombombe – erreicht hat.« Die IAEA berichtete, ihre Inspekteure hätten »die nötigen Schritte unternommen, um die bekannten Komponenten des Programms zu zerstören, zu entfernen oder unschädlich zu machen.« Und weiter »gibt es keinen Hinweis darauf, dass der Irak die Fähigkeit erlangt hätte, aus eigener Kraft waffenfähiges Nuklearmaterial in nennenswerten Mengen herzustellen. Auch gibt es keinen Hinweis darauf, dass der Irak solches Material im Ausland beschafft hat.« Nach Ansicht der IAEA war das Atomwaffenprogramm des Irak 1998 gescheitert. Doch um die Kriegstrommel besser rühren zu können, fälschte Bush Beweise. Gleichzeitig setzte seine Mannschaft auf Melodramatik. »Es wird immer Unsicherheit darüber geben, wie schnell [Hussein] an Atomwaffen gelangen kann«, sagte Condoleezza Rice. »Aber wir wollen nicht, dass ein Atompilz uns den letzten Beweis liefert.«

In seiner Rede vor den Vereinten Nationen führte Bush weitere Beweise dafür an, dass das Atomprogramm des Iraks in vollem Gang sei. Er sagte: »Der Irak hat mehrere Versuche unternommen, besonders starke Aluminiumröhren zu kaufen, die man zur Anreicherung von Uran für eine Atomwaffe braucht.« Doch wissenschaftliche Experten widersprachen der Behauptung, die genannten Röhren eigneten sich ausschließlich für ein Atomwaffenprogramm. Das Institute for Science and International Security veröffentlichte einen Bericht, wonach »diese Beschaffungsversuche als solche keinen Beweis dafür liefern, dass der Irak Atomwaffen besitzt oder unmittelbar davorsteht, sich welche zu verschaffen«. Nach Berichten der *Washington Post* stritten sich amerikanische Geheimdienstler darüber, ob der Irak diese Röhren für sein Atomprogramm verwenden wollte oder als Abschussrohre für Artillerieraketen. Und ein Weißbuch der britischen Regierung vermerkte, es gebe keine »definitive Information«, dass die Röhren zu einem Atomprogramm gehörten. Die Debatte über die Röhren ging noch weiter, aber wohl niemand konnte die Röhren als einen Beweis hinstellen, der jede Diskussion beendete.

In seiner Fernsehansprache vom 7. Oktober wiederholte Bush die Behauptung, Hussein stehe unmittelbar davor, an Atomwaffen zu gelangen. Er erwähnte Satellitenfotos, die seinen Angaben zufolge enthüllten, dass der Irak »Anlagen an Stätten wieder aufbaute, die in der Vergangenheit zum Atomprogramm gehört haben«. Einige Wochen später durchsuchten UN-Inspekteure diese Stätten. Der Chef der IAEA, Mohamed El Baradei, erstattete persönlich den Bericht: »In der Mehrzahl dieser Stätten haben Ausrüstung und Laboratorien derart gelitten, dass eine Wiederaufnahme nuklearer Aktivitäten erst nach umfassender Renovierung möglich wäre.« In der Fernsehansprache erklärte Bush auch: »Der Irak hat ballistische Raketen mit einer Reichweite von wahrscheinlich mehreren hundert Meilen – genug, um Saudi-Arabien, Israel, die Türkei und andere Nationen zu erreichen –, in einer Region, wo über 135 000 amerikanische Zivilisten und Soldaten leben und arbeiten.« Später fanden UN-Waffeninspekteure heraus, dass die Raketen weniger als 200 Meilen Reichweite hatten – nicht weit genug, »um die von Bush genannten Ziele zu treffen«, wie die *Washington Post* vermerkte.

»Atta, der Chef der Flugzeugentführer, ist offenbar mehrmals nach Prag gereist. Uns liegen Berichte vor, wonach er sich bei mindestens einer Gelegenheit wenige Monate vor dem Anschlag [am 11. September] in Prag mit einem hochrangigen irakischen Geheimdienstoffizier getroffen hat.«

Angehörige der Regierung Bush verdrehten nicht nur, was man (und die Regierung selbst) über Husseins Massenvernichtungswaffen wusste, um den Eindruck zu erwecken, sein Land starre nur so vor Waffen, mit denen er die Vereinigten Staaten treffen konnte. Sie behaupteten auch, er werde diese Waffen antiamerikanischen Terroristen zur Verfügung stellen, ohne je die Plausibilität eines solchen Szenarios zu hinterfragen. Im Mai 2002 sagte Rumsfeld vor dem Senat: »Wir müssen uns bewusst machen, dass Terrororganisationen Beziehungen zu terroristischen Staaten unterhalten, die wiederum über Massenvernichtungsmittel verfügen. Es ist unvermeidbar, dass die Terrornetze letztlich diese Waffen in die Hände bekommen, und sie werden keine Minute zögern, sie einzusetzen.« Im Juli sagte Richard Perle, damals Vorsitzender des Defense Policy Board (einer Gruppe von Pentagon-Beratern), gegenüber PBS: »Es ist wahrscheinlich, dass chemische und biologische Waffen aus dem Besitz der Iraker, die sie im Kalten Krieg von der Sowjetunion bekommen haben, gerade an Terroristen weitergegeben werden.«

Einige Nahostexperten, darunter auch Falken wie Richard Butler, der ehemalige Chefwaffeninspekteur im Irak, hielten die Weitergabe von Massenvernichtungswaffen für unwahrscheinlich. Sie argumentierten, Hussein (ein irreligiöser Mensch) und bin Laden (ein Fundamentalist) seien weder strategische noch taktische Verbündete, und Hussein werde wohl kaum ein so wertvolles Machtinstrument wie Massenvernichtungswaffen mit anderen teilen, schon gar nicht mit Gruppen, über die er keinerlei Kontrolle ausübte. Wenn die US-Regierung aber operationale Kontakte zwischen Hussein und al-Qaida nachweisen könne, würde man das Albtraumszenario (Hussein verschafft bin Laden Massenvernichtungswaffen) als ernsthafte Gefahr anerkennen müssen. Und wenn sie eine Verbindung zwischen Hussein und den Anschlägen vom 11. September herstellen könne – dann hieße das Spiel, Satz und Sieg; Grund genug, Bagdad sofort und notfalls im Alleingang zu bombardieren.

Um Hussein mit dem 11. September und al-Qaida in Verbindung zu bringen, versuchten Mitarbeiter des Präsidenten und ihre Verbündeten außerhalb der Regierung anfangs, die dramatische Story vom Treffen eines Beteiligten am 11. September mit einem irakischen Geheimdienstoffizier an den Mann zu bringen. Im Oktober 2001 zitierten Medienberichte ungenannte hochrangige tschechische Beamte, denen zufolge sich Mohammed Atta, offenbar der Anführer der Attentäter vom 11. September, in Prag mit einem irakischen Geheimdienstoffizier getroffen habe. Befürworter des Plans, Hussein zu stürzen, gingen monatelang mit dieser Geschichte hausieren. Ein ungenannter hochrangiger Vertreter der Regierung Bush sprach Reportern gegenüber von »Begegnungen« (man achte auf den Plural) zwischen Atta und dem irakischen Geheimdienst. Der Kolumnist William Safire machte aus diesem angeblichen Kontakt gleich eine »unleugbare Tatsache«, die Hussein unmittelbar mit dem 11. September in Verbindung bringe.

Doch die Bedeutung dieses Treffens ließ sich nur einschätzen, wenn man den Grund dafür kannte. Es war möglich, aber nicht wahrscheinlich, dass der irakische Agent von den Attentatsplänen erfahren hatte und al-Qaida half.

Möglicherweise handelte der Agent ja auch auf eigene Faust. Oder vielleicht versuchte er, sich in das Terrornetz einzuschleusen. Solange man nicht wusste, was auf diesem Treffen gesprochen wurde, ließ sich seine Bedeutung nicht abschätzen.

Doch es zeichnete sich immer stärker ab, dass dieses angebliche Treffen in Prag niemals stattgefunden hatte. Dieses störende Detail hielt die amerikanische Regierung aber nicht davon ab, sich weiter auf diese Geschichte zu beziehen. Im April 2002 berichtete Michael Isikoff von *Newsweek*: »Die Tschechen haben verschämt eingeräumt, dass sie sich bei der ganzen Sache getäuscht haben könnten. US-Geheimdienst und Polizei glauben jetzt, dass Atta zum Zeitpunkt des angeblichen Treffens überhaupt nicht in Prag war.« Ein amerikanischer Beamter verriet dem Nachrichtenmagazin: »Weder wir noch die Tschechen noch sonst irgendjemand weiß, ob er zu jenem Zeitpunkt in Prag war.« Nichtsdestotrotz betonte Richard Perle: »Ich bin ziemlich sicher, dass das Treffen stattfand.«

Am 21. Mai 2002 erklärte Botschafter Frank Taylor, der Koordinator für Terrorabwehr des Außenministeriums, das Treffen in Prag habe »nicht belegt werden können«. Doch die Hardliner um Bush gierten danach, diese Munition zu verwenden. Im August berichtete *Newsweek*, Wolfowitz habe sich mit zwei FBI-Vertretern getroffen und versucht, das FBI dazu zu bewegen, Berichte über das Prager Treffen zu bestätigen. Der Terrorabwehrchef des FBI, Pat D'Amuro, und ein mit dem Fall betrauter Agent äußerten Zweifel; Wolfowitz bedrängte sie. Das Nachrichtenmagazin bemerkte: »Der einzige Hinweis auf das Treffen [in Prag] liegt in der unbewiesenen Behauptung eines tschechischen Informanten. Er sagt, er habe gesehen, wie Atta sich am 9. April 2001 mit einem irakischen Spion getroffen habe. Aber das FBI kann keinen Beleg dafür finden, dass Atta an jenem Tag in Prag war, wie zum Beispiel Flugtickets oder Einreisenachweise.« Im September 2002 zitierten sowohl *Washington Post* als auch *New York Times* Mitarbeiter des US-Geheimdienstes, die das angebliche Treffen als Erfindung abtaten. Die *Post* schrieb: »CIA-Leute durchleuchteten die Quelle des Berichts, einen arabischen Studenten, der als nicht besonders glaubwürdig gilt, und kamen zu dem Schluss, es gebe keinen Beweis für seine Behauptung.«

Doch als die Regierung Bush Anfang September 2002 bei der Anti-Hussein-Kampagne einen Gang hoch schaltete, zeigte Cheney keine Skrupel, diesen unbewiesenen – wenn nicht gar widerlegten – Vorfall wieder zu erwähnen. In *Meet the Press* sagte Cheney, er wolle »heute« nicht behaupten, der Irak sei an den Anschlägen vom 11. September beteiligt gewesen. Aber es schien ihm auch nichts auszumachen, trotzdem über dieses Thema zu reden und die Atta-in-Prag-Geschichte aufzuwärmen: »Atta, der Chef der Flugzeugent-führer, ist offenbar mehrmals nach Prag gereist. Uns liegen Berichte vor, wonach er sich bei mindestens einer Gelegen-heit wenige Monate vor dem Anschlag in Prag mit einem hochrangigen irakischen Geheimdienstoffizier getroffen hat.« Ja, der Regierung lag ein Bericht vor, der aber offenbar falsch war und von einer unzuverlässigen Quelle stammte. Cheney bezog sich auf fehlerhafte Informationen, um den Irak mit den Morden vom 11. September in Verbindung zu bringen. Damit verdrehte Cheney, einer der Kriegstrei-ber in der Regierung, die Wahrheit auf ziemlich dreiste Weise.

Am 21. Oktober 2002 wurde die Atta-in-Prag-Geschichte endgültig zu Grabe getragen, als die *New York Times* berich-tete, der tschechische Präsident Vaclav Havel habe »dem Weißen Haus vertraulich mitgeteilt, es gebe keinerlei Indi-zien, mit denen sich frühere Berichte [über das Treffen] untermauern ließen«. Offenbar war Atta im Juni 2000 nach Prag gereist, nicht im April 2001. Die Verbindung zum irakischen Geheimdienst war also bestenfalls unbedeutend, wenn nicht vollständig erfunden. Also versuchte die amerikanische Regierung, Hussein und al-Qaida auf andere Art miteinander in Zusammenhang zu bringen. Auf einer Pressekonferenz im August verkündete Donald Rumsfeld: »Es ist eine Tatsache, dass al-Qaida sich an mehreren Orten im Irak aufhält.« Als der CNN-Nachrichtenmoderator Wolf Blitzer Anfang September Condoleezza Rice fragte, ob die irakische Führung mit al-Qaida in Verbindung stehe, antwortete sie: »Es gibt jedenfalls Beweise, dass al-Qaida-Mitglieder im Irak waren. Es gibt jedenfalls Beweise, dass Saddam Hussein mit Terroristen unter einer Decke steckt.« Am gleichen Tag antwortete Powell auf die Frage, ob der Irak mit al-Qaida zusammenarbeite oder die Gruppe unterstütze, ganz anders: »Wir können noch nicht definitiv folgern, dass so etwas passiert ist.« Doch die Präsenz von al-Qaida im Irak hatte nur dann Bedeutung, wenn Hussein den Terroristen Unterschlupf gewährte oder mit ihnen gemeinsam Pläne schmiedete. Die *Washington Post* zitierte einen hochrangigen Geheimdienstler, nach dessen Aussage es keinen Beweis dafür gab, dass Hussein die Terroristen »beschützt oder willkommen geheißen« habe. Ein anderer US-Beamter kommentierte: »Sie sind keine offiziellen Gäste der Regierung«, und beschrieb die al-Qaida-Kämpfer als vornehmlich »auf der Flucht«.

Doch als das Weiße Haus am 19. September eine Gesetzesvorlage an den Kongress schickte, die den Einsatz militärischer Gewalt gegen den Irak erlauben sollte, versuchte es, die Anwesenheit untergetauchter al-Qaida-Terroristen im Irak zum Kriegsgrund zu machen. Die Vorlage – im Kern ein Blankoscheck für Bush – vermerkte: »Mitglieder von al-Qaida ... befinden sich bekanntermaßen im

Irak.« Hätte sich das Weiße Haus noch vager ausdrücken können? Man wusste, dass sich al-Qaida-Mitglieder nachweislich in mindestens 60 Ländern aufhielten, unter anderem auch in den USA. Die Anwesenheit einer ungenannten Zahl von al-Qaida-Mitgliedern im Irak bedeutete gar nichts. In einer Presse- und einer Rundfunkansprache erklärte Bush: »Es befinden sich al-Qaida-Terroristen im Irak.« Aber er sagte nicht, wie viele, woher er das wusste, was diese Terroristen vorhatten oder mit wem sie zusammenarbeiteten. Sein Ziel war nicht, eine Unterstellung zu belegen, sondern den Irak und al-Qaida auf fast beliebige Weise miteinander in Verbindung zu bringen.

Rumsfeld schloss sich an. Am 26. September erklärte er, »bombensichere« Beweise dafür zu haben, dass Hussein mit bin Laden in Verbindung stand. Worin diese Beweise bestanden, verriet er der Öffentlichkeit nicht. Am nächsten Tag erklärte Bob Graham, der demokratische Vorsitzende des Geheimdienstausschusses des Senats, der Zeitung *USA Today*, er habe in den Geheimdienstberichten nichts gefunden, was eine Verbindung zwischen Hussein und al-Qaida bestätigt hätte.

»Das aktuelle irakische Regime hat seine andauernde Feindschaft gegenüber den Vereinigten Staaten und seine Bereitschaft, sie anzugreifen, bewiesen.«

Bush verfolgte offensichtlich die Absicht, die Bedrohung durch den Irak aufzubauschen, zu übertreiben und auszuschmücken und Husseins Verbindung zu al-Qaida zu überzeichnen. Die Gesetzesvorlage des Weißen Hauses behauptete beispielsweise: »Das aktuelle irakische Regime hat seine andauernde Feindschaft gegenüber den Vereinigten

Staaten und seine Bereitschaft, sie anzugreifen, bewiesen. Unter anderem durch den Attentatsversuch 1993 auf den ehemaligen Präsidenten Bush und durch die Schüsse auf« US-Streitkräfte, die in der Flugverbotszone des Irak patrouillierten. Der angebliche Plan zur Ermordung von Bush senior und die (ernsthaften, aber fehlgeschlagenen) Versuche des irakischen Militärs, US-Militärflugzeuge abzuschießen, waren verdammenswert. Aber diese feindlichen Handlungen mit dem Wunsch gleichzusetzen, Amerika direkt anzugreifen, war verlogen.

Bushs Gesetzesvorlage unterstellte auch, es bestehe ein »hohes Risiko«, dass der Irak Massenvernichtungswaffen einsetzen werde, »um einen Überraschungsangriff auf die USA oder ihre Streitkräfte zu starten, oder sie an internationale Terroristen« weitergeben werde, »die das dann tun«. Hussein war ein brutaler Diktator, der sich den Weg an die Macht freimordete und Chemiewaffen gegen die heimische Opposition einsetzte. Aber plante er einen »Überraschungsangriff« auf Amerika? Es gab keinen Hinweis darauf, dass er das je erwogen hätte. (Das wäre ja auch selbstmörderisch gewesen.) Was die Möglichkeit der Weitergabe von Massenvernichtungswaffen an Terroristen anging, so durfte man sich berechtigterweise Sorgen machen, aber wie das Weiße Haus von einer »hohen Wahrscheinlichkeit« für ein solches Verhalten zu sprechen, war eine maßlose Übertreibung.

Anfang Oktober malte Bush die angebliche Bedrohung durch Saddam Hussein in noch düstereren Farben. Seine Ziele: den UN-Sicherheitsrat zu einer harten Resolution gegen den Irak und den Kongress zur Verabschiedung der Gesetzesvorlage zu bewegen, die ihn zum Krieg ermächtigte. In einer Ansprache nach der anderen stellte er Hussein als unmittelbare und »erhebliche« Bedrohung für Amerika dar.

Dabei redete er fröhlich ins Blaue hinein. Er beschwor die Möglichkeit, Hussein könne Massenvernichtungswaffen an Terroristen weitergeben – dabei war Bushs Regierung den Nachweis schuldig geblieben, dass Hussein solche Waffen überhaupt besaß. Und behauptete er zu Recht, dass Hussein plane, »Amerikaner zu töten«? Nein; zumindest wenn man einer wichtigen Quelle glauben darf: der CIA.

Bei einer Anhörung im Geheimdienstausschuss des Senats las Bob Graham am 8. Oktober aus einem Brief vor, den ihm CIA-Direktor George Tenet geschrieben hatte. Darin hieß es, die CIA habe herausgefunden, dass Bagdad aktuell nicht so weit zu gehen bereit sei, »terroristische Anschläge gegen die USA durchzuführen, sei es mit konventionellen oder mit chemischen oder biologischen Waffen«. Und weiter hieß es: »Sollte Saddam Hussein aber zu dem Schluss kommen, dass ein amerikanischer Angriff auf sein Land unausweichlich ist, könnte er seine Zurückhaltung gegenüber Terroraktionen aufgeben.« Kurz gesagt: Hussein plante keine Angriffe gegen die USA, solange die Vereinigten Staaten ihn nicht attackierten. Doch die Bedrohungsanalyse, die Bush der amerikanischen Öffentlichkeit präsentierte, sah ganz anders aus.

Dass Bush die von Hussein ausgehende Gefahr maßlos übertrieb, schien den Kongress nicht zu stören. Am 10. Oktober ermächtigte das Abgeordnetenhaus, am 11. Oktober der Senat Bush zum Krieg gegen den Irak, wann immer er wollte. Offenbar musste es Bush mit der Wahrheit nicht so genau nehmen, um die öffentliche Meinung in seinem Sinne zu beeinflussen. Nach einer Umfrage von *Time* glaubten Ende Oktober fast drei Viertel aller Amerikaner, dass Hussein al-Qaida unterstützte, 71 Prozent hielten es für wahrscheinlich, dass er an den Anschlägen vom 11. September beteiligt war.

»Er ist eine Bedrohung, weil er mit al-Qaida zusammen-arbeitet.«

Bushs eigenwilliger Umgang mit der Wahrheit erreichte auf einer Pressekonferenz am 7. November seinen Höhe- bzw. Tiefpunkt. Ein Reporter fragte ihn: »Ihr CIA-Direktor erklärte dem Kongress erst letzten Monat: ›Hussein ist aktuell nicht bereit, so weit zu gehen, terroristische Anschläge gegen die USA durchzuführen, sei es mit konventionellen oder mit chemischen oder biologischen Waffen... Sollte er aber zu dem Schluss kommen, dass ein amerikanischer Angriff auf sein Land unausweichlich ist, könnte er seine Zurückhaltung gegenüber Terroraktionen aufgeben.‹ Täuscht [Tenet] sich da?«

Bush antwortete: »Ich bin mir sicher, dass er etwas anderes gesagt hat... Ich kenne George Tenet gut... Er betrachtet Saddam Hussein als Bedrohung. Ich kenne den Zusammenhang dieses Zitats nicht, aber ich sage Ihnen, dieser Mann weiß, was ich weiß, und zwar, dass Hussein ein Problem darstellt, das wir angehen müssen... Wenn wir nichts tun, könnte er uns angreifen, und das mit einer schlimmen Waffe. Dieser Mann ist eine Bedrohung... Er ist eine Bedrohung, weil er mit al-Qaida zusammenarbeitet.«

Sollte Bush Tenets Brief und die Einschätzung der CIA nicht gekannt haben, dass ein Angriff durch Hussein unwahrscheinlich sei? Der Brief hatte für ziemliche Aufregung und fette Schlagzeilen gesorgt. War Bush nie in die Schlussfolgerungen der CIA eingeweiht worden? Wohl kaum. Bush hätte anführen können, er sei anderer Ansicht als die CIA oder der Bericht der CIA beruhe mehr auf Schlüssen denn auf Beweisen oder er betrachte Saddam als langfristige Bedrohung, der man gegenübertreten müsse, bevor es zu spät sei. Stattdessen leugnete Bush praktisch die Existenz des CIA-Berichts.

Bei seiner Antwort auf die Frage des Reporters behauptete Bush ohne jede Einschränkung, dass Hussein mit al-Qaida zusammenarbeite und daher eine unmittelbare Bedrohung darstelle – und widersprach damit der ausdrücklichen Einschätzung der CIA. Eine Koalition zwischen Hussein und al-Qaida wäre nun wirklich ein zwingender Kriegsgrund gewesen. Eigentlich hätte Bushs Bemerkung eine Sensation auslösen müssen (mit Schlagzeilen wie »Präsident sagt, Hussein zweifellos mit al-Qaida unter einer Decke«). Doch kein wichtiges Presseorgan brachte die Story. Und kein Reporter forderte Bush auf, seine Aussage näher zu erläutern. (Fanden Medienvertreter es zu jenem Zeitpunkt gar nicht mehr bemerkenswert, wenn Bush die Wahrheit dreist verdrehte?)

Kurz nachdem Bush diese völlig übertriebene Behauptung aufgestellt hatte, schrieb die *New York Times*: »Die Regierung Bush erhebt den Anspruch, Beweise für jahrelange Kontakte zwischen irakischem Geheimdienst und Terroristen von al-Qaida zu haben ... Doch Mitarbeiter des amerikanischen Geheimdienstes sagen, es gebe keine Indizien für eine Verstrickung des Irak in Terroraktionen von al-Qaida.«

Während der Publicity-Offensive vom Herbst 2002 verdrehten Mitglieder der Regierung Bush nicht nur Tatsachen und interpretierten sie falsch, es gibt auch Hinweise darauf, dass sie Einfluss auf die Informationsbeschaffungs- und -auswertungskanäle der Regierung nahmen, um den Kriegspfad zu ebnen. So beklagte David Albright, der Direktor des Institute for Science and International Security, dass staatliche Experten, die den Schlussfolgerungen der Regierung widersprachen, angewiesen wurden, zu schweigen – etwa in der Frage, ob die Aluminiumröhren einen Beweis für ein irakisches Atomprogramm darstellten.

Laut *USA Today* sollen Cheney und Rumsfeld die CIA bedrängt haben, Berichte zu bestätigen, wonach al-Qaida-

Mitglieder sich »mit dem Segen Saddams im Irak versteckten«. Der Geheimdienst konnte das nicht. »Trotzdem«, schrieb die Zeitung, »nahmen Rumsfeld, Cheney und Rice diese Berichte für bare Münze.« Einige Wochen später brachte die *Los Angeles Times* eine ähnliche Geschichte. Darin hieß es: »Hochrangige Mitglieder der Regierung Bush setzen CIA-Analysten unter Druck, ihre Einschätzung der Bedrohung durch den Irak so hinzutrimmen, dass dadurch ein Krieg gegen Saddam gerechtfertigt würde.« Die Quellen der Zeitung zeigten mit anklagendem Finger auf Rumsfeld und Wolfowitz.

Wenn in diesen beiden Berichten nur ein Körnchen Wahrheit steckte, hätten sie eigentlich einen Skandal auslösen müssen. Wurden hier Tatsachen verdreht, um einen Krieg zu legitimieren, in dem Amerikaner sterben würden? Doch es folgte kein öffentlicher Aufschrei – und keine offizielle Untersuchung. Diese begann erst nach dem Krieg.

»Ich denke, es ist für die Vereinten Nationen vielleicht nicht gut, verlacht und verspottet und missachtet zu werden ... und einfach unbedeutend zu sein.«

Demokraten im Kongress, einige Republikaner und in- wie ausländische Kritiker, die einen Alleingang Bushs gegen den Irak fürchteten, sorgten für so viel Unruhe, dass Bush sich im Spätherbst 2002 verpflichtet fühlte, die offizielle Unterstützung der Vereinten Nationen einzuholen. Auf seine Bemühungen hin verabschiedete der Sicherheitsrat am 8. November einstimmig die Resolution 1441, die auf einer Vorlage der Amerikaner beruhte und verschärfte Waffeninspektionen im Irak vorsah. Die Regierung Bush verkaufte das als Erfolg – und als Beweis dafür, dass Bush kein schießwütiger, einsamer Cowboy war, wie seine Kritiker ihm vorwarfen. Zu jenem Zeitpunkt behauptete Bush, sein Hauptziel sei die Entwaffnung des Irak, kein Regimewechsel. Doch sagte er auch die Wahrheit? Tage vor Bushs UN-Rede am 12. September erklärte Powell: »Es geht um Entwaffnung.« Doch Cheney antwortete auf die Frage, ob das Ziel Entwaffnung oder Regimewechsel laute, mit: »Der Präsident hat klar gemacht, dass das Ziel der Vereinigten Staaten ein Regimewechsel ist.«

Cheney hatte sich über Waffeninspektionen als Lösungsmöglichkeit für die schwierige Situation im Irak lustig gemacht. Ende August 2002, als die Vereinten Nationen gerade versuchten, wieder Waffeninspekteure in den Irak zu schicken, sagte er in einer Rede: »Eine Rückkehr der Inspekteure wäre überhaupt keine Versicherung dafür, dass [Hussein] sich an die UN-Resolutionen hält. Ganz im Gegenteil besteht die große Gefahr, dass man sich in der falschen Sicherheit wiegt, Saddam wäre gebändigt.« Auch Bush redete die Leistungen der Waffeninspekteure klein. In seiner Rede vor den Vereinten Nationen unterstellte er, wie Cheney zuvor auch, das Biowaffenprogramm des Irak sei nur dank des Überläufers Hussein Kamel aufgedeckt worden, nicht dank der Inspektionen.

Dem widersprach der ehemalige Chefinspekteur Rolf Ekeus in einem von der *Washington Post* gedruckten Artikel vehement. Das Biowaffenprogramm sei 1995 vier Monate vor der Desertion Hussein Kamels durch die Inspekteure entdeckt worden. Darüber hinaus rief er in Erinnerung, dass UN-Inspekteure Vorräte an chemischen Waffen sowie entscheidend wichtige Technik zur Anreicherung von Uran aufgespürt und vernichtet hatten. Er schrieb: »Unsere Erfahrung aus jenen Jahren zeigt zweifelsfrei, dass der Irak den Ehrgeiz und die Fähigkeit hat, sich Massenvernichtungsmittel zu verschaffen. Aber sie zeigt auch, dass inter-

nationale Waffenkontrolleure Saddam Husseins Waffenprogramme aufspüren – wenn sie die nötige internationale
Unterstützung bekommen.«

Die Regierung Bush spielte nicht nur die Verdienste
früherer Inspektionen herunter, sie stellte auch alle Rufer
nach neuen Inspektionen als Narren und Traumtänzer hin.
Während seiner Rede verdrehte Bush die Position der
Kriegsgegner auf groteske Weise, indem er sagte: »Wer auf
den guten Willen des Regimes setzt, setzt das Leben von
Millionen und den Frieden der Welt auf unverantwortliche
Weise aufs Spiel.« Das war eine Beleidigung der Verbündeten Amerikas, denn die einflussreichen UN-Mitglieder, die
sich zu jenem Zeitpunkt gegen Krieg aussprachen, gingen
keineswegs vom »guten Willen« Husseins aus. Sondern sie
befürworteten rigorose Inspektionen und andere Maßnahmen, bevor sie Krieg in Betracht zogen. Es reichte Bush
offenbar nicht mehr, seine eigenen Argumente zu verdrehen, jetzt tat er das auch noch mit den Argumenten der
anderen Seite. Bushs wiederholte Entstellung der Wahrheit
vermittelte den Eindruck, er habe es in Wirklichkeit nur
auf eines abgesehen: auf Krieg.

Man musste sich ernsthaft fragen, ob die US-Regierung
wirklich hinter der – von ihr eingebrachten – Resolution
1441 stand. Darin hieß es, dem Irak drohten »ernsthafte
Konsequenzen«, wenn er bei den Waffenkontrollen nicht
hundertprozentig kooperierte und abrüstete. Aber was hieß
»ernsthafte Konsequenzen«? Die Diplomaten drückten sich
(typischerweise) um die Antwort. Später würde Bush argumentieren können, mit »ernsthaften Konsequenzen« sei
Krieg gemeint. Aber zuvor würde der Inspektionsprozess
wieder losgehen. Bush tat, als ob er ihn unterstütze.

Doch die Erklärungen der Regierung Bush, sie wolle doch
nur die Autorität der UN stärken, waren verlogen. Während Bush sich auf seine Rede vor den Vereinten Nationen

vorbereitete, erklärte Rumsfeld (wie andere Regierungsmitglieder auch), dass Hussein für seinen Bruch früherer UN-Resolutionen bestraft (d. h. abgesetzt) werden müsse. Rumsfeld meinte: »Ich denke, es ist für die Vereinten Nationen vielleicht nicht gut, verlacht und verspottet und missachtet zu werden... und einfach unbedeutend zu sein. Es scheint mir höchst unglücklich, dass die UN in diesem Fall klein beigibt.« Doch zuvor hatte die Regierung Bush die Vereinten Nationen oft genug schlecht aussehen lassen: Sie widersetzte sich dem Kyoto-Protokoll zur globalen Erwärmung, stellte sich gegen den Internationalen Gerichtshof, boykottierte eine UN-Konferenz zur Ausarbeitung eines umfassenden Verbots von Atomwaffentests, verwarf einen UN-Entwurf zum Verbot biologischer Waffen, widersetzte sich einer UN-Initiative gegen Folter und so weiter. Hat Rumsfeld also gelogen oder war er nur unaufrichtig, als er von der angeblichen Sorge des Weißen Hauses um das Ansehen der Vereinten Nationen sprach?

»Niemandem, wirklich niemandem widerstrebt es mehr, in den Krieg zu ziehen, als dem Präsidenten Bush... Er will die Nation nicht in den Krieg führen.«

Die letzte Phase von Bushs Kriegsvorbereitungskampagne begann mit seiner zweiten Rede zur Lage der Nation. Zu jenem Zeitpunkt hatten die Inspektionen im Irak wieder begonnen. Der Irak hatte den Waffeninspekteuren ein 12 000-seitiges Dokument übergeben, in dem erklärt wurde, das Land besitze keine Massenvernichtungswaffen. Doch es fehlte eine vollständige Dokumentation zu genau spezifiziertem Material zur Herstellung derartiger Waffen, das der Irak in der Vergangenheit besessen hatte. Der Chefinspekteur Hans Blix bezeichnete den Bericht als »nicht ausreichend, um Vertrauen zu erwecken«. Die Regierung Bush klagte Bagdad an, die Resolution »im Kern verletzt« zu haben, Bush drohte: »Die Frist läuft aus.« Der Irak gewährte den UN-Inspekteuren Zutritt zu den Anlagen, und erste Kontrollen fanden nur unzureichende Hinweise auf Massenvernichtungswaffen. Doch die Regierung Bush beteuerte weiterhin, der Irak verfüge über solche Waffen, die Amerika bedrohten, was der US-Geheimdienst auch beweisen könne. Vor dem Council on Foreign Relations behauptete Wolfowitz: »Unsere Anklage basiert auf aktuellen Informationen, aktuellen Informationen, die nicht nur auf den Bildern hochmoderner Satelliten im Weltall und abgefangenen Gesprächen beruhen, sondern auch auf Aussagen tapferer Leute, die uns unter Gefährdung ihres eigenen Lebens die Wahrheit verrieten. Diese Beweise haben wir; sie sind sehr überzeugend.« Dennoch sagte Fleischer weiterhin: »Niemandem, wirklich niemandem widerstrebt es mehr, in den Krieg zu ziehen, als dem Präsidenten Bush … Er will die Nation nicht in den Krieg führen.«

Am 28. Januar 2003, ein Jahr nach seiner Achse-des-Bösen-Rede, erhob Bush neuerlich Anklage gegen Saddam Hussein. In seiner Ansprache zur Lage der Nation erklärte er: »Amerika wird eine ernste und wachsende Bedrohung gegen unser Land nicht dulden.« Er vermerkte, dass Husseins Regierung nicht vollständig erklärt habe, was aus chemischen und biologischen Waffen oder dem Material zu deren Herstellung geworden sei, die der Irak einmal besessen habe. Und er zählte eine Litanei von Waffen auf, die Hussein haben *könnte*: über 25 000 Liter Anthrax, über 38 000 Liter Botulintoxin, bis zu 500 Tonnen Sarin, Senf- und VX-Nervengas und etwa 30 000 Gefechtsköpfe, mit denen Chemiewaffen verschossen werden konnten. Auf dramatische Weise stellte Bush eine *mögliche* Bedrohung als eine *definitive* hin – ohne auf die Wahrscheinlichkeit einzugehen, mit der dieses Zeug überhaupt existierte bzw. noch einsetzbar war. Darüber hinaus gab es weiteren Grund zur Sorge: Bush verriet der amerikanischen Öffentlichkeit, die Internationale Atomenergiebehörde (IAEA) habe »in den 1990er-Jahren bestätigt, dass Saddam Hussein ein fortgeschrittenes Programm zur Herstellung von Atomwaffen unterhielt«. Das war ein weiterer dreister Täuschungsversuch, denn die IAEA sagte ja gleichzeitig auch, dass es dieses »fortgeschrittene Atomprogramm« schon vor Jahren gestoppt hatte. Am Tag vor Bushs Rede hatten UN-Inspekteure erklärt, es gebe keine Anzeichen für ein ernsthaft betriebenes aktuelles Atomprogramm im Irak.

Aktuelle und frühere Erkenntnisse der IAEA außer Acht lassend, verwies Bush auf angebliche Beweise dafür, dass der Irak nahe davor stand, sich Atombomben zu verschaffen. Erneut behauptete er, der Irak sei beim Versuch erwischt worden, Aluminiumröhren zu erwerben, »die sich zum Bau von Atomwaffen eigneten«. Außerdem habe die britische Regierung herausgefunden, dass Hussein erst kürzlich versucht hatte, in Afrika »erhebliche Mengen Uran« einzukaufen. Schlüssige Beweise für die Anschuldigungen gab es nicht, der »Beweis« für die Uran-Geschichte beruhte offenkundig auf einer Fälschung.

Über die Aluminiumröhren war früher bereits diskutiert worden, Bush hatte sie im September in seiner Rede vor den Vereinten Nationen als Beleg für ein irakisches Atomwaffenprogramm angeführt. Seitdem debattierten Wissenschaftler und Analysten der Geheimdienste darüber, ob die Röhren für ein Atomprogramm gedacht waren. Drei Wochen vor Bushs Rede zur Lage der Nation hatte die IAEA berichtet, die Röhren seien nicht »unmittelbar geeignet« für die Anreicherung von Uran, seien aber zur Herstellung herkömmlicher Artillerieraketen »verwendbar«. Nach Medienberichten tendierten Analysten der CIA tatsächlich zu der Einschätzung, die Röhren gehörten zu einem Atomprogramm, während Experten des Energieministeriums und Vertreter des Außenministeriums anderer Ansicht waren. (Monate später berichtete *Newsweek*, dass Hussein die Röhren nicht heimlich gekauft hatte: »Der Kauf erfolgte über das Internet.«)

Tage vor der Rede zur Lage der Nation berichtete die *Washington Post*: »Bis jetzt gibt es keinerlei Hinweis darauf, dass der Irak sich weitere Materialien zu beschaffen versucht hat«, die man für den Bau einer Uran-Anreicherungsanlage brauchte. Bush erwähnte in seiner Rede nicht, dass ein heftiger Streit darüber tobte, wofür die Röhren nun wirklich verwendet werden konnten. Nein, er stellte einen umstrittenen Umstand als unwiderlegbaren Beweis für ein aktuelles Atomprogramm hin.

Über die zweite Hälfte von Bushs Anklage – dass der Irak versucht habe, in Afrika Uran zu kaufen – konnte man nicht einmal mehr diskutieren: Sie basierte ganz offenkundig auf einer Fälschung. Im September hatte die britische Regierung erstmals verkündet, Hussein versuche, sich in Afrika Uran zu verschaffen. Im Dezember dann verlautbarte das amerikanische Außenministerium, der Irak habe versucht, im Niger Uran zu kaufen. Doch wenige Wochen nachdem Bush in seiner Rede zur Lage der Nation diesen Vorwurf wiederholt (und damit als berechtigt hingestellt) hatte, erklärte die IAEA, er sei nicht zu halten. Die IAEA hatte herausgefunden, dass die Dokumente, die den Kaufversuch belegen sollten, plumpe Fälschungen waren. Amerikanische und britische Geheimdienste hatten diese Dokumente erhalten und an die IAEA weitergeleitet. Medienberichten zufolge sollte eines der Dokumente vom nigrischen Präsidenten unterzeichnet gewesen sein, doch die kindliche Unterschrift war ganz offenkundig nicht die seine. Ein anderes Schriftstück trug Namen und Unterschrift eines hochrangigen nigrischen Politikers – der der Regierung aber schon seit Jahren nicht mehr angehörte. Bush erhob in seiner Rede an die Nation eine ernste und unhaltbare Anschuldigung, die auf Falschinformationen beruhte. Warum? Weil das Weiße Haus mit allen Mitteln versuchte, Unterstützung für den Krieg zu gewinnen.

In seiner Rede zur Lage der Nation blieb Bush bei seinem Hauptargument, das immer noch unbewiesen war: Hussein verfüge über Massenvernichtungswaffen und stecke mit al-Qaida unter einer Decke; dieser Bedrohung könne man nicht mit intensiveren Kontrollen begegnen, sondern nur mit Krieg. Bush versprach, Colin Powell werde in wenigen Tagen der UN Informationen über Iraks Waffenprogramm und Verbindungen zu Terrorgruppen vorlegen. Die Knochenarbeit überließ er also seinem Außenminister.

»Der Irak beherbergt ein Terrornetz, an dessen Spitze ein hochrangiger al-Qaida-Terrorstratege steht.«

Acht Tage später erschien Powell vor dem Sicherheitsrat der Vereinten Nationen und legte vor, was seine Regierung gegen den Irak zusammengetragen hatte. Dieser Moment stellte den Höhepunkt der seit einem Jahr andauernden Kampagne der Regierung dar, mit der die Unterstützung der Öffentlichkeit für einen Krieg im Irak gewonnen werden sollte. Endlich, so hoffte man, würde die Regierung Beweise dafür liefern, dass Saddam Hussein über schreckliche Waffen verfügte und mit al-Qaida zusammenarbeitete. Doch Powell, das Mitglied der Regierung Bush, das vor der UN am meisten Glaubwürdigkeit besaß, präsentierte nicht nur handfeste Tatsachen, sondern auch geschönte »Beweise«. Er vermischte Wahrheit und Halbwahrheit.

Powells Vortrag war eine ausgeklügelte PR-Veranstaltung samt Diashow und Tonbandaufzeichnungen, die darauf schließen ließen, dass irakische Soldaten ein unzulässiges (aber nicht näher spezifiziertes) Fahrzeug versteckt hatten, ein Munitionsdepot hatten räumen lassen, bevor die UN-Inspekteure kamen, und einen Befehlshaber angewiesen hatten, bei Kommunikation über Funk den Ausdruck »Nervengas« zu vermeiden. Powell behauptete, Geheimdienstquellen würden darauf hinweisen, dass die irakische Regierung Dokumente unterdrücke und biologische sowie chemische Waffen herumbewege, um ihre Entdeckung durch UN-Inspekteure zu verhindern. Powell betonte mehrfach, Saddam Hussein strebe nicht nur nach Massenvernichtungswaffen, sondern verfüge bereits über sie. Dies sei durch Geheimdienstinformationen – unter anderem durch Satellitenaufnahmen und Aussagen von Quellen – belegt.

Powell präsentierte ein Satellitenfoto von einer Munitionsfabrik und behauptete, darin seien Chemiewaffen gelagert worden. Er deutete auf ein herumstehendes Dekontaminationsfahrzeug und nannte es einen schlagenden Beweis für seine Behauptung. Ein weiteres Foto zeigte einen Chemiekomplex; Powell erläuterte, ein Teil davon sei abgerissen und eingeebnet worden, um die Produktion von chemischen Waffen zu verbergen. Er erhob den Anspruch, »aus Quellen zu wissen«, dass der Irak Raketenwerfer und Gefechtsköpfe mit Biowaffen an mehrere Orte im westlichen Irak gebracht und dort in großen Palmenhainen versteckt habe. Er präsentierte dem Sicherheitsrat die Skizze eines mobilen Biowaffenlabors, das der Irak angeblich entwickelt hatte und das in einem Monat genug Kampfstoffe erzeugen konnte, um »tausende und abertausende von Menschen zu töten«. Die Skizze zeigte jedoch kein real existierendes Labor, sondern beruhte auf Informationen aus vier Geheimdienstquellen. Zwei dieser Quellen waren Überläufer, von denen einer behauptete, die Einheiten arbeiteten nur an Freitagen, weil die Regierung glaubte, dass die UN-Inspekteure am muslimischen Feiertag keine Kontrollen durchführen würden. In Sachen Atomwaffen erwähnte Powell die nigrische Uran-Geschichte nicht, verwies aber auf die Aluminiumröhren. Er räumte ein, es gebe »Meinungsverschiedenheiten darüber, wozu diese Röhren dienen«, und erläuterte dann die Gründe, warum man sie für Teile eines Atomwaffenprogramms halten durfte. Die Analysten seines eigenen Außenministeriums allerdings waren zu dem Schluss gekommen, es sei »sehr viel wahrscheinlicher«, dass die Röhren für einen anderen Zweck vorgesehen gewesen seien. (Diese Einschätzung drang erst nach Ende des Krieges an die Öffentlichkeit.)

Powell legte eindringlich dar, dass der Irak nicht allen Verpflichtungen der Resolution 1441 nachgekommen sei und sie damit gebrochen habe. Er malte ein düsteres Porträt eines hässlichen und repressiven Regimes, das sich vorgenommen habe, die UN hinters Licht zu führen. Aber er legte keine schlüssigen Indizien dafür vor, dass Hussein aktuell über ein einsatzbereites und erhebliches Arsenal an Massenvernichtungswaffen verfügte und die Fähigkeit sowie ein Motiv dafür hatte, es einzusetzen. Beispielsweise sagte Powell: »Saddam Hussein hat nie erklärt, wo eine ganze Menge chemiewaffentaugliches Material hingekommen ist ... Saddam Hussein hat Chemiewaffen.« Aber die – an sich Besorgnis erregenden – Lücken in den nachgewiesenen Beständen bedeuteten noch nicht notwendigerweise, dass auch wirklich chemische Waffen existierten. Später sagte UN-Chefinspekteur Hans Blix: »Zum Beispiel ließ ein vom Irak vorgelegtes Dokument darauf schließen, dass über 1 000 Tonnen chemischer Kampfstoffe ›nicht auffindbar‹ waren. Ich darf daraus aber nicht automatisch schließen, diese Kampfstoffe seien wirklich vorhanden.«

Powell lieferte keine harten Fakten, die nachwiesen, dass der Irak nichtkonventionelle Waffen in gefährlichen Mengen besaß. Es gab keine Fotos von tatsächlich existierenden Waffen, keine Augenzeugenberichte von Quellen, deren Glaubwürdigkeit man überprüfen konnte. Warum sollte man also sofort einen Krieg anzetteln und das Land besetzen, anstatt es erst einmal mit schärferen Inspektionen zu versuchen?

Derart befragt, verwies die amerikanische Regierung auf die angebliche Verbindung zwischen Hussein und al-Qaida. Um diesen Punkt – und die Bedrohung – klar zu machen, behauptete Powell, es gebe eine »finstere Verbindung« zwischen dem Irak und al-Qaida. Zum Beweis dafür führte er Details an. Erstmals präsentierte die Regierung damit eine ausführliche Begründung für ihre Anschuldigungen, al-Qaida und der Irak seien eine bis heute andauernde Partnerschaft eingegangen.

Powell sagte: »Heute beheimatet der Irak ein tödliches Terrornetz, das von Abu Musab al-Sarkawi angeführt wird, einem Helfer und Mitarbeiter Osama bin Ladens und seiner Stellvertreter bei al-Qaida.« Nach Angaben Powells hatte Sarkawi in Afghanistan ein Ausbildungslager für Terroristen geleitet, das sich auf den Einsatz von Gift spezialisiert hatte. Nach dem Afghanistankrieg »half das Sarkawi-Netz, ein weiteres Trainingslager für den Umgang mit Gift und Sprengstoff im Nordosten des Irak aufzubauen.« Er behauptete, Sarkawis Lager bringe Terroristen bei, wie man Rizin – schon 0,1 Gramm davon können tödlich sein – und andere Gifte produziert. Und er berichtete, Sarkawi – der mit der Ermordung eines amerikanischen Entwicklungshelfers in Jordanien im Oktober 2002 in Verbindung gebracht wurde – sei im vergangenen Frühjahr in Bagdad medizinisch behandelt worden und habe sich dort zwei Monate lang aufgehalten. Powell fügte hinzu: »Sein Netz

234

operiert seit über acht Monaten ungehindert in der Hauptstadt.« Dies klang nach schlagenden Beweisen.

Während seines Vortrags vor den Vereinten Nationen setzte Powell das Material, das ihm vorlag, gut ein. Er beschrieb irakische Verhaltensmuster, die einen vernünftigen Menschen annehmen lassen mussten, dass Hussein versuchte, Ausrüstung zum Bau von Waffen, Waffenprogramme oder sogar Waffen selbst zu verbergen. Aber viel von dem, was Powell sagte, stellte sich bei genauerer Betrachtung als übertrieben oder fragwürdig heraus – vor allem seine Unterstellung von einer »finsteren Verbindung« zwischen Hussein und bin Laden.

Doch bei der Vorlage eines seiner Schlüsselindizien führte Powell seine Zuhörer im Sicherheitsrat offenbar hinters Licht. Das zweite Tonband, das er vorspielte, enthielt die Aufnahme eines Gesprächs, das am 30. Januar abgefangen worden war. Darin erteilte ein irakischer Offizier im Hauptquartier der republikanischen Garde einem Offizier irgendwo im Land Anweisungen. Er teilte ihm mit: »Sie inspizieren die Munition, die du hast, auf die Möglichkeit hin, dass du verbotene Munition lagerst.« Powell behauptete, der Offizier im Hauptquartier habe als Nächstes gesagt: »Wir haben dir ja gestern schon die Aufforderung geschickt, alle Bereiche zu säubern. Stell sicher, dass nichts mehr da ist. Erinnere dich an die erste Nachricht: Schaff alles weg.« Powell stellte das als Beweis dafür hin, dass die Iraker Massenvernichtungswaffen vor den Inspekteuren versteckten. »All das gehört zu einem System, mit dem Dinge versteckt und weggeräumt werden und sichergestellt wird, dass nichts zurückbleibt«, erklärte Powell.

Doch die offizielle Transskription des abgefangenen Gesprächs durch das Außenministerium unterschied sich erheblich von Powells Darstellung. In der Version des Außenministeriums erinnerte der Offizier im Hauptquartier den anderen Offizier: »Wir haben dir befohlen, den Schrottplatz und die verlassenen Gebiete zu inspizieren.« Es war keine Rede davon, diese Gebiete zu räumen oder sicherzustellen, dass nichts mehr da war. Der Offizier befahl auch nicht: »Schaff alles weg!« Die beiden Versionen unterschieden sich also erheblich. Der Befehl, ein Gebiet zu »inspizieren«, das von UN-Waffenkontrolleuren besucht wird, ist viel weniger verdächtig als ein Befehl, das Gebiet »zu säubern«. Woher kommt diese Diskrepanz? Als der Journalist Gilbert Cranberg die Pressestelle des Außenministeriums um eine Erklärung bat, verwies man ihn auf die Webseiten des Ministeriums. In seinem Bericht für die *Washington Post* schrieb Cranberg: »Das dort veröffentlichte Material belegte eindeutig, dass Powell das abgehörte Gespräch falsch wiedergegeben hatte.«

Powells Satellitenfotos beurteilte Jonathan Tucker, ein ehemaliger Waffeninspekteur, der sich auf Bio- und Chemiewaffen spezialisiert hatte, folgendermaßen: Die Fotos seien möglicherweise ein Anzeichen dafür, dass Hussein Chemiewaffen besaß, »aber nicht in großen Mengen«. Tucker äußerte auch Zweifel an den angeblichen Biowaffenlabors auf Rädern. Er meinte: »Offenbar stammt die Information von Überläufern, die nicht immer verlässlich oder glaubhaft waren. Es wäre mir lieber, wenn es Fotos gäbe.« Ein weiterer ehemaliger Waffeninspekteur, der Mikrobiologe Raymond Zilinskas, sagte der *Washington Post*, der von Powell erwähnte vierundzwanzigstündige Produktionszyklus an Freitagen reiche nicht für die Herstellung von bedeutenden Mengen Anthrax oder anderer Pathogene. »Allein für die Fermentierung bräuchte man normalerweise 36 bis 48 Stunden«, erklärte er. »Diese kurze Produktionsspanne macht mich misstrauisch.« Er war sich auch mit anderen Experten einig, dass Powells Skizze von einem mobilen Biowaffenlabor ein theoretisch denkbares

Design zeigte, der praktische Betrieb aber erhebliche Probleme mit sich brächte, zum Beispiel bei der Entsorgung von Abfallprodukten. Zilinskas urteilte: »Das kommt mir ein wenig weit hergeholt vor.« (Nach dem Krieg gewann die Frage nach Biowaffenlabors an Bedeutung, und die Regierung konnte weiterhin keine handfesten Indizien liefern.)

Am weitesten lehnte Powell sich aus dem Fenster, als er Sarkawi als das Verbindungsglied zwischen Hussein und al-Qaida darstellte. Vor und nach seiner Rede veröffentlichte Zeitungsartikel unterminierten die Glaubwürdigkeit dieser Behauptung. Die *Washington Post* interviewte europäische Geheimdienstleute und amerikanische Terrorexperten und kam zu dem Schluss: »Powells Darstellung [dieser Verbindung] ist offenbar kunstreich so hingedreht worden, dass mehr unterstellt wurde, als die tatsächlich gesprochenen Worte beinhalteten.« Judith Yaphe, die 20 Jahre als CIA-Analystin gearbeitet hatte, erkannte: »Es war so gemacht, dass man nur die Substantive hörte und sie [im Geist] zusammenfügte.«

Die Verbindung Bagdad-Sarkawi war unbestätigt. Die *Washington Post* schrieb: »Ein hochrangiger Regierungsbeamter mit Zugang zu Geheimdienstinformationen sagte, noch gebe es keinen Beweis dafür, dass Bagdad irgendeine operationale Kontrolle über Sarkawis Netz ausübte oder ihm Geld oder Ausrüstung zukommen ließ.« Am Tag von Powells Vortrag berichtete die Zeitung: »Hochrangige Mitarbeiter des US-Geheimdienstes sagen, dass sie bis heute keinen direkten Hinweis darauf haben, dass Sarkawi sich mit der irakischen Führung getroffen hat.« Später ergänzte sie, nach Angaben eines hohen US-Beamten »weiß die irakische Regierung von der Tätigkeit der Gruppe, lenkt, leitet oder unterstützt sie aber nicht«. Drei Tage vor Powells Auftritt bei den Vereinten Nationen schrieb die *New York*

Times: »Geheimdienstangehörigen zufolge sind sich Analysten uneins darüber, ob es engere Verbindungen zwischen Ansar-al-Islam [der radikalen Islamistengruppe, die Sarkawis angebliches Giftcamp im Nordostirak unterhielt] und der Regierung in Bagdad gibt.«

Auch Sarkawis Verbindung zu al-Qaida war zweifelhaft. Die *Washington Post* enthüllte: »Hochrangige Regierungsbeamte sagten, Sarkawi halte zwar Kontakt zur Gruppe bin Ladens, unterstehe aber nicht dem Befehl oder der Kontrolle al-Qaidas. Ein Analyst meinte: ›Sie verfolgen die gleichen Ziele, Sarkawi gehört jedoch nicht zum Zirkel bin Ladens. Er hat al-Qaida keinen Eid geschworen.‹« Auch CIA-Chef George Tenet sagte vor dem Streitkräfteausschuss des Senats aus, Sarkawi habe zwar Geld von bin Laden erhalten, er und sein Netz seien aber von al-Qaida »unabhängig«.

Also war die Beziehung zwischen Hussein und Sarkawi nicht gesichert und die Verbindung zwischen Sarkawi und al-Qaida eher lose. Dies hielt Powell aber nicht davon ab, eine unmittelbare Verbindungslinie zwischen Hussein und bin Laden zu ziehen. Diese windige Konstruktion von A über B nach C roch schon nach Verzweiflung. Mit dieser Behauptung überschritt Powell eine Grenze: Jenes Mitglied der Regierung Bush, das sich zuvor als Krieger wider Willen dargestellt und vor den Konsequenzen eines einseitigen amerikanischen Vorgehens gewarnt hatte, übernahm jetzt Bushs Praktiken der Wahrheitsverdrehung und sprang auf den Bagdad-Express seines Chefs auf. Aber sollte Powell auch Skrupel haben, den Sicherheitsrat der Vereinten Nationen mit windigen Indizien und irreführender Darstellung zu täuschen? Schließlich scherte sein oberster Befehlshaber sich nicht um Details oder gar um die Wahrheit, wenn es um die Verbindung zwischen al-Qaida und dem Irak ging. Zwei Tage nach Powells Auftritt vor den Vereinten Nationen erklärte Bush: »Der Irak beherbergt ein Terrornetz, an dessen Spitze ein hochrangiger al-Qaida-Terrorstratege steht.« Powell hatte Sarkawi nicht als Führungsfigur bei al-Qaida dargestellt – aber das hinderte Bush nicht, eine Übertreibung nochmals zu übertreiben. An jenem Tag erteilte das Pentagon den Befehl, die 101. Airborne Division in den Nahen Osten zu verlegen, und schickte einen weiteren Flugzeugträger in den Persischen Golf.

Als Mitte Februar eine Tonbandaufzeichnung veröffentlicht wurde, worin bin Laden die Muslime im Irak und in aller Welt aufforderte, sich einer amerikanischen Invasion zu widersetzen, erklärte Powell das Band zum Beweis dafür, dass der Anführer von al-Qaida und der Irak »Partner« seien. Auch das war ein verzweifelter Versuch, die Wahrheit zu verdrehen. Bin Laden hatte Hussein und seine Baath-Partei als »Heuchler«, »Gottlose« und sozialistische »Ungläubige« beschimpft und die Muslime aufgerufen, die »Kreuzzügler Allah zuliebe« zu bekämpfen, nicht, um Hussein einen Gefallen zu tun. Diese Wortwahl spricht nicht unbedingt für eine »Partnerschaft«.

Weil nur wenige Demokraten sich gegen Bushs Entscheidung für einen Irakkrieg zu stellen wagten – die meisten Demokraten unterstützten seine Invasionspläne sogar –, führte Bushs Kreativität mit der Wahrheit (zu Deutsch: sein ständiges Lügen) zunächst nicht zu politischen Problemen. Nur einige Experten und Kommentatoren störten sich daran. Thomas Friedman, Kolumnist der *New York Times*, schrieb am 19. Februar 2003: »Es gibt schlicht keinen Beweis für eine Verbindung zwischen Hussein und bin Laden … Man darf unser Land nicht aufgrund einer Lüge in den Krieg führen. Sagen Sie dem Volk die Wahrheit! Saddam bedroht uns heute nicht. Er kann abgeschreckt werden. Krieg zu führen, um ihn abzusetzen, ist eine – legitime – Option, aber kein Muss.« Bush befolgte diesen Rat nicht.

Am 26. Februar betonte er in einer Rede erneut, er müsse in den Krieg ziehen, um die Nation zu schützen.

»Amerika hat versucht, dieser Bedrohung gemeinsam mit den Vereinten Nationen zu begegnen, weil wir den Konflikt friedlich regeln wollten.«

Anfang März endete die PR-Offensive. Blix und El Baradei gaben zwiespältige Berichte über die weiter andauernden Inspektionen im Irak heraus. Hussein hatte »im Prinzip« zugestimmt, die von den Inspekteuren beanstandeten al-Samud-2-Raketen zu zerstören, die eine höhere Reichweite als die erlaubten 150 Kilometer hatten. Und Bush, der seit Monaten Truppen in die Region verlegte, führte einen sehr öffentlichen und erbitterten Streit mit Mitgliedern des UN-Sicherheitsrats. Seine Regierung hatte auf eine neue Resolution gedrängt, die ein militärisches Eingreifen rechtfertigen sollte, doch Frankreich, Deutschland und andere Nationen hatten stattdessen nur schärfere Kontrollen verlangt. Am 5. März verkündeten Frankreich, Russland und Deutschland, sie würden keine neue Resolution zulassen, die einen Krieg rechtfertigen sollte.

Am 6. März wiederholte Bush in einer zur Hauptsende-zeit ausgestrahlten Pressekonferenz die meisten Unterstellungen und Falschdarstellungen des vergangenen Jahres: Hussein besitze Terrorwaffen, finanziere, trainiere und beschütze Terroristen, würde »liebend gern Massenvernichtungswaffen gegen die Vereinigten Staaten einsetzen« und stelle »eine direkte Bedrohung« der USA dar.

Natürlich muss seit dem 11. September 2001 die Vorstellung, dass sich ein brutaler, antiamerikanisch gesinnter Diktator ABC-Waffen verschafft, große Besorgnis und eine entschiedene Reaktion auslösen. In einem Kernpunkt hatten Bush und seine Leute Recht: Man durfte nicht annehmen, dass die Abwesenheit von Beweisen (hinsichtlich der Massenvernichtungswaffen) gleichbedeutend war mit der Abwesenheit von Massenvernichtungswaffen. Jede Regierung hat die Aufgabe, mögliche Feinde und mögliche Angriffe zu identifizieren und Abwehrmaßnahmen zu ergreifen. Vielleicht ist es unter bestimmten Umständen vernünftig, einer Bedrohung zu begegnen, noch bevor man sichere Beweise gesammelt hat. Dies gilt umso mehr, wenn man es erwiesenermaßen mit Mördern, Folterern und Gangstern zu tun hat, die es nicht verdienen, bis zum Beweis des Gegenteils als unschuldig zu gelten. Man hätte sagen können, es sei schwierig, die tatsächlich von Hussein ausgehende Gefahr einzuschätzen, Amerika bleibe aber nichts anderes übrig, als in einer so wichtigen Angelegenheit auf Nummer Sicher zu gehen.

Bushs Problem lag darin, dass eine Rechtfertigung für den Krieg, die auf einer *möglichen* Bedrohung durch den Irak beruhte, nicht so überzeugend klang wie die Rechtfertigung mit einer direkten Bedrohung. Wenn ein Land einer potenziellen Gefahr gegenübersteht, kann es sich den Luxus leisten, verschiedene Aspekte für und wider den Krieg zu erörtern und abzuwägen: die moralische Legitimität des Angriffs, die möglichen Reaktionen anderer Regierungen und Völker, sich daraus ergebende Konsequenzen und Kosten und vor allem die Alternativen. Bush und seine Leute weigerten sich standhaft, öffentlich über die Kosten eines Krieges zu reden. Solche Bedenken konnte man jedoch zur Seite schieben, wenn Amerika unmittelbar in Gefahr war. Also übertrieb Bush die Bedrohung, malte sie in schrillen Farben aus und verwandelte damit eine Entscheidung zwischen Alternativen in eine Zwangssituation, aus der es nur einen Ausweg gab: Krieg, und zwar sofort.

Indem Bush die Bedrohung durch Husseins Massenvernichtungswaffen übertrieb – wenn nicht gar erfand –,
konnte er argumentieren, man könne nicht länger abwar-
ten und es gebe keine weitere Alternative als offenen Krieg
zu versuchen. Er und seine Minister weigerten sich, die
Möglichkeit von Zwangsinspektionen zu erwägen –
Inspektionen also, die durch militärische Gewalt unterstützt werden. (Beispielsweise hätte man die Flugverbotszone über fast das ganze Land ausdehnen oder verdächtige
Anlagen von Militärkommandos überfallen lassen können.) Entsprechend sagte Bush auf einer Pressekonferenz
am 6. März – wie schon zuvor – Folgendes: »Das Risiko,
nichts zu tun, das Risiko, zu hoffen, dass Saddam Hussein
sich ändert und ein netter Mensch wird, das Risiko, zu hoffen, dass die Welt durch Nichtstun irgendwie sicherer wird,
dieses Risiko bin ich im Namen des amerikanischen Volkes
nicht bereit einzugehen.«

Mit dieser Aussage stellte Bush die ganze Angelegenheit
– verzerrt – als Entweder-oder-Situation dar: Krieg oder
Nichtstun. Wäre das wirklich die Alternative gewesen, wäre
Krieg vielleicht wirklich unvermeidlich gewesen. Doch die
Länder, die sich Bushs Kriegstreiberei widersetzten – unter
anderem Frankreich, Deutschland und Kanada – hatten
andere Maßnahmen vorgeschlagen, darunter aggressive
und notfalls gewaltsam durchgesetzte Inspektionen. Zu
jenem Zeitpunkt wiesen die meisten Gegner eines Irak-
kriegs darauf hin, dass die Inspektionen in den 1990er-Jah-
ren es geschafft hatten, Husseins Pläne zu vereiteln und ihn
im Zaum zu halten. Sie glaubten, dass das auch zum gegenwärtigen Zeitpunkt wieder möglich sei, selbst wenn Hussein nicht vollständig kooperiere. In Wirklichkeit hieß die
Alternative – auch wenn Bush das nicht wahrhaben wollte
– Krieg oder verschärfte Kontrollen. Es stand Bush frei, darzulegen, warum er von schärferen und notfalls gewaltsam

242

durchgesetzten Kontrollen nichts hielt. Stattdessen tat er seine Widersacher ab, indem er ihnen – wahrheitswidrig – unterstellte, sie verließen sich naiverweise darauf, dass Hussein sich in einen Heiligen verwandelte. Diese Falschdarstellung war ein wichtiges Instrument bei Bushs Versuch, den Krieg zu »verkaufen«.

Bush behauptete auch, es sei nötig, den Ruf der Vereinten Nationen zu schützen. War das ein ehrliches Argument? Die Resolution 1441 des UN-Sicherheitsrats drohte mit »ernsthaften Konsequenzen«, sollte Hussein dem UN-Befehl zur Abrüstung nicht nachkommen. Wie die »ernsthaften Konsequenzen« genau aussahen, war nicht definiert. Trotzdem unterstellte Bush, der Sicherheitsrat wäre ein zahnloser Tiger, wenn er nicht Bushs Definition von »ernsthaften Konsequenzen« – sofortiger Krieg – übernähme. »Die Glaubwürdigkeit des Sicherheitsrats steht auf dem Spiel«, warnte Bush. Doch was wäre gewesen, wenn der Sicherheitsrat beschlossen hätte, die Inspektionen zu verschärfen und um weitere fünf Monate zu verlängern? Warum hätte das ein Beweis für die Bedeutungslosigkeit des Gremiums sein sollen? Bush selbst verringerte die Bedeutung des Sicherheitsrats, indem er drohte, gegen dessen Willen einen Krieg anzuzetteln.

Am 7. März stellte Großbritannien einen von den USA unterstützten Antrag im Sicherheitsrat, der einen Krieg legitimieren sollte, wenn der Irak nicht bis 17. März demonstrierte, dass er seiner Entwaffnung bedingungslos zustimmte. Frankreich signalisierte, es werde gegen einen solchen Antrag Veto einlegen, Russland drohte ebenfalls mit einem Veto. Wenn Bush den Irak angriff, würde dieser Krieg nicht von den Vereinten Nationen gebilligt.

In den letzten Tagen vor Kriegsbeginn legten Bush und seine Mannschaft noch einmal nach. In *Meet the Press* behauptete Cheney am 16. März: »[Saddam Hussein] ver-

243

sucht erneut, Atomwaffen herzustellen, und wir wissen, er unterhält eine lang dauernde Beziehung zu verschiedenen Terrorgruppen, unter anderem auch zur Organisation al-Qaida.« Er fügte hinzu: »Wir glauben, [Hussein] hat Atomwaffen wieder hergestellt.« Vielleicht wollte er sagen, Hussein habe sein Atomwaffen*programm* wieder aufgenommen. Wie auch immer: Er stellte eine Behauptung auf, welche die Regierung nicht belegen konnte. Am 7. März hatte El Baradei, der Direktor der Internationalen Atomenergiebehörde IAEA, festgestellt: »Nach drei Monaten penibler Kontrollen haben wir bis heute keine Beweise für oder auch nur plausible Hinweise auf die Wiederaufnahme eines Atomwaffenprogramms im Irak gefunden.« Zu jenem Zeitpunkt hielt es das Weiße Haus nicht einmal für notwendig, neue Informationen zu liefern, um die Schlussfolgerungen der IAEA anzuzweifeln oder seine alten, umstrittenen Behauptungen zu untermauern. (Eine lang dauernde Beziehung zu al-Qaida?) Cheney sagte auch ohne Zögern: »Wir werden als Befreier empfangen werden.«

Am nächsten Tag gab Bush in einer Rede an die Nation (und die Welt) Saddam Hussein 48 Stunden, das Land zu verlassen. Das war eine Kriegserklärung, und sie wurde von der üblichen Desinformation begleitet. Bush erklärte: »Informationen, die von dieser und anderen Regierungen gesammelt wurden, lassen keinen Zweifel daran, dass das irakische Regime weiterhin einige der tödlichsten Waffen besitzt und verbirgt, die je entwickelt worden sind.« *Keinen Zweifel*, das waren Bushs Worte. Eindeutig, unmissverständlich. Bush erzählte der Öffentlichkeit, er wisse ohne jeden Zweifel Bescheid, er habe unwiderlegbare Beweise. Er beschwor das Albtraumszenario, in dem Saddam Hussein al-Qaida »unterstützt, ausbildet und im Irak beherbergt« und der Terrorgruppe Atomwaffen verschafft. Pathetisch fuhr Bush fort: »Die Gefahr ist klar: Die Terroristen könnten tausende oder hunderttausende von Unschuldigen in unserem Land töten, indem sie Bio-, Chemie- und, eines Tages, Atomwaffen einsetzen, die sie mithilfe des Irak bekommen haben.« Krieg müsse sein, um diese Bedrohung zu bannen. Bush behauptete auch, ein befreiter Irak würde »im gesamten Nahen Osten als Musterbeispiel einer vitalen, friedlichen und selbstbestimmten Nation dienen« und »Freiheit und Frieden in der Region fördern«.[6]

»Amerika«, bemerkte Bush, »hat versucht, dieser Bedrohung gemeinsam mit den Vereinten Nationen zu begegnen, weil wir den Konflikt friedlich regeln wollten.« Aber stimmte das? Seine so genannte Diplomatie bei den Vereinten Nationen hatte allein darauf abgezielt, die Unterstützung des Sicherheitsrates für eine amerikanisch geführte Invasion zu gewinnen. Andere Optionen hatte Bush nicht erwogen, und in seinen öffentlichen Äußerungen – einschließlich dieser – hatte er nie erwähnt, dass andere Möglichkeiten als Invasion und Besatzung jemals in Betracht gekommen wären.

Mit diesen letzten Worten vor Kriegsbeginn rundete Bush eine Lügenkampagne ab, die zusammengesetzt war aus unbewiesenen, ungenauen, erlogenen oder verzerrenden Behauptungen über das Massenvernichtungswaffenarsenal des Irak, über Saddam Husseins angebliche Verbindungen zu al-Qaida (und dem 11. September), über Husseins Pläne, die Bestrebungen der Regierung Bush und

---

6 Ein geheimer Bericht des Außenministeriums, der einige Tage zuvor von der *Los Angeles Times* enthüllt worden war, kam zu dem Schluss, dass die Installation einer neuen Regierung im Irak die Verbreitung der Demokratie in der Region wohl kaum würde fördern können. Selbst wenn sich im Irak eine Art Demokratie einbürgern sollte – was der Bericht schwer bezweifelte –, würde diese mit erheblicher Wahrscheinlichkeit zu einer islamisch kontrollierten Regierung führen, die Amerika feindlich gesonnen sein würde. Log Bush auch, indem er sich übermäßig und unangemessen optimistisch gab?

die Alternativen, die es zum Krieg gegeben hätte. Am Tag, nachdem Bush das Ultimatum gestellt hatte, veröffentlichte die *Washington Post* einen Artikel, der folgendermaßen begann: »Die Regierung Bush bereitet sich darauf vor, den Irak noch diese Woche anzugreifen, und sie tut das auf Grundlage mehrerer Vorwürfe gegen Iraks Präsidenten Saddam Hussein, deren Stichhaltigkeit von den Vereinten Nationen, europäischen Regierungen und selbst US-Geheimdienstberichten teilweise angezweifelt und in einigen Fällen widerlegt wurde.« Die Überschrift dieses Artikels war vernichtend: »Bush klammert sich an zweifelhafte Vorwürfe gegen den Irak.« Bushs Weg nach Bagdad – egal, ob der Krieg jetzt gerechtfertigt war oder nicht – war mit Lügen gepflastert. Am nächsten Abend, 90 Minuten nach Ablauf des Ultimatums, begannen US-Truppen, den Irak zu bombardieren.

13. Die Rückkehr der Steuerlüge

»Ich finde, das klingt fair.«

Anfang 2003, zu Beginn seines dritten Amtsjahrs, stand Bush als der mächtigste US-Präsident der jüngeren Geschichte da – jener Mann, der einst wegen seines blöden Grinsens und seiner Trotteligkeit verlacht worden war, der nur ins Weiße Haus gekommen war, weil ein Demokrat in Palm Beach zu dumm gewesen war, die Wahlzettel richtig zu gestalten, der auf dem besten Wege schien, ebenso wie sein Vater schon nach einer Amtszeit wieder davongejagt zu werden, und der von den Mächtigen der Welt als Tölpel abgetan worden war. Im Kielwasser der Anschläge vom 11. September hatte Bush die Macht des Präsidenten und der von ihm geführten Regierung ausgeweitet (Militärtribunale, heimliche Inhaftierungen usw.). Er verstärkte die offizielle Geheimniskrämerei. Er führte einen vorwiegend verborgenen Krieg gegen den Terrorismus, in dem sogar – bei zumindest einer Gelegenheit – die CIA mutmaßliche Feinde (im Jemen, mit einer ferngesteuerten Drohne) ermordete. Bush hatte das Recht gefordert (und vom Kongress auch zugestanden bekommen), den Irak nach Belieben anzugreifen, und er machte das Land im Nahen Osten zur Kriegspartei und Besatzungsmacht, ohne dabei in den Vereinigten Staaten auf nennenswerten Widerstand zu stoßen.

Im vergangenen Herbst hatte er unermüdlich wie ein Fanatiker Wahlkampf betrieben und es geschafft, einen historischen Trend zugunsten der Demokraten umzudrehen und fast im Alleingang die Mehrheit im Senat und im Abgeordnetenhaus für die Republikaner zu sichern.

Bush stand großartig da. Aber die Wirtschaft nicht. In den vergangenen zwei Jahren hatten zwei Millionen Amerikaner ihren Job verloren. Die Arbeitslosenquote näherte sich sechs Prozent. Die Budgetüberschüsse der Ära Clinton hatten sich in Defizite verwandelt. Und man konnte diesen dramatischen Abschwung nicht allein auf den 11. September schieben. Zum Teil war das explodierende Defizit auf Bushs erste Steuersenkungsrunde zurückzuführen. Diese Steuersenkungen hatten keinen nennenswerten Wachstumseffekt ausgelöst. Im vorangegangenen Quartal war die Wirtschaft nur um 0,3 Prozent gewachsen.

Bush blieb weiterhin ein populärer Kriegspräsident, aber Umfragen zeigten, dass seine Wirtschaftspolitik bei der Bevölkerung kein besonderes Vertrauen genoss. Um seine politische Zukunft zu sichern, musste er beweisen, dass er die Sorgen der Menschen zu Hause mildern konnte, während er gleichzeitig im Ausland Krieg gegen den Terror führte. Im vergangenen Dezember hatte Bush implizit eingeräumt, dass seine Wirtschaftspolitik durchaus noch verbesserungsfähig war, als er sein Wirtschaftsteam feuerte: Finanzminister Paul O'Neill und den obersten Wirtschaftsberater Larry Lindsey. Doch die Entlassung der beiden Politiker bedeutete nicht, dass Bush seinen wirtschaftspolitischen Kurs änderte. Auch angesichts einer weiter schwächelnden Wirtschaft hielt er an seiner Lieblingsantwort auf alle ökonomischen Probleme fest: Steuersenkungen, Steuersenkungen, Steuersenkungen. Und schlug eine zweite Runde von Steuersenkungen vor, deutlich drastischere als erwartet, und wieder vornehmlich zugunsten der Reichen. Um die Senkungen politisch zu verkaufen, griff er zu den gleichen Instrumenten, die ihm schon im Kampf um die ersten Steuersenkungen so nützlich gewesen waren: Lügen, Erfindungen und ungenaue Zahlen.

»Das Wachstums- und Jobpaket [wird] der Wirtschaft einen unmittelbaren Schub verleihen.«

Bushs neues Steuersenkungsprogramm – ein dreistes Paket – war das Schlüsselelement eines politischen Großangriffs an verschiedenen Fronten. Bushs finanzielle Erbsenzähler drosselten die inländischen Ausgaben, beschnitten die Aufwendungen für Umweltschutz, öffentlichen Wohnungsbau und Alphabetisierungsprogramme. In seinem Haushaltsentwurf für 2004 kürzte Bush die Heiz- und Energiekostenzuschüsse für Geringverdiener (LIHEAP) um 300 Millionen Dollar – volle 18 Prozent. Noch 2000 hatte er gesagt, er garantiere »die vollständige Finanzierung von LIHEAP«. Er schlug sogar vor, das Budget des »No Child Left Behind Act« um fünf Prozent zu kürzen, seines ehemaligen sozialen Vorzeigeprogramms. Der Kongress hatte für das Programm 32 Milliarden Dollar bewilligt, Bush wollte nur 22,6 Milliarden ausgeben. Die Demokraten heulten auf und klagten, Bush breche sein Versprechen, eine ausreichende Finanzierung zur Verfügung zu stellen. Bush bereitete sich auch darauf vor, dem Senat einige umstrittene Kandidaten für Richterämter wieder vorzulegen, die im Jahr zuvor von den Demokraten abgelehnt worden waren. Der Mann, der einst ständig verkündet hatte: »Ich bin ein Versöhner, kein Spalter«, schien sich ein neues Motto zugelegt zu haben: »Friss, Vogel, oder stirb!«

Am deutlichsten zeigte sich das an den Steuerkürzungen, die er am 7. Januar vor dem Economic Club of Chicago bekannt gab. Das Paket, das Steuersenkungen um 726 Milliarden Dollar über zehn Jahre vorsah, war gewagter und doppelt so groß, wie die meisten politischen und wirtschaftlichen Beobachter erwartet hatten. Es sah die sofortige Umsetzung von Steuersenkungen vor, die im ersten Paket beschlossen worden waren, aber erst 2004 bzw. 2006 in Kraft treten sollten. Auch die geplante Erweiterung der Steuergutschriften für Kinder aus dem ersten Steuerpaket wurde vorgezogen. Die umstrittenste, überraschendste und kostspieligste Regelung war die Streichung der meisten Steuern auf Aktiendividenden. Diese Einzelmaßnahme machte die Hälfte des Gesamtpakets aus. Bush schlug auch vor, die Absetzungsmöglichkeiten für Kleinunternehmen zu erweitern, die Einkommensgrenzen für den niedrigsten Steuersatz anzuheben und den so genannten Ehe-Malus früher zu senken als ursprünglich beabsichtigt. (Das Programm sah auch Hilfe für Arbeitslose vor: Etwa ein halbes Prozent der Gesamtsumme kam einem neuen Programm zur Unterstützung von Arbeitslosen zugute.) Angesichts der enormen Kosten des Pakets und der aktuellen fiskalischen Lage – bereits bestehendes Haushaltsdefizit, Kriegsvorbereitungen des Militärs, dramatisch gestiegene Kosten für Heimatschutz – war das ein dreister Schachzug Bushs.

Während seiner Rede in Chicago pries Bush die Vorzüge seines neuen Steuerpakets. Schon 2003 müsse ein Amerikaner mit mittlerem Einkommen annähernd 1 100 Dollar weniger an Steuern bezahlen. Die Abschaffung der Steuern auf Dividenden käme Rentnern zugute. Das »Wachstums- und Jobpaket« würde »der Wirtschaft einen unmittelbaren Schub verleihen«, deswegen sei es auch »dringend nötig«. Was Bush da sagte, war teilweise unangemessen optimistisch, teilweise glatt gelogen.

Bushs Hauptargument für seinen Plan lautete, dass er damit die Wirtschaft in Schwung bringen werde. Doch der Großteil des Pakets würde erst nach 2003 wirken und daher die »dringend nötigen« sofortigen Impulse nicht geben können. Nach Bushs eigenen Zahlen machten die Steuersenkungen für 2003 nur 98 Milliarden (oder 13,5 Prozent) des Gesamtpakets aus. Das Center on Budget and Policy Priorities schätzte sogar, dass über 90 Prozent der gesamten Steuererleichterungen erst nach 2003 anfallen würden. Konnte man von der kurzfristig wirksamen Steuersenkung – die bestenfalls weniger als ein Prozent der Wirtschaftsleistung ausmachte – wirklich erwarten, wie Bush sagte, dass sie die Wirtschaft in Schwung bringen werde? Das White House Council of Economic Advisors, also Bushs eigenes Expertengremium, veröffentlichte Material, wonach der »Hauptzweck« der Steuerpläne darin bestand, »nicht die aktuelle Wirtschaftsflaute zu beenden, sondern vielmehr einen langfristigen Plan zur Senkung der Steuern und Belebung des zukünftigen Wachstums zu befördern«, so die *New York Times*. Weiter hieß es in dem Artikel: »Egal, was die Steuersenkungen jetzt kosten: Die Einschätzung des Weißen Hauses bestätigt die Meinung der meisten regierungsunabhängigen Ökonomen, dass Bushs Steuerpläne nur wenig dazu beitragen werden, die Wirtschaft dieses Jahr anzukurbeln.«

Doch genau in diesem Sinne versuchte Bush, das Paket zu verkaufen. Er sagte nicht: »Ich bin gegen kurzfristige Reparaturmaßnahmen, dies ist mein langfristiger Restrukturierungsplan.« Stattdessen stellte er den Plan als Soforthilfe für die Wirtschaft dar. Das Weiße Haus behauptete, dass der erste Impuls bereits im Jahr 2003 190000 neue Jobs schaffen werde. Das war zwar besser als nichts, machte aber im Verhältnis zur arbeitsfähigen Bevölkerung kaum einen Unterschied. Und wenn die Steuerpläne tatsächlich dafür gedacht waren, im ersten Jahr Arbeitsplätze zu schaffen, dann hieße das, dass jeder geschaffene Job mit einem zusätzlichen Staatsdefizit von 500 000 Dollar erkauft würde.

»92 Millionen Amerikaner werden durchschnittlich 1 083 Dollar mehr im Geldbeutel behalten.«

Solche Aussagen waren mittlerweile ein alter Hut. Wenn Bush Steuerpläne vorstellte, beschrieb er sie stets als Geschenk an die Mittelschicht. Dieses Mal bestand seine frechste Verdrehung der Tatsachen darin, zu behaupten: »Diese Steuersenkung wird Amerikanern mit mittlerem Einkommen realen und sofortigen Nutzen bringen. 92 Millionen Amerikaner werden durchschnittlich 1 083 Dollar mehr im Geldbeutel behalten.« Das Tax Policy Center errechnete, dass – im Widerspruch zu Bushs Angaben – fast 80 Prozent aller Steuerpflichtigen um weniger als 1 083 Dollar und etwa die Hälfte aller Steuerpflichtigen um weniger als 100 Dollar entlastet werden würden. Die echten Durchschnittssteuerzahler, diejenigen in der Mitte des Einkommensspektrums, würden im Schnitt 265 Dollar Steuern sparen.

Wie schon in der Debatte um die erste Steuersenkungsrunde verwendete Bush den Begriff »Durchschnitt« auf irreführende Weise. Um auf die trügerische Zahl 1 083 zu kommen, nahm die Regierung die großen Steuererleichterungen der Reichen, addierte dazu die mäßigen, kleinen oder nichtexistierenden Ersparnisse der mittleren und unteren Einkommensschichten und bildete daraus den Durchschnitt. Bushs Behauptung war ebenso wenig wert wie die Aussage, das Durchschnittseinkommen in einer Straße, in der neun Arbeitslose und ein Einkommensmillionär wohnten, betrage 100 000 Dollar. Mathematisch stimmt das, aber die Zahl sagt überhaupt nichts aus.

Der 1 083-Dollar-Durchschnitt, den Bush und seine Leute in den nächsten Monaten immer wieder propagierten, war ein statistisches Konstrukt, dessen einziger Zweck darin bestand, einen irreführenden Eindruck zu vermitteln. Die Zahl sollte Bush vor der unvermeidlichen Kritik bewahren, er favorisiere wieder einmal die Wohlhabenden mit einem Steuerpaket, das hauptsächlich Großverdienern zugute komme. Wie immer man es betrachtete: Die Zahl war eine Lüge.[7]

In einem weiteren gerissenen Manöver behauptete das Weiße Haus, die Streichung der Steuern auf Dividenden (geschätzte Kosten 364 Milliarden Dollar!) sei ein Segen für Rentner. In der Rede, in der er seine Steuerpläne vorstellte, sagte Bush: »Zum Wohle unserer älteren Mitbürger ... bitte ich den Kongress der Vereinigten Staaten, die Doppelbesteuerung von Dividenden zu beenden.« Doch auch diese Steuersenkung kam hauptsächlich den Reichen zugute; fast zwei Drittel aller Aktien gehören nach Zahlen der *Washington Post* Haushalten mit einem Einkommen von mindestens 100 000 Dollar im Jahr. Es stimmte schon, dass die Älteren *insgesamt* von einer Abschaffung der Steuern auf Dividenden profitieren würden, wie Bush sagte. Das Tax

---

7 Bush benutzte das Instrument der Durchschnittszahl auch, um seine Pläne kleinen Unternehmen schmackhaft zu machen. In einer Radioansprache erklärte er, sein Gesetzesvorschlag werde »23 Millionen Eigentümern von Kleinunternehmen dieses Jahr 2 042 Dollar bringen«. Doch in der realen Welt (im Gegensatz zu der Welt der Durchschnitte) würden nach Angaben des Tax Policy Center 79 Prozent aller Eigentümer von Kleinunternehmen weniger als diesen »Durchschnittsbetrag«, 50 Prozent dieser Unternehmer 500 Dollar oder weniger und 20 Prozent überhaupt nichts an Steuern sparen.

Policy Center schätzte, dass 41 Prozent der Steuererleichterungen durch diesen Gesetzesvorschlag Menschen über 65 zugute kämen. Aber das meiste davon würde an *wohlhabende* Rentner fließen. 40 Prozent dieser Summe landeten auf den Bankkonten der reichsten zweieinhalb Prozent aller Rentner (mit einem Jahreseinkommen über 200 000 Dollar), fast drei Viertel der Vergünstigungen gingen an die wohlhabendsten 20 Prozent aller Rentenbezieher (Jahreseinkommen über 75 000 Dollar) gehen. Dies war kein Vorhaben, um darbenden Kleinrentnern zu helfen. Das Center on Budget and Policy Priorities vermerkte: »Die meisten Rentner haben ziemlich niedrige Einkommen und würden von dieser Steuererleichterung nur wenig oder gar nicht profitieren.«

Alles in allem war das von Bush vorgeschlagene Steuerpaket ein Geschenk an die Reichen, keine »Entlastung« für den kleinen Mann. Die Organisation Citizens for Tax Justice schätzte, die reichsten 20 Prozent (Jahreseinkommen über 77 000 Dollar) würden im Jahr 2003 77 Prozent der Profite einsacken, das reichste Prozent (Einkommen über 374 000 Dollar) allein ein Drittel. Die ärmsten 60 Prozent (Einkommen unter 46 000 Dollar) erhielten 8,5 Prozent. Anders ausgedrückt: Ein Bürger mit einem Jahreseinkommen zwischen 16 000 und 29 000 Dollar würde etwa 99 Dollar sparen. Wer 374 000 Dollar im Jahr verdient, wäre um 30 127 Dollar »entlastet«. Und ein Einkommensmillionär hätte 90 000 Dollar weniger Steuern zu zahlen. Selbst das konservative *Wall Street Journal* urteilte: »Der Gewinn aus den Steuerplänen fließt vornehmlich an die Bezieher höherer Einkommen.«

»Natürlich hört man das übliche klassenkämpferische Geschrei, mit dem eine Menschengruppe gegen eine andere aufgehetzt werden soll.«

Bush wusste, er würde dafür angegriffen werden, dass er einerseits Steuersenkungen für die Reichen vorschlug, andererseits für das Jahr 2004 das Budget von Sozialprogrammen kürzte, die hauptsächlich Amerikanern mit niedrigem oder mittlerem Einkommen zugute kamen. Tage bevor Bush seine Steuerpläne veröffentlichte, ging er in die Vorwärtsverteidigung und verriet Reportern, er erwarte, dass seine Gegner versuchen würden, »die Sache zu einem Klassenkampf zu machen«. Bushs Haltung provozierte eine nahe liegende Frage: Wie konnte es *kein* klassenkämpferischer Akt sein, wenn jemand den Reichen größere Steuersenkungen zuschanzte als den Beziehern mittlerer Einkommen und den Armen? Und was war daran klassenkämpferisch, wenn man nur feststellte, wer von den Plänen am meisten profitierte? Die Aufgabe, das zu erklären, fiel Ari Fleischer zu.

Zwei Tage nach Vorstellung der Steuerpläne fragte ein Reporter auf der täglichen Pressekonferenz im Weißen Haus, warum Bush Kritikern seiner Steuersenkungen vorwarf, sie betrieben Klassenkampf. Fleischer antwortete: »Nun, ich sage Ihnen, es ist Klassenkampf, wenn jemand behauptet, es gebe falsche Leute in Amerika und diese falschen Leute verdienten keine Steuererleichterung. Der Präsident schaut nicht dem amerikanischen Volk in die Augen und erklärt: Ich bin die Regierung, ich weiß, wer die richtigen Leute sind und wer die falschen. Der Präsident glaubt, ein solcher Ansatz würde das Volk spalten.«

Doch in Wirklichkeit zeigte der Präsident seine Meinung ja ganz offen: »Ich bin die Regierung, und ich weiß, wer die richtigen Leute sind.« Er meinte, die »richtigen Leute« – diejenigen, die den größten Anteil an den Erleichterungen bekommen sollten – seien die Aktionäre, nicht die Bürger mit anderem Vermögen oder gar keinem. Als die Reporter beim Klassenkampfvorwurf weiter nachhakten, wehrte sich Fleischer: »Es ist unzutreffend, zu behaupten, die Vorteile kämen den Reichen zugute.« Er fuhr fort: »Weil dieser Vorwurf nicht zutrifft, … muss [man ihn als Versuch deuten, das Volk] zu spalten und einen Klassenkampf auszulösen, indem manche Amerikaner hingestellt werden, als seien sie einer Steuersenkung unwürdig, und andere, als seien sie aufgrund ihrer Klassenzugehörigkeit einer Steuersenkung würdig.«

Wie konnte Fleischer behaupten, ein Vorhaben, das die meisten Steuern auf Dividenden abschaffte und die Spitzensteuersätze senkte, belohne nicht die Reichen? Nun, er tat es. Er legte keinerlei Zahlen vor, um die Verteilungsanalysen der Citizens for Tax Justice zu entkräften. Wenn man Fleischers Maßstab anlegte, durfte man zu Recht behaupten, Bush halte Arbeiter mit niedrigem Lohn für »einer Steuererleichterung unwürdige« Amerikaner – schließlich hatte Bush allein die Einkommensteuer gesenkt, nicht die Lohnsteuer.

Unfreiwillig lieferte Fleischer sogar ein gewichtiges Argument gegen Bushs Pläne, als er sagte: »Lassen Sie mich einen Grund ansprechen, warum die Diskussion um Steuersenkungen hier in Washington so anders gesehen wird als draußen in der realen Welt: Wenn man 30 000 Dollar im Jahr verdient, 2 000 Dollar Steuern zahlt und dann eine Steuererleichterung um 1 000 Dollar bekommt, dann erlebt man eine Steuersenkung um 50 Prozent. 1 000 Dollar machen für jemanden, der im Jahr 30 000 Dollar verdient, einen Riesenunterschied… Und nehmen Sie jetzt jemanden am oberen Ende der Einkommensskala, jemanden, der 200 000 Dollar verdient und 50 000 Dollar Steuern zahlt ... Die Steuerersparnis für so jemanden ist, in Dollar ausgedrückt, vielleicht größer als für den Kleinverdiener. Aber die Ersparnis verändert das Leben des Wohlhabenderen nicht so sehr, wie sie das Leben des Geringverdieners verändert. Für einen Geringverdiener verbessert sich das Leben mehr als für einen Reichen.«

Doch ein Durchschnittsverdiener mit 30 000 Dollar würde im Jahr 2003 überhaupt keine 1 000 Dollar sparen, wie Fleischer angenommen hatte, sondern gerade mal 200 Dollar. Darüber hinaus räumte Fleischer ein, dass sich das Leben der Wohlhabenden durch das, was Bush und er hartnäckig Steuerentlastung nannten, nicht dramatisch verändern würde. Warum sollte man sich dann aber die Mühe machen, ihnen hunderte Milliarden Dollar zu schenken – wenn man dafür wachsende Staatsdefizite, Ausgabenkürzungen und möglicherweise Finanzierungslücken bei so wichtigen Aufgaben wie Heimatschutz und Verteidigung in Kauf nehmen musste?

Bei einem Besuch in einem Speditionsunternehmen in St. Louis fertigte Bush seine Kritiker ab: »Natürlich hört man das übliche klassenkämpferische Geschrei, mit dem eine Menschengruppe gegen eine andere aufgehetzt werden soll.« Während seiner Rede stand er vor einer Wand aus Kartons mit dem Stempel »Made in USA«. Es war ein herrliches Bild, ein Fanal des wirtschaftlichen Patriotismus. Einziger Schönheitsfehler: Auf den meisten Kartons im Lagerhaus stand eigentlich »Made in China«. Bevor Bush kam, überklebten Arbeiter die »Made in China«-Stempel und stellten die »Made in USA«-Kartons so, dass sie ein Bühnenbild für Bush abgaben.

257

**»Wir werden unsere Probleme nicht leugnen,
ignorieren oder an spätere Kongresse, Präsidenten
und Generationen weiterreichen.«**

Am 28. Januar 2003 hielt Bush seine zweite Rede zur Lage
der Nation. Er reklamierte das Verdienst für sein Steuer-
nothilfepaket von 2001 (ohne zu erklären, warum er es als
Nothilfe betrachtete, wenn er den Großteil der Steuergeschenke den reichsten fünf Prozent zukommen ließ), für
die Gesetze zur Ausbildungsreform (ohne die weit verbreitete Kritik zu erwähnen, die hochrangige Beamte und
Erziehungsexperten gegen das Gesetz vorgebracht hatten),
für die Schaffung eines neuen Ministeriums für Heimatschutz (ohne auf seine anfängliche strikte Weigerung einzugehen, eine solche Superbehörde zu schaffen), für sein
resolutes Vorgehen gegen Gauner in Chefetagen (ohne zu
erwähnen, wie energisch das Weiße Haus versucht hatte,
das Gesetz gegen Bilanzbetrüger zu verwässern). Er zählte
eine Liste von Politikinitiativen auf – das Verbot von
Abtreibungen nach dem dritten Schwangerschaftsmonat,
ein globales Programm zur Bekämpfung von Aids, ein For-
schungsprogramm für ein wasserstoffbetriebenes Auto –,
konzentrierte sich aber auf den Irakkrieg und seine neuen
Steuerpläne, wobei er zentrale, aber umstrittene Behauptungen über die geplanten Steuersenkungen wiederholte.

Auch in anderen innenpolitischen Fragen nahm Bush es
mit der Wahrheit nicht so genau. Die Krankenversiche-
rungsleistungen für Rentner, beteuerte Bush, sollten »so
bleiben wie bisher«. Rentner würden auch weiterhin die
freie Arztwahl haben und die »Möglichkeit« zu einer Versicherung, die alle Kosten von verschreibungspflichtigen
Medikamenten deckte. Doch einer ganzen Reihe von
Medienberichten zufolge plante das Weiße Haus zu diesem
Zeitpunkt schon, nur noch denjenigen Rentnern eine

umfassende Medikamentenkostenversicherung zu erlauben, die sich einer privaten HMO (Health Management Organization) oder vergleichbaren Organisation anschlossen. Rentner würden dann vor der Wahl stehen: freie Arztwahl *oder* freie Wahl der Medikamente.

Auch für eine Reform der Rentenversicherung machte Bush wieder kurz Reklame, wobei er die irreführende Behauptung aus seinem Wahlkampf wiederholte, das Rentenversicherungssystem könne dadurch gestärkt werden, dass man dem System Geld entnahm und in Privatrentenpläne steckte.[8]

Voller Pathos verkündete Bush: »Wir werden unsere Probleme nicht leugnen, ignorieren oder an spätere Kongresse, Präsidenten und Generationen weiterreichen. Wir werden ihnen mit Entschlossenheit, Scharfblick und Mut begegnen.« Doch es gab mindestens eine Ausnahme: das Staatsdefizit.

Anders als 2001 fand die Fortsetzung der Steuersenkungsdebatte 2003 in einem Umfeld statt, das von Staatsdefiziten und einer ganzen Reihe von neuen und erheblichen

---

8 Einige der dreistesten Lügen der Regierung Bush betrafen die Rentenversicherung. Im Juli 2002 sagte Fleischer: »Natürlich glaubt der Präsident, dass es jungen Arbeitern, die später für die Rentenbeiträge, die von ihren Löhnen abgehen, kein Geld mehr sehen werden, ermöglicht werden sollte, mehr Optionen zu haben.« Kein Geld? Das traf nicht zu. Nach damaligen Schätzungen würde die Rentenkasse erst 2041 in Zahlungsschwierigkeiten kommen — wenn bis dahin keine Schritte unternommen wurden, das System zu stützen. Jeder, der bis dahin in Ruhestand ging, würde seine Rente in vollem Umfang bekommen. Nach diesem Stichjahr könnte die Rentenkasse noch 73 Prozent der Rente bezahlen, im Jahr 2076 noch 66 Prozent. Es würde also zu einer Lücke kommen, aber Abstriche bei der Rente und ein Totalausfall sind zwei ziemlich verschiedene Dinge. Fleischer führte da eine Bush-Tradition fort: in Sachen Rentenversicherung unberechtigte Panik schüren, um Unterstützung für eine Privatisierung zu gewinnen.

Belastungen des Budgets charakterisiert wurde. 2001 hatte Bush argumentiert, die Steuersenkungen würden durch den Haushaltsüberschuss finanziert. Nun gaben hochrangige Angehörige der Regierung bereitwillig zu, dass Bush in einer Phase von Budgetdefiziten einschneidende Steuersenkungen vorschlug. Doch ihre Einstellung war: »Erstens ist das Defizit nicht so schlimm, und zweitens sind wir ohnehin nicht daran schuld.« Über die erste Hälfte der Aussage konnte man sich streiten (auch wenn die Regierung Bush ihren Standpunkt auf wahrheitsverzerrende Weise vertrat), die zweite Hälfte stimmte definitiv nicht.

Am 7. Januar 2003 fasste der Budgetdirektor des Weißen Hauses, Mitch Daniels, die Position der Regierung folgendermaßen zusammen: »Der Präsident räumt der Begrenzung und dem Abbau von Defiziten eine sehr hohe Priorität ein, aber einige von ihm nicht beeinflussbare Umstände haben überhaupt erst zum Entstehen eines Defizits geführt. Ein Krieg, der vor etwas mehr als einem Jahr auf uns zukam, der Zwang, das Heimatland auf eine zuvor nie gekannte Weise zu verteidigen, und nun die Notwendigkeit, wie der Präsident meint, einen zähen Aufschwung in einen starken zu verwandeln. Diese Prioritäten sind in seinen Augen einfach höherrangig.« Eine Woche später räumte Daniels ein, es werde über die »absehbare Zukunft« hinweg Budgetdefizite geben, versicherte aber, sie würden »moderat« sein. Zu Anfang des folgenden Monats erklärte Bush: »Meine Regierung glaubt fest an eine Kontrolle und einen Abbau des Defizits, sobald die Wirtschaft sich erholt und die nationale Sicherheitslage sich gebessert hat.« Er fügte hinzu: »Eine Rezession und ein Krieg, die wir uns nicht ausgesucht haben, sorgten für eine Wiederkehr des Defizits.« Das sollte heißen, das Defizit sei auf Umstände zurückzuführen, die sich seiner Kontrolle entzögen.

Diese Art, sich vor der Verantwortung zu drücken, passte zu dem Scherz, den Bush im Vorjahr mehrfach gemacht hatte. Er hatte gesagt: »Wissen Sie, im Wahlkampf um das Präsidentenamt fragte mich jemand in Chicago: ›Würden Sie je Kredite aufnehmen und die Staatsausgaben erhöhen?‹ Ich antwortete, nur wenn wir uns im Krieg befänden, in einer nationalen Notlage oder in einer Rezession. Damals ahnte ich nicht, dass wir den Hattrick machen würden.« Mit dieser Zeile erntete Bush oft einen Lacher. Doch Reporter konnten keinen Hinweis darauf finden, dass Bush die Hattrick-Bemerkung im Wahlkampf 2000 auch tatsächlich gemacht hatte. Tim Russert sagte im Juni 2002 in *Meet the Press*: »Wir haben überall nachgeforscht und sogar das Weiße Haus angerufen, wann der Präsident in Chicago diesen Satz geäußert haben soll. Nichts.« Offenbar hatte Bush die Story erfunden, um sich zu rechtfertigen. Die *Washington Post* entdeckte einen ähnlichen Kommentar in einer Rede des Jahres 1998: »Außer in Zeiten einer Rezession, eines nationalen Notfalls oder einer außenpolitischen Krise sollten wir das Budget dieses Jahr ausgeglichen halten, nächstes Jahr und jedes Jahr.« Doch diese Worte hatte der damalige Vizepräsident Al Gore gesagt.

Die Hattrick-Pointe gehörte zum verlogenen Versuch Bushs, zurückzurudern. Während des Präsidentschaftswahlkampfs und seiner ersten Monate im Amt hatte Bush versprochen, er werde keine Defizite anhäufen und die Überschüsse der Rentenkasse nicht anfassen. Doch die erste Runde von Steuersenkungen hatte noch vor dem 11. September 2001 zur Wiederkehr des Staatsdefizits geführt, so das Haushaltsbüro des Kongresses. Nach den Anschlägen vom 11. September schob Bush die Defizite kurzerhand dieser Tragödie in die Schuhe.

Er behauptete sogar, ohne seine Steuersenkungen wäre das Defizit noch höher ausgefallen. Am 13. November 2002 verkündete er: »Wir haben ein Defizit, weil die Steuereinnahmen gesunken sind. Täuschen Sie sich nicht: Das Steuernothilfeprogramm, das wir verabschiedet haben, hat der Wirtschaft geholfen... Ohne das Programm wäre das Defizit größer gewesen.«

Das Haushaltsbüro des Kongresses war da ganz anderer Ansicht gewesen. Und als Bush Anfang Januar 2003 seine neuen Steuersenkungspläne vorstellte, argumentierte er wie gehabt und behauptete, die Steuerermäßigung werde zu »höheren Staatseinnahmen« führen. Am folgenden Tag behauptete Fleischer, dank der »zusätzlichen Einnahmen« werde sich das Steuersenkungsprogramm »von selbst finanzieren«.

Willkommen zurück in der Welt der angebotsorientierten Wirtschaftspolitik! Bush, der Sohn des Mannes, der Reagans Wirtschaftspolitik einmal als »Voodoo-Ökonomie« verspottet hatte, vertrat plötzlich eine zentrale Lehre der Reaganomics: dass niedrigere Steuern zu höheren Staatseinnahmen führen. Auf dieser Grundlage behaupteten seine Berater, Bush verhalte sich in Haushaltsfragen vorbildlich, schließlich werde weniger (bei den Steuersätzen) zu mehr (Steuereinnahmen) führen. Es sei also sinnlos, sich darüber zu beschweren, dass die Steuersenkungen zum Defizit beitrügen.

Mitten in Bushs Wiederbelebung der Reaganomics verkündete die Website von Spinsanity.org triumphierend, dass der Wirtschaftsbericht 2003 des Präsidenten, herausgegeben von Bushs Council of Economic Advisors, dieser hochfliegenden Don't-worry-Rhetorik widersprach. In der trockenen Sprache der Ökonomen vermerkten Bushs eigene Wirtschaftsberater: »Der geringe Effekt der Staatsverschuldung auf die Zinsen bedeutet nicht, dass Steuersenkungen sich über eine Steigerung der Produktion selbst finanzieren. Obwohl die Wirtschaft im Gefolge einer Steuer-

262

senkung wächst (aufgrund höheren Konsums heute und verstärkter langfristiger Investitionsanreize), wächst sie wohl kaum so weit, dass die verloren gegangenen Steuereinnahmen vollständig durch ein höheres Niveau wirtschaftlicher Tätigkeit wieder hereingeholt werden.« Übersetzung: Angebotsorientierte Fantasien sind tatsächlich nur Fantasie. Bushs eigene Ökonomen sagten, dass eine Steuersenkung nicht zu höheren Staatseinnahmen führe. Bush & Co. hatten das Gegenteil versprochen. Wer log?

»Gebt [Bush] die Wahl zwischen Wall Street und Main Street [d. h. dem Mann auf der Straße], und er wird sich jedes Mal für Main Street entscheiden.«

Während Bushs Kampagne für seine neue Steuersenkungsrunde türmten sich die Lügen nur so. Zwei Wochen nachdem Bush die Pläne vorgestellt hatte, sagte Karl Rove bei einem Treffen mit Reportern, die von Bush vorgeschlagene Abschaffung der Steuern auf Dividenden solle dem »kleinen Mann« zugute kommen. Aber eine überarbeitete Analyse durch das Tax Policy Center kam zu dem Ergebnis, dass 70 Prozent der Profite an die fünf Prozent reichsten Haushalte (mit einem Jahreseinkommen über 133 000 Dollar) fließen würden. Rove ging allerdings nicht auf diese Analyse ein. Stattdessen pries er seinen Chef als Populisten: »Gebt ihm die Wahl zwischen Wall Street und Main Street, und er wird sich jedes Mal für Main Street entscheiden.«

Zum Beweis brachte Rove vor, dass 45 Prozent aller Dividenden an Leute mit einem Jahreseinkommen unter 50 000 Dollar gingen. Wäre das wahr, könnte man eine Abschaffung der Steuern auf Dividenden als Maßnahme für den kleinen Mann bezeichnen. Aber mit seinen Zahlen lag Rove himmelweit daneben. Tatsächlich verfügten 46 Prozent aller Steuerzahler, die Einkommen aus Dividenden bezogen hatten, über ein Einkommen von maximal 50 000 Dollar. Aber insgesamt gingen nach Angaben des Tax Policy Center nur 14,7 Prozent aller Dividenden an diese Gruppe. Also würde nur ein kleiner Teil – 6,8 Prozent – des Hauptpostens der budgetsprengenden Steuerpläne Bushs an die kleinen Leute gehen.

Bush berief sich auf seine eigenen Lügen. Er forderte den Kongress auf, die für die nächsten Jahre geplanten Absenkungen der Einkommensteuer vorzuziehen, und warf ihm vor, die 2001 verabschiedeten Steuersenkungen über mehrere Jahre hinweg zu strecken. »Der Kongress«, schnaubte er, »befand, [die Steuersenkungen] seien gute Maßnahmen, aber er müsse sie über drei oder fünf oder sieben Jahre verteilen… Wenn die Steuernothilfe in fünf Jahren eine gute Sache ist, dann wäre es doch sehr sinnvoll, die Nothilfe schon heute wirksam werden zu lassen.« Die Steuersenkungen von 2001 waren über mehrere Jahre gestreckt worden, um zu verhindern, dass Bushs Pläne – die über eine Billion Dollar kosteten – noch teurer wurden und *seinen*, Bushs, Haushaltsrahmen sprengten. Die Streckung über mehrere Jahre war Bushs Idee gewesen, nicht die des Kongresses. Folgendes hatte Bush Anfang Januar 2001 gesagt: »Das Steuernothilfeprogramm, über das ich im Wahlkampf geredet habe, wurde im Einklang mit den Steuerschätzungen so gestreckt, dass wir nicht ins Defizit geraten.« Jetzt schob er heuchlerisch dem Kongress die Schuld an seiner eigenen Entscheidung zu.

Ende Februar 2003 zitierten Bush und Fleischer eine Umfrage unter »*Blue-Chip*-Ökonomen«, die angeblich zu dem Schluss gekommen seien, die Wirtschaft werde um 3,3 Prozent wachsen, wenn Bushs Steuerpläne verabschiedet würden. Doch Randell Moore, Herausgeber des *Blue*

Chip Economic Forecast, eines monatlichen Newsletters, der die führenden Ökonomen des Landes befragt, verriet *Newsday*: »Ich weiß nicht, was Bush da zitiert.« Er fuhr fort: »Ich bin einigermaßen entsetzt. Es klingt ja so, als unterstütze *Blue Chip Economic Forecast* den Plan des Präsidenten. Das stimmt ganz und gar nicht.« Das Weiße Haus beharrte darauf, dass Bushs Aussage so stimme. Schließlich habe die Studie für 2003 ein Wachstum von 3,3 Prozent prognostiziert, weil die Befragten angenommen hätten, dass Bushs Steuersenkungsprogramm »in irgendeiner Form« noch in diesem Jahr umgesetzt werde. Doch Moore verwies darauf, dass die besagte *Blue Chip*-Umfrage (die tatsächlich ein Wachstum von 3,3 Prozent voraussagte) bereits im Januar durchgeführt worden war, also noch *bevor* Bush seine Steuerpläne vorgestellt hatte.

Zur Verteidigung der Steuersenkung schien jede Lüge recht. Bush behauptete, seine Steuererleichterungen würden bis Ende 2004 1,4 Millionen neue Jobs schaffen (was für eine Wirtschaft mit 130 Millionen Beschäftigten nicht viel und im historischen Vergleich auch nicht besonders beeindruckend ist). Die Schätzung des Weißen Hauses beruhte auf einer vorläufigen Analyse in einem Bericht der Beraterfirma Macroeconomics Advisers. »Doch das Weiße Haus hat«, so die *New York Times*, »den Vorbehalt im zweiten Absatz dieses Berichts nie erwähnt. Die Berater warnten, wenn die Steuersenkungen nicht innerhalb der nächsten Jahre durch eine Verminderung der Staatsausgaben ausgeglichen werden, würden die Zinsen steigen, private Investitionen unterbleiben und die Wirtschaft würde schließlich schlechter dastehen als ohne die Steuersenkungen.« Bush schlug aber keine Ausgabensenkungen vor, um den Einnahmeverlust durch die Steuererleichterungen auszugleichen. Folglich urteilten die Wirtschaftsexperten, auf die sich das Weiße Haus berief, dass Bushs Steuerpaket der Wirtschaft letztlich schaden werde.

Um den Vorwurf zu entkräften, die Steuersenkung komme in erster Linie den Reichen zugute, veröffentlichte Bushs Finanzministerium Zahlen, wonach Leute mit einem Jahreseinkommen von 30 000 bis 40 000 Dollar dank des vorgeschlagenen Pakets satte 20,1 Prozent Steuern sparen würden und Leute mit einem Einkommen zwischen 40 000 und 50 000 Dollar immerhin noch 14,1 Prozent. Die Wirtschaftsmannschaft Bushs hatte diese besondere Form irreführender Berechnungsmethoden bereits zwei Jahre zuvor eingesetzt. Sie wusste, dass Prozentzahlen manchmal imposanter klingen als die dahinter stehenden absoluten Werte. Die *New York Times* erklärte den Effekt anschaulich: »Das Problem mit solchen Zahlen liegt darin, dass ein großer Prozentsatz auf eine kleine Summe für einen Haushalt mit niedrigem oder mittlerem Einkommen den Lebensstandard weniger stark beeinflussen kann als ein kleiner Prozentsatz auf eine hohe Summe den Lebensstandard eines Reichen. Beispielsweise stellt eine Steuersenkung um 50 Dollar für einen Haushalt, der zuvor überhaupt bloß 100 Dollar Steuern gezahlt hat, eine 50-prozentige Reduzierung dar, doch eine solch kleine Summe steigert den Wohlstand der Familie nicht nennenswert.« Nach Angaben des Gemeinsamen Steuerausschusses des Kongresses würde eine Familie mit einem Jahreseinkommen von 45 000 Dollar 380 Dollar an Steuern sparen (weniger als ein Prozent des Nettoeinkommens), während ein Haushalt mit 525 000 Dollar um 12 496 Dollar weniger bezahlen müsste, drei Prozent des Nettoeinkommens. Diese Zahlen geben die Wirklichkeit genauer wieder als die von der Regierung präsentierten Prozentzahlen. Warum nannte Bush keine absoluten Zahlen und sagte, dass Arbeitnehmerhaushalte ein paar hundert Dollar bekommen würden und Millionäre zehntausende? Das wäre wahrscheinlich nicht gut fürs Geschäft gewesen.

Ein weiterer Kritikpunkt an Bushs so genanntem Job-und-Wachstumsprogramm lag darin, dass es keine Hilfe für Bundesstaaten in finanziellen Nöten vorsah. Bush entgegnete darauf, sein Budgetplan für 2004 enthalte Zuschüsse an Bundesstaaten in Höhe von 400 Milliarden Dollar. »Das ist eine Steigerung um neun Prozent«, sagte er auf einem Treffen der Staatsgouverneure. Doch beim Nachrechnen stellte das Center on Budget and Policy Priorities fest, dass in Bushs Haushalt die Zuschüsse an Bundesstaaten nur um nominell 2,9 Prozent gewachsen waren. Wenn man die Inflationsrate und die ohnehin vorgegebenen staatlichen Zahlungen für das Gesundheitssystem herausrechnete, dann *fielen* die Zuschüsse an Bundesstaaten und örtliche Verwaltungen inflationsbereinigt um 2,8 Prozent. Wieder einmal durfte man Bush vorwerfen, Zahlen manipuliert zu haben.

»Wir haben keinen Überschuss verprasst. Es gab nie einen. Nur einen prognostizierten. Wir haben nie einen realen Dollar in der Hand gehalten.«

Was weder Bush noch das Weiße Haus wegerklären konnten, war die hereinbrechende Flut roter Tinte. Und es war eine wahre Springflut. Trotz der Beteuerungen, der »Hattrick« aus 11. September, Krieg und Rezession sei für die Defizite verantwortlich, verstärkten sich die Anzeichen immer mehr, dass Bushs Steuersenkungsmanie ebenfalls ein Gutteil dazu beisteuerte.

Anfang März 2003 veröffentlichte das Haushaltsbüro des Kongresses einen vernichtenden Bericht. Er vermerkte, dass ohne Bushs Steuer- und Ausgabenpläne das Staatsbudget über zehn Jahre gesehen einen Überschuss von fast 900 Milliarden Dollar aufweisen würde. In anderen Worten: Defizite waren nicht unvermeidlich. Bush hatte sich für ein Defizit entschieden. Die vom Haushaltsbüro präsentierten Zahlen waren Schwindel erregend: *Ohne* Bushs Steuersenkungspläne und beantragte Mehrausgaben läge das Staatsdefizit für 2003 bei 246 Milliarden Dollar – fast um ein Viertel höher, als das Haushaltsbüro noch zwei Monate zuvor prognostiziert hatte. Schaffte Bush es, sein Steuersenkungsprogramm und seine Pläne für Mehrausgaben durchzubringen, würde das Defizit für 2003 auf 287 Milliarden und für 2004 auf 338 Milliarden Dollar hochschnellen. (Das bis dahin höchste Budgetdefizit Amerikas hatte im Jahr 1992 290 Milliarden Dollar betragen.) Würde Bush wirklich bekommen, was er wollte, hätte das nach Aussage des Haushaltsbüros folgende langfristige Auswirkungen auf das Budget: Die jährlichen Defizite werden sich bis ins Jahr 2013 hinein fortsetzen und die Regierung würde 1,8 Billionen Dollar an Schulden anhäufen. (Diese Schätzungen berücksichtigen noch nicht die Kosten für Invasion und Besetzung des Irak oder die neuen und teuren Pläne für Arzneimittelzuschüsse, die Bush zu fördern versprach.)

Amerika steuerte auf ein Desaster zu – und die oben erwähnten Schätzungen wurden bald durch noch düsterere Zahlen ersetzt. Im Jahr 2013 geht die Generation der Babyboomer allmählich in Rente, was das Staatsbudget zusätzlich belasten wird. Sollten sich die angekündigten Defizite tatsächlich einstellen, würde die Regierung bereits unter einem riesigen Schuldenberg ächzen, wenn die Babyboomergeneration ihre Rente erhält und damit beginnt, das Gesundheitssystem zu belasten. Angesichts der vom Haushaltsbüro vorgelegten Zahlen drückten Wirtschaftsexperten die Sorge aus, damit sei eine Haushaltsnotlage programmiert. Doch das Weiße Haus beharrte fest auf seiner Position: Die vorrangige Aufgabe bestehe darin, Steuern zu senken und Arbeitsplätze zu schaffen; angesichts dessen seien die veranschlagten Defizite nebensächlich.

Die *Washington Post* warf Bush in Finanzdingen grobe Fahrlässigkeit vor. »Erst einmal: Was ist mit dem Überschuss passiert?«, fragte sie. Zwei Jahre zuvor hatte das Haushaltsbüro des Kongresses einen Überschuss von 5,6 Billionen Dollar über die nächsten zehn Jahre prognostiziert, was Bush überhaupt erst die Behauptung ermöglichte, das 1,3-Billionen-Steuersenkungspaket sei finanzierbar. Damals hatten Bush und seine Steuersenkungsverbündeten alle Bedenken, ob sich die vorhergesagten Überschüsse auch wirklich einstellen würden, abgetan. Jetzt verteidigte sich das Weiße Haus mit einem Argument, das es zuvor nicht hatte gelten lassen. »Wir haben keinen Überschuss verprasst«, sagte John Snow, Bushs zweiter Finanzminister, vor dem Kongress. »Es gab nie einen. Nur einen prognostizierten. Wir haben nie einen realen Dollar in der Hand gehalten.« Stimmt. Genau so hatten Bushs Kritiker argumentiert: Leg dich nicht auf der Grundlage von vorhergesagten Überschüssen, die vielleicht nie eintreffen, auf ein Mega-Steuersenkungsprogramm fest. Zwei Jahre später machte sich die Regierung Bush die Argumente ihrer Kritiker zu Eigen, um sich von jeder Schuld freizusprechen.

Hochrangige Mitglieder der Regierung Bush leugneten auch weiterhin, dass die erste Steuersenkungsrunde zu der aktuellen Haushaltslage beigetragen habe. Schuld am Defizit, behaupteten sie, seien die verdammt flaue Wirtschaftslage und natürlich die Terroristen. Doch Anfang März 2003 stellte das Committee for Economic Development, eine

Gruppe von Wirtschaftsbossen, fest: »Obwohl man der Wirtschaft erheblichen Anteil an der sich aktuell verschlechternden Haushaltslage zuschreiben darf, liegt die Schuld für die staatlichen Defizite in späteren Jahren eindeutig auf den Schultern der verantwortlichen Politiker.« Damit waren auch die Steuersenker von der Regierung Bush gemeint.

Die *Washington Post* stellte fest, dass die Bilanz der US-Regierung noch finsterer aussah, als die Zahlen des Haushaltsbüros verrieten. Das vom Haushaltsbüro veranschlagte 1,8-Billionen-Defizit beinhalte nämlich, so die Zeitung, einen 2,6-Billionen-Dollar-Überschuss der Rentenkasse – Geld, das man eigentlich durch geeignete Bilanzierungsmaßnahmen für die anwachsende Gruppe von Ruheständlern hätte rückstellen müssen. Das Defizit ohne Rentenkasse werde in Wirklichkeit also bei 4,4 Billionen Dollar liegen. Weitere vom Haushaltsbüro nicht berücksichtigte Faktoren – die (vermutlich kostspielige) Reform der »Alternative Minimum Tax«, die Kosten des Irakkonflikts, eine realistische Schätzung zukünftiger Staatsausgaben – verdüsterten das Bild immer weiter. Wie passte das alles zu Bushs Versprechen, er werde sich nur vorübergehend mit einem geringen Defizit behelfen, das er in der Rede zur Lage der Nation gegeben hatte? Gar nicht.

Einen Monat später, Anfang April, revidierte das Haushaltsbüro seine Budgetschätzung für 2003 und kündigte an, das Defizit nähere sich einem Rekordwert von 400 Milliarden Dollar. Es fügte hinzu, es sei »unwahrscheinlich«, dass Bushs Budget- und Steuersenkungspläne die Wirtschaftslage verbessern würden. Das Weiße Haus schwieg diesen Bericht einfach tot.

»Warum wollen sie nur ein paar läppische Steuer-
senkungen? Wenn sie glauben, Steuersenkungen seien
wichtig, um Arbeitsplätze zu schaffen, sollten sie sich
uns anschließen.«

Bushs Lügen überzeugten den Kongress nicht. Der Senat
beschloss, im Budget einen Betrag von 350 Milliarden
Dollar für Steuersenkungen zu reservieren, nur die Hälfte
dessen, was Bush vorgeschlagen hatte. Das Abgeordnetenhaus einigte sich auf 550 Milliarden. Bushs Kampagne zur
Verdrehung der Tatsachen lief derweil weiter. Mitte April
flog er nach Ohio, um Werbung für sein Vorhaben zu
machen. Er hielt eine Rede in einer Kugellagerfabrik – die
übrigens anlässlich der Wahlen von 2000 260 000 Dollar
für die republikanische Partei und ihre Kandidaten gespendet hatte – und verhöhnte die Skeptiker im Kongress: »Ich
finde, sie schulden uns eine Erklärung. Wenn sie ebenfalls
der Ansicht sind, dass Steuererleichterungen Jobs schaffen,
warum wollen sie nur ein paar läppische Steuersenkungen?
Wenn sie glauben, Steuersenkungen seien wichtig, um
Arbeitsplätze zu schaffen, sollten sie sich uns anschließen.«
   Weiter konnte man die Vereinfachung nicht mehr treiben. Seine Widersacher, darunter auch Republikaner, hatten verschiedene Gründe dafür, Bushs Pläne abzulehnen
oder ein weniger teures Paket von 350 Milliarden vorzuziehen – eine »läppische« Summe, wie Bush ungerechterweise
spottete. Bushs Unterstellung, Steuer- und Budgetpolitik
lasse sich allein auf die Formel »weniger Steuern, mehr
Jobs« reduzieren, verzerrt die Wahrheit. Wenn man diese
Logik weiterspinne, so Joel Slemrod, Finanzwissenschaftler
an der University of Michigan, gegenüber der *Washington
Post*, sollte Bush verlangen, alle Steuern zu streichen, um
noch mehr Jobs zu schaffen. »Der Ansatz ›je weniger Steuern, desto besser‹ ist in logischer Hinsicht definitiv fehler-

haft.« Die Kunst der Steuerpolitik bestand schon immer darin, die richtige Mischung aus verschiedenen Steuerarten und -sätzen zu finden. Beispielsweise urteilte Joel Prakken von Macroeconomic Advisers (jener Firma, die das vom Weißen Haus verwendete Modell zur Schätzung der Beschäftigungseffekte entwickelt hatte), Bushs Steuerplan werde nach 2007 unter dem Strich negative Auswirkungen auf die Wirtschaft haben.

Auf der Veranstaltung in Ohio wiederholte Bush die falsche Anschuldigung, der Kongress (und nicht er selbst) sei für die Streckung des ersten Steuerpakets über mehrere Jahre verantwortlich. Er nannte erneut die falsche Zahl, dass Rentner die Hälfte aller steuerpflichtigen Dividenden bekämen. Und er sagte – die vielleicht größte Lüge des Tages: »Diese Nation hat ein Haushaltsdefizit, weil wir Krieg geführt haben.« Doch die Nation war schon vor dem 11. September in die roten Zahlen geraten, teilweise wegen Bushs erster Steuersenkungsrunde. Defizitfinanzierte Staatsausgaben können sinnvoll sein; unter gewissen Umständen handelt eine Regierung klug, wenn sie Schulden aufnimmt und ihre Ausgaben steigert. Doch Bush weigerte sich, seine Mitschuld an den neuen Defiziten anzuerkennen und einzugestehen, dass die Kosten der Steuersenkung sich in späteren Jahren in Form gravierender Haushaltsengpässe niederschlagen würden.

Den Vorwurf, seine Steuersenkungen würden reiche Menschen krass bevorzugen, tat Bush als »typisches Politikkampfgeschrei« ab. Zum Beleg für seine Aussagen zeichnete er ein verzerrtes Bild seiner Steuersenkungen. In einer Routineansprache sagte er: »Sie werden vielstimmiges Geschrei hören, der Plan sei unfair. Nun, lassen Sie mich beschreiben, was er für eine vierköpfige Familie mit 40 000 Dollar im Jahr bedeutet. Ihre Steuern sinken von 1 178 Dollar auf 45 Dollar im Jahr ... Ich finde, das klingt fair.«

Bush drehte es so hin, als sei sein Plan in erster Linie ein Geschenk an die Mittelschicht. Und manche Familien würden tatsächlich so viel Steuern sparen, wie Bush behauptet hatte, aber die meisten Bezieher von Einkommen bis 40 000 Dollar würden weniger profitieren. Doch die Steuersenkungen, die Bush mit diesem Beispiel angesprochen hatte – Erhöhung der Steuergutschrift für Kinder, Erweiterung des Einkommensbereichs, der nur mit zehn Prozent besteuert wird, Senkung des so genannten Ehe-Malus –, beliefen sich nach Angaben des Center on Budget and Policy Priorities auf insgesamt 157 Milliarden Dollar, weniger als ein Viertel von Bushs Gesamtpaket. Der Präsident hätte Bezieher von mittleren und geringen Einkommen also genauso weit entlasten können, ohne ein monströses Defizit anzuhäufen. Die Frage nach der Fairness mit diesem Beispiel zu beantworten, war unehrlich, denn Bushs Widersacher kritisierten ja vorwiegend nicht diese Steuererleichterungen, sondern seine Pläne, die Steuern auf Dividenden abzuschaffen und die Senkung der Spitzensteuersätze zu beschleunigen. Dies waren diejenigen Vorhaben, welche die Kosten der Gesetzesvorlage in die Höhe trieben und die Reichen unverhältnismäßig privilegierten.

Bush schaffte es nicht, den Kongress zur Übernahme seines ursprünglichen Plans zu bewegen. Im Abgeordnetenhaus erstellten führende Republikaner eine 550-Milliarden-Dollar-Vorlage, die aber ganz anders strukturiert war als Bushs Vorschlag. Anstatt die Steuern auf Dividenden abzuschaffen, sah der Entwurf beispielsweise vor, die Steuern auf Dividenden und Kapitalerträge zu senken und die Steuererleichterungen für die Mittelschicht zeitlich eng zu begrenzen. Aber die Autoren des Entwurfs rechneten fest damit, dass diese Steuererleichterungen in Wirklichkeit nie auslaufen würden. Denn könnten zukünftige Abgeordnete und Präsidenten es zulassen, dass die Steuern für die Mittelschicht stiegen? Nein; aber indem man ein Ablaufdatum für die Steuererleichterung in die Vorlage schrieb, konnte man die prognostizierten Kosten des Gesetzes über zehn Jahre künstlich niedrig halten. Nahm man aber an, dass die Steuererleichterungen auch nach ihrem vorgesehenen Ende weitergelten würden – wovon die meisten Experten ausgingen –, dann lagen die tatsächlichen Kosten des Pakets etwa eine Billion Dollar *über* der Summe, die Bush erbeten hatte. Der Entwurf des Abgeordnetenhauses würde die Reichen sogar noch besser wegkommen lassen als mit Bushs Paket, ermittelte das Tax Policy Center. Als Reaktion auf den Vorschlag sagte die Regierung Bush, eine Senkung der Dividendensteuern um die Hälfte genüge nicht. Bush wollte alles. Und als sich die Republikaner im Senat auf ein 350-Milliarden-Dollar-Steuersenkungsprogramm geeinigt hatten, das eine verschlankte Version der Dividendensteuersenkung vorsah, kommentierte Fleischer: »Ungenügend, aber ein Fortschritt.«

Am 9. Mai 2003 verabschiedete die republikanische Mehrheit im Abgeordnetenhaus die 550 Milliarden Dollar teuren Steuersenkungsgesetze. Sechs Tage später stimmte der republikanisch dominierte Senat mit 51 zu 49 Stimmen für einen 350-Milliarden-Plan, der großzügigere Steuersenkungen für Investoren und Unternehmen vorsah. Doch die republikanischen Mehrheiten in beiden Häusern hatten sich mit Rechentricks beholfen. Die Gesetzesvorlage im Senat sah vor, dass die Senkung der Steuern auf Dividenden und andere Maßnahmen im Jahr 2007 auslaufen sollten. Aber niemand glaubte, dass das auch tatsächlich geschehen würde. Das bedeutete, dass die wahren Kosten des Gesetzes eher bei 700 Milliarden Dollar liegen würden. »Die Tatsache, dass selbst der Senat nach dem Enron-Bilanzskandal solchen Hokuspokus zuließ, zeigt, wie sehr die Haushaltsdisziplin auf den Hund gekommen ist«, mäkelte Robert Bixby, leitender Direktor der Haushaltswächter-Vereinigung Concord Coalition.

Doch mit Bushs Segen begannen Vertreter beider Häuser, einen Kompromiss auszuhandeln. Und am 23. Mai verabschiedeten Parlament und Senat ein 320-Milliarden-Dollar-Steuersenkungsprogramm, wobei Cheney im Senat die entscheidende Stimme beisteuerte. Die meisten Dividenden- und anderen Kapitalerträge werden zukünftig mit 15 Prozent besteuert werden; diese Maßnahme machte allein beinahe die Hälfte des Gesamtpakets aus. Die Senkung der Einkommensteuersätze wurde beschleunigt. Familien mit mittlerem Einkommen werden aufgrund der erhöhten Gutschriften für jedes Kind 400 Dollar zusätzlich bekommen. Unternehmen werden mehr Ausgaben steuerlich absetzen können. Der so genannte Ehe-Malus wurde gesenkt. Durch den Einsatz einer ganzen Reihe von fiktiven Ablaufdaten schafften es die Republikaner, die wahren Kosten des Programms zu verschleiern: mindestens 800 Milliarden, möglicherweise eine Billion Dollar. Und die meisten Steuerersparnisse werden bei den Reichen landen. Nach Angaben des Center on Budget and Policy Priorities werden Steuerpflichtige mit einem Einkommen von mehr als einer Million Dollar im Jahr 2003 93 500 Dollar sparen, während die Hälfte aller US-Haushalte 100 Dollar oder weniger bekommen werden. Passende Koinzidenz der Ereignisse: Am Tag, als das Steuerprogramm verabschiedet wurde, stimmte der Senat auch einer Erhöhung der maximalen Staatsverschuldung um beinahe eine Billion auf 7,4 Billionen Dollar zu. Dies war der größte Sprung in der Geschichte. Angesichts der beschlossenen Steuergeschenke wird die US-Regierung diesen Kreditrahmen möglicherweise auch brauchen.

»Dieser Kongress ist fähig, die Probleme, denen das amerikanische Volk gegenübersteht, zu erkennen und anzupacken.«

Zuvor hatte Bush ein 350-Milliarden-Dollar-Programm als »läppisch« bezeichnet. Doch die 320-Milliarden-Maßnahmen, die schließlich beschlossen wurden, nannte er »gut für amerikanische Arbeiter, gut für amerikanische Familien«. Vielleicht tröstete ihn die Tatsache, dass das Programm letztlich über 800 Milliarden kosten würde. Bush sagte: »Dieser Kongress ist fähig, die Probleme, denen das amerikanische Volk gegenübersteht, zu erkennen und anzupacken.« Was immer diese Steuersenkungen angesichts eines sich ausweitenden Defizits bewirken sollten – würde eine Senkung der Kapitalertragssteuern für die Reichen mehr Jobs mit sich bringen? –, die Republikaner im Kongress hatten das Volk hinters Licht geführt. Sie hatten es nicht geschafft, sich die wahren Kosten ihres Steuerprogramms einzugestehen und sich mit den Folgen auseinander zu setzen. Bush tat es ihnen gleich; in Steuerdingen war er ja schon gewohnt, die Bilanzen zu frisieren.

Auch Bush drückte sich darum, die Konsequenzen seiner Steuersenkungen für den Haushalt zu diskutieren. Nach Verabschiedung des Gesetzes erklärte er: »Ich werde auch mit dem Kongress zusammenarbeiten, um das Budgetdefizit zu senken, das durch Krieg, Rezession und Terrorangriffe entstanden ist. Ein beschleunigtes Wirtschaftswachstum wird mehr Einnahmen in die Kassen unseres Finanzministers spülen.« Wieder einmal schob er alle Schuld an den Defiziten dem »Hattrick« in die Schuhe und behauptete – gegen die erklärte Ansicht seiner eigenen Wirtschaftsexperten und vieler anderer –, seine Steuersenkungen würden zu mehr Staatseinnahmen führen. Die

Financial Times war entsetzt: »Die langfristigen Kosten der Finanzierung riesiger Budgetdefizite, die sich weit in die Zukunft ziehen, werden zukünftige Generationen schwer belasten. Weil nur ein kleiner Teil der Steuersenkungen sofort wirkt, kann man die nötigen kurzfristigen Impulse auf die Wirtschaft außer Acht lassen... Die Verrückten haben die Leitung des Irrenhauses übernommen. Die Ablaufklauseln im Gesetz, mit denen die Kosten des Programms über zehn Jahre kleingerechnet werden, beleidigen die Intelligenz des amerikanischen Volkes... Die vernünftige Mehrheit kann angesichts dieses Wahnsinns nicht viel ausrichten: Argumente werden überhört, Erkenntnisse der Wirtschaftswissenschaft verleugnet, unbequeme Fakten ignoriert.«

Als Bush das Steuersenkungsgesetz unterschrieb, pries er das Paket: Es »wird 136 Millionen amerikanischen Steuerzahlern erhebliche Steuersenkungen bescheren. Wir helfen Arbeitern, die mehr Geld nach Hause bringen müssen. Wir helfen alten Leuten, die von Dividenden abhängig sind. Wir helfen Familien mit Kindern; sie bekommen unmittelbare Hilfe.« Millionäre erwähnte Bush allerdings nicht. Er tat so, als ob die ärmsten Steuerzahler am meisten bekämen. Doch die Hälfte aller Haushalte würde 100 Dollar oder weniger sparen. (Ist das eine »erhebliche« Summe?) Ein Großteil der »Steuererleichterungen« auf Dividenden würde reichen Ruheständlern zugute kommen. Und was die Unterstützung von Familien mit Kindern anging: Nach Unterzeichnung des Gesetzes enthüllten Medienberichte, dass die endgültige Version des Gesetzes einen Passus über Steuergutschriften für Familien mit Kindern wegließ, der annähernd zwölf Millionen Kindern in Familien mit einem Einkommen knapp über dem Mindestlohn geholfen hätte. Diese Maßnahme hätte 3,5 Milliarden Dollar erfordert – ein Prozent der Gesamtkosten.[9] Nach Verabschiedung des Steuerprogramms veröffentlichte das Tax Policy Center eine Analyse, wonach 8,1 Millionen Bezieher niedriger oder mittlerer Einkommen durch das neue Gesetz keinen Cent Steuern sparen würden. (Fleischer hingegen hatte behauptet, die Leute mit den geringsten Einkommen würden »am meisten« von den Senkungen profitieren.)

»Wir haben entschlossen gehandelt«, sagte Bush, »um die Basis unserer Wirtschaft zu stärken, so dass jeder Amerikaner, der einen Job will, auch einen finden kann.« Wollte Bush damit wirklich behaupten, sein Gesetz werde die Arbeitslosigkeit abschaffen? Vielleicht nicht; doch er übertrieb die Beschäftigungseffekte mehr, als gerechtfertigt war. Seine Berater behaupteten, die verschiedenen Steuersenkungen würden bis Ende 2004 eine Million zusätzliche Jobs schaffen. Die konservative Heritage Foundation schätzte, dass die Gesamtzahl der Beschäftigten in den USA in diesem Zeitraum um 3,2 Millionen steigen werde, wobei aber nur 500 000 Arbeitsplätze den Steuersenkungen zu verdanken sein würden. Und Mark Zandi, Chefökonom der Wirtschaftsprognosefirma Economy.com, sagte der *New York Times*, bis Ende 2004 würden die Steuersenkungen zwar 480 000 Jobs schaffen, im nächsten Jahrzehnt aber Jobs *kosten*. Wochen später, Ende Juni, stieg die Arbeitslosenquote auf 6,4 Prozent, den höchsten Stand seit neun Jahren. Im ersten Halbjahr 2003 waren 236 000 Arbeitsplätze verloren gegangen.

---

9 Der Senat reagierte schnell und verabschiedete ein 10-Milliarden-Dollar-Gesetz, das 6,5 Millionen Familien mit niedrigem Einkommen höhere Steuergutschriften für Kinder zugestand. Obwohl die Republikaner für die Vorlage stimmten, waren sie nicht glücklich darüber. Doch sie wollten nicht dastehen, als ob sie die Armen absichtlich abgezockt und gleichzeitig den Millionären Steuererleichterungen zugeschustert hätten.

Seine Lügen hatten Bush nicht genau zu dem Steuerpaket verholfen, das er gewünscht hätte. Seine Vision von der Abschaffung der Steuern auf Dividenden blieb unerfüllt. Doch angesichts der Widerstände von Demokraten und vielen Ökonomen gegen sämtliche Steuersenkungen, auf die er ursprünglich gedrängt hatte, konnte Bush einen großen Sieg für sich reklamieren: Er hatte den Kongress dazu gebracht, Steuersenkungen in Höhe von offiziell 320 Milliarden Dollar zu verabschieden – und die wahren Kosten des Pakets lagen bis zu dreimal so hoch. Selbst wenn man nur die offiziellen Kosten rechnete, war das Steuersenkungsprogramm das drittgrößte der Geschichte, und das nur zwei Jahre nachdem Bush die größte Steuersenkung aller Zeiten durchgebracht hatte.

Sein Erfolg bestand nicht nur in der schieren Größe des Pakets. Bush hatte es auch geschafft, die Weniger-ist-mehr-Ideologie der angebotsorientierten Wirtschaftspolitik wiederzubeleben, die in den Jahren nach Reagan kaum mehr als respektabel gegolten hatte. Bush ebnete den Weg zu riesigen Defiziten, die später einen extremen Druck ausüben würden, staatliche Leistungen zu kürzen und Sozialprogramme zu beschneiden. In einem zornigen Leitartikel vermerkte die *Washington Post*: »Was immer diese Maßnahme auch an Erleichterung bringt, sie kann doch den enormen Schaden nicht ausgleichen, der Familien mit geringem oder mittlerem Einkommen in den kommenden Jahren daraus entstehen wird ... Gestehen wir es uns ein: Defizite des Landes und der Bundesstaaten bedeuten zukünftig weniger Nachmittagsbetreuung für arme Kinder, weniger Zuschüsse für Gesundheitsprogramme, weniger Mietkostenzuschüsse. Und das ist erst der Anfang.« Bush war in dieser Hinsicht nicht ehrlich gewesen – er hatte mit keinem Wort erwähnt, welch tiefe Einschnitte bei den staatlichen Dienstleistungen in den nächsten

279

zehn Jahren wegen seiner Steuersenkung unvermeidbar werden würden.

Darüber hinaus gelang es Bush, die Verteilung der Steuerlast deutlich zugunsten der Reichen zu verändern. Die *Washington Post* schrieb: »Bei den Bundessteuern wird der effektive Satz für Haushalte mit einem Jahreseinkommen von über 416 000 Dollar bis 2010 von 32,7 Prozent (als Bush das Amt übernahm) auf 26,9 Prozent und der Anteil dieser Haushalte am Steueraufkommen von 24,3 auf 22,8 Prozent gesunken sein.« Die Reichen werden noch reicher, während die Ärmeren einen größeren Teil der nationalen Steuerlast übernehmen. Bush bewirkte diese Veränderung, war dabei aber unaufrichtig. Oft verkaufte er seine Steuersenkungen als Wohltat für die Mittelschicht. Nie sagte er in seinen Reden: *Unser Ziel ist übrigens, der amerikanischen Mittelschicht einen höheren Anteil am Gesamtsteueraufkommen aufzubürden.* Es gibt verschiedene Methoden zur Messung von Be- und Entlastungseffekten durch Steuern, und Ökonomen streiten unermüdlich darüber, welche die beste sei. Aber, so die *Washington Post*, in dieser Sache seien sich alle einig: »Konservative und Progressive stimmen darin überein, dass Bushs Steuerpolitik der Mittelschicht einen höheren Anteil an der Steuerlast aufgebürdet hat.« Würde Bush sagen: »Ich finde, das klingt fair.«?

Mitte Juli 2003 gab das Weiße Haus die neueste Prognose für das Defizit 2004 bekannt: 450 Milliarden Dollar – 50 Prozent mehr, als man noch ein halbes Jahr zuvor angenommen hatte, und fast 200 Milliarden Dollar mehr, als der Haushaltsausschuss des Kongresses im März angesetzt hatte. Von einem 127,3-Milliarden-Dollar-*Überschuss* im Jahr 2001 ausgehend, hatte sich der Haushaltssaldo um 577 Milliarden Dollar verschlechtert. Das Weiße Haus behauptete, das prognostizierte Defizit sei »beherrschbar«, riesige Staatsdefizite seien nur ein vorübergehendes Phänomen, bis 2008 werde die Verschuldung auf 226 Milliarden Dollar fallen, und ohnehin werde die aktuelle Verschlechterung der Haushaltslage nur durch die lahme Wirtschaft verursacht. »Die vom Präsidenten vorgeschlagenen und vom Kongress erwirkten Steuersenkungen sind nicht das Problem«, sagte Josh Bolten, der kurz zuvor neu eingesetzte Budgetdirektor des Weißen Hauses.

Die erbosten Defizitfeinde von der Concord Coalition widersprachen: »Ein großer Teil des zusätzlichen Defizits kann legitimen kurzfristigen Zusatzausgaben... oder... unerwartet niedrigen Einnahmen zugeschrieben werden. Doch die größte kurzfristige Veränderung brachte das ›Jobs und Wachstum‹-Paket [Präsident Bushs].« Die Concord Coalition nannte Bushs Steuerpaket »trügerisch« und urteilte: »Möglicherweise sorgt es tatsächlich für einen kurzlebigen fiskalischen Schub, doch jeder daraus resultierende Vorteil wird langfristig wahrscheinlich durch eine niedrigere Spar- und Investitionsquote zunichte gemacht, die durch zukünftige Defizite verursacht werden wird. In dieser Hinsicht muss man unbedingt erkennen, dass der tatsächliche Einnahmenverlust deutlich höher liegen wird als die offiziell geschätzte Summe von 350 Milliarden Dollar.« Das Center on Budget and Policy Priorities (CBPP) wies darauf hin, dass die Schätzungen des Weißen Hauses hinsichtlich des langfristigen Defizits auf unrealistischen Annahmen beruhten (unter anderem sinkende Militärausgaben im Jahr 2004 und keinerlei Ausgaben für Besetzung und Wiederaufbau des Irak nach September 2003). »Die neue Haushaltsprognose der Regierung«, so das CBPP, »unterschätzt die zukünftig zu erwartenden Defizite erheblich.«

Bei seiner Steuersenkungskampagne 2003 wiederholte Bush seine vor Lügen nur so strotzende Kampagne von 2001 erfolgreich. Aber es gab einen dramatischen Unterschied: 2001 verspielte er leichtfertig, was wie ein gesunder Budgetüberschuss aussah. (Bush behauptete, der Überschuss werde auch nach den Steuersenkungen weiterbestehen, seine Widersacher bestritten das. Die Geschichte zeigte – schon Monate später –, dass Bush falsch gelegen hatte.) Zwei Jahre später, in Zeiten staatlicher Defizite, log Bush, um ein Paket zu rechtfertigen, das die Nation tiefer in den Sumpf ziehen würde.

Ausgerechnet diejenige Führungsperson, die so gern sagte, sie läute eine neue Ära der Verantwortlichkeit ein, weigerte sich, die Verantwortung für die Ergebnisse ihrer eigenen Politik zu übernehmen. Bush gestand nie ein, dass sein erstes Steuersenkungsprogramm das Defizit verschärft hatte, und erwähnte zu keinem Zeitpunkt, dass die zweite Steuersenkungsrunde den Haushalt noch tiefer in die roten Zahlen stürzen würde. Hartnäckig versteckte er sich hinter mathematischen und buchhalterischen Tricks, verwendete irreführende Durchschnittszahlen und klammerte sich inbrünstig an die Behauptung, dass Steuersenkungen zu Mehreinnahmen führen würden, obwohl seine eigenen Wirtschaftsexperten das bestritten. Bush hing rosafarbenen Haushaltsträumen nach – und zwang die Amerikaner der Gegenwart und Zukunft, ebenfalls in dieser Scheinwelt zu leben.

14. Im Irak

»Wir werden die Wahrheit enthüllen.«

Der Irakkrieg lief gut für George W. Bush: Das eigentliche Kampfgeschehen dauerte nur drei Wochen, die US-Streitkräfte erlitten relativ geringe Verluste – 138 amerikanische Soldaten kamen zu Tode. Saddam Hussein wurde besiegt, seine Gewaltherrschaft beendet. Wäre ein Machtwechsel das erklärte Kriegsziel gewesen, hätte Bush einen eindeutigen Erfolg errungen. Doch in der langen Vorbereitung auf die Invasion hatte Bush wiederholt gesagt, er ziehe in erster Linie in den Krieg, um das amerikanische Volk vor der Bedrohung durch Saddam Husseins Massenvernichtungswaffen zu beschützen. Bush und sein Team für nationale Sicherheit hatten nachdrücklich behauptet, dass der Irak über gefährliche Mengen von Massenvernichtungswaffen verfüge (kein Zweifel möglich) und dass man diese Waffen »dringend«, so Bush, finden, sicherstellen und zerstören müsse, bevor sie gegen Amerikaner eingesetzt würden. Bush und seine Leute hatten auch angekündigt, im Irak – wo die US-Truppen als Befreier herzlich empfangen werden würden – eine demokratische Regierung zu installieren. Offensichtliche Schwierigkeiten und mögliche Gefahren wurden totgeschwiegen.

Was die zentralen Fragen anging, brachte der Krieg den Beweis, dass Bush in den Monaten vor der Invasion der amerikanischen (und globalen) Öffentlichkeit gegenüber nicht aufrichtig gewesen war. Als die US-Streitkräfte ins Land einrückten, schienen sich Regierung und Pentagon wegen der irakischen Massenvernichtungswaffen nur wenige Sorgen zu machen. Wenn Bushs Absicht wirklich war, Terroristen daran zu hindern, sich Massenvernichtungswaffen zu verschaffen, wie er so oft betont hatte, ließ sich das aus den Handlungen seiner Leute im Irak jedenfalls nicht ablesen. Bemerkenswerterweise gelang es dem US-Militär weder während des Krieges noch danach, diejenigen Waffen aufzuspüren, die Bush als *den* Invasionsgrund hingestellt hatte. Die Phase nach Ende des offenen Krieges zeigte, dass Bush und seine Falken die Schwierigkeiten, die mit einer Besetzung des Landes einhergingen, zu erwähnen vergessen hatten. Schlimmer noch: Offenbar hatte sich niemand darauf vorbereitet, was nach dem militärischen Sieg zu tun sein würde. Nun, da der Krieg vorbei war, wurde noch offensichtlicher, wie sehr die Regierung Bush vor der Invasion gelogen hatte.

»Jeder Sieg in diesem Feldzug und alle Opfer dienen dem Zweck, unschuldige Leben in Amerika und aller Welt vor den Waffen des Terrors zu schützen.«

Während des Krieges verdrehte das Pentagon die Wahrheit auf mancherlei Weise. Nachdem es anfänglich so aussah, als liefe die Invasion weniger glatt, als einige Vertreter der Regierung vorhergesagt hatten, versuchte Donald Rumsfeld seine Rolle bei der Ausarbeitung des kritisierten Invasionsplans zu leugnen. Auf einer Pressekonferenz im Pentagon verkündete er: »Dieser Kriegsplan ist [General] Tom Franks' Plan.« Journalisten und Kommentatoren fassten diese Bemerkung als Versuch auf, sich von einem Invasionsplan zu distanzieren, den Rumsfeld maßgeblich gestaltet hatte. Rumsfeld behauptete auch, die militärische Allianz gegen den Irak sei »breiter als diejenige 1991 im Golfkrieg«. Doch das war plumpe Schönfärberei. Der laufende Krieg war fast ausschließlich eine amerikanisch-britische Angelegenheit; die meisten der 46 Alliierten beteiligten sich nur insofern, als sie die Invasion guthießen. Die Allianz von 1991 hatte aus 34 Ländern bestanden, die Truppen, Flugzeuge, Schiffe oder medizinisches Personal beisteuerten; Dutzende weitere Länder billigten die Aktion.

Die Medien berichteten breit über einen Zwischenfall, bei dem US-Soldaten etwa zehn irakische Zivilisten, darunter fünf Kinder, töteten. Das Pentagon behauptete, die Soldaten hätten sich weisungsgemäß verhalten und Warnschüsse abgegeben, als das einheimische Fahrzeug sich dem Kontrollpunkt näherte. Doch William Branigin von der *Washington Post* war Augenzeuge des Vorfalls. Er schrieb, die Soldaten hätten es versäumt, rechtzeitig Warnschüsse abzugeben. Nachdem das Fahrzeug zerstört worden war, brüllte der Hauptmann der Einheit seinen Zugführer über Funk an: »Ihr habt verdammt noch mal gerade eine Familie umgebracht, weil ihr nicht rechtzeitig einen Warnschuss abgegeben habt!« Nach der gewaltsamen Befreiung der Soldatin Jessica Lynch aus einem Krankenhaus in Nasiria berichtete Brigadegeneral Vincent Brooks, stellvertretender Einsatzleiter des amerikanischen Regionalkommandos, den zahlreichen Reportern: »Im Gebäude kam es zu keinem Feuergefecht, … nur draußen, beim Hineinstürmen und Herauskommen.« Zwei Monate später erklärte Oberstleutnant David Lapan, ein Sprecher des Pentagons, gegenüber Associated Press, dass das Rettungsteam nicht beschossen worden sei (nur deren Unterstützungstruppen).

Das Aufbauschen einer vornehmlich nur dem Namen nach existierenden Koalition, das Vorbringen windiger Entschuldigungen, die Weigerung, die Verantwortung für einen Kriegsplan zu übernehmen, der offenkundige Mängel hatte, das Hochspielen eines der dramatischsten (und filmreifsten) Momente des Krieges – all das waren typische Lügen in Kriegszeiten. Aber schon bald nach Beginn der Invasion offenbarte sich eine viel weiter reichende Unehrlichkeit der Regierung Bush. Denn ihr Verhalten im Irak passte überhaupt nicht zu den hysterischen Warnungen der Vorkriegszeit vor Saddam Husseins Massenvernichtungswaffen. Bush hatte ja ständig wiederholt, der Krieg sei absolut notwendig, um eine direkte Gefahr durch Massenvernichtungswaffen abzuwenden. Doch in frappierendem Kontrast dazu zeigte er nach Beginn des Krieges keinerlei Bereitschaft, eine ernsthafte Suche nach den Waffen anzuordnen, die doch angeblich Amerika bedrohten.

Auch als die US-Truppen schon im Irak standen, erinnerte die US-Regierung die Öffentlichkeit immer wieder an die unmittelbare Gefahr, die von Husseins Massenvernichtungswaffen ausgehe. Am 20. März 2003, dem ersten ganzen Kriegstag, sagte Rumsfeld: »Wir haben eine schwerwiegende Aufgabe vor uns: Wir müssen das Regime stürzen und die Massenvernichtungswaffen finden und eine Regierung einsetzen, die diese Waffen nicht will.« Am folgenden Tag erklärte er: »Unser Ziel ist, das amerikanische Volk zu verteidigen, die Massenvernichtungswaffen des Irak unschädlich zu machen und das irakische Volk zu befreien.« Er versicherte der amerikanischen Öffentlichkeit, die US-Truppen würden »Iraks Massenvernichtungswaffen, die dazugehörigen Trägersysteme, Produktionsanlagen und Transportnetze identifizieren, isolieren und schließlich zerstören«. Weiter erklärte er: »Wir werden sicherstellen, ... dass die Massenvernichtungswaffen nicht in die Hände von Terroristen fallen.« Tage später sagte er: »Wir sind hier, um die Massenvernichtungswaffen in diesem Land zu zerstören.« Am 30. März verstieg er sich zu der Behauptung, er wisse, wo man solche Waffen finden werde: »Wir wissen, wo sie sind. Sie befinden sich in der Gegend um Tikrit und Bagdad und ein wenig im Osten, Westen, Süden und Norden.«

Auch Bush sprach immer wieder von der Notwendigkeit, die Massenvernichtungswaffen aufzuspüren. Am 25. März begab er sich ins Pentagon, um das Sonderbudget vorzustellen, das er für den Krieg beantragen wollte: 74,7 Milliarden Dollar – nachdem er sich monatelang geweigert hatte, eine Schätzung darüber abzugeben, wie viel der Krieg wohl kosten werde. In seiner Rede sagte er: »Unsere Koalition wird... durch den Willen zusammengehalten, nicht nur dieses Land, sondern alle Nationen vor einem brutalen Regime zu schützen, das mit Waffen gerüstet ist, die tausende Unschuldiger töten könnten.« Am folgenden Tag besuchte er die Luftwaffenbasis MacDill in Florida, den Standort des regionalen Zentralkommandos und der Sonderkommandotruppen. Er sprach von der Aufgabe, das irakische Volk zu befreien, primär müsse man sich aber um die irakischen Massenvernichtungswaffen kümmern. »Jede Nation in unserer Allianz«, sagte er, »versteht die schreckliche Bedrohung, die von Massenvernichtungswaffen ausgeht... Jeder Sieg in diesem Feldzug und alle Opfer dienen dem Zweck, unschuldige Leben in Amerika und aller Welt vor den Waffen des Terrors zu schützen.«[10]

---

10 Auf MacDill sagte Bush auch: »Wir haben das Lager einer Terrorgruppe im Nordirak zerstört, die vorhatte, Amerika und Europa mit tödlichen Giften anzugreifen.« Er bezog sich auf einen Stützpunkt von Ansar-al-Islam, einer militanten Gruppe, die offenbar tatsächlich an der Entwicklung von Giften geforscht hatte. Powell hatte Ansar-al-Islam in seiner Präsentation vor der UN als Beweis für die »finstere Verbindung« zwischen al-Qaida und Saddam Hussein angeführt. Doch Bush übertrieb die Bedrohung durch diese Extremisten. Nach dem Krieg besuchte Jeffrey Fleishman von der *Los Angeles Times* ihr nahezu entvölkertes Camp im kurdisch kontrollierten Teil des Irak und berichtete: »Dokumente, Aussagen von verhafteten Ansar-Kämpfern und Besuche in den Hochburgen der Gruppe vor und nach dem Krieg lieferten keine stichhaltigen

Am 9. April, dem Tag, als amerikanische Truppen Bagdad einnahmen, betonte Rumsfeld noch einmal die vorrangige Mission: »Wir müssen immer noch Iraks Herstellungsstätten für Massenvernichtungswaffen finden und sichern. Und wir müssen Iraks Grenzen sichern, um den Abfluss von ABC-Material oder hochrangigen Regimeangehörigen zu verhindern.«

»Wir sind uns ganz sicher, dass sie Massenvernichtungs-waffen haben. Darum ging es und geht es in diesem Krieg.«

Während der Kampfhandlungen fanden amerikanische und britische Truppen keine Massenvernichtungswaffen. Es gab Berichte über die Entdeckung solcher Waffen. Eine US-Einheit glaubte (fälschlicherweise), eine Anlage zur Herstellung von Chemiewaffen entdeckt zu haben. Andere Soldaten fanden drei 250-Liter-Fässer mit Chemikalien, die ihnen verdächtig vorkamen. (Es stellte sich heraus, dass die Fässer Unkrautvernichtungsmittel enthielten.) Bei einer Gelegenheit sagten hochrangige Angehörige des US-Militärs, sie hätten eine verschlüsselte Nachricht abgefangen, wonach irakische Truppen sich darauf vorbereiteten, chemische oder biologische Waffen einzusetzen. (Zu einem solchen Angriff kam es nie; später gaben Pentagon-Mitarbeiter zu, dass man einer Falschinformation aufgesessen

Beweise für eine Verbindung nach Bagdad und ließen erkennen, dass Ansar keine Terrororganisation mit ausdifferenzierter Struktur war. Die Gruppe war ein wild entschlossener, aber heruntergekommener al-Qaida-Abklatsch ohne die Fähigkeit, außerhalb ihres Einflussbereichs in den Bergen eine ernsthafte Gefahr darzustellen. Hauptziel der 700 bis 800 Guerillakämpfer war, die weltliche, von den USA unterstützte Kurdenregierung im Nordirak zu bekämpfen.«

war.) Hatten Bush und seine Regierung sich in der Frage, ob es große Mengen an Massenvernichtungswaffen im Irak gab, getäuscht? Am 10. April erklärte Fleischer: »Wie ich bereits gesagt habe, wir sind uns ganz sicher, dass sie Massenvernichtungswaffen haben. Darum ging es und geht es in diesem Krieg.«

Trotz solchen Geredes zeichnete sich nun, da der Krieg dem Ende entgegenging, ab, dass Bush und Pentagon keinen detaillierten Plan ausgearbeitet hatten, wie man die Massenvernichtungswaffen – vor denen sie so leidenschaftlich gewarnt hatten – rasch finden und unschädlich machen sollte. Sie hatten auch keine besonderen Maßnahmen ergriffen, um ein viel diskutiertes Albtraumszenario zu verhindern: dass Terroristen, Gauner und hochrangige Regimeangehörige die Kriegswirren nutzen, um Chemie- und Biokampfstoffe sowie Material zur Herstellung von Massenvernichtungswaffen zu entwenden und aus dem Irak zu schaffen. Bush und seine Krieger zeigten bei der Suche nach Massenvernichtungswaffen eine Haltung, die man als lustlos bezeichnen könnte. »Ich hatte nicht den Eindruck, dass das eine besondere Priorität besaß«, verriet Fred Ikle, während der Präsidentschaft Reagans Unterstaatssekretär im Verteidigungsministerium, der *New York Times* später.

Am 11. April stellte Rumsfeld es gar so hin, als sei die Suche nach Massenvernichtungswaffen eine nebensächliche Aufgabe. »Sollte es in einer von uns besetzten Gegend einen verdächtigen Ort geben, an dem vielleicht Massenvernichtungswaffen liegen, sehen unsere Leute sich das an, wenn sie Zeit haben.« *Wenn sie Zeit haben?* Was ist aus dem Hauptkriegsziel geworden, Massenvernichtungswaffen unschädlich zu machen? Sicherlich bestand die oberste Verantwortung der amerikanischen Truppen darin, zunächst einmal die Schlacht zu gewinnen. Aber Truppen an der

Front hätten von ABC-Suchtrupps begleitet werden können, welche die hunderte verdächtiger Stätten untersuchen und sichern hätten können. Schließlich war das angebliche Kriegsziel doch, zu verhindern, dass Saddam chemische und biologische Waffen oder atombombenfähiges Material an Terroristen weitergab, mit denen diese dann Amerika angreifen würden.

Am 9. April sagte Rumsfeld: »Die Vorstellung, dass diese Materialien das Land verlassen und in die Hände von Terroristen geraten könnten, ist sehr beunruhigend. Deswegen müssen wir dafür sorgen, dass das nicht passiert.« Doch wochenlang hätten auf Massenvernichtungswaffen versessene Terroristen beste Chancen gehabt. Rumsfelds »beunruhigende Vorstellung« war möglicherweise schon längst Realität geworden oder stand gerade im Begriff, in den Wirren unmittelbar nach Kriegsende in die Tat umgesetzt zu werden. Aber offenbar hatten sich Rumsfeld und die Regierung auf eine solche Möglichkeit nicht ernsthaft vorbereitet.

Das wurde am 17. April klar, einen Monat nach Kriegsbeginn, als Rumsfeld erklärte, dass »erst in den letzten Tagen« ABC-Suchtrupps des Pentagons in der Lage gewesen seien, in den vielversprechendsten Gebieten ernsthafte Kontrollen durchzuführen. Das vermittelte den Eindruck, als habe die Jagd nach ABC-Material erst begonnen. Rumsfeld lieferte einen überraschenden Grund, warum man sich wegen dieser Verzögerung keine Sorgen zu machen brauche: »Ich selbst glaube nicht, dass wir irgendwas finden werden. Ich glaube, Folgendes wird passieren: Wir werden Leute aufspüren, die uns verraten, wo wir suchen müssen. Es läuft nicht wie bei einer Schatzsuche, wo man herumläuft und überall nachsieht, in der Hoffnung, etwas zu finden. Das wird meiner Ansicht nach nicht geschehen. Die Inspekteure haben nichts gefunden, und ich bezweifle, dass wir etwas finden werden. Wir werden aber Leute aufspüren, die uns verraten, wo wir etwas finden.« Tage später behauptete Rumsfeld, er habe »die ganze Zeit geglaubt«, dass die US-Truppen ohne Hinweise aus der irakischen Bevölkerung keine Massenvernichtungswaffen finden würden. Damit widersprach er seiner früheren Behauptung – »Wir wissen, wo sie sind« – diametral.

Im Weißen Haus übernahm Fleischer diese Version. Er erklärte: »Die Erfolgschance hängt nicht davon ab, ob wir auf unseren Fahrten durch den Irak zufällig auf etwas stoßen, sondern von Informationen, die den USA oder der Koalition zugespielt werden.« Und Bush sagte am 25. April Tom Brokaw in einem Interview: »Es wird dauern, bis wir sie finden. Und die beste Methode besteht darin, Informationen aus Menschen herauszubekommen, aus Irakern, die mitgeholfen haben, diese Waffen zu verstecken.« Jetzt stellen Sie sich einmal vor, Bush, Rumsfeld und Co. hätten das vor dem Krieg gesagt: *Wir marschieren in einem fremden Land ein, um dessen Massenvernichtungswaffen zu zerstören – von denen wir wissen, dass es sie gibt –, aber ich glaube nicht, dass wir sie finden werden, wenn uns die Einheimischen nicht verraten, wo sie sind.* Hätte das die amerikanische Öffentlichkeit zu der Überzeugung gebracht, dass der Krieg absolut unabwendbar war?

Das Aufspüren von Massenvernichtungswaffen war zweifellos keine leichte Aufgabe; schließlich mussten entsprechende Programme und alles, was dazugehört, gut getarnt gewesen sein, wenn sie den geschulten Augen der UN-Inspekteure entgangen waren. Doch die unbestreitbare Tatsache, dass Bush keine ausgedehnte und intensive Suche nach diesen Waffen befahl – die spätestens nach dem Ende der Kampfhandlungen hätte einsetzen können –, lässt an seiner Aufrichtigkeit vor dem Krieg Zweifel aufkommen.

Natürlich gab es Einheiten mit dem Auftrag, nach derartigen Waffen zu suchen. Doch Berichte über das Aufspüren von Massenvernichtungswaffen, die aus dem Irak drangen, waren enttäuschend. Mitte April berichtete Judith Miller, eine Reporterin der *New York Times*, die in einen von vier spezialisierten ABC-Suchtrupps »eingebettet« war: »Zwei der vier mobilen Teams, die ursprünglich Massenvernichtungswaffen suchen sollten, haben zwischenzeitlich andere Befehle erhalten und untersuchen jetzt Kriegsverbrechen bzw. Stätten, die nichts mit den Waffen zu tun haben.« Natürlich mussten Kriegsverbrechen verfolgt werden. Aber war das wichtiger als die Suche nach Massenvernichtungswaffen, die schließlich der Hauptgrund für den Krieg gewesen waren? Im ganzen Irak forschten zu jenem Zeitpunkt nur etwa 150 Leute nach Massenvernichtungswaffen – nicht gerade eine fieberhafte Suche –, von denen sich mehrere über einen Mangel an Fahrzeugen, Funkgeräten und Verschlüsselungssystemen beschwerten. Selbst an den Stätten, die Außenminister Powell bei seiner Rede vor dem UN-Sicherheitsrat so selbstbewusst genannt hatte, fand sich nichts Verdächtiges.

Am schockierendsten war das Vorgehen – bzw. Nichtvorgehen – von Bush und seiner Regierung gegen die Atomanlagen im Irak. Bush hatte behauptet, Saddam Hussein stelle unter anderem deswegen eine Bedrohung dar, weil er nahe davor stehe, sich Atomwaffen zu verschaffen. Das mag eine stark übertriebene Behauptung gewesen sein, die auf wenige (oder windige) Indizien gestützt war. Doch die Vereinigten Staaten und der Rest der Welt wussten, dass der Irak radioaktives Material besaß, das jeder, der eine Atomwaffe oder eine »dreckige Bombe« bauen wollte, brauchen konnte. Die IAEA hatte viele atomare Anlagen des Irak katalogisiert. Doch während des Krieges unternahm das US-Militär keinerlei Anstrengungen, die wichtigsten Atomanlagen des Landes schnell zu sichern. Nach einem Bericht der *Washington Post* befanden sich vor dem Krieg in der weitläufigen Atomlagerstätte Tuwaitha etwa 1,8 Tonnen teilangereichertes Uran und über 94 Tonnen natürliches Uran, darüber hinaus radioaktives Cäsium, Kobalt und Strontium. Und doch, so die Zeitung am 25. April, gebe »man im Pentagon zu, dass die US-Regierung keine Ahnung hat, ob möglicherweise tödliche Stoffe aus Tuwaitha gestohlen wurden. Denn man hatte keine Kontrolleure geschickt, um die Lage vor Ort zu erkunden. Die Regierung weiß aber, so hochrangige Angehörige von Pentagon und Regionalkommando, dass das weitläufige Gelände 18 Kilometer südlich von Bagdad tagelang unbewacht war und Plünderer sich Zugang verschafft haben.«

Eine Woche später enthüllte der gleiche Reporter, Barton Gellman, dass bei einer weiteren Atomanlage im Irak ebenso geschlampt worden war. Er berichtete, ein speziell dafür ausgebildetes Team des Verteidigungsministeriums sei nach einem vollen Monat »offiziellen Zauderns« erst am 3. Mai abgestellt worden, die Atomare Forschungsanlage Bagdad zu bewachen. Dort gelagerte radioaktive Abfälle wären für Bastler einer »dreckigen Bombe« ziemlich attraktiv. Die Einheit fand die Stätte geplündert vor. Das vom Team erstellte Gutachten, so Gellman, »lieferte offenbar frische Hinweise darauf, dass während des Krieges die gefährlichsten Technologien des Landes in alle Winde zerstreut wurden. Niemand weiß, wo sie sich jetzt befinden, niemand kann den Prozess [der Weitergabe] kontrollieren.«

Fünf weitere Atomanlagen wurden geplündert. Hunderte Unbekannte – eventuell mehr – erhielten Zugang zu wissenschaftlichen Dokumenten, die jedem nützlich sein konnten, der eine Atombombe oder eine »dreckige Bombe« zu bauen plante. Unterlagen und Behälter mit radioaktiven Materialien gingen verloren.

Nachdem ein amerikanisches Team auf einem seit langem verlassenen Schießübungsplatz eine starke Strahlungsquelle aufgespürt hatte – möglicherweise Kobalt 60 –, verriet ein Mitglied der Einheit der *New York Times*, dass das amerikanische Militär im Irak keine besonderen Vorschriften für den Umgang mit radioaktivem Material bekommen hatte. Andere Medienberichte sprachen von Symptomen der Strahlenkrankheit, die in Ortschaften um Tuwaitha aufgetreten seien. Als während des Krieges die Stromversorgung zusammenbrach und die Wasserpumpen nicht mehr arbeiteten, brachen Einheimische in den Nuklearkomplex ein, leerten hunderte Fässer mit Uranerz und anderem radioaktivem Material, stahlen die Fässer und benutzten sie, um darin Trink- und Brauchwasser zu lagern. Fast drei Wochen lang, berichtete die *Times*, hätten diese Leute zum Kochen und Waschen radioaktiv belastetes Wasser verwendet.

Doch erst Ende Mai begann die Regierung Bush, der Internationalen Atomenergiebehörde IAEA zu erlauben, den Irak zu besichtigen und seine Nuklearanlagen zu inspizieren – sechs Wochen nachdem der Leiter der Behörde, Mohamed El Baradei, die USA zum ersten Mal davor gewarnt hatte, welche Risiken von diesen Stätten ausgingen. Im Juni stellten Leute der IAEA das Uran der Anlage Tuwaitha sicher und kauften die meisten gestohlenen Fässer zum Preis von drei Dollar zurück. Sie kamen zum Schluss, der Großteil des Vorkriegsurans sei damit wieder unter Kontrolle. Allerdings, so Associated Press, hatten sie es nicht geschafft, »herauszufinden, ob hunderte radioaktive Proben, die landesweit in Forschung und Medizin verwendet wurden, sich noch in den richtigen Händen befanden. Offizielle fürchten, dieses Material könnte zur Herstellung primitiver radioaktiver Bomben verwendet werden.«

»Wir wissen, er hatte sie. Und ob er sie jetzt vernichtet, weggeschafft oder versteckt hat, wir werden die Wahrheit herausfinden.«

Ende April 2003 räumten Vertreter der Regierung Bush Journalisten gegenüber vertraulich ein, dass möglicherweise nie Massenvernichtungswaffen gefunden werden würden. Ein Bericht auf der Titelseite der *Washington Post* vermerkte: »Nach 30 Tagen hat die Regierung Bush nur wenig vorzuweisen und bezweifelt allmählich, was sie vor dem Krieg so fest glaubte, nämlich verlässliche Hinweise auf verborgene Lagerstätten irakischer Massenvernichtungswaffen zu haben. Nachdem sie einigen – wenn auch längst nicht allen – ihrer besten Spuren nachgegangen sind, bezweifeln Analysten hier [in Kuwait] und in Washington zunehmend, an den Stätten, die vor Beginn der Kämpfe genannt wurden, fündig zu werden.« Die Zeitung arbeitete einen offenkundigen Punkt heraus, der zu jenem Zeitpunkt in den meisten Medien noch nicht aufgegriffen worden war: »Wenn Massenvernichtungswaffen oder Anlagen zu ihrer Herstellung aus der zentralisierten Kontrolle durch das irakische Regime geraten sind, dann hat sich durch den Krieg doch die Gefahr, dass derartige Waffen weitergereicht werden, erhöht und nicht, wie Präsident Bush vor dem Krieg behauptete, verringert. Hochrangige amerikanische Offizielle räumten diesen Widerspruch ein.« Mit anderen Worten: Autsch! Gleichzeitig sagten gefangen genommene hohe Regimeangehörige aus, der Irak habe vor dem Krieg keine Massenvernichtungswaffen besessen. (Was man vom Wahrheitsgehalt solcher Aussagen halten soll, sei allerdings dahingestellt.) Nach einem Bericht der *New York Times* hatten die zwei ranghöchsten al-Qaida-Anführer im Gewahrsam der USA, Abu Subeida und Chalid Scheich Mohammed, der CIA in getrennten

Befragungen erklärt, ihre Terrororganisation habe nicht mit Husseins Regime zusammengearbeitet.

Auf einer Pentagon-Pressekonferenz am 7. Mai – fast einen Monat nach dem Fall Bagdads – räumte Stephen Cambone, Unterstaatssekretär für Geheimdienste im Verteidigungsministerium, ein, das Pentagon sei immer noch dabei, die Iraq Survey Group zusammenzustellen. Die Aufgabe dieser Gruppe sollte darin bestehen, im Irak nach Mitarbeitern an Waffenprogrammen, Unterlagen zu diesen Programmen und Materialien zu fahnden, die für solche Programme nötig sind. Die Iraq Survey Group sollte die Arbeit der 75. Exploitation Task Force weiterführen, einer kleineren militärischen Einheit, die bisher für die Jagd nach Massenvernichtungswaffen zuständig gewesen war. Sie würde sich aus 1 300 Experten und 800 weiteren Mitarbeitern zusammensetzen, sich aber nicht ausschließlich mit der Suche nach Massenvernichtungswaffen beschäftigen. Die Gruppe sei auch gebildet worden, um Daten über Saddam Husseins Regime im Irak, seine Geheimdienste, möglicherweise im Irak vertretene Terrorgruppen, Kriegsverbrechen und -gefangene zu sammeln. Cambone betonte, die Suche nach Massenvernichtungswaffen mache »nur einen Teil eines sehr großen Unterfangens« aus. Plangemäß sollte diese Einheit erst Ende Mai in den Irak versetzt werden.

Vor dem Krieg, so Cambone, habe das Pentagon eine Liste mit etwa 600 Stätten erstellt, an denen die Produktion von Massenvernichtungswaffen vermutet wurde. »Nach aktuellem Stand der Dinge haben wir etwa 70 dieser Stätten besucht«, sagte Cambone und ergänzte, Teams des amerikanischen Militärs hätten 40 weitere Plätze besucht, die nicht auf der ursprünglichen Liste gewesen seien. Sah so Bushs Blitzkrieg zur Unschädlichmachung von Massenvernichtungswaffen aus, den jedermann zu Recht erwarten

296

durfte, der Bushs Vorkriegsrhetorik erlebt hatte? Wenn Saddam Husseins Waffen eine so unmittelbare Bedrohung darstellten, dass die Vereinigten Staaten keine andere Wahl hatten, als weitere Inspektionen abzulehnen und sofort einzumarschieren, warum hat Bush dann die Iraq Survey Group nicht früher zusammengestellt? Warum stand sie nicht bereit, als der erste amerikanische Soldat irakischen Boden betrat? Der Krieg war für die Regierung Bush ja nicht überraschend gekommen. Bush seinerseits bekräftigte, seine vor dem Krieg gemachten Aussagen hätten gestimmt. Am 24. April sagte er in einer Rede: »Wir wissen, er hatte sie. Und ob er sie jetzt vernichtet, weggeschafft oder versteckt hat, wir werden die Wahrheit herausfinden.« Aber er fügte an: »Das wird dauern.«

Wichtige Mitarbeiter im Weißen Haus begannen allerdings schon zurückzurudern. Am 4. Mai berichtete die *New York Times*, Bushs »hochrangige Berater haben in den letzten Tagen angefangen, sich von ihren Vorkriegsbehauptungen zu distanzieren, wonach Hussein ein randvolles und feuerbereites Waffenarsenal habe. Nunmehr behaupten sie, er habe eine – wie sie es nennen – ›just in time‹-Produktionsstrategie für seine Waffen entwickelt. Er verstecke chemische Vorstufen, die dann rasch in Artilleriegranaten oder Gefechtsköpfe von Kurzstreckenraketen gefüllt werden könnten. Doch es gibt keinerlei Hinweis darauf, dass [Hussein] wirklich so vorging. Mr Bushs Kommentare spiegeln die wachsende Besorgnis in der Regierung wider, Kriegsgegner könnten behaupten, dass die Vereinigten Staaten die Indizien gegen den Irak überzeichnet hätten, um einen Angriff zu rechtfertigen, der einzig darauf abzielte, Mr Hussein abzusetzen.« Einige Beamte im Weißen Haus sagten – privat, nicht öffentlich – voraus, dass möglicherweise gar keine Massenvernichtungswaffen gefunden würden.

Bei einer Pressekonferenz im Weißen Haus wurde Ari Fleischer am 7. Mai hartnäckig befragt, ob die Vereinigten Staaten dabei versagt hätten, die Weitergabe von irakischen Massenvernichtungswaffen zu verhindern. Der Dialog war bezeichnend:

Frage: Ari, alle machen sich ein wenig Sorgen um die Massenvernichtungswaffen. Wenn keine gefunden werden, was gut möglich ist, gibt es mehrere Gründe dafür. Entweder wurden sie zerstört, wobei der Präsident aber sagt, sie wurden vielleicht übers Land verstreut. Das wirft aber die Frage auf, ob sie irgendwie aus dem Land geschafft worden sein könnten, von Terroristen oder so. Welche Informationen haben Sie über dieses Szenario? Ist es nicht dreist, zu behaupten, das amerikanische Volk sei sicherer, obwohl Sie nicht wissen, ob Waffen oder waffenfähiges Material aus dem Land geschafft wurde?

Fleischer: Nun, ich glaube, die wahre Bedrohung kam von einem Nationalstaat, der von Saddam Hussein und seinen Spießgesellen beherrscht wurde, die ja schon gezeigt haben, dass sie bereit sind, Massenvernichtungswaffen einzusetzen ... Auf dieser Grundlage kann man behaupten, die Leute seien jetzt sicherer ...

Frage: Ich dachte, die Hauptsorge sei gewesen, dass Massenvernichtungswaffen in die Hände von al-Qaida fallen könnten. Wurde nicht so argumentiert?

Fleischer: Lassen Sie mich fortfahren. Der Präsident sagte, die Absetzung dieses Regimes habe eine Bedrohung verringert und unsere Sicherheit erhöht. Ich denke, das ist unbestreitbar. Schließlich hat das Regime früher schon Massenvernichtungswaffen eingesetzt. Natürlich machen wir uns

298

bei jedem Land mit derartigen Waffen Sorgen, dass diese weitergereicht werden könnten. Aber nun, da das irakische Regime abgesetzt ist, ist das sicherlich viel schwieriger geworden ...

Frage: Sie weichen meiner Frage aus: Was weiß diese Regierung darüber, welche Waffen oder waffenfähigen Materialien möglicherweise aus dem Land geschafft wurden?

Fleischer: Dazu haben wir nichts Konkretes zu berichten.

Genau. Vor dem Krieg hatte das Weiße Haus nicht, wie Fleischer behauptete, die Gefahr beschworen, Saddam Hussein könne Massenvernichtungswaffen gegen die USA einsetzen, sondern diejenige, Hussein werde sie an Terroristen weitergeben, die ihrerseits damit Amerika angreifen würden. Jetzt behauptete Fleischer, die Gefahr für Amerika sei geringer geworden, weil ein Diktator davongejagt worden war, der in den 1980er-Jahren Chemiewaffen gegen innerstaatliche Feinde eingesetzt hatte. Er tat auch, als ob sich die Gefahr für Amerika verringert hätte, weil diejenigen Iraker, die Massenvernichtungswaffen weitergeben hätten können, ausgeschaltet worden waren. Aber wurden die Massenvernichtungswaffen auch vernichtet? Konnte Fleischer den Amerikanern zusichern, dass es während des Krieges oder danach nicht zu deren Weitergabe gekommen war? Dazu sagte er nichts.

Mitte Mai erklärten Mitglieder der 75. Exploitation Task Force, ihre Suche nach Massenvernichtungswaffen sei beendet und sie würden das Land im Juni verlassen. Oberst Robert Smith, einer der Offiziere der Task Force, teilte der *Washington Post* mit, die Leitung der Einheit glaube nicht länger daran, »chemische Munition neben einem Geschütz zu finden ... Deshalb sind wir ursprünglich gekommen, aber darüber sind wir hinaus.« Mitglieder der Task Force beschwerten sich, ihnen habe unverzichtbares Material gefehlt. Außerdem, so die Zeitung, »stimmten die von Washington genannten Ortsangaben oft nicht; die vorgefundenen Stätten waren geplündert, ausgebrannt oder beides«. Der Kommandant der Task Force, Oberst Richard McPhee, sagte, es habe keinen ausgearbeiteten Plan für den Schutz möglicher Lagerstätten von Massenvernichtungswaffen gegeben: »Zwei Kommandanten vom Army-Corps wurde gesagt: ›Marschiert auf Bagdad, und wenn ihr dabei auf verdächtige Anlagen stoßen solltet, dann sichert sie doch.‹ Was denn nun? Sollten sie die Anlagen sichern oder auf Bagdad marschieren? Man hat nur beschränkte Ressourcen, aber 20 Aufgaben.«

Die Task Force konzentrierte sich auf eine kurze Liste mit 19 Stätten höchster Priorität und 68 Plätze, wo man zwar kein ABC-Material vermutete, aber eventuell nützliche Hinweise darauf finden würde. Mitte Mai hatte sie 17 bzw. 45 dieser Stätten inspiziert. Ohne Erfolg. Die Offiziere waren enttäuscht und frustriert. Einer fragte: »Warum untersuchen wir überhaupt ein Ziel, das sie uns nennen? Sagen Sie mir das. Wir wissen, dass dort nichts ist.« Ein mögliches Waffenversteck beispielsweise stellte sich als illegales Staubsaugerlager heraus.

Die Suche nach Waffen sollte von der neuen Iraq Survey Group des Pentagons fortgesetzt werden. Doch Berichten der *Washington Post* zufolge wurden in der Gruppe bereits vor Beginn des Einsatzes Stellen bei den Waffensuchern abgebaut, weil es an Arbeit fehlte. Oberst McPhee sagte der *Post*, er glaube, der Krieg habe Saddam Husseins ABC-Programm gestoppt: »Weiß ich, wo das Zeug ist? Ich wünschte, es wäre so ... Aber wir werden es finden. Oder auch nicht. Ich weiß es nicht, ehrlich gesagt.« Da war er ehrlicher als sein Oberbefehlshaber.

»Wir haben Massenvernichtungswaffen gefunden.«

Keine zwei Monate nach Kriegsbeginn erhob die amerikanische Öffentlichkeit immer drängender und unbequemer die Frage, wo denn die Massenvernichtungswaffen nun seien. Es sickerte durch, dass die CIA untersuchte, ob ihre vor dem Krieg geäußerten Einschätzungen über Saddam Husseins ABC-Programm falsch waren. Im Mai bat der Geheimdienstausschuss des Abgeordnetenhauses den CIA-Direktor George Tenet, die gewonnenen Erkenntnisse über Massenvernichtungswaffen und die Verbindung zwischen Irak und al-Qaida »neu zu bewerten«. Die demokratische Abgeordnete Jane Harman urteilte: »Möglicherweise haben wir es hier mit dem größten Geheimdienstschwindel aller Zeiten zu tun. Ich bezweifle es zwar, aber wir müssen dem nachgehen.« Jay Rockefeller IV., der führende Demokrat im Geheimdienstausschuss des Senats, verdammte die Analysen der CIA zu Saddam Husseins Massenvernichtungswaffen als »ganz und gar nicht beeindruckend« und forderte eine Untersuchung.

Aber die Frage war nicht nur, ob die CIA versagt hatte, sondern auch, ob die Regierung diejenigen Informationen, die sie vom Geheimdienst erhalten hatte, gegenüber der Öffentlichkeit aufbauschte. Mitte Mai sagte Hans Blix, ehemaliger Chefinspekteur der Vereinten Nationen, er vermute allmählich, dass der Irak keine Massenvernichtungswaffen habe. Er kritisierte auch die von Bush vorgelegten Indizien als »wenig stichhaltig«. Später, als immer noch keine derartigen Waffen aufgetaucht waren, äußerte Blix sich schärfer. In einem Interview mit der *New York Times* fragte er sich, warum die Regierung Bush erwartet hatte, im Irak auf große Vorräte von Chemie- und Biowaffen zu stoßen. »Ich habe keine Ahnung, wie jemand zu einer solchen Ansicht gelangen kann, der irgendwann einmal die

Berichte [der UN-Inspekteure] gelesen hat.« Er fügte hinzu: »Liest man denn unsere Berichte südlich des Hudson überhaupt nicht?« Doch, diese Berichte waren in Washington gelesen worden – aber vom Weißen Haus verzerrt wiedergegeben worden, um die Behauptung zu belegen, der Irak unterhalte massive Lager an Massenvernichtungswaffen. Bei einer anderen Gelegenheit mokierte sich Blix über Bushs Aussagen vor Kriegsbeginn: »Es ist einigermaßen faszinierend, dass jemand hundertprozentig sicher sein kann, dass es Massenvernichtungswaffen gibt, aber nullprozentig sicher, wo sie denn sind.«

Allmählich geriet die Regierung in die Defensive. Das führte dazu, dass Bushs Leute ihre alten Behauptungen wiederholten und ihre aktuellen Aussagen (oder Lügen) modifizierten. Während eines Auftritts in der Öffentlichkeit wurde Rumsfeld gefragt, warum denn die US-Truppen keinerlei Chemie- oder Biowaffen gefunden hätten. »Wir wissen aus der Vergangenheit, dass sie Chemiewaffenprogramme hatten«, antwortete er. »Und wir wissen, dass sie auf die eine oder andere Weise über diese Programme redeten.« Gezielt vermied Rumsfeld, seine frühere Behauptung zu wiederholen, der Irak verfüge – kein Zweifel möglich – über ein Arsenal an Bio- und Chemiewaffen. Und er fügte hinzu: »Es kann auch sein, dass sie beschlossen, diese Waffen vor einem Konflikt zu zerstören.« Falls der Irak das wirklich gemacht hatte, warum entging das dann den US-Geheimdiensten? Und warum fand das US-Militär keine Spuren der Vernichtung? Rumsfeld sagte dazu nichts.

Bush schien irritiert, als nach dem Krieg die Fragen nach den spurlos verschwundenen Massenvernichtungswaffen immer lauter wurden. Als Bush Ende Mai Polen besuchte, fragte ein Reporter des örtlichen Fernsehens: »Es wurden keine Massenvernichtungswaffen gefunden. Mit welchem Argument wollen Sie den Krieg jetzt rechtfertigen?«

»Wir haben Massenvernichtungswaffen gefunden«, rief Bush aus. »Wir haben Biolabors gefunden ... Und wir werden im Lauf der Zeit mehr Waffen aufspüren. Aber diejenigen, die behaupten, wir hätten die verbotenen Produktionsmittel oder die verbotenen Waffen nicht gefunden, täuschen sich. Wir haben sie gefunden.«

Bush bezog sich auf zwei Sattelschlepper, die US-Truppen im gleichen Monat im Irak sichergestellt hatten. CIA und DIA (militärischer Geheimdienst) hatten einen sechsseitigen Bericht abgefasst, der zum Schluss kam, die Anhänger seien mobile Produktionsanlagen für Biowaffen. Die beiden Geheimdienste verwiesen auf die Ähnlichkeit der Anlagen mit den Biowaffenlabors, die Powell in seinem Vortrag bei den Vereinten Nationen erwähnt hatte. Doch ein wichtiges Indiz fehlte bei der Argumentation von CIA und DIA: Spuren von biologischen Kampfstoffen. In diesen angeblichen Labors war nicht die Spur von Pathogenen gefunden worden. Zwei Wissenschaftler und ehemalige Waffeninspekteure, darunter David Albright, Leiter des Institute for Science and International Security (ISIS), sagten aus, mit der im Irak verfügbaren Technik sei es nahezu unmöglich, ein jemals benutztes Biowaffenlabor wieder völlig sauber zu bekommen.

Albrights ISIS veröffentlichte ein Statement, in dem es hieß: »In den Sattelschleppern wurden keine biologischen Kampfstoffe gefunden. Die Schlussfolgerung der Regierung beruht also darauf, dass alle möglichen alternativen Erklärungen ausgeschlossen wurden. Dies ist unter allen Umständen eine höchst zweifelhafte Methode. Und angesichts des enormen Drucks auf die Vereinigten Staaten, das Vorhandensein von Massenvernichtungswaffen im Irak zu beweisen, ist der Einsatz dieser Methode besonders verdächtig.« Auch andere Experten äußerten ihre Zweifel an den Schlussfolgerungen der CIA. Ehemalige Angehörige

303

des irakischen Regimes sagten aus, die Fahrzeuge sollten Wasserstoff für Wetterballons herstellen – eine Erklärung, die CIA und DIA zurückwiesen. Doch die *Los Angeles Times* berichtete, das US-Militär unterhalte einen Park von Fahrzeugen, die genau für diesen Zweck umgebaut worden seien. Die Zeitung zitierte auch einen (ungenannten) langjährigen Mitarbeiter des US-Geheimdienstes, der an der Untersuchung der Sattelschlepper im Irak beteiligt gewesen war. Er sagte, er sei überzeugt davon, dass diese Sattelschlepper zur Herstellung von Wasserstoff gedacht waren. »Wir fanden nicht, was wir erwartet hatten«, sagte er. Und Ende Juni enthüllte die *New York Times*, dass die Geheimdienstabteilung des Außenministeriums am 2. Juni ein geheimes Memorandum verfasst hatte, in dem die Schlussfolgerungen von CIA und DIA angezweifelt wurden.

Hatten CIA und DIA voreilige, weil gelegen kommende Schlüsse gezogen? Wer auch immer hinsichtlich der Sattelschlepper Recht behalten würde, auf jeden Fall konnte man sich über die Bedeutung dieses Fundes trefflich streiten. Der »Beweis« war nicht stichhaltig genug, um Bushs eindeutige »Wir haben sie gefunden«-Erklärung oder einen Krieg zu rechtfertigen. War Bush wirklich im Irak einmarschiert, weil Husseins Regierung zwei mobile Labors gebaut hatte, die sich möglicherweise zur Herstellung von Biowaffen eigneten, aber bisher nichts produziert hatten?

»Die Frage nach den Massenvernichtungswaffen war nie umstritten.«

In England war Premier Tony Blair wegen der unauffindbaren Massenvernichtungswaffen in größere Schwierigkeiten geraten als Bush in den USA. Sein ehemaliger Außenminis-

304

ter warf ihm vor, Parlament und Volk in die Irre geführt zu haben. Dabei verwies er auf ein Dossier, das im September 2002 von Downing Street Nummer 10 erstellt worden war. Darin hieß es, Saddam Hussein sei in der Lage, innerhalb von 45 Minuten Chemie- oder Biowaffen einzusetzen. Nun, was ist aus diesen Waffen geworden? Die britische Presse berichtete, diese sensationelle Behauptung – die Bush sich auch auslieh – beruhe auf der Aussage eines einzigen irakischen Überläufers von zweifelhafter Glaubwürdigkeit. Andere Mitglieder von Blairs eigener Partei äußerten ähnliche Vorwürfe, Zeitungen titelten mit dem Vorwurf, Blair habe gelogen. Die BBC berichtete, Blairs Büro habe verlangt, das fragliche Dossier »mit mehr Pep« zu formulieren. Es begann eine parlamentarische Untersuchung. Blair verkündete: »Ich habe absolut keinen Zweifel an der Existenz von Massenvernichtungswaffen.«

In den Vereinigten Staaten forderten Vertreter der Regierung Bush ein wenig Geduld und spielten die Bedeutung der spurlos verschwundenen Waffen herunter. Wolfowitz sagte: »Die Frage nach den Massenvernichtungswaffen war nie umstritten. Nur ob der Irak in den Terrorismus verstrickt war, wurde heiß diskutiert.« Doch das stimmte nicht. Ein Großteil der Debatte vor dem Krieg hatte sich darum gedreht, wie ernst die Bedrohung durch irakische Massenvernichtungswaffen wirklich war. Wolfowitz behauptete darüber hinaus, die Bedrohung durch derartige Waffen sei »nicht aufgeblasen worden«, räumte aber ein: »Es gab eine Tendenz, das Thema Massenvernichtungswaffen besonders herauszuarbeiten.« Irgendwie hatten Bush, Cheney, Rumsfeld, Wolfowitz, Powell, Rice und Fleischer alle vergessen, dieses wichtige Detail – *wir arbeiten dieses Thema besonders heraus* – auch der Öffentlichkeit mitzuteilen. Ende April schrieb John Cochran von ABC News auf der Website des Senders: »Regierungsvertreter und -berater

305

verrieten ABC, dass die Regierung die Gefahr durch Saddams Waffen herausstrich, um die rechtliche Legitimierung für einen Krieg von den Vereinten Nationen zu bekommen und um klar zu machen, was den Amerikanern daheim drohte. Ein Mitarbeiter der Regierung sagte: ›Wir haben nicht gelogen. Wir haben diesen Aspekt nur besonders herausgestrichen.‹«

In einem Interview mit *Vanity Fair* gab Wolfowitz zu, dass das Argument der Massenvernichtungswaffen der Regierung zupass gekommen war: »Aus organisatorischen Gründen beschränkten wir uns auf ein Problem, die Massenvernichtungswaffen, weil das eine Sache war, in der alle Amerikaner übereinstimmen konnten.«

Während die Regierung immer wieder betonte, die Zeit werde alle Fragen beantworten, kamen weitere Hinweise auf Vorkriegstäuschungsmanöver der Regierung ans Tageslicht. Der Kolumnist Nicholas Kristof zitierte in der *New York Times* einen Mitarbeiter der DIA mit dem Vorwurf: »Das amerikanische Volk wurde manipuliert.« Greg Thielmann, ehemaliges Mitglied des Geheimdienstbüros des Außenministeriums, sagte: »Die Verbindung zu al-Qaida und die Massenvernichtungswaffen waren die einzigen Möglichkeiten, den Irak als unmittelbare Bedrohung für die Sicherheit Amerikas hinzustellen. Die Informationen über diese beiden Sachverhalte wurden von der Regierung übel verfälscht.«

Die *Washington Post* enthüllte, dass Cheney und sein Stabschef vor dem Krieg wiederholt die CIA-Zentrale besucht hatten, um Informationen über den Irak mit Analysten zu besprechen. Einige der Analysten »fühlten sich unter Druck gesetzt, ihre Einschätzungen an die politischen Ziele der Regierung Bush anzupassen«. Geheimdienstmitarbeiter erklärten, Wolfowitz habe den Analysten dringend nahe gelegt, Berichte zu schreiben, die einen Krieg rechtfertigten. Beim Ombudsmann der CIA gingen mindestens drei Beschwerden über eine mögliche Einflussnahme von Politikern auf Irakdossiers ein.

Anfang Juni enthüllte der *U. S. News & World Report*, dass ein DIA-Bericht vom September 2002 existierte, wonach es »keine verlässliche Information« darüber gebe, ob der Irak Chemiewaffen produziert oder gelagert habe oder auch nur die Anlagen zur Herstellung solcher Waffen wieder errichtet habe. Fleischer sagte, auf diese Enthüllung angesprochen: »Wir sind weiterhin der festen Überzeugung, dass der Irak biologische und chemische Waffen hat... Das stand immer außer Zweifel, wenn man die Informationen betrachtete.« Nicht *diese* Informationen.

Als *Fox News Sunday* Außenminister Powell zu dem Bericht befragte, verteidigte er sich äußerst unaufrichtig. Er behauptete: »Auf den Satz, der all die Aufmerksamkeit auf sich zog [›keine verlässliche Information‹]... [folgte unmittelbar] die Aussage, [die DIA] habe Informationen, wonach [chemische] Waffen an [irakische Militär-]Einheiten verteilt worden seien.« Powell tat so, als bestätige der DIA-Bericht sogar, dass der Irak einsatzfähige Chemiewaffen hergestellt habe. Doch seine Darstellung war irreführend. Der nächste Satz des Berichts lautete nämlich: »Ungewöhnliche Aktivitäten beim Transport von Munition Mitte 2002 lassen vermuten, dass der Irak chemische Munition ausgibt, um gegen einen erwarteten Angriff der Amerikaner gerüstet zu sein.« Die Schlüsselphrase in diesem Satz lautet »lassen vermuten«. Außerdem wusste Powell zum Zeitpunkt des Interviews definitiv, dass die Vereinigten Staaten während des Krieges keine Hinweise auf eine Ausrüstung der irakischen Truppen mit chemischen Waffen gefunden hatten. Die von Powell in Verteidigung der Regierung zitierte *Vermutung* der DIA war nur eine unbestätigte *Annahme* gewesen, keine bestätigte Tatsache, und war von den folgenden Ereignissen widerlegt worden.

»Wenn es ein Problem mit Informationen gibt... heißt das nicht, dass irgendjemand einen anderen in die Irre geführt hat.«

Powell, Rice und andere Leute aus Bushs Team gaben sich große Mühe, die Vorkriegsäußerungen der Regierung zu verteidigen. Tenet bestritt, dass seine Analysten Ergebnisse geschönt hätten. Auf dem Kapitolshügel leisteten einige Republikaner den demokratischen Forderungen nach einer offiziellen Untersuchung Widerstand, aber sie versprachen, der Frage nachzugehen (zunächst hinter verschlossenen Türen), was die Geheimdienste vor dem Krieg über die Waffen des Irak wussten und ob Bush die vorhandenen Informationen aufgebauscht hatte.

Während eines Besuchs bei amerikanischen Truppen in Doha (Katar) verkündete Bush am 5. Juni: »Wir werden die Wahrheit [über die Waffen des Irak] enthüllen.« Aber er fügte hinzu: »Eines ist sicher: Keine Terrororganisation wird vom irakischen Regime Massenvernichtungswaffen bekommen, denn es gibt das Regime nicht mehr.« Das stimmte natürlich. Aber wenn Saddam Hussein gar keine sofort einsatzfähigen Massenvernichtungswaffen besaß, hätte es keinen Krieg gebraucht, um dieses Ziel zu erreichen. Tage später änderte Bush seine Darstellungsweise leicht und behauptete: »Geheimdienstinformationen wiesen das ganze Jahrzehnt über darauf hin, dass sie ein Waffenprogramm unterhielten. Ich bin absolut überzeugt, dass wir im Laufe der Zeit herausfinden werden, dass sie ein Waffenprogramm hatten.« Ein *Waffenprogramm* ist aber etwas ganz anderes als ein *Waffenlager*. Vor dem Krieg hatte es gute Gründe für den Verdacht gegeben, der Irak verfolge ein derartiges Waffenprogramm. Doch Bush hatte versprochen, der Krieg werde Massenvernichtungswaffen zutage fördern, keine Massenvernichtungswaffenpro-

308

gramme.[11] Fleischer behauptete, Bush habe damit keinen Rückzieher gegenüber früheren Aussagen gemacht: »Der Präsident hat wiederholt gesagt, dass der Irak Massenvernichtungswaffen besitzt... Wir glauben weiter fest an diese Erkenntnis... Sie sind noch immer da.«

Während seines Besuchs der Militärbasis in Doha soll Bush sich nach einem Bericht der *Time* mit seinen Befehlshabern im Irak getroffen und gefragt haben, wo die Massenvernichtungswaffen steckten. Er wandte sich Paul Bremer zu, dem ehemaligen Botschafter und aktuellen Zivilverwalter im Irak, und fragte: »Ist es Ihr Job, diese Waffen zu finden?« Bremer verneinte. Bush fragte General Tommy Franks. Auch er sagte Nein. Dann flüsterten seine Berater Bush den Namen Stephen Cambone zu. »Wer ist das?«, fragte Bush. Wusste Bush wirklich nicht, wer für die angeblich wichtigste Aufgabe im Irak zuständig war?

Als es zum Streit darüber kam, was die Regierung über die Massenvernichtungswaffen des Irak gewusst und gesagt hatte, versuchte Wolfowitz, sich ein wenig Spielraum zum Manövrieren zu verschaffen. Im Streitkräfteausschuss des Repräsentantenhauses erklärte der konservative demokratische Abgeordnete Gene Taylor, er habe erst für den Krieg gestimmt, nachdem Wolfowitz ihn persönlich von der Sache überzeugt habe. Nun wollte Taylor von Wolfowitz wissen, ob die Regierung falsch informiert wor-

---

11 Die Londoner *Sunday Times* zitierte am 8. Juni 2003 einen irakischen General, der behauptete, Saddam Hussein habe geheime Zellen gegründet, die chemische und biologische Forschung betreiben, aber keine Waffen herstellen sollten. »Es war alles nur Theorie«, sagte der ungenannte General aus. »Das Ziel bestand darin, den Anschluss zu behalten und bereit zu sein, sofort wieder Chemie- und Biowaffen zu produzieren, sobald die Sanktionen [der Vereinten Nationen] aufgehoben würden oder eine solche Produktion unbedingt nötig würde.« Er beteuerte, im Irak werde man keine Massenvernichtungswaffen finden.

den sei oder korrekte Informationen falsch weitergegeben habe. »Ein Mensch«, sagte der Abgeordnete, »ist nur so viel wert wie sein Wort. Diese Nation ist nur so viel wert wie ihr Wort.«

Wolfowitz antwortete: »Wenn es ein Problem mit Informationen gibt ... heißt das nicht, dass irgendjemand einen anderen in die Irre geführt hat. Das Sammeln und Auswerten von Daten ist eine Kunst, keine Wissenschaft.« Wie wahr. Aber vor dem Krieg hatte die Regierung noch so getan, als ob genau das Gegenteil der Fall wäre.

Der Streit um das Massenvernichtungswaffen-Arsenal hielt an. »Bis wir Massenvernichtungswaffen gefunden oder ihre Abwesenheit festgestellt haben, gibt es dringenden Erklärungsbedarf«, bemerkte der konservative Kolumnist George Will. Der republikanische Senator Chuck Hagel urteilte: »Es hängt eine dunkle Wolke über der Glaubwürdigkeit« von Bush und seiner Mannschaft. Wie Wolfowitz zog sich auch General Richard Myers, Vorsitzender des Generalstabs der einzelnen Waffengattungen, auf eine Verteidigungslinie zurück, bei der er die inhärente Ungewissheit von Geheimdienstinformationen betonte. »Informationen müssen nicht notwendigerweise wahr sein, es sind nur, wissen Sie, Informationen, die bestmögliche Einschätzung der Situation«, sagte er (nicht besonders eloquent) auf einer Pressekonferenz des Pentagons. »Informationen sind nicht gleichbedeutend mit Fakten. Ich meine, das sind Informationen einfach nicht, und deswegen muss man Einschätzungen treffen.«

In gewisser Weise hatte Myers Recht, doch er spielte die Fähigkeit der Amerikaner, Informationen zu sammeln, bewusst herunter. Manchmal sind Informationen handfeste Tatsachen, zum Beispiel, wenn man ein Foto einer geheimen Waffe in Händen hält. Oft beruhen Geheimdienstinformationen allerdings nur auf der bestmöglichen

310

Beurteilung einer eingeschränkten Menge von Daten, die ein Geheimdienst zusammentragen konnte. Doch vor dem Krieg hatten Bush und seine Leute nicht gesagt, ihre »beste Schätzung« sei, dass Hussein Massenvernichtungswaffen besitze und Verbindungen zu al-Qaida unterhalte. Nein, sie stellten diese beiden Aussagen als Tatsachen hin.

Jetzt hingegen gingen Wolfowitz und Myers in Deckung und erklärten, Geheimdienstinformationen seien oftmals nicht eindeutig. Damit ließen sie aber (unabsichtlich) die Regierung Bush in schlechtem Licht erscheinen. Unausgesprochen gestanden sie damit nämlich ein, dass Bush und einige seiner Leute das Land mit Schwarzweißmalerei in einen Krieg getrieben hatten, während die vorliegenden Informationen alles andere als eindeutig waren. Diese Aussagen deuteten darauf hin, dass Bush ganz gezielt Äußerungen gemacht hatte, die von der Informationslage nicht gestützt wurden.

Ende Juni, Anfang Juli wurden die ersten Ergebnisse einer laufenden Untersuchung bekannt, die den Vorwurf untermauerten, Bush habe die Öffentlichkeit vor dem Krieg belogen. Die Abgeordnete Harman stellte vor dem Parlament erste Ergebnisse des Untersuchungsausschusses vor: »Wenn es um irakische Massenvernichtungswaffen ging, erwähnten Regierungsangehörige nur selten die Warnungen und Vorbehalte, mit denen die Einschätzungen des Geheimdienstausschusses versehen waren... Vielen Amerikanern vermittelte die Selbstsicherheit der Regierung den Eindruck, es gebe eindeutigere Hinweise, dass der Irak Massenvernichtungswaffen besitze und einzusetzen bereit sei.« Harman fuhr fort, die Untersuchung durch das Komitee lasse »vermuten, dass die so genannten Beweise für eine Verbindung zwischen al-Qaida und dem Irak – ein wichtiges Element in der Vorkriegsrhetorik der Regierung – das Gegenteil dessen besagten, was die Regierung behauptete«.

311

Harmans Rede war nur der vorläufige Bericht einer gemäßigten Demokratin (die für den Krieg gestimmt hatte), stellte aber den bis dahin deutlichsten Hinweis von offizieller Seite dar, dass Bush tatsächlich die Nation mit Falschaussagen in einen Krieg geführt hatte.

Eine interne Untersuchung der CIA kam zu ähnlichen Resultaten. Richard Kerr, ehemaliger stellvertretender Direktor der CIA und Leiter der Untersuchung, erklärte in Interviews, bisher habe die Untersuchung ergeben, dass die Informationen uneindeutig gewesen seien, Analysten der CIA und anderer Nachrichtendienste von der Regierung Bush unter Druck gesetzt worden seien und die CIA keinen Beweis für eine Verbindung zwischen Saddam Husseins Regierung und al-Qaida gefunden habe. Insgesamt nahm Kerr die CIA in Schutz, sagte, dass aufgrund der »sehr spärlichen« Daten Einschätzungen schwierig gewesen seien und alle Berichte die »angemessenen Vorbehaltsklauseln« enthalten hätten.

Obwohl Kerr das nicht direkt erwähnt hatte, bestätigten seine Kommentare den Verdacht, es habe keine eindeutigen Beweise dafür gegeben, dass der Irak Chemie- oder Biowaffen besaß oder Hussein mit al-Qaida »Umgang pflegte«, wie Bush behauptet hatte. Kerr, ein ehemaliger stellvertretender Direktor der CIA, ließ damit durchblicken, dass Bush Geheimdienstinformationen falsch dargestellt hatte.

»Am Ende werden die Fakten der Welt die Wahrheit zeigen.«

Obwohl Harmans und Kerrs Äußerungen – die nur ein geringes Medienecho fanden – schon ahnen ließen, dass die laufenden Untersuchungen Bush Probleme bereiten könnten, brachten sie ihn nicht unmittelbar in Schwierigkeiten. Zunächst kämpfte das Weiße Haus mit »Nigergate«, einem Streit um eine Zeile in Bushs Rede zur Lage der Nation im vergangenen Januar. Darin hatte Bush gesagt: »Die britische Regierung hat erfahren, dass Saddam Hussein kürzlich versuchte, erhebliche Mengen Uran in Afrika zu erwerben.« Inzwischen hatte sich längst herausgestellt, dass die belastenden Dokumente, die diesen Vorwurf stützen sollten, plumpe Fälschungen waren.

Im Frühsommer 2003 entbrannte ein Streit darüber, wie dieser Satz seinen Weg in Bushs Rede gefunden hatte. Medien berichteten, der ehemalige Botschafter Joseph Wilson IV. sei im Februar 2002 von der CIA in den Niger geschickt worden, um der Angelegenheit nachzugehen. Wilson fand heraus, dass die Geschichte jeder Grundlage entbehrte. Ein hochrangiger CIA-Mitarbeiter teilte Knight Ridder mit, seine Behörde habe das Weiße Haus im März 2002 informiert, dass die Niger-Geschichte nicht bestätigt werden könne. »Drei hochrangige Mitarbeiter der Regierung berichteten«, so die Zeitung weiter, »Vizepräsident Cheney und Vertreter des Nationalen Sicherheitsrats und des Pentagons hätten die Vorbehalte der CIA ignoriert und darauf gedrängt, dass der Präsident diesen Vorwurf in seine Anklage gegen Saddam aufnahm ... Dies ist der bisher stärkste Hinweis darauf, dass die Kriegsbefürworter in der Regierung Geheimdienstinformationen manipuliert, übertrieben oder ignoriert haben, um eine Rechtfertigung für den Einmarsch im Irak zu konstruieren.«

Das Weiße Haus stritt ab, Warnungen ignoriert zu haben, diesen Vorwurf in die Anklage gegen Hussein aufzunehmen, und behauptete, zum Zeitpunkt der Rede im Januar geglaubt zu haben, der Vorwurf sei stichhaltig. »Vielleicht wusste irgendwer tief in den Eingeweiden der CIA Bescheid«, sagte Condoleezza Rice, »aber in unseren

Kreisen wusste niemand, dass es Zweifel gab und der Verdacht bestand, es handele sich um eine Fälschung.« Am 13. Juni erklärte Sean McCormack, ein Sprecher des Nationalen Sicherheitsrats, dass Bush weiter zu der Grundaussage des umstrittenen Satzes stehe: »Jene [gefälschten] Dokumente waren nur ein Glied in einer ganzen Kette von Indizien dafür, dass der Irak versuchte, sich in Afrika Uran zu verschaffen. Dies wird durch die verschiedensten Informationsquellen bestätigt. Diese anderen Informationen untermauerten und untermauern die Aussage des Präsidenten.«

Der Streit ging darum, wer wann wie viel darüber wusste, dass die Niger-Vorwürfe unhaltbar waren. Medien berichteten, im September 2002 habe CIA-Chef Tenet Kongressmitgliedern im Vertrauen mitgeteilt, dass die CIA Informationen über einen Versuch des Irak habe, in Afrika Uran zu kaufen, die Glaubwürdigkeit dieser Geschichte aber anzweifele. Auch die Analysten des Außenministeriums erklärten die Geschichte im Oktober 2002 für »höchst zweifelhaft«. Wie konnte die Anschuldigung da weiter überleben?

Anfang Juli 2003 ging Joseph Wilson mit einer Schilderung seiner Inspektionsreise in den Niger an die Öffentlichkeit. In der *New York Times* berichtete er, wie er im Februar 2002 zum Schluss gelangt war, der Vorwurf sei »höchst zweifelhaft«. Er schrieb: »Jetzt stellt sich die Frage, wie die politische Führung mit meinen Erkenntnissen umging. Ich könnte ja noch verstehen, wenn man meine Schlussfolgerungen für falsch gehalten hätte (allerdings würde mich interessieren, warum). Wenn sie aber ignoriert wurden, weil sie bestimmten Vorurteilen über den Irak widersprachen, dann darf man sich schon fragen, ob wir unter Vorspiegelung falscher Tatsachen in einen Krieg verstrickt wurden.« Der *Washington Post* gegenüber sagte er: »Letztlich stellt sich die Frage, ob die Regierung in einer Angelegenheit, bei der es um die zentrale Rechtfertigung für den Krieg ging, die Tatsachen verdreht hat. Und dann muss man sich fragen: Worüber lügen sie sonst noch?«[12] Am nächsten Tag, dem 7. Juli, rügte der Bericht eines Komitees des britischen Parlaments den Umgang von Premier Blair mit den Niger-Anschuldigungen, schließlich habe die CIA die Information verworfen.

Am Tag, als dieser Bericht veröffentlicht wurde, gab Bush endlich klein bei. Das Weiße Haus ließ verlauten: »Nach allem, was wir heute wissen, hätte der Hinweis auf einen Versuch des Irak, sich in Afrika Uran zu verschaffen, nicht in die Rede zur Lage der Nation aufgenommen werden sollen.«

Aber es ging noch weiter. Wochen zuvor hatte das Weiße Haus verlauten lassen, die Niger-Geschichte sei nicht die einzige Grundlage für Bushs Behauptungen, Hussein wolle sich Atomwaffen zulegen. Nun räumte Fleischer ein, dass auch diese Aussage nicht stimmte. Im Kontrast dazu erklärte Michael Anton, ein weiterer Sprecher des Nationalen Sicherheitsrats, die Niger-Dokumente seien »nicht die einzige Grundlage für die Aussage« in der Rede zur Lage der Nation gewesen. Allerdings, so Anton, seien »die anderen Berichte, die darauf hinweisen, dass der Irak sich in Afrika Uran zu verschaffen versuchte, nicht detailliert oder spezifisch genug, um sicher zu wissen, ob solche Versuche tatsächlich stattgefunden haben«. Schön hingedreht: Effektiv sagte das Weiße Haus damit, dass die Niger-Dokumente nicht den einzigen Beweis darstellten, dass die anderen Beweise aber keine echten Beweise seien.

Und die Frage blieb weiter offen: Wie war die Falschinformation in Bushs Rede geraten? Wer war für den Fehler

---

12 Das Weiße Haus rächte sich gegen den Angriff Wilsons. Eine Woche später outete der konservative Kolumnist Robert Novak Wilsons Frau als Undercoveragentin der CIA. Als Quelle zitierte er »zwei hochrangige Mitarbeiter der Regierung«.

verantwortlich? Bush und Rice behaupteten, die CIA habe die Rede gegengelesen. »Hätte die CIA – der Direktor des Geheimdienstes – gesagt: ›Nehmt das aus der Rede‹, hätten wir es weggelassen«, versicherte Rice. »Bei den Reden des Präsidenten legen wir strenge Maßstäbe an.« Doch am gleichen Tag, da Bush und Rice die Schuld der CIA zuschoben, berichtete die *Washington Post*, die CIA habe schon im September 2002 versucht, die britische Regierung davon abzubringen, die Niger-Geschichte in einem offiziellen Geheimdienstbericht zu erwähnen. Warum riet die CIA den Briten, die Geschichte zu vergessen, und billigte dann, dass der eigene Präsident sie verwendete?

Am 11. Juli gab Tenet eine Erklärung heraus, die die Frage zwar nicht direkt beantwortete, aber ein paar deutliche Hinweise enthielt. Wie ein braver Fußsoldat übernahm er die volle Verantwortung für den »Fehler« und verwies darauf, dass die CIA die Niger-Geschichte aus anderen Reden der Regierung Bush herausgehalten habe. Aber seine Aussage machte deutlich, dass Mitarbeiter des Weißen Hauses – in ihrem Eifer, Hussein so schwer anzuklagen wie möglich – hinter der Entscheidung steckten, die Niger-Vorwürfe in der Rede des Präsidenten nicht zu streichen. In kaum verhüllten Worten signalisierte Tenet, dass Mitglieder des Nationalen Sicherheitsrats darauf bestanden hatten, den umstrittenen und irreführenden Satz im Redemanuskript zu belassen. Die CIA-Leute segneten den Satz aber erst ab, nachdem er so umformuliert worden war, dass als Quelle die britische Regierung, nicht der US-Geheimdienst genannt wurde.

Der ganze Niger-Streit schien ein wenig übertrieben, schließlich hatte Bush vor dem Krieg haufenweise andere Lügen oder Halbwahrheiten erzählt, selbst in der betreffenden Rede zur Lage der Nation. Doch im Senat lehnten die Republikaner einen Antrag der Demokraten ab, eine unabhängige Kommission einzusetzen, die untersuchen sollte, wie die Regierung Bush Geheimdienstinformationen ge- bzw. missbraucht habe, um einen Krieg zu rechtfertigen. Der republikanische Senator Chuck Hagel allerdings bemerkte, die Rechtfertigung für den Krieg wirke »immer dünner«. CNN gegenüber sagte er: »Hier geht es um Glaubwürdigkeit, es geht um unser Wort. Das Vertrauen der Bürger in die Führung steht auf dem Spiel... Es hängt eine Wolke über der Regierung.« Schon während des Niger-Streits hatte Greg Thielmann, ehemaliger Analyst im Außenministerium, die Einstellung der Regierung zu Geheimdienstinformationen trocken so charakterisiert: »Wir kennen die Antworten, gebt uns die Informationen, die diese Antworten stützen.«

Es gelang dem Weißen Haus nicht, Nigergate rasch zu stoppen, was eigentlich recht einfach gegangen wäre. Vielleicht brachten die Bush-Leute es schlicht nicht fertig, zu sagen: *Wir haben einen Fehler gemacht, wir waren zu versessen darauf, alle erhältlichen Informationen in unsere Anklage gegen Saddam aufzunehmen.* Stattdessen versuchten Regierungsvertreter – darunter auch Rumsfeld und Rice – selbst dann noch, Bushs Niger-Aussage zu verteidigen, als das Weiße Haus schon zugegeben hatte, dass sie nicht in die Rede gehört hätte.

In dieser Angelegenheit vollbrachte Fleischer an seinem letzten Arbeitstag noch einmal erstaunliche akrobatische Leistungen. Ein Reporter fragte: »Sie versuchen, beides gleichzeitig zu haben: Sie sagen, die Aussage hätte nicht in die Rede gehört, trotzdem stimme sie möglicherweise. Aber Sie wissen es nicht genau. Warum ziehen Sie die Aussage nicht einfach zurück?« Fleischer antwortete: »Angesichts der Vorwürfe, [die Aussage] sei falsch, halte ich es für wichtig, den Leuten einen realistischen Eindruck davon zu vermitteln, wie sehr der Irak sich um Atomwaffen bemühte...

Von irgendwoher musste er Uran bekommen. Früher beschaffte er es sich in Afrika. Und damalige Berichte wiesen darauf hin, es bestehe der Verdacht, er versuche, sich das Uran in Afrika zu besorgen.«

Der Reporter hakte nach: »Das Fazit lautet also: Sie wissen nichts Genaues.«

»Das habe ich schon oft wiederholt«, antwortete Fleischer.

Es war bizarr: Das Weiße Haus sagte, es habe keine handfesten Beweise, um die Vorwürfe zu belegen. Aber es weigerte sich, zuzugeben, dass sie nicht stimmten – obwohl die Regierung einräumte, dass sie nicht in die Rede hätten aufgenommen werden dürfen. (Einige Tage zuvor hatte Fleischer mit einem schönen Paradoxon aufgewartet: »Ich finde, es ist Aufgabe derjenigen, die glauben, [Hussein] habe keine Massenvernichtungswaffen besessen, der Welt zu verraten, wo sie sich befinden.«)

Als Bush sich gezwungenermaßen weiter mit der Niger-Sache beschäftigte, lieferte er seinen Kritikern unfreiwillig neue Munition. Bei einem Fototermin im Weißen Haus – in dessen Verlauf er erklärte: »Ich glaube, die Informationen, die ich bekomme, sind verdammt gute Informationen.« – versicherte er Reportern: »Als ich die Rede vortrug, war die Aussage aktuell.« Nein, war sie nicht – wenn man Tenet glaubte. Schon zum Zeitpunkt der Rede war die CIA zum Schluss gelangt, dass der Uran-aus-Afrika-Vorwurf nicht in die Ansprache gehörte; dies hatte Tenet deutlich gesagt, als er die Schuld für die Niger-Geschichte auf seine Kappe genommen hatte.

Dann wechselte Bush das Thema und ließ eine saftige Lüge vom Stapel: »Wir gaben [Hussein] die Möglichkeit, Inspekteure ins Land zu lassen, aber er ließ sie nicht herein. Weil er uns eine berechtigte Bitte abschlug, beschlossen wir, ihn zu stürzen.« Von wegen. Hussein hatte die UN-

Inspekteure ins Land gelassen und ihnen erlaubt, verdächtige Stätten zu kontrollieren. Die USA bombardierten und besetzten den Irak nicht, weil Hussein keine Inspektionen zugelassen hatte. Bei seinem Versuch, vom Vorwurf abzulenken, er habe die Nation mit seinem Uran-aus-Afrika-Gerede in den Krieg geführt, belog er die Öffentlichkeit über den Grund für die Invasion.

»Es gibt Leute, die die Geschichte gerne umschreiben würden.«

Nigergate eröffnete die Diskussion um eine tiefer gehende Frage: Hatte Bush die Tatsachen, mit denen er die Notwendigkeit eines Krieges begründete, maßlos übertrieben? *Time* brachte eine Titelgeschichte unter der fetten Schlagzeile »Unwahrheiten und ihre Folgen«. Der Artikel konzentrierte sich auf die Niger-Geschichte, vermerkte aber auch, dass andere Vorkriegsbehauptungen der Regierung Bush – über das Biowaffenprogramm im Irak, den Einsatz von Aluröhren für ein Atomprogramm und Husseins Verbindung zu al-Qaida – sich ebenfalls noch nicht bewahrheitet hatten.

Bush sträubte sich mit allen Mitteln gegen diese Diskussion. Am 16. Juni reagierte er in einer Rede auf den Vorwurf, er habe die Öffentlichkeit über die Massenvernichtungswaffen des Irak in die Irre geführt: »Es gibt Leute, die die Geschichte gern umschreiben würden. Ich möchte diese Leute Revisionisten nennen. Saddam Hussein war eine Bedrohung für Amerika und die freie Welt; 1991, 1998, 2003 … Und eines ist sicher: Jetzt stellt Saddam Hussein keine Bedrohung für Amerika mehr dar.« Bush brachte keine Argumente, sondern wiederholte einfach alte Aussagen. Auffälligerweise erwähnte er keine Massenvernichtungswaffen, als er die Leute daran erinnerte, dass Hussein eine Bedrohung für die Vereinigten Staaten bedeutet habe. Und er erläuterte auch nicht, warum es Revisionismus sein sollte, wenn man sich aufgrund von vorliegenden Beweisen fragte, ob Bushs Vorkriegsbehauptungen von der Wahrheit abwichen. Seine Kritiker versuchten nicht, die Geschichte umzuschreiben, sondern den Wahrheitsgehalt seiner Aussagen zu beurteilen.

Bush gab keinen Zentimeter nach. Am 2. Juli fragte ihn ein Reporter, ob man hinsichtlich der weiter unauffindbaren Massenvernichtungswaffen im Irak sagen dürfe: »Es gibt eine Diskrepanz zwischen der von der Regierung beschworenen Bedrohung durch den Irak und der tatsächlichen Lage vor Ort.«? Bush antwortete: »Nein. Saddam Hussein unterhielt Waffenprogramme. Erinnern Sie sich, er hat … Chemiewaffen gegen seine eigenen Leute eingesetzt.« Das stimmte; Hussein hatte Chemiewaffen gegen Kurden und Iraner eingesetzt, aber das lag fast 20 Jahre zurück. Seitdem hatten UN-Inspekteure den Großteil seines Arsenals aufgespürt und vernichtet. Vor dem Einmarsch hatte Bush nicht argumentiert, Hussein stelle eine direkte Bedrohung für die Vereinigten Staaten dar, weil er vor zwei Jahrzehnten Giftgas gegen lokale Feinde eingesetzt hatte. Aber weil er im Irak immer noch keine Massenvernichtungswaffen gefunden hatte, fiel ihm nichts Besseres ein.

Eine Woche später, mitten im Streit um die Niger-Aussage, fragte ihn ein Reporter: »Glauben Sie immer noch, der Irak habe versucht, sich in Afrika Nuklearmaterial zu verschaffen?« Bush verweigerte eine Antwort. Stattdessen witzelte er: »Eines ist klar: Im Moment versucht er nicht, irgendetwas zu kaufen.« Kein Wunder, dass Bush beabsichtigte, die Anschuldigung lächerlich zu machen, er habe die

Wahrheit manipuliert, um seinen Krieg zu bekommen. Wieder tat er Fragen zu seinen Vorkriegsbehauptungen als Versuche ab, »die Geschichte umzuschreiben«. Er fügte hinzu: »Ich habe nicht den geringsten Zweifel: Am Ende werden die Fakten der Welt die Wahrheit zeigen.«

Im weiteren Verlauf der Niger-Affäre brachten die Medien immer mehr Informationen ans Tageslicht. General Carlton Fulford jun., der stellvertretende Kommandierende der US-Truppen in Europa, war im Februar 2002 ebenfalls in den Niger entsandt worden und hatte festgestellt, dass die dortigen Uranvorräte in sicheren Händen waren. Schon im vergangenen Oktober hatte die CIA dafür gesorgt, dass ein Verweis auf den angeblichen Uran-Shoppingbummel im Niger aus einer Rede des Präsidenten getilgt wurde. In jenem Monat hatte die CIA zwei Memos an das Weiße Haus geschickt, in denen starke Zweifel an der Niger-Geschichte ausgedrückt wurden.

Die Mannschaft Bushs versuchte, sich durch Tarnen und Täuschen aus der Niger-Affäre zu ziehen. Condoleezza Rice erklärte: »Die Vorstellung ist lächerlich, dass der Präsident die Vereinigten Staaten aufgrund einer einzigen Anschuldigung, wonach Hussein versuchte, sich in Afrika Uran zu verschaffen, in den Krieg geführt haben soll.«

Als die Fragen zur Niger-Affäre immer lauter wurden, übte sich das Weiße Haus in der gewohnten Art der Schadensbegrenzung. Der neue Pressesprecher, Scott McClellan, sagte bei einer Pressekonferenz, es sei Zeit, wieder nach vorne zu sehen. Schließlich sei die Sache ausführlich besprochen worden und alles Weitere sei nichts weiter als eine Kampagne, um »die Geschichte umzuschreiben«. In einem Versuch, die Angelegenheit vom Tisch zu bekommen, veröffentlichte das Weiße Haus acht von 90 Seiten eines zusammenfassenden Geheimdienstberichts vom Oktober 2002. Darin hieß es: »Bagdad hat Chemie- und

Biowaffen ... Wenn man [den Irak] gewähren lässt, verfügt er vielleicht noch in dieser Dekade über eine Atomwaffe.« Damit wollte die Regierung belegen, dass sie vor dem Krieg guten Grund zur Annahme gehabt habe, der Irak besitze Massenvernichtungswaffen. Aber im Geheimdienstbericht hieß es weiter: »Über viele wichtige Aspekte des ABC-Programms im Irak haben wir keine genauen Informationen.« Und die Warnung hinsichtlich des irakischen Atomprogramms wurde von einer wichtigen Einschränkung begleitet: *wenn man [den Irak] gewähren lässt.* Darüber hinaus enthielt der Auszug aus dem Bericht die Einschätzung, dass Bagdad wohl kaum die Vereinigten Staaten angreifen oder Terroristen bei einem Angriff auf die USA unterstützen werde, solange Saddam Hussein keinen unmittelbar bevorstehenden Angriff der USA zu befürchten habe.

Der freigegebene Auszug aus dem Bericht sollte die Position des Weißen Hauses stärken. Doch am Tag der Veröffentlichung erklärten Vertreter der Regierung, weder Bush noch Rice hätten den Bericht – das maßgebliche Papier der amerikanischen Geheimdienste zur Lage im Vorkriegsirak – vollständig gelesen. Hatte Bush sich nicht einmal die Mühe gemacht, die vorhandenen Informationen anzusehen?

Nachdem der Streit über die Niger-Affäre über einen Monat lang getobt hatte und der Versuch des Weißen Hauses, der CIA alle Schuld zuzuschieben, gescheitert war, übernahmen am 30. Juli Bush und Rice endlich die Verantwortung für die Angelegenheit. Offenkundig versuchten sie, diese Geschichte mit einem Schuldeingeständnis endlich hinter sich zu bringen. Auf einer Pressekonferenz erklärte Bush: »Ich übernehme die persönliche Verantwortung für alles, was ich sage.« Befragt, ob er die Verbindung zwischen al-Qaida und Hussein übertrieben habe oder schlüssige Beweise für eine solche Verbindung vorlegen könne, sagte Bush: »Wir werden lange brauchen, bis wir die Beweise im Irak gesammelt haben.« (Aber hatte er nicht oft behauptet, er hätte solche Beweise bereits?) Auf die Frage, ob er sein Land aufgrund »windiger oder nichtexistenter Indizien« in den Krieg geführt habe, antwortete er: »Ich glaube fest daran, dass Saddam ein Waffenprogramm hatte.« Er sagte nicht *Waffen*.

In Sachen unauffindbare Massenvernichtungswaffen erklärten Bush und seine Berater immer wieder: *Wir werden sie finden.* Nachdem Tony Blair in einer bewegenden Rede vor dem Kongress gesagt hatte: »Die Geschichte wird uns vergeben«, falls seine und Bushs Anschuldigungen, Hussein verfüge über Massenvernichtungswaffen, sich als falsch herausstellen würden, konterte Bush: »Wir werden Recht behalten.« Auf der gemeinsamen Pressekonferenz mit Blair wurde Bush gefragt: »Ist es wichtig, dass Sie diese Waffen finden?« Bush antwortete: »Ich glaube, wir werden die Wahrheit finden.«

Wie bereits geschildert, gab Bush sich bei der tatsächlichen Suche nach Waffen keine besondere Mühe. Plünderer erreichten die irakischen Atomanlagen schneller als das US-Militär. Wären wirklich al-Qaida-Leute in Bagdad gewesen und hätten sie tatsächlich im Sinn gehabt, sich Massenvernichtungswaffen zu verschaffen, hätte das Nachkriegschaos genau die Möglichkeit eröffnet, die Bush als Horrorszenario an die Wand gemalt hatte. Entweder hatte Bush also die amerikanische Öffentlichkeit belogen und nicht wirklich an einsatzfähige Massenvernichtungswaffen geglaubt. Oder er hatte seine Pflicht vernachlässigt, alles dafür zu tun, dass diese Waffen nicht in falsche Hände gerieten. Ganz gleich, welche dieser beiden Möglichkeiten der Wahrheit näher kam: Bushs Sieg im Irak war mit einem schweren Makel behaftet.

»Die Bilder, die Sie im Fernsehen sehen, sind immer wieder die gleichen. Es sind die gleichen Bilder von der gleichen Person, die mit einer Vase aus einem Gebäude kommt.«

Bushs Triumph wurde in den ersten Wochen nach dem Ende der Kampfhandlungen auch durch die Unfähigkeit der Regierung geschmälert, viele der Probleme, die sich durch die Besetzung des Irak ergaben, effektiv zu lösen. Bush hatte nicht direkt gelogen; er hatte nie behauptet, es würde einfach sein, einer Nation von 24 Millionen Menschen Sicherheit und Wirtschaftswachstum zu bringen. Aber Bush und seine Leute unterdrückten vor dem Krieg die Wahrheit, indem sie direkten Fragen auswichen und nicht auf Bedenken eingingen, dass es schwierig werden könnte, im Nachkriegsirak Frieden und Demokratie zu schaffen. Ein Beispiel: Im Februar erklärte General Eric Shinseki, der Stabschef der Army, man werde mehrere hunderttausend Soldaten brauchen, um den Irak nach dem Krieg zu befrieden. Wolfowitz widersprach ihm sofort und rügte, der General liege »meilenweit daneben«. Auch Rumsfeld tat die Aussage des Generals als Unsinn ab. Offensichtlich hatte die Regierung in der Vorkriegsphase ein Interesse daran, die Kosten und Schwierigkeiten des künftigen Wiederaufbaus herunterzuspielen. Doch die Ereignisse zeigten bald, dass Shinseki der Wirklichkeit näher gekommen war als Wolfowitz.

Die Tage und Wochen nach dem Fall Bagdads bewiesen, dass die Regierung Bush und das Pentagon es nicht als vorrangige Aufgabe betrachteten, im Irak wieder Ruhe und Sicherheit herzustellen. Nationalbibliothek und -museum wurden verwüstet, Krankenhäuser überfallen, überall wurde geplündert. Doch Rumsfeld drückte nicht einmal Bedauern über diese Vorkommnisse aus. Als die Medien das

Chaos als Thema aufgriffen, log Rumsfeld, um die Kritik abzuwehren. Bei einer Pressekonferenz am 11. April versuchte er, das Ausmaß der Plünderungen herunterzuspielen. »Die Bilder, die Sie im Fernsehen sehen, sind immer wieder die gleichen. Es sind die gleichen Bilder von der gleichen Person, die mit einer Vase aus einem Gebäude kommt. Und man sieht die Bilder zwanzigmal und fragt sich: ›Mein Gott, wie viele Vasen gibt es dort denn noch?‹ Kann es in einem einzigen Land so viele Vasen geben?«

Weiterhin behauptete er: »[Wenn US-Truppen] Plünderungen sehen, machen sie ihnen ein Ende. Das werden sie auch in Zukunft tun.« Das stimmte nicht ganz. Manchmal schritten Soldaten ein, manchmal rührten sie sich aber auch nicht. Niederrangige Soldaten verrieten Reportern, sie hätten oft weder den Auftrag noch die nötigen Ressourcen, um als Polizei aufzutreten.

Rumsfeld blieb bei seiner Linie und prägte dabei einen seiner berühmtesten Aussprüche: »So was passiert eben! Angesichts der Zustände im Land ist es ein fundamentales Missständnis, wenn man uns vorwirft: ›Mein Gott, ihr hattet keinen Plan!‹, nur weil jemand eine Vase stiehlt. Das ist Unfug ... Freiheit ist unübersichtlich. Freie Menschen haben die Freiheit, Fehler zu machen, Verbrechen zu begehen und böse Dinge zu tun.« Rumsfeld redete dummes Zeug, wenn er so tat, als gehe es nur um eine gestohlene Vase. Aber er hatte einen guten Grund, sich hinter dieser Behauptung zu verstecken.

Denn das Chaos war innerhalb des Verteidigungsministeriums sehr wohl vorausgesagt worden. Doch die Führung des Pentagons hatte beschlossen, diese Warnungen zu überhören – teilweise auch deswegen, weil man Rumsfelds Anweisung gefolgt war, den Irak mit weniger Soldaten zu überfallen, als konservative Militärs gefordert hatten. »Schon Monate vor der Invasion im Irak«, berichtete die

Washington Post Mitte April, »sahen die Kriegsplaner im Pentagon voraus, dass der Fall Husseins eine Periode des Chaos und der Gesetzlosigkeit einläuten würde. Aus militärischen Gründen entschieden sie sich, eine kleine, flexible Invasionsstreitmacht einzusetzen, die aber keine Chance hatte, aufkommende Unruhen zu unterdrücken.«

Erfuhr die Öffentlichkeit je, dass die amerikanischen Truppen sofort Soldaten abstellten, um das Ölministerium in Bagdad zu sichern, es aber nicht schafften, die drei Dutzend Krankenhäuser zu schützen? Und das, obwohl Bush in einer Rede vor dem Krieg versprochen hatte: »Wir werden den Kranken Medizin bringen.« (Er verriet nur nicht, wann.) Bush hatte auch Nahrungsmittelhilfen versprochen. Aber in den Tagen nach der Einnahme Bagdads gelang es internationalen Helfern wegen der prekären Sicherheitslage nicht, humanitäre Hilfe zu leisten. Frustriert baten sie die Regierung Bush, der Nothilfe höhere Priorität einzuräumen.

Bush stellte die Kritik daran, wie die USA in den ersten Tagen der Besetzung vorgingen, als pures Gemecker hin: »Wissen Sie, es ist verblüffend«, sagte er am 13. April. »Am Mittwoch fällt die Statue [von Saddam Hussein], und die Schlagzeilen lauten ›Oh, es gibt Unordnung‹. Lieber Himmel! Die Situation ist chaotisch, weil Saddam Hussein die Bedingungen für ein Chaos geschaffen hat. Er schuf ein Klima der Angst und des Hasses. Und es wird eine Weile dauern, bis das Land stabilisiert ist.«

Das stimmte. Aber Bush wich der Frage aus, ob seine Regierung ausreichend für eine fast unvermeidliche Phase voller Wirren und Schwierigkeiten vorgesorgt hatte. Indem Bush einen Krieg vom Zaun brach, zog er Amerika in den ehrgeizigsten Versuch seit Jahrzehnten, eine Nation wieder aufzubauen. Und er versaute den Start gründlich. Die meisten Experten für Staatenbildung stimmen überein, dass die schnelle Herstellung der inneren Sicherheit entscheidend ist für einen Übergang zur Demokratie. Ein vor dem Krieg verfasster Bericht des Council on Foreign Relations hatte Bush ermahnt, amerikanische Truppen sollten den Irak mit der Mission betreten, »öffentliche Sicherheit herzustellen und humanitäre Hilfe zu leisten. Darin unterscheiden sich die Aufgaben von denjenigen reiner Kampftruppen.« Bush nahm den Rat nicht an.

»Ich sehe es so, dass die Leute in General Franks' Organisation und in General Garners [Wiederaufbau-] Organisation hervorragende Arbeit geleistet haben und weiterhin die Lage in fast jedem Winkel des Landes verbessern.«

Am 9. Mai berichtete die *Washington Post* darüber, wie sehr die amerikanischen Besatzer durch schlechte Planung behindert wurden. »Einen Monat nach dem Fall Bagdads«, hieß es, »leidet die Besatzungsverwaltung des Pentagons weiterhin unter unzureichenden Ressourcen und mangelnder Vorbereitung. Dies fördert die Unzufriedenheit der Iraker und die Zweifel an der Aufrichtigkeit der Regierung Bush, die versprochen hatte, das Land rasch wieder aufzubauen und auf einen neuen, demokratischen Kurs zu bringen. Auf irakische Beschwerden über die schlechte Sicherheitslage reagieren amerikanische Offiziere mit dem Hinweis, sie hätten zu wenig Soldaten für die Erfüllung aller Aufgaben.« Die Grundversorgung mit Wasser und Strom brach immer wieder zusammen, vor den Tankstellen bildeten sich kilometerlange Schlangen. Das Gesundheitssystem stand vor dem Kollaps. Die Plünderungen hielten an. Verbrechen häuften sich. Mitarbeiter von Hilfsorganisationen wurden angegriffen. Iraker beglichen mit Rachemorden alte Rechnungen. In der Hauptstadt gab es keine funktionierende Polizei. Die amerikanischen Besatzer hatten nicht genug Übersetzer. »Die Planung war lausig«, urteilte laut *Washington Post* ein hochrangiger Amerikaner in Bagdad. »Und die Ausführung war noch schlechter.«

Der britische Außenminister Jack Straw äußerte sich enttäuscht über den Verlauf der Besatzung: »Die Ergebnisse der ersten Wochen«, verriet er dem Parlament, »blieben hinter unseren Hoffnungen zurück.« Bushs Mannschaft äußerte sich nicht so offen. Auf Medienberichte, dass sich Verbrechen und Gewalt in Bagdad breit machten, reagierte Rumsfeld am 9. Mai so: »Ich sehe es so, dass die Leute in General Franks' Organisation und in General [a. D. Jay] Garners [Wiederaufbau-]Organisation hervorragende Arbeit geleistet haben und weiterhin die Lage in fast jedem Winkel des Landes verbessern.« Doch schon Tage später erfuhr man, dass Bush die Führung der US-Besatzung radikal umbaute. Jay Garner und ein Teil seiner Mannschaft wurden abberufen und durch ein neues Team ersetzt. War diese Umstrukturierung ein Zeichen dafür, dass sich das Weiße Haus wegen »unvorhergesehener schwieriger Umstände« Sorgen machte? Pressesprecher Fleischer verneinte.

In den folgenden Wochen kämpften die Besatzer weiterhin mit etlichen Problemen. Mitte Mai sagten hochrangige Vertreter der amerikanischen Besatzungsmacht voraus, dass man für den Wiederaufbau des Irak viel mehr Zeit und Geld brauchen würde als bisher angenommen. Zu jenem Zeitpunkt befanden sich annähernd 200000 britische und amerikanische Soldaten im Land. Am 22. Mai fragte der Demokrat Joe Biden in einem Senatsausschuss Wolfowitz: »Wann verrät der Präsident dem amerikanischen Volk, dass wir wahrscheinlich drei, vier, fünf, sechs, acht, zehn Jahre im Irak bleiben werden, mit tausenden von Soldaten, und

Milliarden Dollar ausgeben werden?« Er klagte die Regierung an, dem Thema auszuweichen und dadurch die Wahrheit zu unterdrücken. Wolfowitz antwortete:»Möglicherweise geht es schneller.« Eine Woche später, nach verstärkten Aktivitäten des bewaffneten irakischen Widerstandes, kündigte Generalleutnant David McKiernan, der Kommandeur der US-Bodentruppen im Irak, an, verstärkt gegen die Feinde vorzugehen, die amerikanischen Soldaten auflauerten und sie töteten.»Das sind keine kriminellen Handlungen, sondern militärische«, sagte McKiernan. Er fügte hinzu:»Der Krieg ist noch nicht vorbei.« Die Amerikaner mussten eine Guerilla bekämpfen, unter anderem, indem sie ganze Straßen Haus um Haus durchkämmten und militärische Razzien durchführten. Dabei kamen gelegentlich Zivilisten um – was den Hass der Iraker gegen die Besatzer noch mehr steigerte. Der Krieg ging weiter, wenn auch in anderer Form. Doch Bush ließ kaum etwas darüber verlauten, dass die amerikanischen Truppen nicht ein relativ ruhiges Land bewachen mussten (wie erwartet), sondern die schwierige Aufgabe hatten, einen Frieden erst herzustellen. Bush unterschlug die neuartigen Probleme einfach, mit denen die Vereinigten Staaten und ihre Soldaten im besetzten Irak zu kämpfen hatten.

In Washington verriet Thomas White (der von Rumsfeld kurz nach dem offiziellen Kriegsende im Irak geschasste Staatssekretär für die Army) der Zeitung *USA Today*, dass die Pentagon-Führung sich dagegen sträube, sich das Ausmaß der Verpflichtungen der USA im Nachkriegsirak»einzugestehen«. Er beklagte, dass hochrangige Beamte im Verteidigungsministerium vor der Invasion die Notwendigkeit einer großen Besatzungsmacht bestritten hätten. Hatte die Regierung Bush vor Kriegsbeginn das Ausmaß der Mühe, das die Besatzung kosten würde, absichtlich heruntergespielt?

Ende Juni besuchten die Senatoren Lugar und Biden den Irak und kamen zum Schluss, dass die USA ihre militärische Präsenz dort mindestens drei bis fünf Jahre aufrechterhalten müssten. Lugar meinte gegenüber Journalisten:»Jetzt muss der Präsident mit der Wahrheit herausrücken.« Das war ein harsches Urteil eines (normalerweise sehr beherrschten) republikanischen Parteigenossen und eine kaum verhüllte Anklage, dass Bush der Öffentlichkeit etwas vorenthalte.

»Ich benutze den Ausdruck ›Guerillakrieg‹ nicht, weil keiner stattfindet.«

In einer skurrilen Episode weigerte sich Rumsfeld gegenüber Pentagon-Reportern, den andauernden und todbringenden Widerstand im Irak als Guerillakrieg zu bezeichnen.»Ich benutze den Ausdruck ›Guerillakrieg‹ nicht, weil keiner stattfindet«, erklärte er. Daraufhin las ihm der CNN-Korrespondent Jamie McIntyre vor, wie das Verteidigungsministerium den Begriff Guerillakrieg definierte:»Militärische und paramilitärische Operationen auf vom Feind gehaltenem oder feindlichem Gebiet, durchgeführt von irregulären Bodentruppen.« McIntyre fuhr fort:»Das klingt doch ziemlich nach dem, was im Irak passiert.« Rumsfeld schnappte:»Ganz und gar nicht.«

Tat es aber doch – zumindest nach Einschätzung von Oberst a. D. W. Patrick Lang, dem ehemaligen Leiter der Nahostabteilung der DIA. Er meinte, was man aus dem Irak erfahre, entspreche»exakt« der Anfangsphase eines Guerillakrieges. Tage später bemerkte der republikanische Senator Pat Roberts:»Wir führen jetzt einen Antiguerillakrieg.« Doch Rumsfeld weigerte sich, der Öffentlichkeit die Wahrheit zu sagen. Und selbst einem Senatsausschuss verriet er erst auf Nachfragen, dass die US-Militäraktion im Irak monatlich 3,9 Milliarden Dollar kostete – fast doppelt so viel wie die 2,1 Milliarden, die das Pentagon noch im April angesetzt hatte. (Auch die Kosten für die zivile Verwaltung des Irak lagen höher, als die Regierung geschätzt hatte.) Nach Rumsfelds Anhörung äußerte Senator John McCain seine Irritation darüber, dass die Regierung Bush die wahren Kosten der Besetzung nicht offen zugab:»Ich finde, dem amerikanischen Volk sollte gesagt werden: ›Passt auf, wir werden dort eine Weile bleiben, und es wird uns eine schöne Stange Geld kosten.‹ Die Leute sollten eine Ahnung davon bekommen, was uns bevorsteht.«

Bush war allen Fragen nach Kosten und Dauer der amerikanischen Besatzung vor dem Krieg und sogar noch in den Monaten nach dem Fall Bagdads immer ausgewichen. Erst am 1. Juli räumte er ein, dass die Besatzung des Irak »ein massives und lang dauerndes Unterfangen« werden könnte. Aber er führte immer noch nicht aus, was »massiv« oder »lang dauernd« ungefähr bedeutete oder mit welchen Kosten in Dollar und Menschenleben er rechnete.

»Wir werden als Befreier begrüßt werden.«

Hatten Bush und seine Verteidigungsexperten vor dem Irakkrieg falsche Erwartungen in der amerikanischen Öffentlichkeit geweckt? Beim Versuch, den Krieg zu verkaufen, hatten Mitarbeiter der Regierung so getan, als werde es die Besatzungsmacht im Irak leicht haben. Am 11. März verkündete Wolfowitz:»Das irakische Volk versteht, worum es bei der Krise geht. Wie die Franzosen in den 1940er-Jahren sehen sie uns als ersehnte Befreier.« Drei

Tage vor Kriegsbeginn sagte Cheney: »Wir werden als Befreier begrüßt werden.« Die beiden machten es sich mit ihren Prognosen zu einfach. Drückten sie damit ehrlichen (wenn auch unbegründeten) Optimismus aus? Oder stellten sie sich absichtlich naiv, weil solche Aussagen dazu beitrugen, die Bevölkerung für den Krieg zu gewinnen? An manchen Orten im Irak gab es tatsächlich Feiern und ein warmes Willkommen für die amerikanischen und britischen Truppen. Im Norden begrüßte die kurdische Opposition die US-Soldaten und zog mit amerikanischen Special Forces gemeinsam ins Feld. Viele befreite Iraker gaben ihrer Verachtung für das bösartige und mörderische Regime Saddam Husseins bei der ersten Gelegenheit überschwänglich Ausdruck. Eine Gruppe von Einwohnern Bagdads bejubelte den vom Fernsehen übertragenen Sturz einer Hussein-Statue. Doch noch bevor der Krieg gewonnen war, zeigte sich, dass die politische Situation nach Kriegsende viel komplizierter und schwieriger war, als die Regierung Bush mit ihrem »Wir werden willkommen sein«-Gerede erhoffen ließ.

In vielen Städten verwandelte sich der Jubel bald in Protest. John Donvan, ein »nichteingebetteter« Reporter von ABC, besuchte bald nach Kriegsbeginn das »befreite« Safwan, eine Grenzstadt im Süden, und fand die Leute eher zornig als dankbar. »Wir erfuhren«, berichtete Donvan, »dass die Einwohner zwar Saddam nicht mochten, aber deswegen noch lange nicht guthießen, dass Amerikaner ihn stürzten... Sie waren zornig auf Amerika und sagten, amerikanische Soldaten hätten harmlose Bürger beschossen. Sie waren auch wütend, weil sie Nahrungsmittel, Wasser und Medikamente brauchten und die vom Präsidenten versprochene Hilfe ausblieb... Sie fragten uns, warum die Vereinigten Staaten den Irak überfallen hätten und ob wir für immer im Land bleiben würden. Sie sahen die Invasion als Überfall, nicht als Befreiung.« Am 31. März berichtete die Londoner *Times*, Flüchtlinge außerhalb Basras hätten britische Truppen mit Steinen beworfen. Ein Flüchtling verriet einem Reporter:»Ich liebe Saddam nicht, aber wie soll es uns heute besser gehen, wenn es weder Strom noch Wasser gibt? In unseren Straßen liegen die Toten, und meine Kinder können nachts aus Angst vor Granaten nicht schlafen.«

Vor allem schiitische Geistliche jubelten nicht über die »Befreier«. Hunderttausende Schiiten trafen sich zu religiösen Veranstaltungen mit amerikafeindlichen Untertönen, und ihre fundamentalistischen Anführer drängten in das Machtvakuum und forderten einen raschen Abzug der Amerikaner. In manchen Landesteilen schlossen sich die sunnitischen Muslime der Forderung der Schiiten an, dass Amerika so bald wie möglich das Land verlassen müsse. In Mosul – wo die Einheimischen am Tag nach dem Fall der Stadt trotzig irakische Flaggen gehisst hatten – kam es zu einem Zusammenstoß zwischen amerikanischen Soldaten und einer zornigen Menschenmenge; mehrere Zivilisten starben. In Falludscha schossen US-Truppen auf protestierende Iraker und töteten 15 Menschen. (Die Amerikaner behaupteten, sie seien beschossen worden; Iraker wiesen diese Darstellung zurück.) Verbleibende Anhänger von Husseins Baath-Partei schlossen sich zusammen und formten eine gewalttätige Untergrundorganisation. Der Nachkriegsirak war wild und chaotisch – viel schwerer beherrschbar, als die Regierung Bush vor dem Krieg angekündigt hatte.

Der Aufstand der Schiiten war in Bushs Plan nicht vorgesehen gewesen. Die *Washington Post* berichtete:»In amerikanischen Regierungskreisen wird zugegeben, dass die Organisationsfähigkeit der Schiiten unterschätzt wurde und man nicht dafür gerüstet ist, das Aufkommen einer antiamerikanischen, fundamentalistischen Gegenregierung zu unterdrücken.«

Die Regierung sah sich einem Problem gegenüber, mit dem man nicht gerechnet hatte. Dabei kam der Aufstand der Schiiten nicht aus heiterem Himmel. »Niemand, der sich mit den Schiiten und dem Irak auskennt, wurde dadurch überrascht«, meinte Judith Kipper, Leiterin des Nahostforums des Council on Foreign Relations. »Es gab Leute in der Regierung, die Bescheid wussten. Aber sie saßen an ihren Schreibtischen, nicht in dem Raum, wo die Entscheidungen getroffen wurden.« Joseph Wilson, der letzte amerikanische Botschafter im Irak, fragte: »Die Schiiten haben immer nach der Macht gestrebt. Die Geistlichen haben eine riesige Zahl von Anhängern, eine Organisation, eine Bühne, einen Plan, Ehrgeiz und trainierte Milizen. Was braucht man mehr?«

Am 24. April 2002 berichtete die *New York Times*: »Regierungsmitglieder wurden davon überrascht, wie heftig in manchen Teilen des Irak antiamerikanische Gefühle geäußert werden.« Aber niemand von Bushs Team gab dies öffentlich zu. Als Ari Fleischer befragt wurde, was er von offenbar weit verbreiteten antiamerikanischen Ressentiments halte, die bei einer wichtigen religiösen Zeremonie in Kerbela zu beobachten waren, wiegelte er ab: Diese Ausbrüche seien »die Äußerungen Einzelner«, im Allgemeinen aber »feierten die Iraker das Glück, befreit zu sein«.

»Einige in unserem Land haben bezweifelt, dass das irakische Volk die Freiheit wollte.«

In einer Rede vor arabischstämmigen Amerikanern in Dearborn (Michigan) verkündete Bush am 28. April: »Tag für Tag kommen die Iraker der Demokratie näher.« Für einige Iraker stimmte das auch; andere strebten eine Theokratie an, wieder andere versuchten, zu den ruhmreichen Tagen der Baath-Partei zurückzukehren. Doch diejenigen Iraker, die auf Demokratie hofften, wurden von der amerikanischen Besatzung immer wieder enttäuscht. In den Wochen nach Kriegsende gelobten Vertreter der Vereinigten Staaten, der Übergang zur Selbstbestimmung werde rasch vollzogen. Doch am 6. Mai änderten Amerika und Großbritannien schlagartig den Kurs und verschoben die für Monatsende versprochene Erlaubnis, eine Nationalversammlung einzuberufen und eine Übergangsregierung zu bilden, auf unbestimmte Zeit. In den folgenden Wochen konzentrierte die Regierung Bush alle Machtbefugnisse bei der militärischen Besatzungsverwaltung, was bei denjenigen Irakern Enttäuschung und Verbitterung auslöste, die auf eine rasche Verwirklichung von Demokratie und Selbstbestimmung gehofft hatten.

Am 1. Juni verkündete Amerika, man werde einen Übergangsrat aus bis zu 30 handverlesenen Irakern bilden, der die amerikanische Verwaltung im Irak beraten solle. Selbst wählen durften die Iraker ihre Vertreter nicht. Wenig später verbot der ehemalige Botschafter L. Paul Bremer, der neue Zivilverwalter, Kommunalwahlen in der Stadt Nadschaf, die vom örtlichen US-Militärkommandanten organisiert worden waren. Das wären die ersten Wahlen im besetzten Irak gewesen. In der Folgezeit sagten Militärkommandanten im ganzen Land Kommunalwahlen wieder ab, weil Bremer fürchtete, dass bei den Wahlen Veteranen des Baath-Regimes und islamische Fundamentalisten die Nase vorn haben würden.

Anfang Juli verkündete Bremer (in einer von ihm so genannten »taktischen Anpassung«), der irakische Regierungsrat, den er gerade zusammenrief, werde tatsächliche Macht bekommen. Er werde Minister bestimmen und beaufsichtigen dürfen, die wiederum das Land regieren würden. Er werde ein Budget erstellen und Diplomaten ins Ausland entsenden dürfen. So gut wie möglich versuchte Bremer den wachsenden Zorn der Iraker darüber einzudämmen, dass Bush sein Versprechen, die Iraker dürften sich selbst verwalten, so nicht mehr gelten lassen wollte. Darüber hinaus brauchte Bush – darin stimmten westliche und irakische Offizielle überein – ein Gremium aus Einheimischen, dem er einen Teil der Verantwortung und der Schuld zuschieben konnte.

Zwei Tage nach der Bildung des Regierungsrats erklärte Bremer enthusiastisch:»Jetzt liegt es in den Händen des irakischen Volkes, wie lang die alliierten Truppen im Land bleiben.« Doch das stimmte nicht ganz. Die USA waren die Besatzungsmacht und würden genau so lange bleiben, bis der Chef im Weißen Haus – nicht das irakische Volk – einen Abzug anordnete.

Während seiner Rede in Dearborn erwähnte Bush die Schwierigkeiten im Nachkriegsirak nicht. Stattdessen konzentrierte er sich auf die Episoden, wo Iraker den US-Truppen geholfen oder zugejubelt hatten. »Ja«, sagte er, »einige in unserem Land haben bezweifelt, dass das irakische Volk die Freiheit wollte. Sie konnten sich einfach nicht vorstellen, dass die Bevölkerung eine Befreiungsmacht willkommen heißen würde.« Aber welcher auch nur irgendwie maßgebliche Mensch hatte in der Vorkriegsdebatte behauptet, die Iraker wollten keine Freiheit? Und wie mäßig begeistert der Irak die »Befreier« begrüßte, sah man ja. Wieder einmal leugnete oder verdrehte Bush die Wahrheit zu seinen Gunsten.

Widerstand der Schiiten, aufbrechender Fundamentalismus, Rebellion der Baath-Mitglieder, Gesetzlosigkeit, Chemie- und Biowaffen(komponenten), von denen niemand wusste, wo sie waren, geplünderte Atomanlagen, Suche nach Massenvernichtungswaffen, »wenn wir die Zeit dazu haben«, Volkszorn, bewaffneter Widerstand – all das war in Bushs Vorkriegsreden nicht erwähnt worden. Stattdessen hatten Bush und seine Leute die rosige Aussicht beschworen, dass sich die Demokratie in einem Dominoeffekt vom Nachkriegsirak auf die Nachbarstaaten ausbreiten würde – auch wenn eine geheime Analyse des Außenministeriums dieser Vorstellung vehement widersprach. Bush und seine Kriegstreiber konnten argumentieren, ein solches Ergebnis rechtfertige die Kosten und das vorübergehende Chaos. Gut, der mörderische Saddam Hussein war gestürzt, das irakische Volk stand nicht mehr unter seiner Fuchtel. Doch die Befreiung wurde von Lügen und Verdrehung der Tatsachen begleitet.

Am 1. Mai flog Bush zum Flugzeugträger *Abraham Lincoln*, um eine verfrühte Siegesrede zu halten. Es war die Mutter aller PR-Termine: Bush landete in einem Kampfjet auf dem Flugdeck und entstieg der Maschine – live im Fernsehen – in voller Pilotenmontur. Bush, der nie erklärt hatte, was es mit dem offenbar fehlenden Jahr bei der texanischen Nationalgarde auf sich hatte, sah aus, als komme er direkt aus dem Film *Top Gun*. Von solchen Bildern träumt jeder PR-Berater.[13] In gewissem Sinn markierte dieser Flug das Ende des Krieges – das heißt, des Krieges als Spektakel. Seine zur Hauptsendezeit übertragene Rede auf dem Flug-

13 Vor dem Termin behauptete Fleischer, Bush müsse mit dem Flugzeug kommen, weil der Flugzeugträger sich außerhalb der Reichweite des Präsidenten-Hubschraubers befinde. Doch am Tag der Rede lag die *Lincoln* 50 Kilometer vor San Diego und wäre für den Hubschrauber problemlos zu erreichen gewesen. Als Reporter und Demokraten nachbohrten, änderte Fleischer die Erklärung und sagte, Bush habe einmal eine Flugzeugträgerlandung mit Fanghaken erleben wollen. Außerdem, so Fleischer nach dem Ereignis, koste der Jetflug etwa genauso viel wie ein Hubschrauberflug. Er erwähnte nicht, dass der Hubschrauber des Präsidenten ohnehin zum Flugzeugträger musste, um Bush und seine Entourage später wieder abzuholen.

deck (unter einem riesigen rot-weiß-blauen »Auftrag ausgeführt«-Banner) wirkte wie das große, aber verfrühte Finale seines Irakfeldzugs.

Bush erklärte:»Die größeren Kampfoperationen im Irak sind beendet. In der Schlacht um den Irak haben die Vereinigten Staaten und ihre Verbündeten gesiegt.« Doch im unbefriedeten und gefährlichen Irak gehen die Kampfhandlungen noch immer weiter; im Durchschnitt sterben jede Woche ein paar Amerikaner.

Bush berichtete dem Publikum:»Wir haben die Suche nach versteckten Chemie- und Biowaffen begonnen und kennen bereits hunderte von Stätten, die wir kontrollieren werden.« Doch die Suche nach Massenvernichtungswaffen lief – pomadig und lustlos betrieben – bereits seit Wochen. Bisher hatte sich absolut nichts ergeben, was einige Vertreter von Regierung und Militär zweifeln ließ, ob es überhaupt Waffen gab, die gefunden werden konnten.

Bush sagte:»Kein Terrornetz wird Massenvernichtungswaffen vom irakischen Regime bekommen, weil es dieses Regime nicht mehr gibt.« Mit dieser irreführenden Aussage schwindelte Bush sich um zwei drängende Fragen herum: War der Irak überhaupt in der Lage gewesen, solche Waffen an Terroristen weiterzugeben, und, falls ja, konnten sich Terrornetze nicht gerade in der von Bush hervorgerufenen Situation im Irak Massenvernichtungswaffen verschafft haben?

Bush verkündete auch:»Wir haben einen Verbündeten von al-Qaida vernichtet.« Doch es gab keinen Beweis dafür, dass Saddam Husseins Regime aktuell mit Osama bin Laden kooperierte. Selbst im Triumph konnte Bush nicht aufhören, die Öffentlichkeit zu belügen.

Aber die zentrale Stelle der Rede lautete:»Die Schlacht um den Irak brachte einen Sieg im Krieg gegen den Terrorismus, der am 11. September 2001 begann und weiter andauert.« Man konnte sich streiten, ob dieser Satz stimmte. War die Invasion im Irak wirklich eine Maßnahme im Kampf gegen den Terrorismus? Oder hatte Bush den 11. September als Vorwand für einen Krieg im Irak missbraucht? Brachte der Krieg tatsächlich einen Fortschritt im Kampf gegen den Terrorismus? Waren al-Qaida und andere antiamerikanische Organisationen geschwächt, weil Bush Saddam Husseins bösartiges Regime gestürzt hatte? (Einige Wochen nach dem offiziellen Kriegsende im Irak zerstörten Autobomben im saudi-arabischen Riad drei Gebäude, in denen Amerikaner und Angehörige anderer westlicher Nationen wohnten. Saudische Behörden machten al-Qaida für den Anschlag verantwortlich.) Würde Bushs Sieg über Saddam Hussein und die anschließende Besetzung des Irak zukünftige Terroristen abschrecken oder anstacheln? Das waren offene Fragen. Aber Bushs Wortwahl war bezeichnend und gewährte vielleicht sogar einen Ausblick auf die Zukunft. Die Aktion gegen den Irak war laut Bush eine *Schlacht*, kein *Krieg*. Damit ließ Bush durchblicken, dass es in Zukunft noch weitere Schlachten geben werde und dass er, der mit der Wahrheit auf Kriegsfuß steht, als Oberbefehlshaber das Land möglicherweise in einen weiteren Krieg werde führen müssen. Wenn die Vergangenheit ein Maßstab ist, darf man von ihm erwarten, dass er wieder die Wahrheit opfern wird, um in einen neuen Krieg ziehen zu können.

Schlussbemerkung:
Wie Bush damit (bis jetzt) durchkommt

»Ich finde, jeder sollte für sein
eigenes Verhalten verantwortlich
gemacht werden.«

Am 8. November 1993 flog Bush in einem Flugzeug namens
Accountability One (Verantwortlichkeit Eins) über Texas.
Damit startete sein erster Wahlkampf um den Gouverneurs-
posten – ein Wahlkampf, bei dem es um Themen wie
Eigenverantwortung und Integrität ging und mit dem
seine rasante und unerwartet erfolgreiche Karriere im
Bush'schen Familienunternehmen begann. An jenem Tag
stellte er in einer Rede seine persönliche und politische
Philosophie vor:»Ich finde, jeder sollte für sein eigenes
Verhalten verantwortlich gemacht werden. Jede Politik
muss in dem Prinzip wurzeln, dass Individuen für das verantwortlich sind, was sie sagen und tun.«
Bush ist für seine Lügen noch nie zur Verantwortung
gezogen worden. Sieben Jahre nachdem er sich erstmals
als Kandidat der Vertrauenswürdigkeit verkauft hatte,
wurde er zum Präsidenten der Vereinigten Staaten gewählt
(oder auch nicht), nach einem Wahlkampf, in dem er sich
als Kandidat der Integrität und Ehrlichkeit hingestellt
hatte. Das war eine der dicksten Lügen seines Politikerle-
bens: Bush war um nichts ehrlicher als der Durchschnitts-
politiker oder der damalige Amtsinhaber – möglicherweise
sogar deutlich unehrlicher. Bush war auch kein Vereiniger,

kein Mensch, der offen die Wahrheit aussprach, kein Feind der Klientelpolitik, wie er behauptet hatte. Doch wie ist er mit all dem durchgekommen? Im Präsidentschaftswahlkampf, in den Debatten um seine Steuersenkungen, in zwei Kriegen?

Die einfache Antwort würde lauten: Weil große Teile der Medienwelt ihn damit durchkommen ließen. Doch der Fall liegt komplizierter. Allerdings hat Bush von Normen und Praktiken im Mediengeschäft erheblich profitiert. Dies gilt vor allem für den Wahlkampf 2000, als Bush erstmals einer landesweiten Öffentlichkeit präsentiert wurde. Damals kommentierte Cokie Roberts von ABC News: Diese Wahl werde »darauf reduziert, dass Bush nicht klug genug für das Amt ist und Gore nicht ehrlich genug. Wenn Bush etwas Falsches behauptet, hat er sich bloß ungeschickt ausgedrückt. Niemand macht eine Geschichte daraus, dass er ständig übertreibt.« Bush log also nicht, er drückte sich nur ungeschickt aus, und Gore war der Schwindler.

Diese Sicht der Dinge war unter Medienvertretern weit verbreitet. Gore wurde von den Medien für jeden Fehler oder jede Bemerkung unter Beschuss genommen, die man (ob zu Recht oder nicht) als nicht hundertprozentig wahr anzweifeln konnte. Bush wurde anders behandelt. Geschah das, weil die Journalisten eine Abneigung gegen den distanzierter wirkenden Gore hegten, dessen besserwisserisches Gehabe ihnen manchmal auf die Nerven ging? Fast zwei Jahre nach der Wahl urteilte Dana Milbank, ein Reporter der *Washington Post*, der über den Wahlkampf 2000 berichtet hatte: »Ich finde Gore scheinheilig, und in den Augen der Presse ist das das Schlimmste überhaupt. Wir haben Gore nie gemocht, und zwar deswegen, weil er den Eindruck vermittelte, er halte sich für etwas Besseres als wir.« Oder behandelten Journalisten Bush anders, weil sie Roberts' abschätzige Meinung über ihn teilten und glaubten, die Lügen und Verdrehungen eines nicht besonders gescheiten Menschen seien weniger absichtlich oder berichtenswert als diejenigen eines besserwisserischen Vizepräsidenten? Schließlich konnte man von einem Dämlack nicht erwarten, dass er die Fakten immer richtig hinbekam. Vielleicht war es eine Kombination aus Abneigung gegen Gores Charakter und Abschätzigkeit gegenüber Bushs Intelligenz, die Journalisten dazu brachte, Gore zu attackieren und Bush in Ruhe zu lassen. (Bushs Kampf mit der englischen Sprache wurde von den Medien hautnah verfolgt; man berichtete über seine sprachlichen Fehlleistungen, um der viel brisanteren Frage nach seinem Intellekt ausweichen zu können.)

Bush profitierte davon, dass viele Politik-Reporter über Wahlkämpfe wie über Sportveranstaltungen berichten. Diese Journalisten beschäftigen sich nur ungern mit den feineren Details der Politik, die man kennen muss, um die Aufrichtigkeit eines Kandidaten beurteilen zu können. Im ersten Fernsehduell der Präsidentschaftsbewerber belog Bush die Öffentlichkeit über sein Steuerprogramm, das Budget, seine Wahlkampffinanzierung, seine Pläne für die Renten- und Krankenversicherung und über Gores Haushaltsvorschläge. Doch all das beeinflusste das Urteil der Medien nicht. Bob Schieffer von NBC News meinte:»Wenn heute jemand die Debatte gewonnen hat, dann George Bush ... Er schien die Probleme genauso gut zu verstehen« wie Gore. Andere Medienleute teilten diese Einschätzung; offenbar zählte die Art der Präsentation mehr als der Wahrheitsgehalt.

Bush profitierte als Kandidat und als Präsident auch davon, dass viele Reporter wichtiger Medien Hemmungen haben, in ihren Berichten zu scharfe Kritik zu äußern – außer, wenn andere Kollegen damit anfangen. Kaum stand der

Vorwurf »Gore schmückt die Fakten aus.« offen im Raum, druckten oder sendeten die Medien bereitwillig jedes kleinste Detail, das in diese Richtung wies. Bevor dieser Punkt erreicht ist, an dem die Stimmung umkippt, zögern Journalisten normalerweise, den Finger zu erheben und jemanden der Lüge anzuklagen, der vielleicht bald Präsident sein wird. Während des Wahlkampfs wies Howell Raines, leitender Redakteur der Meinungsseite der *New York Times*, den resoluten, progressiven Kolumnisten und entschlossenen Bush-Kritiker Paul Krugman an, das Wort »Lüge« im Zusammenhang mit Bushs Äußerungen nicht zu verwenden.

Bush nutzte die Mechanismen des Systems geschickt. Frank Bruni von der *New York Times* vermerkte: »Obwohl seine Berater sich oft über die Sünden der Medien beklagten, fühlten die meisten Journalisten der Massenmedien sich verpflichtet, in erster Linie darüber zu berichten, was ein Kandidat sagte. Eine Analyse und Kritik des Gesagten kam erst an zweiter Stelle. Deswegen versuchte Bush, möglichst wenig auszusagen. Er setzte Journalisten einen Hauptgang aus sorgfältigst abgewogenen Sätzen und exakt umrissenen Themen vor, reichte dazu aber keine Beilagen. Seine Berater vermieden ebenso konsequent, Beilagen oder Verzierungen zu servieren. Wenn man sie fragte, was Bush zum Frühstück gegessen hatte, antworteten sie vielleicht mit: ›Der Gouverneur findet, kein Kind sollte zurückbleiben.‹ oder ›Der Gouverneur will, dass der amerikanische Traum jedes strebsame Herz erreicht.‹… Natürlich übertreibe ich hier, aber weniger, als Sie vielleicht meinen.«

Bruni glaubt auch, es habe Bush geholfen – oder ihn sogar gerettet –, dass Medien, die ja normalerweise Enthüllungen lieben, nur widerwillig Einfluss auf das Geschehen nehmen, über das sie berichten. Als wenige Tage vor der Wahl 2000 herauskam, dass Bush einmal wegen Fahrens unter Alkoholeinfluss eingesperrt worden war – was einen

Streit darüber auslöste, ob Bush gelogen hatte, als er sich als unbescholten bezeichnete –, hatte Bush »mordsmäßiges Glück«. Bruni erklärte: »Medien veröffentlichen in den letzten Tagen [eines Wahlkampfs] nicht gern brisante, möglicherweise vernichtende Geschichten über Kandidaten. Sie möchten sich nicht dem Vorwurf ausgesetzt sehen, sie versuchten das Ergebnis der Wahl zu beeinflussen. Deswegen bringen sie die kritischsten Berichte über die Vergangenheit der Bewerber lange vor den Wahlen. Wenn auf der Zielgeraden dann so etwas herauskommt wie Bushs Verhaftung wegen Alkohol am Steuer, zucken die Medien zurück. Sie zaudern. Und manchmal verurteilen sie den Kandidaten dann weniger scharf, als sie es sonst getan hätten.« Bruni hatte die Nachricht von Bushs Trunkenheitsfahrt in Absprache mit den Herausgebern seiner Zeitung in einem längeren Artikel versteckt, in dem es vornehmlich um die »Nachricht« ging, dass Bush Gore vorwarf, er vertraue zu sehr auf staatliches Handeln. Wie die *New York Times* mit dieser Story umging, übte einen besonders großen Einfluss aus, weil viele Leute in der amerikanischen Medienwelt – vor allem die Produzenten von Talkshows – die von der *Times* gesendeten Signale aufnehmen. Vielleicht etwas zu spät kam Bruni zu dem Schluss, dass »Bush und seine Berater letztlich nicht so viel Kritik [für die Trunkenheitsfahrt] einstecken mussten, wie sie möglicherweise verdient hätten«.

»Ich profitiere von niedrigen Erwartungen.«

Auch nach seinem Umzug ins Weiße Haus blieb Bush weitgehend von Kritik verschont. Und zwar nicht zuletzt deswegen, weil er offenbar die zugrunde liegende Dynamik verstand. Kurz nach seiner Amtsübernahme lud er etwa zwei Dutzend der im Weißen Haus akkreditierten Berichterstatter zu einem Hintergrundgespräch ein. Bei diesem Treffen fragte ein CNN-Reporter Bush, ob er chronisch unterschätzt werde. »Das hoffe ich«, sagte Bush, und alle lachten. »Hängt die Messlatte für mich nur recht tief, Leute«, fügte er hinzu. Da die Journalisten, die über seinen Wahlkampf berichteten, nicht viel von ihm erwarteten, hatten sie seine Aussagen nicht so genau unter die Lupe genommen. Vielleicht hoffte Bush, es möge auch in Zukunft so weitergehen. Tatsächlich verriet Bush Reportern im Juni 2002: »Ich profitiere von niedrigen Erwartungen.«

Als Präsident kam er bei der Presse meistens gut weg – vor allem nach dem 11. September.[14] Die Massenmedien warfen ihm seine Schwindeleien und Erfindungen nur selten vor. Auf einem Galadinner für Korrespondenten im Weißen Haus sagte Bush im Mai 2002 zu den mehreren tausend Journalisten und Gästen: »Ihr habt mir ein paar ziemlich bohrende Fragen gestellt, aber ehrlich gesagt finde ich nicht, dass ihr besonders hart mit mir umspringt.«

Erst zehn Monate nach den Anschlägen auf das World Trade Center und das Pentagon begann das Pressecorps im Weißen Haus, »die Zähne zu zeigen«, so Milbank. Bush hatte die Reporter verstimmt, als er ihnen in der Harken-Affäre riet, »sich die Protokolle des Vorstands noch einmal anzusehen«, sich aber weigerte, Harken aufzufordern, diese firmeninternen Dokumente herauszugeben. Diese Episode, der kleinere Gefechte über das Versagen der Geheim-

---

14 Das Medienmanagement im Weißen Haus war vorbildlich. Bush wurde in heroischen Posen inszeniert, die bekannteste war der Auftritt auf der USS *Abraham Lincoln* unmittelbar nach dem offiziellen Kriegsende im Irak. »Bushs Berater verstehen besser als irgendjemand sonst, welche Macht Bilder haben.«

dienste und den Enron-Skandal vorausgegangen waren, veranlasste die Reporter im Weißen Haus laut Milbank, »einen skeptischeren Ton [anzuschlagen]«. Aber die Regierung schien sich keine Sorgen zu machen. »Wir kennen dieses Auf und Ab von früher«, sagte Fleischer. »Das amerikanische Volk mag den Präsidenten und vertraut ihm. Und die Presse langweilt sich mit der Harken-Geschichte.« Fleischer sollte Recht behalten: Die Harken-Affäre versandete, und die Mehrheit des Pressecorps zog die Krallen wieder ein. Erst als nach dem Irakkrieg die Massenvernichtungswaffen Saddam Husseins unauffindbar blieben und gleichzeitig Nigergate hochkochte, geriet Bush in die Bredouille. Doch selbst die anfängliche Entrüstung der Medien und der Politik war nichts im Vergleich mit dem, was Tony Blair sich in Großbritannien anhören musste.

Reporter, die über den Präsidenten berichten, tun sich schwer damit, ihn einen Lügner zu nennen. Es gibt einen natürlichen Respekt vor dem Amt und seinem Inhaber. Noch schwieriger ist es, einen Präsidenten zu kritisieren, dessen Popularitätswerte in den Himmel schießen, weil die Öffentlichkeit ihn als jemanden ansieht, der zum Schutz von Amerikanern Kriege führt. Und eine offene Konfrontation kann auch ihren Preis haben. Bushs Weißes Haus ist rachsüchtig, und Journalisten, die mit der Regierung zu hart ins Gericht gehen, finden sich manchmal auf dem Abstellgleis wieder.

Nachdem Milbank im Oktober 2002 auf Seite eins der *Washington Post* eine Geschichte mit der Überschrift »Für Bush sind Fakten verformbar. Die Gewohnheit des Präsidenten, Schlüsselbehauptungen auszuschmücken, wird fortgeführt« veröffentlichte, schlug das Weiße Haus zurück. An dem Morgen, als der Bericht erschien, rief ein hochrangiger Regierungsvertreter die Autoren von *The Note* an, einem täglichen politischen Newsletter auf der

347

Website von ABC News, und fiel über Milbank her. Die (ungenannte) Quelle wehrte sich gegen die von Milbank angeführten Beispiele für Verzerrungen Bushs – darunter folgende Aussage: Bush hatte einen nichtexistenten IAEA-Bericht »zitiert«, wonach Saddam Hussein nur ein halbes Jahr davon entfernt gewesen sei, eine Atomwaffe zu entwickeln. Der Regierungsvertreter klagte: »Dieser Bericht wurde ausgekocht und veröffentlicht, ohne dass die Fakten sorgfältig geprüft wurden.« Ohnehin interessiere »sich der Reporter mehr für Stil als für Inhalte«. Die Quelle räumte zwar ein, Bush habe bei seiner Aussage über das irakische Atomprogramm einen falschen Beleg geliefert, betonte aber, die behauptete Tatsache stimme. Aber sie stimmte nicht, wie in Kapitel 12 gezeigt. Das Weiße Haus häufte hier eine Lüge auf eine bereits geäußerte, um einen Reporter anzuschwärzen und möglicherweise andere Journalisten davor zu warnen, Bushs Aufrichtigkeit anzuzweifeln.

Milbank hatte in seinem Artikel nie den Begriff »Lüge« verwendet. Aber er war nahe daran. Er schrieb, Bush habe »zweifelhafte, wenn nicht falsche« Dinge gesagt, »seine Rhetorik hat sich manchmal vom Boden der Tatsachen erhoben … seine Aussagen zu Themen, die von der Wirtschaft bis zum Irak reichen, lassen vermuten, dass der Präsident, der die Wahl gewann, indem er Al Gores Talent für Verzerrungen und Übertreibungen anprangerte, sich möglicherweise selbst einiger [Verdrehungen] schuldig gemacht hat.« Solche Töne hörte man bei Berichten über das Weiße Haus üblicherweise nicht. Aber sie kamen erst auf, als fast die Hälfte der Amtsperiode um war, die von Anfang an mit Lügen gepflastert war. Progressive Kritiker wie Michael Kinsley und Paul Krugman (der nach der Wahl das Wort »Lüge« wieder benutzen durfte) hatten es gewagt, Bush als Lügner zu bezeichnen. Aber Bushs chronisches Lügen – über Krieg und Frieden, Steuersenkungen, Gesundheitspolitik, Sozialpolitik, Umweltschutz – war von den meisten Medien noch nicht als Thema aufgegriffen worden. 1997 sagte Ben Bradlee, der ehemalige leitende Herausgeber der *Washington Post*:»Selbst die besten Zeitungen haben nie gelernt, wie man mit Personen des öffentlichen Lebens umgeht, die schwindeln, ohne mit der Wimper zu zucken. Beispielsweise würde kein Herausgeber wagen, folgenden Bericht über Nixons ersten Kommentar zu Watergate zu drucken: ›Der Watergate-Einbruch berührte Belange der nationalen Sicherheit‹, versicherte Präsident Nixon gestern den Fernsehzuschauern im ganzen Land, deswegen könne er keinen Kommentar zu dem bizarren Einbruch abgeben. Das ist eine Lüge.‹«

Das ist eine Lüge. Die Massenmedien hätten diesen Satz in vielen Berichten über Bush verwenden können. Als er sagte, die Erbschaftssteuer zwinge Familien, ihr Land zu verkaufen. Als er erklärte, er habe Kenneth Lay, den Chef von Enron, erst kennen gelernt, nachdem er Gouverneur geworden war. Als er behauptete, die Budgetdefizite seien Folge des 11. September. Als er sagte, er werde einen Plan zur »Reduzierung« des Ausstoßes an Treibhausgasen vorlegen. Das alles waren Lügen. Doch die meisten Medien sahen es nicht als ihre Aufgabe an, eine nachweisbar unwahre Behauptung Bushs als Lüge zu brandmarken oder seine Glaubwürdigkeit anzuzweifeln. Als die CIA im Oktober 2002 auf öffentlichen Druck hin die Schlussfolgerung ihrer Analysten veröffentlichte, wonach Saddam Hussein die Vereinigten Staaten wohl kaum angreifen werde, außer er fühle sich bedroht, titelte die *Washington Post*:»Analysten halten Angriff des Iraks für unwahrscheinlich.« Die *New York Times* machte mit der Schlagzeile auf:»CIA warnt, ein US-Angriff könne Terror auslösen.« Geradeso gut hätten die Zeitungen schreiben können:»CIA-Bericht lässt vermuten, dass Bush die Öffentlichkeit über eine Bedrohung durch den Irak irreführt.« Aber so arbeiten Zeitungen nicht.

Es ist nicht so, als ob die Mainstreammedien Bushs Lügen nicht registriert oder ihn gar gedeckt hätten. Bushs Lügen konnte man problemlos in der *New York Times*, der *Washington Post*, dem *Wall Street Journal*, der *Los Angeles Times* und anderen einflussreichen Zeitungen finden. Artikel vermerkten es oft, wenn eine Behauptung Bushs von einem Experten, einem Bericht oder der Vergangenheit widerlegt worden war. Meistens aber war die Diskrepanz zwischen Behauptungen Bushs und der Wahrheit nicht die eigentliche Nachricht; sie schaffte es nicht in die Schlagzeile, sondern tauchte nur als tief im Text versteckter Hinweis auf. Selten nur wurde die Lücke zwischen einer Bush-Aussage und der Realität betont. Folglich ist Bushs chronische Lügnerei (bei Beendigung des Manuskripts) noch nicht das Leitmotiv seiner Präsidentschaft. Seine Lügen blieben unbemerkt, obwohl sie für alle sichtbar gewesen wären.

»Jemand, der sich um das höchste Amt des Landes bewirbt, sollte bei der Wahrheit bleiben. Wenn er nicht die Wahrheit sagt, übt das bald einen zersetzenden Einfluss auf seinen Wahlkampf aus.«

Warum hat Bush so oft gelogen? Um zu bekommen, was er wollte. Meist steht hinter seinen Tricksereien ein taktisches oder strategisches Ziel. Während eines erbitterten Streits mit den Demokraten im Senat behauptete Bush im Mai 2003, es gebe »eine Krise im Rechtswesen«, weil seine Widersacher einige der von Bush vorgeschlagenen Kandidaten für Richterämter blockierten. Er gab den Demokraten die Schuld an der »inakzeptabel hohen« Zahl unbesetzter Richterstellen. Doch als Bush diesen Zustand beklagte, waren an den Bundesgerichten so wenige Richterstühle unbesetzt wie seit 13 Jahren nicht mehr. Tatsächlich war das Jahr 2002, als die Demokraten den Senat beherrschten, hinsichtlich der Zahl bestellter Richter das beste seit 1994. Seit Jahren funktionierte der Prozess der Richternominierung nicht mehr glatt, aber jetzt beschwor Bush künstlich eine Krise herauf, um einige Kandidaten durchzupauken, die von Demokraten als zu konservativ abgelehnt wurden. Das erinnerte an Bushs überzogene Rhetorik vom »Zusammenbruch« der Altersversorgung, mit der er Unterstützung für einen Teilprivatisierungsplan zu gewinnen suchte. Und es ließ auch an Bushs unwahre Behauptungen denken, durch die Erbschaftssteuer würden Bauernfamilien ruiniert – wieder eine Krise, die es nicht gab – und natürlich an die Waffenarsenale des Irak.

Bush brach auch Versprechen und verschleierte die Wahrheit – allein um sich einen politischen Vorteil zu verschaffen. Während des Wahlkampfs gelobte Bush: »Ich werde alles tun, um Zölle zu senken und überall Handelshemmnisse abzubauen, vollständig, so dass die ganze Welt in Freiheit Handel treiben kann.« Als Präsident verkündete er: »Freihandel ist nicht nur eine wirtschaftliche Chance, sondern auch ein moralischer Imperativ.« Und: »Wir müssen verstehen, dass die Übergangskosten hin zum Freihandel von den Handelsgewinnen weit in den Schatten gestellt werden.« Doch im März 2002 erhob der moralisierende Freihändler Zölle auf Importstahl, um die in Schwierigkeiten steckende US-Stahlindustrie zu unterstützen. Er erklärte, diese Maßnahme sei nötig, damit die USA »eine Freihandelsnation bleiben können«. Hatte er seine Meinung geändert? Falls ja, gab er das nicht zu. Konservative Aktivisten, die den Zoll ablehnten und sich mit Bushs Leuten im Weißen Haus getroffen hatten, verrieten Reportern, dass Bushs Entscheidung allein von politischem Kalkül getragen wurde. Bush – der im Präsidentschaftswahlkampf die Vermengung von Politik und Populismus unter Clinton gegeißelt hatte – schielte auf die Stimmen von Stahlarbeitern in Staaten wie Pennsylvania, Ohio und West Virginia, die bei den Wahlen von 2004 möglicherweise den Ausschlag geben werden. Ein Reporter fragte Fleischer: »Haben bei der Stahl-Entscheidung des Präsidenten politische Überlegungen eine Rolle gespielt?« Der Pressesprecher verneinte, doch noch bevor er seine Antwort beenden konnte, war das Pressecorps im Weißen Haus schon in Gelächter ausgebrochen.

Bush verdrehte Tatsachen und stellte falsche Behauptungen auf, um seine Politik zu rechtfertigen. So präsentierte er triumphierend einen neuen Atomwaffenvertrag, auf den er sich mit Moskau geeinigt hatte. »Heute habe ich das Vergnügen, Ihnen verkünden zu dürfen«, sagte er im Mai 2002, »dass die Vereinigten Staaten und Russland ein Abkommen geschlossen haben, das unsere nuklearen Arsenale erheblich reduzieren wird, und zwar auf eine Stärke von 1700 bis 2200 Sprengköpfen.« Nicht ganz. Das atomare Arsenal der Vereinigten Staaten – damals etwa 7000 Sprengköpfe – wird wahrscheinlich nicht so dramatisch verkleinert, wie Bush behauptete. Viele oder die meisten der 5000 Sprengköpfe, die außer Dienst genommen werden sollen, werden nicht vernichtet, sondern gelagert oder als »Reserve« weitergewartet. Sie können reaktiviert werden, möglicherweise recht schnell. Der Atomwaffenvertrag sieht auch keinen Zeitplan vor; jede Seite muss nur bis Ende 2012 die Zahl der abschussbereiten Atomwaffen auf 1700 bis 2200 Stück reduzieren. Das bedeutet aber, dass die beiden Atommächte bis zu den letzten Stunden des 31. Dezember 2012 viel größere Arsenale behalten können als im Vertrag vereinbart. Und am nächsten Tag steht es beiden Seiten frei – wenn der Vertrag nicht verlängert wird –, tausende von Sprengköpfen wieder abschussbereit zu machen. Manchmal scheint es, als lüge Bush einfach nur im Eifer des Gefechts. In einem solchen Moment, als er zu demonstrieren versuchte, dass er sich für die Lösung des israelisch-palästinensischen Konflikts interessierte, nannte er den israelischen Premier Ariel Scharon einen »Mann des Friedens«. Wahrscheinlich würden nicht einmal die Israelis, die für den Falken Scharon gestimmt hatten, ihm diesen Ehrentitel geben. (Scharons Autobiografie trägt den Titel *Krieger.*) Scharon gefiel vielen Israelis genau deswegen, weil er *kein* Freund des Friedensprozesses war.

Bush hat gelogen, um an die Macht zu kommen, und gelogen, während er die Macht ausübt. Und bisher – *bisher* – hat es ihm nicht geschadet, dass er wiederholt die Wahrheit verbog. Leider kommen Präsidenten mit ihren Lügen oft durch. Die amerikanische Geschichte lehrt Präsidenten nicht, dass sie nicht damit rechnen müssen, einen unmittelbaren und sofortigen Preis für ihre Lügen bezahlen zu müssen. Reagan, der ständig log und schwindelte, wurde zweimal gewählt. Clinton rettete seine Kandidatur 1992, indem er wahrheitswidrig behauptete, keine sexuellen Beziehungen zu Gennifer Flowers unterhalten zu haben. Und er überlebte ein Amtsenthebungsverfahren, das um seine Lügen über sein Sexualleben kreiste. Viele Republikaner, die Clinton mit inquisitorischem Eifer verfolgten, konnten nicht fassen, dass die amerikanische Öffentlichkeit sich nicht in Scharen gegen einen Präsidenten erhob, der das Oval Office entweiht und über seine frevelhaften Taten gelogen hatte. Die Eiferer erwarteten, der Volkszorn werde einmal so stark werden wie ihr eigener. Umsonst.

2003 – vor den Diskussionen um die irakischen Massenvernichtungswaffen – versuchten Demokraten, Bushs Glaubwürdigkeit öffentlich anzugreifen. Im Versuch, das Volk gegen einen beliebten Kriegspräsidenten einzunehmen, wiederholten sie ihr Mantra: *Er sagt das eine und tut etwas ganz anderes.* Sie hatten Recht. Doch zu jenem Zeitpunkt vertraten die Demokraten kein scharf umrissenes, einheitliches Oppositionsprogramm gegen Bush, und der Angriff auf Bushs Glaubwürdigkeit wirkte wie ein verzweifelter Plan B. Diese Strategie führte nicht zu einem merklichen Erfolg.

In ihrem Buch *Lying: Moral Choice in Public and Private Life* äußert die Autorin Sissela Bok eine einigermaßen optimistische Ansicht darüber, was mit Lügnern in öffentlichen Ämtern passiert. Sie schreibt:

Eine öffentliche Lüge in einer wichtigen Angelegenheit fällt, wenn sie aufgedeckt wird, auf den Sprecher zurück ... Doch das Problem von Lügnern ist, dass sie ihre Lügen meist in einem freundlichen Licht betrachten und die Risiken gewaltig unterschätzen, die sie eingehen ... Das Risiko, erwischt zu werden, ist deswegen so hoch, weil Lügen meistens nicht allein kommen. Ein kluger Mensch hat einmal gesagt: »Es ist leicht, eine Lüge zu erzählen, aber schwierig, nur eine zu erzählen.« *Die erste Lüge müsse* »mit einer zweiten abgedichtet werden, sonst regnet es durch«. *Im weiteren Verlauf braucht man immer mehr Lügen, der Lügner ist ständig am Abdichten ... Und unausweichlich wächst mit der Zahl der Lügen auch die Wahrscheinlichkeit, dass eine auffliegt. Zu diesem Zeitpunkt wird der ertappte Lügner, auch wenn er selbst nicht glaubt, seine Integrität eingebüßt zu haben, bedauern, dass seine Glaubwürdigkeit durch die Enthüllungen gelitten hat. Paradoxerweise schwindet seine Macht enorm, wenn man seinem Wort nicht länger vertraut – obwohl eine Lüge ihrem Urheber kurzfristig oft einen Machtzuwachs über die Getäuschten verschafft.*

Schön wär's. In der Realität der amerikanischen Politik werden ertappte Lügner nur selten geächtet oder für unwürdig gehalten, das Land zu führen. Die Öffentlichkeit zeigt ihnen gegenüber viel Nachsicht. Viele Amerikaner erwarten von Politikern sogar Lügen und wundern sich dann auch nicht darüber. Ein solcher Zynismus – eine verständliche Reaktion auf das weit verbreitete Herumdoktern an der Wahrheit in der heutigen Politik – verschafft Lügnern im Amt noch größere Handlungsspielräume. Im Wahlkampf 2000 erklärte Bush:»Jemand, der sich um das höchste Amt des Landes bewirbt, sollte bei der Wahrheit bleiben. Wenn er nicht die Wahrheit sagt, übt das bald einen zersetzenden Einfluss auf seinen Wahlkampf aus.« Bush sprach dabei nicht über sich selbst. Und später bewies er, dass diese Aussage nicht stimmte.

Glaubt Bush an seine eigenen Lügen? Glaubte er, dass Saddam Hussein auf prallgefüllten Massenvernichtungswaffen-Lagern saß und eine unmittelbare Bedrohung der Vereinigten Staaten darstellte? Oder nahm er sich wissentlich künstlerische Freiheiten heraus, weil er den Krieg aus anderen Gründen wollte? Glaubte er wirklich, der durchschnittliche Mittelschichtsteuerzahler würde dank seines zweiten Steuerpakets 1 083 Dollar Abgaben im Jahr sparen? Oder merkte er, dass diese nichtssagende Zahl ausgekocht worden war, um Arbeitern mit mittlerem oder geringem Einkommen höhere Entlastungen vorzugaukeln, als sie später wirklich erreicht würden? Glaubte er, dass es genug Stammzellenlinien gab, um solide Forschung zu ermöglichen? Oder wusste er, dass er die Zahl der Stammzellenlinien übertrieben hatte, um eine politisch schwierige Entscheidung zu vermeiden? Hielt er Ariel Scharon wirklich für einen»Mann des Friedens«?

355

Schwer zu sagen. Bushs öffentliche Äußerungen legen tatsächlich nahe, dass er in Schwarzweißkategorien denkt. Du bist entweder für Freiheit oder dagegen. Du bist auf Amerikas Seite oder ein Feind. Steuersenkungen sind gut – immer. Je mehr Steuersenkungen, desto besser – immer. Für eine differenzierte Betrachtungsweise fehlt ihm die Geduld. Was denkt Bush über Länder, die auf Amerikas Seite stehen, aber daheim keine Freiheit zulassen, wie Saudi-Arabien, Pakistan oder Usbekistan? Dazu äußert er sich kaum. 1999 antwortete Bush auf die Frage, worin er nicht gut sei: »Darin, mich hinzusetzen und ein 500-Seiten-Buch über Politik, Philosophie oder so was zu lesen.« Im Gegensatz dazu hatte Bill Clinton sich leidenschaftlich auch in die Feinheiten eines Problems gegraben. Bush schätzt es, wenn das Leben eindeutig ist. Vielleicht veranlasst ihn das, die Wahrheit zu verbiegen oder eine verzerrte Version der Realität wahrzunehmen und zu verbreiten.

Bush hat eine Tendenz, Leute, Organisationen und Situationen in ganz enge Schubladen zu pressen. Im November 2002, als er Gründe für einen Krieg gegen den Irak sammelte, behauptete er steif und fest, Saddam Hussein stecke mit al-Qaida unter einer Decke. Diese Behauptung wurde von keinerlei bekanntem Beweismaterial gestützt. Die CIA hatte nur erwähnt, es habe *einmal einige* Verbindungen zwischen al-Qaida-Leuten und dem irakischen Staat gegeben. Hatte Bushs Wunsch, einen Angriff auf Saddam Hussein zu rechtfertigen, ihn dazu verleitet, sich mit einer leidenschaftlichen, aber unzutreffenden Übertreibung zu behelfen? Oder könnte es sein, dass nach Bushs Weltsicht ein amerikafeindlicher Schurke mit einem anderen amerikafeindlichen Schurken unter einer Decke stecken *musste*, schließlich gab es ja nur zwei Seiten – nämlich uns und die anderen? Zuvor hatte Bush der Führung von al-Qaida unterstellt, sie wolle *alle* Amerikaner umbringen. So pervers die Motive und Handlungen von al-Qaida auch sind, das hatte die Terrororganisation nie vor. Bush hat tatsächliche Schurken oft dämonisiert, um den gewünschten Kurs durchzusetzen. Im politischen Leben nützt es Bush oft, wenn er Probleme stark vereinfacht darstellt. Wenn die Wahl nur lautet, entweder Amerika gegen Irre mit Atomwaffen zu verteidigen oder es bleiben zu lassen, dann ist die Antwort klar. Vielleicht übernimmt und verbreitet Bush eindimensionale Zusammenfassungen komplizierter Sachverhalte, um seine eigene Position zu untermauern. Möglicherweise ist das alles ein raffinierter Trick. Vielleicht weiß er, dass al-Qaida theologisch begründete geostrategische Ziele verfolgt, aber er bleibt bei der grundsätzlichen Freiheit-gegen-Schurken-Darstellung, weil er damit die amerikanische Öffentlichkeit leichter hinter sich vereinigt. Malt Bush die Welt absichtlich in Schwarzweiß oder kann er nicht anders? Wahrscheinlich kommt beides zusammen, was erklären würde, warum Bush die Öffentlichkeit allem Anschein nach völlig bedenkenlos belügt. Sein Charakter passt zu seinen Methoden – oder umgekehrt.

Glaubt Bush seine Behauptung, er sei ein Versöhner und kein Spalter? Glaubt er, er habe den Ton in der amerikanischen Politik zum Besseren verändert, auch wenn er politische Gegner niedergemacht, Partikularinteressen rücksichtslos durchgesetzt und seine Parteifreunde mit seiner »Friss oder stirb«-Haltung auf Kurs gezwungen hat? Vielleicht glaubt er das wirklich. Selbstwahrnehmung kann eine schwierige Sache sein. Bush könnte auf die parteienübergreifende »No Child Left Behind«-Initiative verweisen, an der er mit dem demokratischen Senator Edward Kennedy arbeitete (der ihm später vorwarf, den Geist der Initiative verletzt zu haben, als er nur unzureichende Mittel bewilligte). Auch im Kampf gegen al-Qaida, die Taliban und Saddam Hussein vereinigte Bush Republikaner und Demokraten hinter sich. Eine Anekdote lässt allerdings vermuten, dass Bush, auch wenn er an seine Selbststilisierung als Mann der Einigung glaubte, im Wahlkampf durchaus nicht davor zurückschreckte, harte Bandagen einzusetzen. Im Rennen um die Ernennung des republikanischen Präsidentschaftskandidaten im Jahr 2000 sah Bushs Widersacher McCain sich massiven und verleumderischen Angriffen ausgesetzt. Kurz vor einer Fernsehdebatte trafen sich Bush und McCain im Studio. Die Kameras liefen noch nicht; McCain wandte sich Bush zu, schüttelte den Kopf und sagte nur: »George.« Bush antwortete: »John, das ist Politik.« McCain erwiderte: »George, Politik ist nicht alles.«[15] Meinte Bush, der Zweck heilige alle Mittel? Der Dialog zeigt das zwar nicht eindeutig, lässt aber doch vermuten, dass Bush sich bis zu einem gewissen Grad klar machte, welche Lügenkampagne er und seine Leute aufgebaut hatten.

Hält Bush sich angesichts all seiner Verdrehungen der Wahrheit selbst für einen ehrlichen Kerl, für den Politiker der Integrität, als der er 2000 antrat? Nun, halten sich nicht die meisten Leute für ehrlich, auch wenn sie einräumen, hin und wieder mal einen Lapsus begangen zu haben? Nach seinem ersten Treffen mit dem russischen Präsidenten Putin – einem ehemaligen KGB-Offizier – sagte Bush: »[Ich] sah dem Mann ins Auge ... [und] konnte seine Seele einschätzen.« Bush verkündete, Putin sei »vertrauenswürdig«. Doch die meisten Menschen tun sich schwerer, in die Seele anderer Leute zu blicken. Deswegen kann man kaum sagen, ob Bush seine Schwindeleien, Ausschmückungen und Verdrehungen für die Wahrheit hält, »so wahr mir

15 So geschildert in *Bush's Brain* von Wayne Slater und James Moore.

Gott helfe«, oder ob er zynisch Unwahrheiten verbreitet, um die Öffentlichkeit zu täuschen. Aber egal, was zutrifft: Das Ergebnis bleibt das Gleiche.

»Das Allerwichtigste ist, dass man die Wahrheit sagt.«

Mithilfe seiner Falschdarstellungen und unzutreffenden Behauptungen hat Bush Amerika und die Welt dramatisch verändert. Durch ihn ist die USA zu einer Besatzungsmacht geworden. Mit seinen Steuersenkungen zugunsten der Reichen hat er das staatliche Budget auf Jahre hinaus umgestaltet und höchstwahrscheinlich für hartnäckige Defizite gesorgt, die es zukünftigen Regierungen erschweren werden, laufende Programme zu finanzieren oder neue zu planen. All das schaffte er mit seinen Lügen. Sie waren maßgeblich für Bushs Erfolge. Stellen Sie sich nur vor, er hätte vor dem Einmarsch in den Irak im Fernsehen gesagt:

Meine lieben Mitbürger, vielleicht gibt es im Irak bedrohliche Mengen von Massenvernichtungswaffen. Vielleicht auch nicht. Wir wissen das nicht so genau. Die Daten sind nicht eindeutig. Und wenn es dort derartige Waffen gibt, brauchen wir nach dem militärischen Sieg vielleicht Wochen, bis wir eine größere Suchaktion starten und die Waffen sicherstellen können. Bis dahin könnten sie verschwunden sein – natürlich nur, wenn es sie überhaupt gegeben hat – und in die Hände von Leuten geraten sein, die uns Böses wollen. Wenn wir das brutale irakische Regime besiegt haben, begrüßen uns die Einheimischen vielleicht als Befreier. Andererseits brüllen möglicherweise viele von ihnen schon wenige Tage später »Ami go home!« und fordern eine neue Regierung, die von religiösen Fundamentalisten beherrscht wird. Vielleicht breiten sich Chaos und Gesetzlosigkeit im Land aus, viel-

leicht bringt eine bewaffnete Guerilla jede Woche ein paar Amerikaner um. Wir wissen es nicht. Wir wissen auch nicht genau, wie die Verbindungen zwischen Saddam Hussein und al-Qaida aussehen – oder ob es diese Verbindungen überhaupt gibt. Oder ob Hussein vorhat, die Waffen, die er vielleicht hat, an andere weiterzugeben, die uns möglicherweise angreifen wollen. Trotzdem halte ich das potenzielle Risiko, das von Saddam Hussein ausgeht, für so groß, dass wir uns von den Informationslücken nicht davon abhalten lassen dürfen, entschieden vorzugehen. Wir können es uns nicht leisten, uns zu irren. Wir können es uns nicht leisten, einen weiteren Monat, eine weitere Woche, einen weiteren Tag mit verschärften Waffeninspektionen zu verschwenden. Deswegen habe ich befohlen...

Hätte Bush mit Ehrlichkeit die Leute davon überzeugen können, dass Krieg unvermeidbar war? Die Antwort ist klar. Bush musste lügen, um zu bekommen, was er wollte. Wäre er bei der Wahrheit geblieben, hätte es viel größeren Widerstand gegeben. Und hätte er bei den Steuersenkungsdebatten mit ungeschminkten Zahlen und Fakten operiert, hätte er ein Riesenproblem bekommen. Lügen waren seine Rettungsringe.

Lügt Bush mehr als seine Amtsvorgänger, mehr als seine politischen Widersacher? Das tut nichts zur Sache. Bush führt die Nation in schwierigen und gefährlichen Zeiten an, in denen man dringend einen glaubwürdigen Präsidenten braucht. Wohlstand oder Abschwung? Krieg oder Frieden? Sicherheit oder Angst? Amerika kämpft mit vielen Problemen. Lügen aus dem Weißen Haus vergiften die Debatten und Diskussionen, die geführt werden müssen, um die nationalen und globalen Herausforderungen dieses Jahrhunderts zu meistern.

Wenn der Präsident lügt, bringt er das Land in Gefahr. Um richtige und weise Entscheidungen in den zentralen und komplizierten Streitfragen des Tages treffen zu können, brauchen die Leute zutreffende Informationen. Was passiert, wenn der Kerl mit dem größten Megafon die Öffentlichkeit mit Falschinformationen bedient? Der Präsident befindet sich oft in einer Position, wo er die Tagesordnung bestimmen und die Debatte dominieren kann – viel stärker als andere Politiker. Er kann die Diskussionen im Land wie kein anderer beeinflussen. Was der Präsident dem Volk mitteilt, hat enorme Auswirkungen – besonders dann, wenn die aktuellen Probleme komplex und schwierig zu durchschauen sind. Eine Lüge aus dem Weißen Haus – oder eine Schwindelei, eine Verdrehung von Tatsachen, eine geschönte Zahl – kann die öffentliche Diskussion schwer verzerren.

Im Februar 2003 gaben 57 Prozent der Amerikaner in einer Umfrage an, Saddam Hussein habe ihrer Ansicht nach bei den Anschlägen vom 11. September »geholfen«. Warum glaubte eine Mehrheit der Amerikaner dies, obwohl es nicht den geringsten Hinweis darauf gab, dass Saddam Hussein etwas mit dem 11. September zu tun hatte? Wurden diese Leute möglicherweise durch Bushs ständig wiederholte Unterstellungen beeinflusst, es gebe eine Verbindung zwischen Saddam Hussein und al-Qaida? Es ist schwierig, die Stimmung im Volk zu durchschauen und herauszubekommen, was auf sie eine Wirkung ausgeübt hat. Aber es besteht kein Zweifel, dass Des- oder Falschinformation durch den Präsidenten nicht dazu führen kann, dass sich die Öffentlichkeit ein fundierteres Urteil bildet.

Einmal beschuldigte Bush im Präsidentschaftswahlkampf einen innerparteilichen Rivalen der Unehrlichkeit und erklärte: »Das Allerwichtigste ist, dass man die Wahrheit sagt. Viele junge Leute wenden sich enttäuscht ab, wenn sie sehen, dass Politiker das eine predigen und das andere tun, dass sie den Amtseid ablegen, dann aber die Würde und Ehre des Amtes nicht respektieren. Deswegen ist der erste Schritt... die Wahrheit zu sagen.« Und an seinem ersten Tag im Amt ermahnte Bush seine Leute im Weißen Haus: »Auf einem Kaminsims in diesem ehrwürdigen Haus steht als Inschrift der Wunsch von John Adams, es möchten nur weise und ehrliche Menschen unter diesem Dach regieren.« Aber John Adams' Wunsch war wieder einmal nicht erfüllt worden. Wieder ist ein Lügner im Haus. Die Integrität wurde nicht wiederhergestellt. Bushs Versprechen war eine Lüge. Die Zukunft der Vereinigten Staaten liegt in den Händen eines unehrlichen Mannes.

Danksagung

Schreiben ist ein einsames Unterfangen – das Produzieren eines Buches nicht. An diesem Werk haben viele mitgearbeitet. Ganz oben auf der Liste steht Jonathan Miller, mein Recherchehelfer. Er hat nicht nur unermüdlich Fakten ausgegraben und gecheckt, sondern auch wichtige Redaktionsarbeit verrichtet und mir Gesellschaft geleistet. Er war ein Partner bei diesem Projekt.

Gail Ross war nicht nur meine Agentin, sondern ein Ein-Personen-Unterstützungskommando. Vielen Dank all meinen Kollegen bei Crown Publishers; meinem Verleger Steve Ross, meinen Lektoren Chris Jackson und Emily Loose und all den anderen Mitarbeitern im Team. Mein Dank gilt auch *The Nation* und der Herausgeberin Katrina vanden Heuvel; dort wie auch bei Alternet.org und TomPaine.com durfte ich Artikel veröffentlichen, in denen ich das hier verwendete Material erstmals ausprobieren konnte. Vielen Dank meiner Faktenprüferin Jacqueline Kucinich und dem Historiker Rick Shenkman, der mir beim Thema »Lügen früherer Präsidenten« half.

Während der Erstellung des Manuskripts haben mich viele Freunde und Angehörige unterstützt. Vielen Dank dafür! Besonderen Dank schulde ich meiner Familie für ihr Verständnis und ihre Unterstützung.

Register

ABM-Vertrag 127, 128
Abraham Lincoln, USS 337, 346
Abraham, Spencer 102
Abtreibungspolitik 33 f., 72 f.
– Stammzellenforschung und
  116 f.
»Achse des Bösen« 187 f.
Adams, John 362
Adger, Sidney 36
Afghanistan Freedom Support Act
  166 f.
– Versprechen, Wiederaufbau
  nach Krieg 153, 163 f., 166
Afghanistankrieg 143, 153 ff.
Agent-Orange-Gesetz 44
Aktiendividenden, Steuern auf
  250, 253 f., 256, 293 f., 272, 273,
  275, 279
Aktienmarkt
– Enron-Bankrott 169 f.
– Insiderhandel 183, 185, 188
– Verkauf von Harken-Energy-
  Aktien 185 ff., 190 ff.
Aktienoptionen 194
Alaska, Ölbohrungen 21, 99 f.,
  105 f.
Albright, David 223, 303
Aloha Petroleum 187, 188

al-Qaida 133, 134, 137, 138, 143,
  156, 356
– angebliche Verbindungen Iraks
  mit 198, 203, 218 f., 239, 287
– Riad-Autobomben 339
– Verneinung von irakischen
  Verbindungen 219, 295 f., 311
al-Sarkawi, Abu Musab 234, 237
Aluminiumröhren 212 f., 223, 229,
  233
Annan, Kofi 164
Ansar-al-Islam 238, 287 f.
Anthrax 145 f., 205, 206
Antiterror-Versicherung 149 f.
Anton, Michael 315
Arbeitslosenrate 248, 278
Arktisches Naturschutzgebiet von
  Alaska (ANWR) 94, 99 f., 105 f.
Arsengrenzwerte im Wasser 77 ff.
Arthur Andersen 170, 184
Arzneimittelzuschüsse 268
Ashcroft, John 70 f.
Atomwaffen
– angebliches irakisches Pro-
  gramm 210 ff., 229 f., 244,
  292, 308
– Niger, Urankauf-Beschuldi-
  gung 229, 313 ff., 320 f.

365

– Plünderung von irakischen
Einrichtungen 293, 323
Atomwaffenvertrag (2000) 352 f.
Atta, Mohammed 215, 217
Außenministerium 235, 245, 304
Außenpolitik 69, 197 ff.
– Staatenbildung und 163 f.,
326
Autos, Benzinverbrauch 101

Bacon, Kenneth 165
Bahrain 187
Baker, James 55
Barnes, Ben 36
Bartlett, Dan 34, 175, 191, 192
Bergen, Peter 135 f.
Biden, Joe 328 f., 330
Bildungspolitik 18, 73 ff., 249, 258,
357
– Tests in Lesen und Schreiben
73 ff.
– texanische Behauptungen vs.
Fakten 32
Biologische Waffen, siehe Chemi-
sche und biologische Waffen
Bioterrorismus 145, 146 f.
Bixby, Robert 275
Blair, Tony 113, 210, 211, 304,
323, 347
Blitzer, Wolf 218
Blix, Hans 228, 233, 240, 301 f.
Blue Chip Economic Forecast 264 f.
Bok, Sissela 15, 354
Bolten, Joshua 281
Börsenaufsicht SEC 187, 188, 189,
196
Bradlee, Ben 349
Bradley, Bill 52
Branigin, William 285
Breeden, Richard 189
Bremer, Paul 309, 335 f.
Brokaw, Tom 177, 291

Brookings-Studie 146 f.
Brooks, Vincent 285
Brown, Lloyd 91
Brownell, Nora Mead 178
Bruni, Frank 344 f.
Brustkrebsforschung 46
Buchanan, Pat 57
Buchführungspraktiken 194
Burch, J. Thomas jun. 44
Bush, George, sen. 13, 14, 36, 112,
172, 201, 220
– Golfkrieg 201
– Iran-Contra-Skandal 13 f.
– über »Voodoo-Ökonomie«
262
– Verbindungen mit Ken Lay
172
Bush at War (Woodward) 154, 200
Bush's Brain (Slater, Moore) 358
Bush, Larry 146
Butler, Richard 214

Cambone, Stephen 296 f., 309
Card, Andrew 77, 117
Center for Public Integrity 188,
192
Center for Responsive Politics 174
Center on Budget and Policy Priorities (CBPP) 85, 90 f., 251, 254,
267, 275, 281
Chambliss, Saxby 151
Charny, Joel 166
Chemische und biologische Waffen
145, 206, 214, 225, 309
– Entdeckungen der UN-Inspek-
toren 206 f.
– Geheimdiensteinschätzung
301, 303, 321 ff.
– mangelnde Beweise über 206,
302
– mobile Labors 232, 236,
303

- Powells UN-Präsentation
  231 ff.
- Sattelschlepper 303 ff.
Cheney, Dick 93 f., 117, 177,
  223 f., 243 f., 306, 313, 332
- Energieplan 19, 95, 96, 97,
  100, 177 ff.
- Halliburton 184
- Irakpolitik 202, 204, 211, 217,
  225
Child Health Insurance Program
  (CHIP) 30 f.
CIA 295 f., 303 f.
- Afghanistankrieg 155, 161,
  164
- Aluminiumröhren 229 f.
- Bedrohungsanalyse/Irak 211,
  221, 222 ff., 306 f., 349 f.,
  356
- Behauptungen des britischen
  Geheimdienstes 210
- 11. September 141, 142,
  145
- Niger, Urankauf 313 ff., 318,
  321, 322
- Untersuchung der Vorkriegs-
  einschätzung 301, 312
Citizens for Tax Justice (CTJ) 85,
  89, 254, 256
Cleland, Max 151
Clinton, Bill 14, 72, 108, 116, 201,
  356
- Haushaltsüberschuss 248
- Lügen 14 f., 353
- Umweltschutzmaßnahmen 77
Cochran, John 305 f.
Committee for Economic Develop-
  ment 269 f.
Concord Coalition 275, 281
Corporate Responsibility Plan,
  siehe Unternehmensführung,
  Richtlinien

Council on Foreign Relations 327,
  334
Cranberg, Gilbert 236

D'Amuro, Pat 216
Daniels, Mitch 260
Defense Intelligence Agency (DIA)
  155, 209, 303 f., 306, 307
Donvan, John 332

Ehe-Malus 83, 250, 273
Einkommensteuer, siehe
  Steuersenkungen
Eisenhower, Dwight D. 12
Ekeus, Rolf 207, 225
El Baradei, Mohamed 213, 240,
  244, 294
Energiekrise, kalifornische 94, 96,
  170, 179 f.
Energien, erneuerbare 99, 104
Energieplan 19, 93 ff.
- Energiesparen 97 ff., 104
- Enron 177 ff., 181 ff.
- Krisenheraufbeschwörung 94,
  95 f.
- Rechnungshof, Rechtsstreit
  102 f.
- Vorschrift zur Energieeffizienz
  98
  siehe auch Alaska, Ölbohrungen
Energiewirtschaft
- Deregulierung 178
- Energieplan 102, 179
- kalifornische Krise 94, 96, 180
Enron 96, 169 ff., 176 ff., 274
- Verbindungen mit der Bush-
  Regierung 171 ff., 174, 179 ff.
Enron Oil and Gas Company 175
Environmental Protection Agency
  (EPA) 77
- Arsengrenzwerte 80
- Klimabericht 112

367

Erbschaftssteuer, Abschaffung 47,
83, 90 ff.
Eriksson, Peter 120
Evans, Don 176

Familienbetriebe, landwirtschaft-
liche 90 ff.
Familienplanungsprojekte 72 f.
FBI 139, 216 f.
Federal Energy Regulatory Com-
mission (FERC) 178, 180 f.
Fleischer, Ari 58, 72 f., 92, 100 ff.,
110, 112, 122, 149, 151, 179,
190, 200, 208, 228, 255 ff., 262,
274, 278, 289, 291, 298, 307,
309, 315, 317 f., 328, 334, 337,
347, 352
Fleishman, Jeffrey 287 f.
Florida, Präsidentschaftswahlen
55 ff.
– manuelle Nachzählungen
56 ff.
– Protest, Miami-Dade County
64 ff.
Flowers, Gennifer 353
Flugverkehr, Sicherheit 131, 144
Fox, Chuck 79
Franks, Tom 284, 309, 328
Freihandel 351 f.
Friedman, Thomas 239
Frum, David 80 f., 83, 117
Fulford, Carlton jun. 321

Garment, Leonard 16
Garner, Jay 328
Gearhart, John 120
Geller, Joe 65
Gellman, Barton 293
Gephardt, Richard 103
Gerson, Michael 26
Gesundheitspolitik 51 f., 258, 268,
267, 279

– Texas/Behauptungen 30 f.
Glasser, Susan 157
Globale Erwärmung 107 ff.
– irreführende Äußerungen zu
110 ff.
Gonzales, Alberto 41 f.,
Goodson, Larry 165, 167

Gore, Al 49, 261
– Image als Lügner 18, 52 f., 342
– über Bushs Steuersenkungen
48
– Wahlkampfergebnis 55, 57,
58 f., 67
Golfkrieg (1991) 136, 201
Governor's Business Council, Texas
171
Graham, Bob 219, 221
Green Group 102
Großbritannien 153
– Geheimdienstinformation
über irakische Waffen 209 f.,
305
– Irakbesatzung 327 f., 331
– Irakkrieg-Bündnis 243, 285
– Niger, Urankauf 313, 315,
316
– Antrag zur Legitimierung des
Krieges 243

Haass, Richard 164
Hagel, Chuck 167, 211, 310,
317
Halliburton 184
Handelspolitik 351 f.
Harken Energy 185 ff., 346 f.
Harman, Jane 301, 311 f.
Harris, Katherine 56, 63, 66
Harrison, William Henry 11
Haushaltsdefizit
– Bush, Zunahme des 248, 260,
267 f., 270, 280 f., 282, 359

368

- Bush, »Hattrick«-Bemerkung
  261, 267, 276
- Clinton, Reduzierung des 14
  Haushaltskürzungen (2004) 249,
  279
  Haushaltsüberschuss 47, 84, 248,
  260
- Verschwinden des 248, 269
Havel, Vaclav 217 f.
Heimatschutz, Amt für 148 f.
Heritage Foundation 278
Holy War, Inc. (Bergen) 135 f.
Houston-Schulsystem 76
Hughes, Karen 35, 81, 83, 174
Hussein, Saddam 20, 21, 61, 136,
  197, 201, 204 f., 238, 240, 309
- angebliche Verbindung mit
  bin Laden/11. September 198,
  203, 215 f., 219, 239, 287, 356
- berechtigte Beschuldigungen
  199
- Bushs Rhetorik gegen 198,
  219 f., 228 f.
- Regimewechsel 225
- Sturz 283, 337
- Urankauf-Anschuldigungen
  229, 313 ff., 320 f.

Ikle, Fred 289
Indien 178, 182
Insiderhandel 183, 185, 188
International Atomic Energy
  Agency IAEA 211 f., 229, 230,
  294
IPPC, *siehe* Sachverständigengruppe
  für Klimaänderungen
Iran 197, 204
Iraq Survey Group 296, 297, 300
Iran-Contra-Skandal 13
Irak
- angebliche Terroristenverbin-
  dungen, *siehe* al-Qaida

- Demokratiepotenzial 245, 283
  siehe auch Hussein, Saddam;
  Atomwaffen; Massenvernich-
  tungswaffen
Irakkrieg 19, 246, 283 ff.
- Alternativen zu 240, 241 f.
- Bushs Glaubwürdigkeit und
  310, 317
- Guerillawiderstand 329, 330
- Hintergrund 201
- Kosten 241, 287, 281, 331
- Lügen über 306, 311, 318,
  319 ff., 323, 338
- Nachkriegsbesatzung 327 f.,
  331 f.
- Nachkriegsplünderungen
  324 f., 327
- Plünderung von Atomeinrich-
  tungen 293, 323
- Ziel 286, 288, 289
Isikoff, Michael 216
Israelisch-palästinensischer
  Konflikt 353
Ivans, Molly 185

Jemen 247
Johnson, Lyndon B. 12
Judicial Watch 103

Kakrak-Massaker 162
Kalifornische Energiekrise, *siehe*
  Energiekrise, kalifornische
Kamel, Hussein 225
Karsai, Hamid 160, 161, 164, 165,
  167
Kean, Thomas 143
Kennedy, Edward 357 f.
Kennedy, John F. 12
Kernkraftnutzung 99
Kerr, Richard 312
Khalilsad, Salmai 161 f.
Kinder, Rich 174

Kinsley, Michael 348
Kipper, Judith 334
Kissinger, Henry 142
Klassenkampf-Vorwürfe 255 f.
Klimakonferenz
- Bonn 110 f.
- Marokko 111
Klimawandel, *siehe* Globale Erwärmung
Kohleförderung 99
Kohlendioxidausstoß 77 f., 108, 111
Kongress, U.S. 218
- Bildungsgesetz 75
- Blair-Rede 323
- Enron-Skandal 274
- Ermächtigung zum Irakkrieg 203, 218, 224
- Haushalt 249, 267 f., 276
- Heimatschutz 149, 151 f.
- republikanische Dominanz 274
- Steuersenkungen 264, 266, 271, 273 f., 275
- Unternehmensführung, Richtlinien 184, 195 f.
Krankenversicherung 51 f.
- für Rentner 258
Krankenversicherung für Kinder, *siehe* Child Insurance Health Program
Krieg der Sterne, siehe Raketenverteidigungssystem
Krieg gegen Terrorismus 143 ff., 247
- Geheimniskrämerei 19 f., 134, 136, 138 f., 247
- Irakkrieg im Zusammenhang mit 19, 200, 338
Kristof, Nicholas 306
Krugman, Paul 185, 348
Kurden 204, 332

Kuweit 201
Kyoto, Protokoll von 108, 111

Laden, Osama bin 132, 133, 134, 137, 143, 153
- el-Sarkawi und 234, 237
- Ziele 134 ff.
- Verbindungen mit Hussein 198, 203, 215, 219, 239
Landwirtschaftspolitik 90 ff.
Lang, Patrick 330
Lapan, David 285
Lay, Ken 122 ff., 170, 176 f., 349
- Verbindungen mit Bush 171 ff.
Leahy, David 63, 65
Levin, Carl 128 f.
Lewinsky, Monica 14
Lieberman, Joseph 179
Lincoln, Abraham 11
Lindsey, Larry 248
Lloyd Parry, Richard 159
Lohnsteuern 49, 50, 86, 256
- Einkommensteuer vs. 48, 86, 256 *siehe* Rentensystem
Lügen
- als Bushs Instrument im Wahlkampf 23
- Definition 15
- Gründe für Bushs Lügen 350 ff.
- politische Lügen 11 ff., 353 f., 354, 359 f.
- Präsidentenlügen, frühere 11 ff.
- Umgang der Medien mit Bushs Lügen 345 f.
- Wirkungen von Bushs Lügen 359 ff.
Lugar, Richard 330
Lying (Bok) 354
Lynch, Jessica 285

370

Macroeconomics Advisers 265, 272
Macchiavelli, Niccolò 17
Marshall-Plan 166
Massenvernichtungswaffen 124, 126, 198, 203 f., 207 f., 288, 304 f.
– als Grund für Irakkrieg 203, 220, 283 f., 301 f.
– CIA-Einschätzungsfehler 301 ff., 304
– erfolglose Suche nach 284, 286 f., 288 ff., 295
– irakische Dokumente über 227 f.
– möglicher Zugriff von Terroristen 289, 290
siehe auch Chemische und biologische Waffen; Atomwaffen
Matalin, Mary 181
Maxey, Glen 31
McCain, John 43, 331, 358
– Verunglimpfungen im Wahlkampf 44 ff., 358
McClellan, Scott 321
McConnell, Jim 58
McCormack, Sean 314
McIntyre, Jamie 330
McKiernan, David 329
McPhee, Richard 300
Medien 342 ff., 346, 347 f.
– Arsengrenzwert 80
– Bush-Einschätzung 342 ff.
– Bush-Präsidentschaft 343 ff.
– gefälschte Dokumente über Urankauf 314 f., 347
– Irakkrieg 220 f., 246, 347
– Präsidentschaftswahlkampf 2000 52, 342 f., 344
– Trunkenheitsfahrt 344 f.
Medikamente, verschreibungspflichtige 258 f.
Melton, Douglas 119

Milbank, Dana 342, 346 f., 347 f.
Militärdienst, Vietnamzeit 33, 35, 36 f., 337
Miller, Judith 292
Mineta, Norman 144
Mitfühlender Konservatismus 25, 27, 29
Mohammed, Chalid Scheich 295 f.
Mokhiber, Russell 92
Moritsugu, Ken 97
Moore, James 358
Moore, Molly 159
Moore, Randell 264 f.
Moussaoui, Zacarias 139
Myers, Richard 154, 310, 311

Nachmittagsbetreuung 99
National Academy of Sciences (NAS) 79, 81, 109
National Association of Manufacturers 87
Nationaler Sicherheitsrat 154, 200, 313, 314, 315, 316
Nationalgarde, texanische 35 ff., 337
National Institutes of Health (NIH) 119 f.
National Research Council 112 f.
New Mexico 80, 81
Niger, siehe Urankauf-Beschuldigung
Nixon, Richard 12, 13, 349
No Child Left Behind Act 75, 76, 249, 357 f.
Nordallianz 154, 155
Nordkorea 197
Norton, Gale 105
Novak, Robert 315
Nunn, Sam 125

Oberster Bundesgerichtshof, siehe U. S. Supreme Court

371

Oberster Gerichtshof, Florida 63 f., 66 f.
Ölindustrie 99, 102, 104
– Bush 94, 105, 175 f., 185 ff.
– Cheney 102, 184
– Ölförderung in Alaska 21, 99 ff., 105
Olson, Ted 61
O'Neill, Paul 176, 248
Opfer, zivile 156 ff.
Orwell, George 16

Paige, Roderick 74
Palm Beach (Florida), Stimmzettel 57 ff., 247
Patientenschutz, Gesetzesentwurf zum 30, 33
Perle, Richard 19, 214, 216
Plato 17
Pope, Carl 104, 179
Powell, Colin 182, 203, 218, 225, 231, 307
– Bericht vor UN-Sicherheitsrat 203, 231 ff., 287, 292
Putin, Wladimir 358
Prakken, Joel 272
Präsidentschaft 17 f., 70, 247 f., 360 f.
– historische Lügen 11 ff., 353
– Meinungsumfragen 21, 248
Präsidentschaftswahlkampf (2000) 9, 18, 23 ff., 261, 341, 355, 358, 361
– Berichterstattung in Medien 52 f., 185, 342 ff.
– Bush-Programm 10, 18, 21, 43, 47 ff., 69 f., 107, 116, 123
– Bushs Leistungen als Gouverneur in Texas 28 f., 30 f.
– Bushs Lügen über Vergangenheit 24, 33, 35 ff., 39 ff.

– Bushs Widersprüche zu Programm 48, 49, 351
– Bush-Thema »Anstand und Ehrenhaftigkeit« 10, 18, 23, 341
– Bush-Thema »Versöhner, nicht Spalter« 25, 46, 67, 148, 249
– Bush und Testgruppen 26
– Bush vs. Gore 52 f., 342 f., 348
– Enron/Lay-Wahlspenden 171, 173 f.
– Irakpolitik und 201
– Wahlergebnis 21, 55 ff., 247
Präventivschlag, neues Leitprinzip der US-Sicherheitspolitik 202

Quasha, Alan 186
Quigley, Craig 158

Raines, Howell 344
Raketenverteidigungssystem 123 ff.
– Tests 126, 128
Reagan, Nancy 117
Reagan, Ronald 13, 22, 72, 123, 262
Rechnungshof 129, 145
– Klage gegen Energieplan 102 f.
Rede zur Lage der Nation (2002) 197 f., 200
Rede zur Lage der Nation (2003) 227, 228 f., 258 f., 270
– Niger, Urankauf-Beschuldigung 230, 313
Refugees International 166
Regimewechsel-Politik 202, 225, 227, 283, 299, 319
Rentensystem 49 f., 69, 258 f., 270, 343
– Lohnsteuern 49, 50
– Teilprivatisierungsplan 18, 49 f., 115, 259, 351

Resolution 1441 203, 224, 226, 233, 243
Riad, Terrorangriff 339
Rice, Condoleezza 155, 200, 202, 224, 322
- 11. September, Warnhinweise 141
- irakische Bedrohung 212, 218
- Niger, Urankauf 313 f., 316, 321
Richards, Ann 171
Richterämter 249, 351
Ridge, Thomas 147, 149
Roberts, Cokie 342
Roberts, Pat 330 f.
Rockefeller, Jay IV. 301
Roosevelt, Franklin Delano 11
Rothstein, Richard 74
Rove, Karl 80 f., 263
Ruanda 14 f.
Rumsfeld, Donald
- Afghanistankrieg 154, 155, 156, 159, 160 f., 164
- irakische Besetzung 324 ff., 328, 330 f.
- Irakkrieg 284, 286, 288, 289 f., 302
- Irakpolitik 200, 208, 214, 218, 219, 223 f., 227
- Niger, Urankauf 317
- Raketenverteidigungssystem 124, 127, 128
- über Plünderung im Nachkriegsirak 325 f.
- über UN-Ansehen 227
Russert, Tim 261

Sachverständigengruppe für Klimaänderungen (IPPC) 108 f.
Safire, William 215
Sandia National Laboratories 95
Saudi-Arabien 136, 137, 213, 339

Scharon, Ariel 353, 355
Schieffer, Bob 343
Schiiten 333 f.
Schlesinger, William 113
Schulen, siehe Bildungspolitik
September, 11. 18, 131 ff., 346, 349
- Afghanistankrieg 153
- angebliche Ursache für Haushaltsdefizit 248, 261, 349
- angebliche Verbindung Husseins 198, 200, 214 ff., 222, 226, 245, 338, 361
- Bushs Erklärungsversuche 132 ff.
- Bush, zusätzliche Befugnisse 18 f., 137, 247
- Fonds zur Deckung von Terrorfolgen 149 f.
- Medienreaktion auf Bush 346 f.
- Sympathiewerte für Bush 22, 171
- Untersuchung der Geheimdienstarbeit 139, 141, 142
- Versagen der Geheimdienste 138 ff.
siehe auch Krieg gegen Terrorismus
75. Exploitation Task Force 296, 299 f.
Shaw, Clay 65
Shinseki, Eric 324
Sicherheitsrat, siehe Vereinte Nationen
Sierra Club 103, 104, 179
Simon, Roger 26
Shipman, Claire 120
Slater, Wayne 358
Slemrod, Joel 271
Smith, Robert 299
Snow, John 269
Soros, George 186

South Carolina, Vorwahlen 43 f.,
46
Spectrum 7 175, 185 ff.
Stammzellenforschung 115 ff.
– Stammzellenlinien 118, 355
Stanzwahlzettel 60 f.
Steuersenkungen 29, 47 f., 83 ff.,
248, 249 ff., 275, 355, 359
– Ablaufdatum 274, 275
– als Belastung der Mittelklasse
280
– Bushs Behauptungen 47 ff.,
83, 84 f., 88, 89, 90, 250,
252, 258, 262, 265, 277,
279
– Bushs Gouverneurszeit in
Texas 28 f.
– Lohnsteuer 256
– Steuergutschrift für Kinder 89,
250, 273, 275
– zugunsten der Reichen 85,
86 f., 88, 254, 255, 256, 263,
266, 272, 274, 359
Stevens, Robert 145
Stewart, Martha 183
Straw, Jack 328
Stufflebeem, John 158, 159
Subeida, Abu 295 f.
Swartz, Robert 60
Sweeney, John 66

Taliban, siehe Afghanistankrieg
Task Force Unternehmensbetrug
193 f.
Tax Policy Center 252, 253 f., 263,
274, 278
Taylor, Frank 216
Taylor, Gene 309 f.
Tenet, George
– Afghanistan 155, 164
– Bedrohungsanalyse zum Irak
221, 222 f., 301, 308

– 11. September, Warnhinweise
141 f.
– Niger, Urankauf 314, 316
– über angebliche Verbindung
al-Sarkawi und al-Qaeda 238
Terrorismus, *siehe* al-Qaida, Sep-
tember, 11., Krieg gegen Terroris-
mus
Texas
– Bildungspolitik 32, 76
– Bushs angebliche Leistungen
24, 27 ff., 30 f., 76, 341
– Lay/Bush-Verbindungen
171 ff.
– manuelle Zählung von Stimm-
zetteln 61 f.
Texas Rangers 188
The Right Man (Frum) 81
Thielmann, Greg 306, 317
Thompson, Tommy 120, 122, 145
Todessteuer, siehe Erbschaftssteuer
Treibhauseffekt 78, 107 f.
Truman, Harry S. 11
Trunkenheitsfahrt 40 f., 344 f.
Tucker, Jonathan 236
Tuwaitha, Atomlagerstätte 293,
294

Umfragen, Gebrauch von 22, 26
Umweltpolitik 77 ff., 94
– Energieplan 93 f., 95, 96, 99 f.,
103 f.
– globale Erwärmung 110, 112,
349
– Texas-Behauptungen 28, 31 f.
UN-Sonderkommission (UNSCOM)
206, 209
Unternehmensführung, Richtlinien
171, 184 f., 195 f.
Unternehmensskandale 183 ff.
Urankauf-Beschuldigung 229,
313 ff., 320 f., 347

- gefälschte Dokumentation 229, 230, 313, 314 f.
Urosevich, Todd 61
U. S. Agency for International Development 166
U. S. Energy Information Administration (EIA) 95
U. S. Fish and Wildlife Service 105
U. S. Geological Survey 101
U. S. Supreme Court 67

Veneman, Ann 90
Vereinte Nationen 200, 220
- Bush 154, 203, 204, 205, 212, 220, 226 f., 229, 240 ff.
- irakische Waffeninspektionen 204 ff., 213, 225, 227 f., 212, 213, 225 ff., 232 ff., 242, 243, 291, 318 f., 320
- Powells Bericht 203, 231 ff., 287, 292, 303
siehe auch Kyoto, Protokoll von
Versicherungen 150
Verteidigungspolitik 124 f., 146 ff., 148 ff.
- Präventivschlag 202
- Raketenabwehrprogramm 123 ff.
- Steuersenkungen 248
siehe auch Irakkrieg
Veteranenpolitik 44
Vietnamkrieg 12, 35 ff.
Vorwahlen 2000 43 ff., 358

Wachstums- und Jobpaket 249 ff., 267, 281
Wahlkampf, unaufrichtiger 26 f., 43 ff., 52 f., 150 f., 357 f.
Wahlkampffinanzierung
- Energieunternehmen 102
- Enron 173 f., 178
- McCain, Angriff auf 46

Walpole, Robert 134 f.
Walters, Barbara 71
Watergate-Affäre 13, 349
Weiner, Tim 157
Weißes Haus, Galadinner für Korrespondenten 346
White House Council of Economic Advisors 251
White, Thomas 329
Whitman, Christine Todd 77, 78, 147
Will, George 310
Wilson, E. Stuart 191
Wilson, Joseph IV. 313, 314 f., 334
Wilson, Thomas 164
Wirtschaftspolitik, angebotsorientierte 262, 279
Wolfowitz, Paul 200, 208, 216, 228, 311, 324, 329, 331
- über Bedrohung durch Massenvernichtungswaffen 305, 306, 309 f.
- über 11. September 136 f.
Wood, Pat, III. 178
Woodwards, Bob 154, 200
World Trade Center, siehe September, 11.

Yaphne, Judith 237

Zandi, Mark 278
Zilinskas, Raymond 236
Zölle, auf Importstahl 351 f.